W0025285

KNAUR

Von Thomas Thiemeyer sind im Knaur Verlag folgende Titel lieferbar:
Das verbotene Eden 1-3
Valhalla
Babylon

Über den Autor:
Thomas Thiemeyer, geboren 1963, studierte Geologie und Geografie, ehe er sich selbstständig machte und eine Laufbahn als Autor und Illustrator einschlug. Mit seinen Wissenschaftsthrillern und Jugendbuchzyklen, die etliche Preise gewannen, sich über eine halbe Million Mal verkauften und in dreizehn Sprachen übersetzt wurden, ist er eine feste Größe in der deutschen Unterhaltungsliteratur. Er lebt mit seiner Familie in Stuttgart.

THOMAS
THIEMEYER

WICCA

TÖDLICHER KULT

THRILLER

Besuchen Sie uns im Internet:
www.knaur.de

Vollständige Taschenbuchausgabe Januar 2022

Ein Imprint der Verlagsgruppe
Droemer Knaur GmbH & Co. KG, München

Redaktion: Birgit Förster
Covergestaltung: ZERO Werbeagentur, München
Coverabbildung: Thomas Thiemeyer
Satz: Adobe InDesign im Verlag
Druck und Bindung: GGP Media GmbH, Pößneck
ISBN 978-3-426-51695-9

2 4 5 3 1

»Gott, der Herr, ließ aus dem Ackerboden allerlei Bäume wachsen. Verlockend anzusehen und mit köstlichen Früchten. In der Mitte des Gartens aber den Baum des Lebens und den Baum der Erkenntnis von Gut und Böse.«

Genesis 2,9

»Dieser Film ist wie ein Baum.
Du kannst ihn abhacken, aber das treibt ihn nur
zu noch mehr Wachstum an.«

Anthony Shaffer,
Verfasser von Theaterstücken und
Drehbuchautor von »The Wicker Man«

Teil I

Der Tag der Geburt

Prolog

Strasse von Gibraltar, 117 nach Christus …

Das römische Handelsschiff pflügte durch die See wie eine betrunkene Schankmagd. Es rollte, schlingerte und legte sich dabei bedenklich zur Seite. Gischt spritzte über die Reling, landete auf dem Deck und floss schäumend und gurgelnd durch die Spundlöcher wieder ab. Der Wind, der von achtern über sie hinwegpeitschte, hatte die Corbita auf einen Kurs geschickt, der geradewegs auf die hochgepeitschten Wogen des Atlantiks zielte.

Die *Aurora* erzitterte unter dem Ansturm der Elemente. Unablässig krachten die Brecher gegen die Außenwände. Donner rollte über den Himmel, brach sich an den Wellen, betäubte die Ohren. Vereinzelt zuckten Blitze auf, die die Wolken von innen heraus zum Glühen brachten.

Präfekt Claudius Metellus hielt den Mast umklammert. Salz brannte in seinen Augen. Auf seiner Zunge lag der Geschmack von Meerwasser. Ein Unwetter wie dieses hatte er noch nicht erlebt, weder an Land noch auf hoher See. Es war, als habe die Unterwelt ihre Pforten geöffnet und drohe alles zu verschlingen.

Der Senatsbeauftragte für die südlichen Provinzen Britannias starrte nach vorn in die aufgewühlte See. Jenseits des Bugspriets hatte das Wasser eine ungesunde Farbe angenommen. Waren die Wogen des Mare Internum noch grau gewesen, schimmerte der Oceanus Atlanticus in den Farben von Erbrochenem.

Schwefelgelbe Wolken rasten über den Himmel. Der Wind war erfüllt vom Geschrei der Furien. Kreischend zerrten sie an der Takelage, peitschten die Taue und ließen die hölzernen Blöcke wie Tischlerwerkzeuge gegeneinanderschlagen.

Vor ihnen rückte die Meerenge unaufhaltsam auf sie zu. Hin und wieder rissen die Wolken auf und erlaubten einen Blick auf die turmhohen Felsen von Gibraltar. Claudius Metellus schaute in das Gesicht des wettergegerbten Kapitäns und wusste, dass sie in Schwierigkeiten waren. Aber warum wendete er nicht? Warum ließ er keine geschützte Bucht ansteuern? Dies war ein Handelsschiff, keine Trireme. Dreißig Meter lang und zehn Meter breit, eine Nussschale angesichts der Gewalten, die auf sie einstürmten.

Schreie drangen an sein Ohr. Er meinte zu hören, dass es unter Deck zu Wassereinbrüchen gekommen war.

Hieß das, sie sanken?

»Kapitän, wir müssen abbrechen, es hat keinen Sinn«, brüllte er gegen den Sturm. »Geben Sie Befehl, das Schiff in sichere Gewässer zu manövrieren, hören Sie? Ich zahle für diesen Transport. Ich verlange von Ihnen, dass Sie tun, was ich sage.«

»Abbrechen? Wie stellen Sie sich das vor?«

»Keine Ahnung, Sie sind der Kapitän. Wenden und Land ansteuern, würde ich sagen.«

Der Grieche schüttelte den Kopf. »Dafür ist es zu spät. Uns bleibt nichts anderes übrig, als den Kurs zu halten und die Meerenge zu passieren. Beten Sie zu Ihren Göttern, dass es dahinter besser wird.«

»Die Wogen werden uns zerschmettern«, erwiderte Claudius. »Wir werden sterben, wenn wir nicht schleunigst anlanden.«

»Sie sind kein Seemann, Sie können das nicht wissen. Wenn wir uns jetzt quer zum Wind stellen, werden wir kentern. Sehen Sie sich die Wellen an. Die Farbe dieses Wassers. Schauen Sie, wie die Gischt sich an den Wellenkämmen bricht. Das bedeutet, dass der Wind weiter zunehmen wird.« Er deutete in die giftig grünen Wogen. »Sehen Sie diese Wellen? Die maximal vertretbare Höhe für eine Halse beträgt zehn Fuß. Diese Brecher sind fünfzehn hoch. Und sie werden höher. Hinzu kommt der Wind. Sollten wir Pech haben und einen Wellenkamm erwischen, kippen wir unweigerlich um. Unser Glück ist der geringe Ballast im Kielraum. Er lässt uns weit oben schwimmen. Andere Schiffe wären längst vollgelaufen. Der Nachteil ist, dass das Schiff schneller kentert, wenn es von einer Böe erfasst wird. Selbst wenn wir die Segel reffen würden, böte das keine Garantie. Also bleibt nur, den Kurs zu halten und sich vom Wind durch die Gefahrenzone peitschen zu lassen.«

»Dann können wir nichts tun?«

»Doch«, schrie der Kapitän. »Beten. Zu Ihren Göttern, Ihren Ahnen, wem auch immer. Vielleicht könnte ja auch dieses besondere Frachtgut helfen, das Sie mit an Bord gebracht haben. Ich hörte, es besäße wundersame Kräfte. Vielleicht ist es an der Zeit für etwas Magie.«

Wieder zuckte ein Blitz auf. Gerade stieg ein Brecher über die Reling, landete mit einem Krachen auf dem Oberdeck und spritzte Gischt in alle Richtungen. Weiße Schlieren zogen über die Planken, machten das Holz rutschig.

Claudius löste die Hände vom Mast. Die Worte des Kapitäns hatten seinen Entschluss bekräftigt. Es führte kein Weg daran vorbei.

Als der Kapitän ihn ansah, schüttelte er den Kopf. »Halten Sie sich gefälligst fest, Präfekt, Sie werden sonst noch über Bord gespült.«

Claudius beachtete ihn nicht. Er mochte kein junger Mann mehr sein, er war aber durchtrainiert genug, um das zu tun, was getan werden musste. Die zehn Jahre bei den Prätorianern, den Elitetruppen des Kaisers, hatten ihre Spuren hinterlassen. Dort hatte er gelernt, wie man überlebte. Mochte seine Arbeit sich inzwischen vornehmlich an Schreibtischen abspielen, so wusste er doch um den Wert eines regelmäßigen Trainings. Ausdauer- und Kampfsport. Wöchentlich fünf bis sechs Stunden Minimum. Der Umgang mit der Waffe hielt seinen Körper straff und den Geist wach.

Ein neuer Brecher kam über den Bug geschossen und flutete das Oberdeck. Claudius hechtete mit drei großen Schritten in Richtung Reling und klammerte sich dort fest.

Brüllende und gurgelnde Wassermassen schossen über die Planken und rissen ihm die Füße unter dem Leib weg. Im letzten Moment gelang es ihm, eines der Taue zu packen und sich festzuhalten. Er schlang es um seinen Unterarm und wartete den Ansturm der Elemente ab. Die *Aurora* sackte mit dem Bug nach unten und beruhigte sich. Das war der Augenblick, auf den er gewartet hatte.

»Kommen Sie, Kapitän. Ich brauche Sie unter Deck.«

Der Grieche sah ihn verständnislos an. »Was wollen Sie denn da?«

»Ich will, dass Sie mich begleiten. Schnell, wir haben nur wenig Zeit bis zur nächsten Welle.«

Heftiges Kopfschütteln. »Ausgeschlossen! Ich kann meinen Posten nicht verlassen.«

»Es sind nur ein paar Minuten. Sie werden bald wieder hier oben sein. Ich bestehe darauf!«

Der Kapitän schien mit sich zu ringen. Dann brüllte er seinem Steuermann einen Befehl zu und verließ seinen Posten.

»Wehe, es ist nicht wichtig«, schrie er.

»Ich kann die Entscheidung nicht allein treffen.«

»Welche Entscheidung?«

»Die Frage, auf welches Ihrer Besatzungsmitglieder wir am ehesten verzichten können.«

Der Kielraum stand eine Handbreit unter Wasser. Claudius Metellus watete durch die schwappende Brühe auf ein riesiges, hochkant stehendes Fass zu. Es hatte früher mal zweitausend Liter Wein enthalten. Der Deckel war entfernt worden und der bauchige Leib bis zum Rand mit Erde gefüllt. Dutzende von Ölfeuern spendeten gleichmäßiges Licht.

Zuerst hatte der Kapitän Einwände gehabt wegen der offenen

Flammen, doch nachdem Claudius ihm versichert hatte, die besten und zuverlässigsten Lampen zu verwenden, hatte er nachgegeben. Wahrscheinlich hatte der fürstliche Aufschlag, den Claudius zu zahlen bereit war, den Ausschlag gegeben. Jedenfalls war das Fass jetzt an Bord, und Claudius würde alles tun, um es vor dem Untergang zu bewahren – selbst um den Preis eines Menschenlebens.

Sorgenvoll blickte er auf das Wasser, das stetig von der Decke tropfte. Die Lampen durften nicht ausgehen, das hatte er den Matrosen eingeschärft. Deswegen wurden sie ständig überwacht. Öl musste nachgefüllt werden, Dochte gereinigt und die verspiegelten Aufsätze geputzt. Im Kielraum herrschte beständige Helligkeit. Zumindest in der Theorie. Doch als sie runterkamen, brannte nur noch eine Lampe. Der Junge, der dafür zuständig war, lag in seiner Hängematte und schlief wie ein Stein. So tief war er in seinen Traum gesunken, dass er nicht mal den Sturm bemerkt hatte.

Claudius entzündete die Lampen neu, justierte hie und da einen der Reflektoren und presste die Lippen zusammen. Verdammte Schlamperei! Er versetzte dem Jungen einen Hieb. »Aufwachen, du Tölpel. Was fällt dir ein, einzuschlafen?«

Der Junge zuckte empor und starrte ihn mit weit aufgerissenen Augen an. Der Kapitän versetzte ihm einen zusätzlichen Tritt, der ihn endgültig aus der Hängematte schleuderte.

Wie ein getretener Hund fiel der dunkelhäutige Knabe vor ihnen auf die Knie und brabbelte in einer Sprache, die Claudius nicht verstand.

»Du sollst dich um die Lampen kümmern«, brüllte der Kapitän. »Ich habe dir schon hundertmal gesagt, dass du während der Arbeit nicht schlafen darfst.« Er wiederholte den Satz in der Sprache des Knaben.

Der Junge sprang auf, spurtete los und begann sofort damit, die Lampen zu kontrollieren.

»Bitte entschuldigt, Präfekt«, sagte der Kapitän. »Das hätte nicht passieren dürfen. Ich habe ihm extra eingeschärft, seine Pflichten nicht zu vernachlässigen. Aber diese Nordafrikaner neigen zum Müßiggang. Ständig muss man hinter ihnen her sein. Ich könnte Ihnen Geschichten erzählen, bei denen Sie aus dem Kopfschütteln nicht mehr rauskämen. Es gab da mal einen Fall, bei dem ich …«

»Schweigen Sie!« Claudius wandte sich seinem Heiligtum zu. Das Fass beherbergte den größten Schatz, den er besaß. Kein Silber, kein Gold oder Edelsteine. Stattdessen eine Pflanze, genauer gesagt, ein Baum.

Er war nicht groß, nur einen guten Meter hoch, aber er verbreitete eine Aura, die mit Worten schwer zu fassen war. Claudius glaubte, den betörenden Duft von Weihrauch und Myrrhe wahrzunehmen. Auch schien der Baum das Tosen des Sturms zu unterdrücken. Stattdessen wurde der Kielraum von leisem Klingeln erfüllt, das sich anhörte, als würden Hunderte winziger Metallplättchen gegeneinanderschlagen.

Er wusste nicht, ob das Geräusch eine Einbildung war oder ob der Baum tatsächlich solche Laute von sich gab. Dass er sie vernahm, war unbestritten. Jeder, der diesen Baum gesehen hatte, konnte bestätigen, dass die Laute zu hören waren. Und doch – wenn man später bei einem Glas Wein beisammensaß, war den meisten, als hätten sie sich den Duft und den Klang bloß eingebildet. Als wären sie nur eine Erinnerung oder ein Traum.

Der Stamm ähnelte dem einer alten Olive. Knorrig, hager und krumm. Wie der Leib eines alten Mannes, aber mit glatter, silberheller Haut. Der Setzling war gerade mal ein Jahr alt. Er wuchs ungeheuer schnell. Die Rinde schimmerte wie eine Rüstung. Er kam aus einem fernen Reich im Osten, aus einer Gegend, in die noch kein Römer jemals seinen Fuß gesetzt hatte. Die Rinde war an vielen Stellen aufgeplatzt und erlaubte einen

Blick auf die tiefer liegenden Schichten. Dort schimmerte das junge Holz in tiefem, blutigem Rot.

Claudius bemerkte, dass sich ein kleines Stück der Rinde zu lösen begann. Er brach es ab, steckte es in den Mund und begann, darauf zu kauen. Es schmeckte bitter. Ein Schauer lief ihm über den Rücken. Was er zu tun gedachte, bereitete ihm keine Freude.

»Kapitän.«

»Ja?«

»Worüber wir sprachen …«

»…«

»Ich sagte Ihnen, dass es geschehen könnte. Ich hatte Sie vorgewarnt, und Sie versicherten mir, es stelle kein Problem dar.«

»Da wusste ich ja nicht, was Sie damit meinten. Um ehrlich zu sein, hielt ich es für einen Scherz.«

»Einen Scherz? Sehe ich aus, als würde ich scherzen?«

Im Blick des Griechen lag eine Mischung aus Wut und Verzweiflung.

»Die Sache muss erledigt werden, und zwar schnell«, drang Claudius auf den Mann ein. »Ehe dieser verdammte Kahn in hunderttausend Teile zerbricht.«

»Ich verstehe nicht«, stammelte der Kapitän. »Wie könnte ein solches Opfer irgendetwas bewirken? Dies ist doch ein gewöhnlicher Baum.«

»Hören Sie auf zu lamentieren, und sagen Sie mir endlich, für wen Sie sich entschieden haben. Und tun Sie nicht so, als glaubten Sie, dass dies ein gewöhnlicher Baum sei. Sie wissen, welche Kräfte er besitzt. Ich habe Sie beobachtet, wie Sie um ihn herumgeschlichen sind, wie Sie ihn berührt und mit ihm geredet haben.«

»Wegen der Legenden …«

»Wegen der Legenden, genau. Und weil Sie wissen, dass sie der Wahrheit entsprechen. Ich bin der Hüter des Baumes. Wählen Sie ein Opfer, oder es wird Ihr Blut sein, das diese Erde benetzt.« Der Knauf seines Dolches, in Form einer gewundenen Schlange, fühlte sich an, als wäre er lebendig.

Der Kapitän erbleichte. »Bei den Göttern. Gibt es keinen anderen Weg?«

Claudius schüttelte den Kopf. »Beten, haben Sie gesagt. Das hier ist wirkungsvoller. Also, was ist? Ich bin bereit, noch einen Aureus draufzulegen, damit Ihnen die Entscheidung leichter fällt.«

Die Augen des Kapitäns wurden schmaler. »Zehn …«

»Fünf.«

»So sei es.«

»Dann beeilen Sie sich, Mann. Wen können Sie entbehren?«

Der Kapitän schluckte, dann deutete er auf den Knaben.

Claudius drehte den Kopf. Der Junge hockte wie ein verschrecktes Reh im hinteren Teil des Kielraumes. Er schien nicht zu verstehen, worüber geredet wurde. Zum Glück. Vermutlich wäre er sonst schreiend davongerannt. Claudius spürte ein kaltes Zerren in seinen Eingeweiden. Ein Kind hatte er bisher noch nicht geopfert. Bettler, Dirnen, Sklaven, ja. Aber einen Knaben? Andererseits war ihre Lage prekär. Und drastische Situationen erforderten nun mal drastische Maßnahmen. »Sind Sie sicher, dass Sie keinen anderen entbehren können? Einen Alten oder Kranken?«

Der Grieche schüttelte den Kopf. »Die Mannschaft segelt seit Jahren zusammen. Wenn ich einen von ihnen nehme, verliere ich ihr Vertrauen. Im schlimmsten Fall kommt es zur Meuterei. Ihn habe ich aus Mitleid mitgenommen. Wegen seiner Mutter …«

Claudius verzichtete auf weitere Informationen. Es war nicht gut, allzu viel über die Opfer zu wissen. Wenn der Kapitän der Meinung war, er könne auf ihn verzichten, war das seine Entscheidung. Das flaue Gefühl blieb.

Claudius musste sich zwingen, daran zu denken, dass der Junge sein Schicksal selbst bestimmt hatte. Seine Fahrlässigkeit war ihm zum Verhängnis geworden. Zu was war ein Schiffsjunge nütze, der seine Aufgaben nicht bewältigte und stattdessen schlief? Der Gedanke, dass der Knabe mit seinem Leben das aller anderen zu retten vermochte, war das einzig Tröstliche in dieser Situation.

»Gut«, sagte Claudius, doch seine Stimme klang rau und heiser. Er hatte einen Kloß im Hals, der nicht verschwinden wollte. »Bringen Sie ihn her zu mir.«

Der Kapitän ging zu dem Knaben hinüber, packte ihn am Arm und zerrte ihn hinter sich her. Claudius versuchte, die weit aufgerissenen Augen und das angstvolle Stöhnen auszublenden. »Gut so«, sagte er. »Hierher ans Fass. Richten Sie seine Aufmerksamkeit auf den Baum. Lassen Sie ihn die Rinde berühren.«

Der Kapitän sagte etwas in der unbekannten Sprache des Jungen und deutete auf die Pflanze. Heftiges Kopfschütteln war die Antwort. Der Kapitän gab ihm einen Klaps und wiederholte seine Aufforderung.

Widerwillig und unter Zögern befolgte der Junge die Anweisung. Er streckte den Arm aus und näherte sich mit den Fingerspitzen den Blättern. Ein leises Klingeln ertönte.

Die Züge des Jungen entspannten sich. Verwunderung löste die Furcht ab. Die Angst wich aus seinem Gesicht, und er wurde zutraulicher. Er spürte, dass er vor dem Baum nichts zu befürchten hatte. Als einer der Äste sanft seine Haut streichelte, lächelte er. Das war der Moment, auf den Claudius gewartet hatte. Mit einer schnellen Bewegung trat er hinter den Knaben, legte die Hand auf dessen Stirn und bog den Kopf nach hinten. Die Klinge funkelte wie flüssiges Gold.

I

Heute …

Die Luft war zum Schneiden dick. Noch etwas dicker, und man hätte sie aufs Brot schmieren können. Wasser tropfte von den Blättern der langstieligen Epiphyten und platschte auf den regendurchweichten Boden. Meterlange Lianen tasteten wie Finger durch die Schwaden. Der Boden war knöcheltief mit abgestorbenen Blättern und Rindenstücken bedeckt. An schmalen Stellen wurde der Weg von Tümpeln und Rinnsalen versperrt, denen man besser auswich. Nicht, weil man sich dort nasse Füße holte, sondern weil die fingerdicken Blutegel, die hier hausten, nur darauf warteten, dass ein unvorsichtiger Wanderer seinen Fuß in ihr Revier setzte. Das Blätterdach war erfüllt von den Rufen tropischer Vögel, von denen es hier, im Südosten von Honduras, nur so wimmelte.

Der Schacht war schmal. Nicht mal einen Meter breit. Was sie dort unten erwartete, ließ sich schwer abschätzen. Sie hatte drei Leuchtstäbe hineinfallen lassen, doch die warfen mehr Fragen auf, als sie beantworteten. Blieb nur ein Weg, um wirklich sicherzugehen.

Hannah wischte den Schweiß von ihrer Stirn. Dutzende toter Zirbelmücken klebten auf ihrer Haut. Ein Teppich winziger Leichen, der zu dicht war, um ihn vollständig zu entfernen.

»Ich denke, wir müssen da runter«, sagte sie. »Wir müssen uns die Antworten vor Ort holen, ehe andere sie uns vor der Nase wegschnappen.«

»Willst du denn nicht lieber warten?« Enrique sah sie mit großen Augen an. Er war fünfundzwanzig Jahre, Student der Archäologie und seit zwei Wochen Hannahs Assistent. Ein netter Bursche, wenn auch zuweilen etwas obrigkeitshörig. Die

Angst, wegen irgendeines Verstoßes einen Rüffel zu kassieren, war größer als sein Jagdfieber. Das musste anders werden, wenn er ein Vollblutarchäologe wie Hannah werden wollte.

Faktisch war sie im Camp diejenige mit den meisten Jahren aktiver Feldforschung auf dem Buckel. Und mit den meisten Entdeckungen – auch wenn viele davon nie bekannt geworden waren. Der Kreis, der um ihre Erfolge wusste, war klein, aber erlaucht. Einzelpersonen gehörten dazu, hin und wieder auch staatliche Sicherheitsorgane und Geheimdienste. Aber weder hatte *National Geographic* über das Valhalla-Projekt auf Spitzbergen berichtet, noch war jemals ihre Erkundungstour zum Medusenkult im Niger bekannt geworden. Es gab keine Berichte über die Zerstörung der Himmelsscheibe von Nebra oder die Erforschung des Turmbaus zu Babel. Alle diese Projekte waren im Nachhinein von Hannahs Auftraggebern als topsecret klassifiziert worden. Vermutlich, weil man bei *Stromberg Enterprises* der Meinung war, dass die Schlussfolgerungen zu beunruhigend wären, als dass sie einer breiten Öffentlichkeit zugemutet werden konnten. Wissen um dunkle Geheimnisse und tiefe Mysterien.

Doch Hannah sehnte sich nicht nach Öffentlichkeit, sie gierte nicht nach den Titelseiten der einschlägigen Fachzeitschriften. Das taten nur Idioten. Das Wichtigste war, dass sie immer noch lebte und sich bester Gesundheit erfreute. Weder die alten Götter noch Flüche oder Widersacher hatten ihr bisher etwas anhaben können – ihr, ihrer Familie und der handverlesenen Gruppe von Menschen, die ihr etwas bedeutete.

»Ich will auf keinen Fall länger warten«, sagte sie. »Keine Ahnung, wann Chávez mit dem Rest des Teams zurückkehrt. Ich habe keine Lust, einen Wassereinbruch zu riskieren. Der Wetterbericht hat für heute heftige Regenfälle angekündigt.« Sie stemmte die Hände in die Hüften. »Ich denke, ich werde es riskieren. Eine kleine Sondierungstour wird schon kein Problem sein. Kommst du mit?« Die Frage war rein rhetorisch. Sie wusste, dass Enrique begierig darauf war, hinunterzusteigen. Welcher junge Abenteurer konnte bei einer solchen Gelegenheit widerstehen? Mit seinem sandfarbenen Oberhemd, den hochgekrempelten Ärmeln, seiner olivfarbenen Cargohose und dem in den Nacken geschobenen Fedora sah er ein bisschen aus wie der junge Indiana Jones. Dabei taugte der berühmte Filmheld nur bedingt als Vorbild. Bei der Art von Feldforschung, die in diesen Filmen betrieben wurde, sträubte sich jedem professionellen Archäologen vor Entsetzen das Nackenfell. Echte Altertumsforscher gingen ihrer Arbeit nicht mit Stemmeisen und Dynamit nach, sie walzten nicht ganze Fundorte mit Panzern platt. Spatel, Pinsel und Lupe zählten zu den bevorzugten Arbeitswerkzeugen. Abgesehen davon, dass es nicht eine Sache weniger Stunden war, wie die Filme suggerierten, sondern wochen- und monatelange Kleinarbeit. Mitunter dauerte es Jahre. Nur selten bot sich die Gelegenheit für ein Abenteuer wie dieses. Doch wenn es dann anklopfte, war man schön blöd, sich nicht darauf einzulassen.

»Ob ich … aber klar. Was soll ich tun?«

»Hol die Gurte.«

»Okay.« Er rannte los, wobei er über seine Schulter rief: »Fang ja nicht ohne mich an, hörst du?«

Hannah lächelte. Er erwartete doch wohl nicht etwa, dass sie ohne Sicherungssystem in diesen Schacht kletterte? Gewiss, körperlich war sie fit. Sie achtete auf ihre Ernährung und legte täglich ein paar Krafteinheiten und Yogaübungen ein. Aber sie war keine zwanzig mehr. Den Stunt, allein in ein antikes Bauwerk einzusteigen, hätte sie vor zwei Jahrzehnten vielleicht in Erwägung gezogen, heute war sie klüger. Und vorsichtiger. Zumal die Schwüle in diesen Breitengraden den Kreislauf ordentlich in den Keller drückte.

Sie zog ihr Stofftuch heraus und wischte den Schweiß aus dem Gesicht.

Im Osten des zentralamerikanischen Staates herrschte das ganze Jahr über tropisches Klima. Temperaturen von sechsundzwanzig Grad im Jahresmittel und ganzjährig hohe Niederschläge. Honduras war ein schwieriges Arbeitsfeld. Fest in der Hand der Drogenbarone, wurde das Land von Kriminalität, Korruption und unfähigen Bürokraten stranguliert. San Pedro Sula galt als eine der brutalsten Städte weltweit, mit einer Pro-Kopf-Mordrate, die die anderer Metropolen in den Schatten stellte. Hier eine Forschungsgenehmigung zu erwirken, war beinahe unmöglich, und ohne bewaffneten Begleitschutz wagte sich niemand ins Gelände.

Hannah arbeitete zum Glück nicht auf eigene Faust. In ihrem Rücken stand ein weltweit operierender Geldgeber, der erfahren darin war, bürokratische Hindernisse aus dem Weg zu räumen. Man musste wissen, wen es zu schmieren galt und wie man Schwierigkeiten mit der Polizei oder Banditen aus dem Weg ging. Stromberg Enterprises verfügte über diese Erfahrung. Wobei Geld allein wertlos war. Kontakte musste man besitzen. Kontakte und den richtigen Riecher für prestigeträchtige Fundorte. Ein Dutzend Wissenschaftler aus aller Welt hatten sich in La Mosquitia eingefunden, um im größten zusammenhängenden Regenwaldgebiet Zentralamerikas ungestört zu forschen. Und die Zeichen standen gut. Was sie in nur kurzer Zeit ausgebuddelt hatten, war nicht weniger als eine wissenschaftliche Sensation. Eine versunkene Stadt. Eine unbekannte Zivilisation. Eine Kultur, von der man bisher so gut wie nichts wusste.

Und sie hatten gerade mal an der Oberfläche gekratzt.

Enrique kam zurückgerannt, in der Hand ein Nylonseil, Klettergurte sowie Bodenanker und Hammer. Der Schweiß lief ihm vom Gesicht. Er hatte es geschafft, zwei Plastikwasserflaschen in den Hosenbund zu stopfen, von denen er eine Hannah zuwarf. Sie fischte sie aus der Luft, öffnete sie und nahm einen Schluck.

Die Ruinen waren im Mai 2012 von einer Cessna-337 Skymaster aus entdeckt worden. An Bord befand sich eines der fortschrittlichsten Instrumente zur Vermessung und Kartografierung des Dschungelbodens. Sein Name: LIDAR, die Kurzform von *Light Detection and Ranging*. Ein millionenteures Stück Equipment, das in der Lage war, unter das dichte Blätterdach des Dschungels zu schauen und hochauflösende Bilder von dort zu senden. Das System war seit den Achtzigern im Einsatz – vorzugsweise in den Händen von Geologen, Stadtplanern und Ingenieuren. Dank der technischen Verbesserungen der letzten zwanzig Jahre war es in den Fokus der Archäologen gerückt. 1997 hatten Wissenschaftler des Jet Propulsion Laboratory in Pasadena beim Zusammensetzen einiger Satellitenbilder merkwürdige rechteckige und gebogene Formen unter dem Blätterdach des mittelamerikanischen Dschungels entdeckt. Zuerst hatten sie vermutet, es könne sich um natürliche Gesteinsstrukturen handeln – immerhin hatten frühere Expeditionen in diesem Gebiet nichts zutage gefördert. Doch dann waren ihnen Zweifel gekommen. Eine Bodenexkursion hätte Klarheit bringen können, jedoch wäre sie zu so einem frühen Zeitpunkt umständlich, teuer und sehr gefährlich gewesen. Der Dschungel war zu dicht, zu unwirtlich und zu feindlich, als dass man einfach aufs Geratewohl loszog.

Achtzigtausend Quadratkilometer grüne Hölle umgaben den Fundort. Eine Durchquerung dieser Bergregion voller Flüsse, Sümpfe und gefährlicher Tiere war zu Fuß so gut wie ausgeschlossen. *Portal del Infierno*, Tor zur Hölle, so nennen es die Einheimischen, und das nicht ohne Grund. Hueitapalan ist tatsächlich einer der letzten unentdeckten Orte auf diesem Planeten und Ciudad Blanca, die Stadt des Affenkönigs, ihr Kronjuwel.

Hannah legte die Gurte an. Sie hängte das Bremssystem ins Führungsseil und prüfte die Zugfestigkeit der Bodenanker. Alles machte einen stabilen Eindruck.

»Schön«, sagte sie. »Dann wollen wir mal. Sobald ich unten bin, kommst du nach, einverstanden?«

Enrique blickte in den schwarzen Abgrund. »Glaubst du nicht, dass Chávez sauer sein wird, wenn er erfährt, dass wir ohne ihn runtergestiegen sind? Er ist ziemlich pingelig.« Da war er wieder, dieser sorgenvolle Unterton.

»Er ist nur dann pingelig, wenn er befürchtet, nicht gut in Szene gesetzt zu werden. Deswegen hat er das Filmteam instruiert, ihn auf Schritt und Tritt zu begleiten. Pech für sie. Wären sie hier, hätten sie den Moment dokumentieren können.«

»Er wird ausrasten …«

»Nur, wenn er davon erfährt. Wir müssen es ihm ja nicht erzählen, oder?« Sie zwinkerte ihm zu.

»Er wird es rausbekommen, so oder so.«

»Dann ist es auch egal. Das ist meine Entdeckung. Ich habe das Recht der Ersterkundung. Komm schon, lass uns anfangen.«

Hannah schaltete ihre Stirnlampe ein, strich die Handschuhe glatt und federte in den Schuhen. Das Gefühl war berauschend.

Der Reiz des Unbekannten, der Atem der Zeit – nichts auf der Welt war damit zu vergleichen. Nicht mal guter Sex.

Sie setzte sich an den Rand der Öffnung, stemmte ihre Beine in das feuchte Mauerwerk, atmete tief ein und ließ sich an dem Führungsseil hinabgleiten. Ein kurzer Ruck, dann griff das automatische Bremssystem.

Die ersten Momente verursachten immer Herzklopfen. Würde das Seil halten? War die Bremsautomatik in Ordnung? Hielten die Bodenanker? Gewiss, zur Not war Enrique da. Aber ob er ihren Fall stoppen könnte, wenn etwas schiefging, war fraglich.

Hannah berührte die Steine. Das Mauerwerk war alt. Ihr Team hatte Hueitapalan auf einen Zeitraum zwischen 1000 bis 1500 nach Christus datiert. Ausgangspunkt für diese Überlegungen waren die zweihundert Skulpturen, rituellen Steingefäße, Scherben und Artefakte, die sie gefunden hatten und die sich stark von denen der Maya unterschieden. Sie waren auf Leopardenköpfe gestoßen, auf Wesen, halb Mensch, halb Geier, sowie Gottheiten, die Affen ähnelten. Und da war nicht nur diese eine Stadt. Neunzehn prähistorische Siedlungen waren von LIDAR entdeckt worden. Erschaffen von einer Kultur, über die fast nichts bekannt war. Hannah war überzeugt, dass dies nicht die Siedlung irgendeines drittklassigen Stammeshäuptlings war. Es waren die Überreste einer versunkenen Zivilisation.

Über die Abdeckplatte war sie gestolpert, als sie ihr Fundgebiet heute Morgen erweitert hatte. Das Ding war unter dem Bodenbewuchs gut verborgen gewesen, sodass ihr linker Zeh schmerzhaften Kontakt damit gemacht hatte. Zum Glück trug sie festes Schuhwerk. Nicht nur, weil man sich hier leicht die Füße umknicken konnte, sondern auch, weil dieser Teil Mittelamerikas die Heimat einer der giftigsten und aggressivsten Schlangenarten der Welt war, der Lanzenotter Barba amarilla. Einmal gebissen, blieben einem fünf Minuten, um sich von dem betroffenen Körperteil zu verabschieden. Und Hannah liebte ihre Arme und Beine. Es wäre bedauernswert, darauf verzichten zu müssen.

Die Abdeckplatte war außergewöhnlich. Offenbar war sie Teil einer wesentlich größeren Struktur, eines Tempels oder einer Pyramide vielleicht. Hannah spürte, dass dies nur die Spitze des Eisbergs war. Neben der Hauptplatte hatte sie weitere Steinplatten mit markanten, konischen Vertiefungen gefunden. Rituelle Steine? In diesem Fall hätte hier früher ein Richtblock gestanden, und die Kerben, die seitlich in die Platte eingeritzt worden waren, wären Blutrinnen. Doch das war Spekulation. Weder gab es Opfersteine noch Obsidianklingen oder andere Gegenstände, die ihre These untermauert hätten. Nur diesen Schacht.

Sie löste die Bremse und ließ sich weiter hinabgleiten. Die Luft roch feucht und abgestanden. Wie ein alter Blumentopf. Moose und Flechten bedeckten die Steine. Die Fugen enthielten keinen Mörtel. Die Granitbrocken waren passgenau aufeinandergelegt worden. Eine Meisterleistung der Architektur. Noch immer waren sich die Wissenschaftler nicht einig, mit welchen Werkzeugen die prähistorischen Kulturen diesen harten Granit bearbeitet hatten. Doch selbst mit einem Laserschneider hätte die Bautätigkeit Jahre oder Jahrzehnte gedauert.

Wasser tropfte von den Wänden herab und ließ die Oberfläche fettig glänzen. Im Licht ihrer Stirnlampe erkannte Hannah Symbole auf den Felsblöcken. Im frontalen Licht der Lampe verschwanden die Konturen. Hannah nahm sie aus der Stirnhalterung und hielt sie in flachem Winkel gegen das Relief.

»Alles okay, Hannah?« Enriques Stimme hallte als Echo von oben herab.

»Ja, alles okay.«

»Du hast so merkwürdige Laute von dir gegeben.«

»Es war ... ach, nichts. Nur eine dieser Jaguarfratzen. Du wirst sie sehen, wenn du runterkommst. Aber erschreck nicht, sie ist ziemlich beeindruckend.«

Sie klickte die Lampe zurück in die Halterung und setzte den Abstieg fort. Bildete sie sich das ein, oder sah dieser Jaguar besonders dämonisch aus? Seine Zähne ähnelten weniger denen einer Raubkatze als eines Hais.

Unter sich sah sie die Leuchtstäbe schimmern. Der Boden war nicht mehr fern. Mit jedem Meter, den sie zurücklegte, wurde die Luft kühler. Sie ärgerte sich, dass sie keine Jacke mitgenommen hatte. Dann berührten ihre Füße den Boden, und sie fand festen Halt. Sie klinkte die Führungsschiene aus und ruckte am Seil.

»Kannst kommen«, rief sie. »Ich bin unten.«

Enrique ließ sich das nicht zweimal sagen. Mit einer geschmeidigen Bewegung kletterte er in den Schacht und begann, am Seil herunterzurutschen. Hannah nutzte die Zeit zur Orientierung. Das Licht ihrer Lampe enthüllte faustgroße Steine, die mit einer glitschigen Schicht aus Algen und Moos überwuchert waren. Rechts von ihr zweigte ein niedriger Stollen ab. Er verlief tief unter der Erde und schien am Ende in ein tonnenartiges Gewölbe zu münden. Rätselhaft.

Irgendetwas stimmte nicht mit dem Raum am Ende des Tunnels. Er schickte das Licht ihrer Stirnlampe auf bemerkenswerte Weise zurück. Es verhielt sich nicht, wie sie es gewohnt war. Was das Besondere daran war, konnte sie nicht ergründen. Noch nicht.

Ein Surren ertönte.

Hannah trat einen Schritt zur Seite und machte Platz für Enrique, der von oben herabgeschwebt kam.

»Pass ein bisschen auf«, sagte sie, »der Untergrund ist rutschig.«

»So wie der ganze Schacht«, sagte er. »Der Jaguar ist der Hammer, findest du nicht? Der schönste, den wir bisher gefunden haben.«

»Der schönste und der unheimlichste.« Sie deutete voraus in die Dunkelheit. »Siehst du das da vorn? Sieht aus, als wären dort kleine Lichter.«

»Was ist das …?«

»Keine Ahnung, lass uns nachsehen.« Sie zog den Kopf ein und betrat den niedrigen Stollen. Eine dünne Nebelschicht lag über dem Boden. Das Licht ihrer Lampe schnitt hindurch wie heißer Stahl durch Butter. Je weiter sie vorrückte, desto verwirrender wurden die Lichtverhältnisse. Normalerweise waren alte Steine dunkel. Vor allem solche, die feucht und überwuchert waren. Diese nicht.

Das Licht ihrer Lampe wurde dutzendfach zurückgeworfen. Tatsächlich hatte es den Anschein, als würden sie viele kleine

Lichter sehen, die zu ihnen herüberleuchteten. Das war natürlich Unsinn. Hier unten leuchtete nichts, bestenfalls wurde es reflektiert. Aber wovon?

Hannah spürte ein Knirschen unter ihren Schuhen. Sie blieb stehen, beugte sich vor und hob etwas auf. Das Licht ihrer Lampe enthüllte ein längliches, stabförmiges Gebilde.

»Sieh mal«, sagte sie. »Nicht erschrecken, es sind Knochen. Hier ist alles voll davon. Pass auf, wo du hintrittst.«

»Alter …« Enrique beugte sich ebenfalls vor. Der Knochen, den er aufgehoben hatte, war deutlich größer. »Ziemlich verwittert«, murmelte er. »Was meinst du, ist das ein Tapir?«

Sie schüttelte den Kopf. »Es sind Menschenknochen.« Sie leuchtete nach links. Gegen die Wand waren Schädel gestapelt. Töpferwaren und Steinskulpturen standen ebenfalls dort. Sehr ähnlich denen, die sie oben gefunden hatten. Daneben Schmuck aus Jade und Muscheln sowie Obsidianmesser. Alles wunderschön erhalten. Enrique sah sich ehrfürchtig um.

»El mundo infierno«, murmelte er. »Die Unterwelt. Die Heimstatt der Toten.«

»Sieht ganz so aus«, sagte Hannah. »Würde mich nicht wundern, wenn wir beim Weitergehen auf die Grundmauern eines Tempels oder einer Pyramide träfen.«

»LIDAR hat nichts dergleichen angezeigt …«

»Vermutlich wurde das Gebäude während der letzten Jahrhunderte dem Erdboden gleichgemacht. Wäre nicht das erste Mal. Sieh dir das Deckengewölbe an.« Hannah strich über das Gestein. Eine glitzernde Schicht bedeckte die Zeigefingerkuppe. »Metallstaub. Zermahlener Pyrit. Ich habe so etwas früher schon gesehen. In Teotihuacán.« Sie strich den Staub an ihrer Hose ab.

»Aber das liegt tausend Kilometer entfernt, im Hochland von Mexiko.«

»Trotzdem scheint es Parallelen zu geben. Die Decke symbolisiert den Sternenhimmel, siehst du? Achte auf die kleinen, glitzernden Steine.« Hannah ging langsam weiter, während sie ihre Lampe über das Deckengewölbe wandern ließ. Es funkelte wie in einer sternklaren Nacht. »Bei Fackelschein dürfte der Effekt noch viel beeindruckender sein«, sagte sie. »Das Zucken der Flammen wird die Sterne erst richtig funkeln lassen.« Sie wagte kaum zu atmen. »Ich bin inzwischen überzeugt davon, dass wir hier einen der zentralen Bestattungsplätze der Stadt gefunden haben.«

»Glaubst du, dass dies die Knochen hochgestellter Persönlichkeiten sind?«

»Diese?« Hannah ließ das Licht über dem Boden kreisen. »Nein. Die Gräber der Oberen werden wir vermutlich weiter vorn finden. Sie werden üblicherweise in Wandnischen beigesetzt.«

Enrique sah sie verständnislos an. Plötzlich klärte sich sein Blick. »Oh, dann sind das …?«

»Hinrichtungsopfer, ja.« Sie sah ihren Begleiter amüsiert an. Sein Entsetzen schien nicht gespielt zu sein. »Komm schon, tu nicht so erstaunt. Die meisten meso- und südamerikanischen Hochkulturen brachten Menschenopfer, das solltest du eigentlich wissen.«

»Aber es sind so viele …«

Hannah nickte. »Sie wurden bevorzugt aus den Reihen der Spieler gewählt. Manchmal waren es ganze Mannschaften.«

Ullamaliztli war eine historisch überlieferte Ballsportart der alten Hochkulturen. Nicht selten waren die Verlierer im Anschluss getötet worden. Mit Seilen fest zusammengeschnürt, stieß man sie die Stufen der Pyramiden hinunter, bis sie tot waren.

»Barbarisch«, murmelte Enrique. »Stell dir mal vor, man würde das heute machen. Niemand würde mehr Fußballspieler werden wollen.«

Hannah lächelte. »Damals war vieles anders. Einige meiner Kollegen sind der Meinung, dass es nicht die Verlierer waren, die geopfert wurden, sondern die Gewinner. Und dass es ein freiwilliger Akt war.«

»Im Ernst?«

Hannah nickte. »Die Maya sahen den Tod nicht als das Ende an. Für sie war es der Übergang in eine andere Welt. Wenn du tapfer gespielt und gewonnen hast, war das der beste Moment, um den Göttern gegenüberzutreten. Es war eine Ehre, keine Strafe.«

»Na ja, da kann ich mir was Angenehmeres vorstellen.« Enrique ließ seine Lampe über die Knochen kreisen. »Aber das sind keine Maya. Hast du irgendwo Schriftzeichen gefunden?«

»Nada«, sagte Hannah. »Noch ein Indiz dafür, dass zwischen Teotihuacán und Hueitapalan eine Verbindung bestanden haben könnte.« Seufzend sah sie sich um. So gerne sie auch geblieben wäre, sie wusste, dass die Zeit gekommen war, zu gehen. »Machen wir uns auf den Rückweg«, sagte sie. »Chávez dürfte bald zurück sein, und ich habe keine Lust, ihm in die Arme zu laufen. Wir müssen unser Schicksal ja nicht herausfordern.«

Enrique lächelte erleichtert.

2

Wenn man an Schicksal glaubt, darf man getrost davon ausgehen, dass es sich gegen einen wendet. Hannah spürte, dass es auch diesmal so sein würde. Es lag etwas in der Luft, und das war nicht das Wetter.

Dass Chávez sie herbeizitierte, ließ Übles ahnen. Vermutlich ging es um ihren Alleingang heute früh. Das Mindeste, was sie zu befürchten hatte, war ein Anschiss. Aber sie war kein kleines Kind mehr und musste sich nicht für jede Entscheidung rechtfertigen. Sie war allerdings gespannt zu erfahren, was er zu sagen hatte.

Als sie vor seinem Zelt eintraf, war die Sonne verschwunden. Mächtige Wolken bedeckten den abendlichen Himmel. Fern am Horizont zuckten Blitze auf. Das hieß, es würde wieder bis zum Morgengrauen regnen. Die Hoffnung auf eine erholsame Nachtruhe konnte sie somit aufgeben. Was sie in all den Jahren nicht gelernt hatte, war, bei Blitz und Donner zu schlafen.

Sie versuchte, sich zu sammeln, dann erhob sie ihre Stimme und rief: »Klopf, klopf.«

»Hannah? Kommen Sie rein. Und machen Sie hinter sich wieder zu.«

Professor Alfonso Chávez vom Institut für nationale Anthropologie und Geschichte saß hinter einem großen Klapptisch und nippte an seinem Kaffee. Neben ihm stand Lance Abercrombie, pensionierter Soldat und Urwaldexperte. Hannah wusste nicht viel über ihn, nur, dass er früher der Coldstream-Garde angehört hatte und ein hohes Tier in der britischen Eliteeinheit SAS war. Ein verschlossener Mann, der die meiste Zeit mit seinen Kameraden verbrachte und selten in Erscheinung trat. Er mischte sich nicht in ihre Forschung ein, war aber zur Stelle, sobald Not am Mann war. Entweder, wenn unerwünschte Gäste Zutritt zum Camp verlangten, oder aber, wenn jemand das Lager verlassen wollte. Das betraf vor allem Besuche in Catacamas, einer Stadt, die von Drogenbaronen beherrscht wurde. Ein echtes Drecksloch.

Honduras war politisch zu instabil, um die Forschung allein den Professoren und Studenten zu überlassen. Die Expedition stand de facto unter militärischer Leitung. Dass Abercrombie hier war, bedeutete nichts Gutes.

Sie nickte kurz. »Gentlemen.«

»Nehmen Sie Platz.« Chávez wies auf einen klapprigen Campingstuhl. Das Lager war provisorisch. Sie erwarteten besseres Equipment binnen des nächsten Monats. Wann es tatsächlich eintreffen würde, stand in den Sternen. Sie konnten von Glück sagen, dass die Nahrungsmittel noch nicht rationiert worden waren.

Chávez faltete die Hände und sah sie an. Der Chefarchäologe der Nationalen Autonomen Universität von Honduras wirkte gealtert. Mit seinen fünfundfünfzig Jahren sah er aus wie Hannahs Vater, der deutlich älter war. Das Haar war an den Schläfen vorzeitig ergraut, und das Ziegenbärtchen wirkte struppig. Die tiefen Tränensäcke hinter den Brillengläsern ließen ihn müde aussehen. Sie gaben Zeugnis von den schwierigen Arbeitsverhältnissen. Die Last drückte die Schultern des Professors nach unten. Irgendetwas war geschehen, das spürte Hannah.

»Schlechte Nachrichten«, sagte er.

Aha, dachte sie. Ihre kleine Erkundungstour heute Morgen war aufgeflogen. Sie beschloss, den Stier bei den Hörnern zu packen. »Wegen der Sache in der Grabkammer ... ich kann das erklären. Es war eine erste Sondierung. Wir haben kaum einen Fuß hineingesetzt. Enrique hat nichts damit zu tun, es war meine Entscheidung.«

Chávez runzelte die Stirn. »Grabkammer?«

»Ja. Deswegen haben Sie mich doch kommen lassen, oder?«

Er schüttelte den Kopf. »Ich habe Wichtigeres zu tun, als mich über ein paar kleine Insubordinationen aufzuregen. Natürlich war es falsch, dass Sie allein losgezogen sind, aber das wissen Sie ja selbst. Ihr Ruf als Archäologin ist hervorragend. Ich darf wohl davon ausgehen, dass Sie achtsam vorgegangen sind?«

»Worauf Sie sich verlassen können.«

Er sortierte fahrig seine Unterlagen. »Wie geht es Ihrem Mann und Ihrer Tochter? Sind beide wohlauf?«

Hannah runzelte die Stirn. Das Gespräch nahm eine unerwartete Wendung. »Ja, sind sie«, antwortete sie verwirrt. »Ich sprach gestern mit ihnen via Skype. Sie sind im Mittelmeer unterwegs. Eine Tauchexpedition vor Korsika.«

»Schön, schön.« Chávez klopfte die Ränder der Akten gerade und legte sie dann in sein Ablagefach. »Wunderbare Gegend, Korsika. Überhaupt das Mittelmeer. Warm und friedlich.«

»Wie man's nimmt. Die Flüchtlingskrise ist noch lange nicht ausgestanden.« Sie legte den Kopf schief. »Wollen Sie mir nicht endlich sagen, was los ist? Warum haben Sie mich rufen lassen?«

Zum ersten Mal, seit sie das Zelt betreten hatte, sah er ihr direkt in die Augen. »Wir werden unser Lager räumen müssen, Hannah. Dieses und alle anderen. Die Forschungen an der Weißen Stadt werden auf unbestimmte Zeit ausgesetzt.«

»Das Lager räumen? Ich verstehe nicht …«

»Ja, haben Sie denn die Nachrichten nicht verfolgt?«

Sie schüttelte den Kopf.

»Oh, dann wird Sie das kalt erwischen. Wir sind heute Morgen losgefahren, um die Lage zu sondieren. Es ist weit schlimmer als vermutet. In Tegucigalpa gab es massive Ausschreitungen. Die Ausgangssperre wurde gebrochen, es kam zu Plünderungen und Zerstörungen. Der Versuch des Militärs, die Lage unter Kontrolle zu bringen, scheiterte, und es gab Dutzende von Toten. Die Zeichen stehen auf Bürgerkrieg, Hannah.«

»Um Gottes willen …«

Hannah wusste, dass die Präsidentschaftswahl wegen massiver Wahlfälschungsvorwürfe international schwer unter Beschuss stand. Als Folge der Proteste hatte man eine Ausgangssperre verhängt, die auf unbestimmte Zeit verlängert worden war. Der Oppositionskandidat, der die grassierende Korruption und Gewalt bekämpfen wollte, hatte während der Auszählung lange Zeit in Führung gelegen, teilweise mit knapp zehn Prozentpunkten. Dann war etwas Unerklärliches geschehen, was auf eine Manipulation hindeutete. Die Veröffentlichung des Endergebnisses wurde nach hinten geschoben. Weiter und weiter. Auf Nachfrage hieß es, dass Hunderte von Wahlurnen geöffnet und nachgezählt werden mussten. Als dann das amtliche Endergebnis präsentiert wurde, führte der Amtsinhaber plötzlich wieder, und zwar mit deutlichem Abstand.

Die Abwahl des derzeitigen Präsidenten war eine der Hauptbedingungen der Organisation Amerikanischer Staaten gewesen, um Honduras in ihre Reihen aufzunehmen. Doch davon war Honduras jetzt weiter entfernt denn je.

»Das Land wird gerade systematisch abgeriegelt«, fuhr Chávez fort. »Die internationalen Flughäfen werden in achtundvierzig Stunden geschlossen. Sämtliche UNO-Staaten haben ihre Botschaften dichtgemacht und die Diplomaten abgezogen. Die Lage ist ernst. Ich verstehe Ihre Enttäuschung, Hannah, aber wir werden das Feld räumen und erst wiederkehren, wenn sich die Lage beruhigt hat.«

»Und wann wird das sein?«

Chávez zuckte die Schultern.

Hannah sackte in sich zusammen. Sie hatte gewusst, dass die Lage schlimm war, nicht aber, dass es so düster aussah. Vielleicht hätte sie mal aufmerksamer die Nachrichten verfolgen sollen. Etwas, das sie ungern tat. Vor allem in diesen postfaktischen Zeiten. Wer wusste schon, welche Meldungen echt waren und welche gefakt? »Das ist furchtbar«, sagte sie. »Unsere ganze Arbeit ...«

»Die wird auf uns warten, bis wir zurückkehren«, sagte Chávez.

»Falls Sie zurückkehren.« Abercrombie, der die ganze Zeit über still hinter den Professor gestanden hatte, räusperte sich. »Ich habe die Order ausgegeben, zu packen und alles abfahrbereit zu machen. Morgen früh um sechs Uhr werden wir verschwinden.«

Hannah blickte auf ihre Uhr. »Das sind zwölf Stunden. Sie machen Witze. Was ist mit den Fundstellen? Die müssen geschützt werden. So viele Abdeckplanen, wie dafür nötig wären, haben wir nicht. Wir müssten losfahren und neue besorgen.«

»Um die Fundstellen müssen Sie sich keine Sorgen machen«, erklärte Chávez. »Sie haben tausend Jahre der Witterung getrotzt, sie werden ein paar weitere Jahre überstehen. Wir werden sie lassen, wie sie sind. Bei den Scherben, den Knochen und Skulpturen werden wir eine Ausnahme machen und sie mit Planen abdecken. Sie dürfen sich gerne den Arbeiten anschließen, wenn Sie die Zeit erübrigen können.«

»Aber zuerst packen Sie Ihre Sachen«, warf Abercrombie ein. »Wie gesagt, um sechs Uhr früh geht's los. Denken Sie daran, dass Sie Ihren Pass griffbereit haben und persönliche Gegenstände am Leib tragen. Laptops, Geld, Visa. Wir werden keine Zeit haben, zurückzukehren. Professor Chávez, das war's erst mal von meiner Seite, ich muss wieder los. Nicht vergessen: Der Zeitplan muss strikt eingehalten werden.« Er tippte einen militärischen Gruß an die Stirn und verließ das Zelt.

Hannah schwieg. Es sah so aus, als wäre sie arbeitslos. Zwei Monate hatte sie hierfür veranschlagt, jetzt stand sie ohne Job da.

Chávez sah sie mitfühlend an. Er schien zu wissen, was in ihr vorging. »Was werden Sie tun? Zu Ihrer Familie reisen?«

»Vielleicht.« Sie hatte einen metallischen Geschmack auf der Zunge. »Oder ich kehre nach Messene zurück. Die Arbeiten dort sind noch lange nicht abgeschlossen. Ich glaube, übergangsweise könnte ich dort hingehen. Außerdem ist es ein wunderschöner Ort.«

»Machen Sie das.« Chávez nickte. »Der Peloponnes ist zauberhaft. Ich wünschte, ich könnte Sie begleiten. Leider bin ich gezwungen, hierzubleiben. Ich muss zurück an die Universität und retten, was zu retten ist.« Er seufzte und stand auf. »Ach ja, ehe ich es vergesse: Sie haben eine Nachricht erhalten. Melanie teilte mir mit, dass da etwas für Sie über den Äther gegangen ist. Eine private Botschaft.«

»Privat?« Nur eine Handvoll Menschen besaßen Hannahs Nummer. Von denen, die ihr spontan einfielen, kam nur John infrage.

»Am besten, Sie gehen selbst rüber und erkundigen sich. Beeilen Sie sich. Wenn Sie Glück haben, wurden die Geräte noch nicht abgebaut.«

3

Hannah verließ das Zelt und eilte mit eingezogenem Kopf durch das Lager. Der Regen fiel jetzt stärker. Überall wurde hektisch gearbeitet. Es herrschte eine schweigsame und verbissene Stimmung. Niemand redete, von Lachen oder Gesang ganz zu schweigen. Irgendwo plärrte ein Radio die neuesten Nachrichten.

Auf dem Weg zum Funkerzelt traf sie Enrique. Er wirkte vollkommen aufgelöst.

»Da bist du ja«, rief er, »ich habe dich überall gesucht. Hast du es mitbekommen?«

»Gerade eben, Chávez und Abercrombie haben es mir erzählt. So ein verdammter Mist.«

Er schüttelte den Kopf. »Bürgerkrieg, ich fasse es nicht …«

»Es war schon vorher nicht einfach, aber jetzt schlittert das Land vollends in die Katastrophe. Zum Verrücktwerden ist das. Es passiert gerade überall auf der Welt. Irak, Syrien, Libyen, der Jemen – sieh dich nur um. Heute noch Leuchtturm der Zivilisation, morgen der Abgrund. Nirgendwo kann man mehr ungestört arbeiten. Als würde ein Fluch über der Archäologie liegen. Aber ich habe keine Zeit, mich darüber auszulassen. Ich muss zu Melanie. Anscheinend ist da eine Nachricht für mich eingegangen.«

»Was dagegen, wenn ich mitkomme?«

Sie schüttelte den Kopf.

»Dann los.«

Im Funkerzelt angekommen, musste Hannah sich erst mal sortieren. Chávez hatte nicht übertrieben. Es wurde fieberhaft am Abbau gearbeitet. Computer, Kameras, Sende- und Empfangseinrichtungen, Antennen – all das musste zerlegt und verstaut werden. Tausende von Dollars verschwanden in Alukisten, wurden verfrachtet und außer Landes gebracht. Zum Transport würden sie geländegängige Fahrzeuge benötigen. Vorausgesetzt, ihnen wurden keine Hubschrauber zur Verfügung gestellt. Aber Hannah bezweifelte, dass das Militär im Moment Kapazitäten übrig hatte.

Melanie war im hinteren Teil des Zeltes und rollte Leitungen mit Kabelbindern zusammen. Die Luft war stickig.

»Hi, Mellie«, rief Hannah und manövrierte um den Hindernisparcours aus Computern und Sendeeinrichtungen herum. »Chávez hat mir gesagt, du hättest etwas für mich.«

Melanies Wangen waren gerötet. Auf ihrer Stirn stand der Schweiß. »Ja, richtig. Da ist vorhin etwas in deinem Postfach gelandet. Ich habe mir erlaubt, dir ein Back-up zu ziehen. Ist auf dem Stick hier.« Sie wühlte in ihrer Hosentasche und reichte Hannah den Datenträger. »Die Antenne ist bereits abgebaut, vorerst wirst du wohl nicht darauf antworten können. Ich hoffe, es ist nichts Dringendes.«

»Das hoffe ich auch.« Hannah starrte auf den daumennagelgroßen Chip. Sie würde sich die Nachricht gleich auf ihrem Laptop ansehen. »Konntest du den Absender identifizieren?«

»Es war jedenfalls nicht John, falls du darauf gehofft hast.« Mellie lächelte traurig. »Irgendeine Frau. Aber ich habe den Namen nicht lesen können.«

»Macht nichts. Danke für alles. Wenn ihr Hilfe braucht, sagt Bescheid. Ich bin drüben in meinem Zelt und mache dort klar Schiff.«

Hannah verabschiedete sich von Mellie und Enrique und ging zu ihrem Zelt. Missmutig starrte sie nach oben. Packen bei Regen war die reinste Sauerei.

Ihr Zelt stand an der Südseite des Camps unter den ausladenden Ästen eines Gummibaums. Eigentlich ein sehr schöner Platz. Die Blätter spendeten tagsüber Schatten und lenkten bei Unwettern den Regen zur Seite ab. Inzwischen aber waren die

Schleusen voll geöffnet, da halfen auch die Blätter nichts mehr. Die imprägnierte Außenhaut ihres Zeltes schimmerte wie nasser Asphalt.

Hannah eilte ins schützende Innere und schüttelte ihr Haar. Wassertropfen stoben aus ihren braunen Locken. Sie nahm die Brille ab und trocknete sie an einem Zipfel ihres T-Shirts. Auf ihrem Schreibtisch saß Rango, ihr kleiner Freund. Mit goldgesprenkelten Augen sah der Gecko sie an. Seit zwei Wochen leistete er ihr Gesellschaft. Da er keinerlei Anzeichen zeigte, diese hart erkämpfte Stellung aufzugeben, ließ Hannah ihn gewähren. Immerhin hielt er ihr Mücken und anderes Ungeziefer vom Leib.

Als sie ihren Laptop auf den Tisch stellte, zischte Rango ab, wuselte die Innenseite des Zelts hinauf, bis er unter dem First war, und versteckte sich in der dunkelsten Ecke. Hannah sah seine Augen im kalten Licht der LED-Lampe schimmern.

»Sorry, kleiner Freund, ich muss dich leider verlassen. Unsere gemeinsamen Nächte sind gezählt. Ab jetzt wirst du den Gürtel wieder enger schnallen müssen. Die Zeiten, in denen du dich nur neben dem Licht zu postieren und das Mäulchen aufzumachen brauchtest, sind vorbei. Das Schlaraffenland hat geschlossen.«

Sie klappte ihren Laptop auf. Der Anblick des chaotischen, unaufgeräumten Zeltes erfüllte sie mit Sorge. Sie würde Stunden brauchen, bis sie das alles sortiert und verpackt hatte. Ob sie da überhaupt Schlaf finden würde, stand in den Sternen.

Das Camp, die Leute und diese Umgebung waren ihr während der letzten Wochen ans Herz gewachsen. Es würde ihr schwerfallen, all das aufzugeben. Allerdings verlieh der Gedanke an Leni und John ihr Kraft. »Ich komme zurück, meine Liebsten«, flüsterte sie.

Endlich war das System hochgefahren. Sie steckte den Stick ein und klickte sich durch das archivierte Postfach. Da war die

Datei. Eine Videoaufzeichnung, etwa zwanzig Megabyte groß. Eingegangen um kurz nach elf. Der Zeitpunkt, zu dem sie mit Enrique unten in der Grabkammer gewesen war. Sie zog sich einen Stuhl heran, startete das Programm und schob die Brille ein Stückchen nach hinten.

Das Gesicht einer Frau tauchte auf. Das Bild war verwackelt, aber Hannah erkannte sie sofort. Überrascht hob sie die Brauen.

»Leslie?«

Hannah war Leslie Rickert vor zwei Jahren in der Wüste Nordiraks begegnet. Ihr Team hatte die britische Reporterin und einen amerikanischen Lieutenant am Straßenrand aufgegabelt und sie in ihrem Konvoi mitgenommen. Die beiden waren auf der Flucht vor der Terrormiliz Islamischer Staat gewesen, der sie mit knapper Not entkommen waren. Was sie gemeinsam erlebt hatten, war in keinerlei Reportagen oder Fachmagazinen aufgetaucht, sondern verstaubte tief in irgendwelchen Geheimakten. Leslie war eine gute Bekannte, aber definitiv niemand, dem sie ihre Privatnummer geben würde. Hannah hatte ewig nichts von ihr gehört und sich bereits gefragt, ob Leslie wohl bei einem ihrer waghalsigen Auslandseinsätze ums Leben gekommen war. Doch allem Anschein nach war die Sorge unbegründet. Leslie schien wohlauf zu sein. Braun gebrannt, mit hellen, wachen Augen und einem breiten Grinsen.

»Grüß dich, Hannah. Überrascht, mich zu sehen? Ich würde es dir nicht verübeln. Ist ganz schön lange her. Wie geht es dir, alles wohlauf? Schade, dass du nicht da bist, um live mit mir zu quatschen. Ich hoffe, deine Mailbox ist groß genug, sonst ist meine Nachricht für die Katz.«

Hannah justierte ein wenig an der Bildschirmeinstellung, bis die Kontraste nicht mehr ganz so hart waren.

Leslie saß in einem Raum, der wie ein altes Kino aussah. Ein Filmprojektor war im Hintergrund zu sehen. Merkwürdige Umgebung.

»Ich habe übrigens oft an unsere gemeinsamen Abenteuer gedacht«, fuhr Leslie fort. »Ein paarmal habe ich versucht, mit dir Kontakt aufzunehmen, doch du bist schwerer zu erreichen als der Maharadscha von Eschnapur. Es hat mich eine Menge Vitamin B und Überzeugungsarbeit gekostet, deine Nummer zu bekommen. Irgendwann bin ich bei John gelandet. Er war so nett, mir deine Kontaktdaten zu geben. Du fragst dich bestimmt, warum ich mir so viel Mühe mache, dich in deinem sumpfigen Nest in Mittelamerika aufzustöbern. Am liebsten wäre ich ja selbst vorbeigekommen, aber das erschien mir zu übertrieben. Honduras liegt nicht gerade um die Ecke. Außerdem dachte ich, es wäre klüger, erst mal die Lage zu sondieren. Vielleicht entpuppt sich das Ganze ja als Hoax.«

»Komm zum Punkt, Leslie.« Hannah trommelte mit den Fingern auf den Tisch. Die Datei war bereits zu einem Viertel abgelaufen. Hannah öffnete eine Flasche Wasser und legte die Füße auf den Tisch. Die Reporterin hatte nicht übertrieben. Es würde dauern.

»Wie du weißt, habe ich lange im Ausland gelebt. Vor einem Jahr ist mein Vertrag mit der BBC ausgelaufen, und ich musste mich nach einem neuen Betätigungsfeld umsehen. Mir tut's nicht leid, dass ich von dort weg bin. Zwei Jahre im Irak sind weiß Gott genug. Ich beschloss, erst mal nach England zurückzukehren, meine Familie und alte Freunde zu besuchen und ein bisschen runterzukommen. Wie du dir denken kannst, ist mir das nur zum Teil gelungen.« Sie grinste schief in die Kamera. »Bereits nach drei Wochen war ich an einer neuen Sache dran. Oder vielmehr an einer alten. Ich hatte dieses Thema kurz vor der Jahrtausendwende auf dem Schirm, es dann aber aufgrund meiner vielen Auslandseinsätze aus den Augen verloren. Ich dachte: Schau doch mal, was sich in der Zwischenzeit getan hat. Und, bingo. Die alte Spur war noch heiß. Genauer gesagt, war sie nie wirklich abgekühlt. Warum kein anderer sich dieser Sache angenommen hat, weiß ich nicht. Entweder hatten die alle Tomaten auf den Augen, oder ich bilde mir das ein. Was ich nicht glaube. Vor allem nicht im Hinblick auf die aktuellen Ereignisse.«

Hannah nippte an ihrem Wasser. Leslie redete um den heißen Brei herum, das war offensichtlich. Sie verlor sich in Floskeln und Andeutungen. Das passte überhaupt nicht zu ihr.

Im Irak hatte Hannah die Reporterin als jemanden kennengelernt, der kein Risiko scheute und Klartext redete. Leslie hatte mit einem Kommandanten der Terrormiliz über Politik gestritten und ihn, nach eigenen Angaben, mehr als einmal beleidigt. Das wollte schon etwas heißen.

»… Sekte, über die ich recherchiert habe. Sie …«

Hannah hielt inne. In Gedanken war sie abgeschweift. Sie drückte den Pausenknopf und spulte zurück.

»… wie du weißt, habe ich vor einiger Zeit einen Bericht zum Thema Geheimbünde, Sekten und Satanisten gedreht. Vornehmlich in Großbritannien, aber auch auf dem europäischen Festland. Speziell ging es um den *Order of Nine Angles* und den *Temple of The Black Light*. Zwei britische Satanistenkulte, die behaupteten, ihren Ursprung im Sonnenkult von Albion zu haben. Sie beschreiben ein Ritual, bei dem neun Tropfen Blut aus dem linken Daumen geopfert werden, um die Kontur der Form Liliths als Enneagramm nachzuzeichnen. Die Zahl Neun hat bei beiden eine große Bedeutung, sowohl als Zahl des Egos als auch des Teufels. Beide Vereinigungen wurden im Anschluss an unseren Film verboten. Interessanterweise bin ich während meiner Recherchen auf ein neues Mysterium gestoßen. Ein viel größeres, als ich zunächst vermutet hatte. Offenbar reicht es bis in die höchsten Kreise. Moment, ich möchte dir etwas zeigen …« Sie raschelte in ihren Unterlagen.

Hannah fand, dass Leslie konfus wirkte. Satanisten, Geheimkulte? Wie es schien, hatte sich die Reporterin ordentlich verzettelt.

»Hier«, sagte Leslie kurzatmig und hielt Hannah ein grobkörniges Schwarz-Weiß-Foto entgegen. »Das ist es. Sorry für die schlechte Qualität, das Bild wurde hochvergrößert. Es ist ein Ausschnitt aus einer Szene, die 1972 für einen Spielfilm gedreht wurde. Ein Film, der in unmittelbarem Zusammenhang zu meinem Fall zu stehen scheint. Als ich das sah, musste ich sofort an dich denken.« Sie hielt das Bild nah an die Kamera. Hannah nahm die Füße vom Tisch und rutschte näher an den Monitor heran. Sie tippte auf Pause, damit sie genug Zeit hatte, die Aufnahme zu studieren.

Zu erkennen war ein Steinblock, um den halbkreisförmig ein paar Menschen standen. Sie hielten Fackeln in den Händen und waren kostümiert. Hannah empfand ein Gefühl der Beklommenheit, als sie die Figuren näher in Augenschein nahm. Sie trugen weite Umhänge und unterschiedliche Tiermasken – Ziegen, Kühe, Schweine und Esel. Die Form der Masken wirkte weder asiatisch noch amerikanisch oder afrikanisch. Sie sahen eher europäisch aus. Ähnlich den Hexenmasken, wie sie in Süddeutschland zum Fasching getragen wurden. Die Anwesenden versteckten ihre Gesichter unter weiten Kapuzen, die Hannah an die Heilige Inquisition erinnerten. Eine makaber aussehende Gesellschaft.

Der Steinklotz war mit einer Vielzahl von Bildsymbolen verziert, deren Wurzeln eindeutig im mediterranen Raum oder Mittleren Osten verortet waren. Wenn das eine Filmrequisite war, so hatten die Bühnenbildner ganze Arbeit geleistet. Das Ding wirkte verdammt echt. Gewiss, Hannah war keine Expertin, doch sie bildete sich ein, eine einfache Replik von der echten Sache unterscheiden zu können. Mit hundertprozentiger Sicherheit konnte man das erst sagen, wenn man es leibhaftig vor sich hatte. Das Komische war, dass Hannah das Gefühl hatte, das Ding schon einmal gesehen zu haben. Vor langer Zeit, an einem weit entfernten Ort. Aber sie kam nicht darauf, wo das gewesen sein könnte.

Die schlechte Bildauflösung wurde durch Heranzoomen nicht besser, also spielte sie das Video weiter ab.

»... du kannst erkennen, dass die Truhe ziemlich alt ist«, fuhr Leslie fort. »Die Gravuren sind starker Verwitterung ausgesetzt gewesen, aber ein Symbol ist recht gut erhalten. Warte, ich zeige es dir.« Sie zog ein zweites Bild hervor. »Würde mich brennend interessieren, was du davon hältst.«

Hannah drückte den Pausenknopf.

Zu sehen war ein Baum mit Früchten, der von zwei Steinböcken eingerahmt wurde. An seinen Wurzeln hatte der Bildhauer Wellen eingraviert, die Wasser symbolisierten. Über dem Wipfel prangten sternförmige Blütensymbole.

Jetzt erinnerte Hannah sich. Kein Zweifel, das Bild stellte einen *Gaokerena* dar, einen Lebensbaum. Er existierte vor allem in der persischen Mythologie. In Nimrud hatte sie Ähnliches gesehen, ehe dort alles vom IS zerstört worden war. Die Äste und Zweige waren gewunden, der Stamm glatt und ebenmäßig. Ein beliebtes Motiv auf Grabplatten oder Basreliefs. Während der Baum persisch zu sein schien, waren die Blüten und das Wasser in ihrer Ausgestaltung griechisch oder römisch. Eine Mischung verschiedener Stilrichtungen, die eine eindeutige Zuordnung schwierig machte.

Hannah runzelte die Stirn. Der Baum des Lebens war ein Symbol, das sich durch alle Weltkulturen zog. Seien es die Ägypter, die Inder, die Germanen, die Griechen, Hebräer oder Maya – überall stand der Baum für Fruchtbarkeit und Schöpfung. Warum er in einem Ausschnitt eines Films der 70er-Jahre zu sehen war, entzog sich allerdings ihrem Verständnis. Aber wie gesagt: Sie war keine Filmexpertin.

Sie sah sich den Rest von Leslies Botschaft an, weitere Informationen gingen aber nicht daraus hervor. Weder ließ sich die Reporterin dazu herab, ihr zu erklären, an was sie gerade arbeitete, noch teilte sie ihr mit, warum dieses Symbol sie interessierte.

Zu dumm, dass dies eine Aufzeichnung war, sie hätte Leslie gerne die eine oder andere Frage gestellt.

Sie lehnte sich zurück. Leslie hätte die Mühen, Hannah ausfindig zu machen, nicht auf sich genommen, wenn sie nicht überzeugt davon wäre, dass es wirklich wichtig war. Sie war keine enge Freundin, gewiss, aber doch jemand, den Hannah respektierte.

Ihr kam eine Idee.

Soweit ihr bekannt war, ging der Flug ohnehin über Heathrow. Was, wenn sie auf dem Weg zu Leni und John einen kleinen Zwischenstopp in London einlegte? Sie konnte sich am Flughafen mit Leslie treffen, einen Kaffee trinken und sich mit ihr unterhalten. Vielleicht könnte sie ihren Besuch auch auf ein oder zwei Tage ausdehnen. Das sonnige Südengland würde ihr helfen, die Enttäuschung von Honduras zu verarbeiten.

Sie klappte den Laptop zu.

Die Sache war beschlossen. Südengland also. Lange her, dass sie zuletzt da gewesen war.

4

Juraküste, Südengland …

Die junge Frau rannte und rannte. Sie wusste nicht, wer sie war, sie kannte weder ihre Herkunft noch ihren Namen. Alles, was ihr benebelter Verstand ihr zurief, war: *Renn!* Fort von den Feuern, den Gesängen und dem Tanz. Fort von den Menschen in ihren Kutten, den Masken und Drogen. Hinein in die Nacht.

Animalischer Schweißgeruch lag in der Luft. Ihr Mund war wie ausgetrocknet, ihre Zunge schmeckte Ammoniak.

Sie tauchte unter einem niedrig hängenden Ast hindurch. Ihre Lunge schrie nach Erlösung.

Sie glaubte, teuflische Augen in ihrem Rücken zu spüren. SIE sahen sie. SIE spürten sie. Wenn SIE sie in die Finger bekamen, war es vorbei.

Ihre nackten Füße flogen über die Walderde. Zum Glück war sie einigermaßen sportlich. Zweige, Äste, Wurzeln huschten an ihr vorbei. Von Zeit zu Zeit stieß sie gegen eine Wurzel oder einen Stein. Doch sie ignorierte den Schmerz und rannte weiter. Schreckhaft und voller Panik. Wie ein wildes Tier.

Vor ihr schälte sich eine seltsame Form aus der Dunkelheit. Das wenige Licht, das durch die Zweige fiel, ließ keine Deutung zu. War das eine Mauer?

Sie verlangsamte ihren Schritt. Großer Gott, es war wirklich eine Mauer. Vier Meter hoch. Mindestens. Aus groben Steinen geschichtet. Feucht und unbezwingbar.

Sie blieb stehen und starrte nach links und rechts in die Dunkelheit. Ein schluchzender Schrei entstieg ihrer Kehle. Der Laut klang seltsam und fremd in dieser Umgebung.

Für den Bruchteil einer Sekunde war sie unachtsam, stolperte und fiel hin. Ihr Gesicht tauchte in Blätter und feuchte Walderde.

Keuchend lag sie da und versuchte, sich zu sammeln. Sie war eingesperrt. Niemand entkam IHNEN, nicht in diesem Leben und in allen folgenden. Adrenalin pumpte durch ihre Adern. Die Bäume rückten näher zusammen. Sie starrten sie aus den Vertiefungen der Rinde an. Sie spürte, wie etwas sie berührte. Ranken drangen aus der Erde, umklammerten sie, hielten sie fest. Mit einem leisen Schrei versuchte sie, sie abzustreifen, bekam aber nur trockenes Laub zu fassen. Hatte sie sich das nur eingebildet? Sie musste hier weg. Irgendwie musste sie einen Weg finden, diese Mauer zu überwinden.

Ihre Augen hatten sich inzwischen an die Dunkelheit gewöhnt. Zu ihrer Rechten bemerkte sie etwas Schiefes, das gegen die Wand lehnte. Eine Rampe?

Eine Gänsehaut kroch über ihren Körper. Was immer da in der Dunkelheit lauerte, es konnte der Weg in die Freiheit sein.

Unsicher taumelte sie auf das Gebilde zu. Beim Näherkommen erkannte sie, dass es ein umgestürzter Baum war. Der Waldboden war aufgerissen. Das Licht des Mondes ließ bleiche Wurzeln erkennen. Wie Spinnweben tasteten sie in die Höhe. Der Baum war umgefallen und auf die Mauerkrone gekracht.

Schwer atmend blickte die Frau auf die unverhoffte Rettung. Als sie den Stamm berührte, war sie sicher, dass er keine Illusion war. Das Mondlicht wies ihr den Weg hinauf.

Sie erklomm die schimmernde Borke, griff nach oben und zog mit banger Hoffnung die Füße nach. Die Rinde war rau und bot guten Halt. Wie eine Seiltänzerin, die Arme ausgebreitet, schritt sie die ersten Meter hinauf, ging dann aber im oberen Teil in einen Vierfüßlerstand über. Die letzten Meter waren eine Qual. Überall ragten kleine Zweige aus dem Stamm, die sie zur Seite schieben und über die sie hinwegkriechen musste.

Ihr Herz schlug bis zum Hals, als sie endlich oben ankam und auf die andere Seite blickte. Herrje, war das tief. Der Waldboden war kaum zu erkennen. Doch es führte kein Weg daran vorbei. Sie musste sich fallen lassen.

Als sie zurückschaute, meinte sie, Flammen zu sehen. Sie presste die Lider ein paarmal zusammen, dann war der Schein verschwunden.

Um den Sturz abzumindern, ließ sie sich hinabgleiten. Als sie nur noch an den Fingerspitzen hing, stieß sie sich ab, fiel mehrere Meter und landete hart auf dem Boden. Ein scharfer Schmerz zuckte ihr Bein empor, entlockte ihr einen Schrei. Sie wartete einen Moment, doch der Schmerz ließ nur langsam nach. Vorsichtig massierte sie ihren Knöchel. Es fühlte sich nicht an, als wäre etwas gebrochen.

Die Zähne zusammenbeißend, stand sie auf. Sie stützte sich gegen die Mauer und belastete vorsichtig den Fuß. Ein kurzer, scharfer Schmerz flammte auf. Als würde ihr jemand einen Nagel ins Sprunggelenk drücken. Vermutlich war es nur gestaucht.

Sie blickte an sich herab. Ihre Jeans war völlig zerfetzt. Ihr Hemd war zerrissen, die Haut darunter aufgekratzt. Schrammen, Blessuren – ihre Arme und Beine waren bedeckt davon. Als wäre sie unter einen Lastwagen geraten.

Humpelnd machte sie sich auf den Weg hangabwärts.

Langsam setzte die Erinnerung wieder ein. Sie wusste wieder, wer sie war, wohin sie gehörte, wie alles seinen Anfang genommen hatte. Was die letzten paar Stunden betraf, stand sie aber immer noch vor einem völligen Rätsel. Wer waren diese Leute, warum trachteten sie ihr nach dem Leben? Sie war ein Nichts, ein kleines Licht. Eine mittellose Studentin, die einen Job bei einem Hostessenservice angenommen hatte, um ihr Studium zu finanzieren.

Trixie, ihre Mitbewohnerin, hatte ihr diesen Job vermittelt. Sie hatte ihr erzählt, dass sie steinreiche Leute kenne, die regelmäßig ausschweifende Partys veranstalten würden. Zwar wären die meisten davon alte Säcke, die Bezahlung sei jedoch hervorragend. Und erst die Drogen! Trixie war lange in der Szene unterwegs und behauptete, sie habe noch nie ein so erlesenes Zeug vorgesetzt bekommen. Die Agentur hatte sie überprüft und sie in ihre Mitgliederliste aufgenommen. Ohne Referenzen funktionierte hier gar nichts. Aber sie war hübsch genug, und Trixies Empfehlung gab den Ausschlag. So war sie hier gelandet. Doch dann war alles schiefgegangen.

Ein Geräusch schallte durch den Wald. Hundegebell! Jenseits der Mauer und weit entfernt, aber näher kommend.

Verzweifelt stolperte sie weiter. Hörte dieser Wald denn gar nicht mehr auf?

Sie taumelte eine steile Böschung hinunter, landete in einem Bach und kletterte am anderen Ufer hoch. Danach kroch sie durch ein Farndickicht, das ihr bis zur Brust ging. Müde und kraftlos schob sie das Gestrüpp auseinander. Sie war so ermattet, dass nicht mal Tränen flossen.

Sie hatte die Orientierung verloren. Der einzige Hinweis, dem sie folgen konnte, war die Abwärtsneigung des Geländes. Ganz offensichtlich stand sie auf einer Anhöhe. Aber jeder Hügel endete irgendwann einmal. Oder? Dort, hoffte sie, würde sie auf Hilfe stoßen. Ein Haus oder eine Straße finden. Menschen, die ihr Schutz boten.

Zwischen den Bäumen wurde es heller. Die Stämme wurden kleiner, schmaler und standen weniger dicht beisammen. Der Wald wurde luftiger. Immer mehr Mondlicht strömte jetzt durch die Zweige. Hoffnungsvoll wollte sie beschleunigen, doch ihr Sprunggelenk zwang sie zur Langsamkeit. Dabei wollte sie nur fort von hier. Raus aus diesem Dickicht, weg von diesen seltsamen Bäumen, die ihr die Luft zum Atmen raubten. Ein paar letzte Zweige, unter denen sie hindurchtauchte, dann stolperte sie auf eine weite Fläche hinaus.

Vor ihr lag eine sanft abfallende Wiese, die von dem kalten Mondlicht beschienen war. Die Spitzen der Gräser funkelten wie Millionen silberner Lanzen. Noch nie in ihrem Leben hatte sie so einen Mond gesehen. Wie ein riesiges kaltes Auge ruhte er inmitten Tausender von Sternen.

Das Gras war feucht und kühl, eine Wohltat für ihre geschundenen Beine. Sie sah sich um, erblickte aber weder Straße noch Haus. Nicht mal einen Schuppen oder Unterstand. Egal. Hauptsache, sie war diesem teuflischen Wald entronnen.

Sie humpelte weiter hangabwärts, wobei sie immer noch versuchte, sich zu erinnern. Was hatte sie nur genommen, dass es ihre Erinnerung dermaßen unterdrückte?

Rauschen drang an ihr Ohr.

Sie verlangsamte ihre Schritte. Drüben schien die Wiese zu enden. Wie mit dem Lineal abgeschnitten. Dahinter folgte ein pechschwarzer Horizont, auf dem ein einsames rotes Licht blinkte. An, aus. An, aus.

Wind schlug ihr ins Gesicht. Schnuppernd hielt sie die Nase in die Höhe. Die Luft war erfüllt vom Geruch nach Salz und Seetang. Das Rauschen nahm zu. Nun klang es nicht mehr so gleichförmig wie vorhin. Es schwoll an und ab. Lauter und leiser.

Wellen.

Brandung, die gegen Felsen schlug.

Die Erkenntnis traf sie wie ein Fausthieb. Das war das Meer! Und das rote Blinklicht war eine Boje weit draußen auf See. Sie hatte die Küste erreicht.

Atemlos drehte sie sich um. Der Wald war inzwischen nicht mehr dunkel. Sie sah Lichter. Autoscheinwerfer. Davor Männer mit Fackeln. In ihrem unheimlichen Flackern erkannte sie Kutten und Umhänge.

Sie stieß ein entsetztes Keuchen aus. Wie naiv sie doch war, zu glauben, sie könne diesen Ungeheuern entkommen. Sie hatten sie eingeholt, hatten Autos genommen und ihr den Weg abgeschnitten.

Während sie auf die bizarre Szenerie starrte, sah sie, wie die Männer einen Halbkreis bildeten. Wie eine Schlinge, die sich immer enger zusammenzog.

Sie wich zurück.

Schritt für Schritt näherte sie sich den Klippen. Das Donnern und Brausen schwoll an. Die Wiese endete an einem Viehgatter, dahinter verlief ein schmaler Wanderweg. Dann begannen die Klippen. Kläffen ließ sie zusammenzucken. Die Kerle hatten Hunde dabei. An kurzer Leine zerrten sie und bellten. Der Halbkreis wurde enger. Die Männer waren weniger als hundert Meter von ihr entfernt.

Das Mädchen ballte die Fäuste vor Verzweiflung. Auf keinen Fall würde sie sich von denen zurück in den Wald bringen lassen. Ihre Erinnerungen mochten nebelhaft und unwirklich erscheinen, aber sie genügten, um dies kategorisch auszuschließen.

»Haut ab!«, schrie sie. »Verschwindet. Lasst mich in Ruhe! Ich will mit euch nichts mehr zu tun haben. Es ist aus, habt ihr verstanden? Aus und vorbei.«

Lachen ertönte. Lachen, das noch grausamer war als Fackeln und Hunde. Ein unmenschliches Lachen.

»Habt ihr nicht verstanden, was ich sage? Ihr sollt gehen! Was wollt ihr überhaupt von mir? Was habe ich euch getan?«

Es waren jetzt nur noch zwei Meter bis zu der Abbruchkante. Die Steilwand wirkte bröckelig und instabil. Tief unter ihr brachen sich die Wellen an den spitzen Steinen.

Der Wind hatte aufgefrischt. War ihr eben noch der Schweiß über das Gesicht gelaufen, spürte sie nun, wie sie auskühlte.

»Lasst … mich doch einfach … in Ruhe …«, wimmerte sie. »Ich will nichts mit euch zu tun haben. Und auf keinen Fall werde ich zurückgehen. *Niemals.*« Ihre Stimme klang wie ein dünner Faden, der abgeschnitten wurde. Niemand scherte sich einen Dreck um das, was sie sagte.

Sie trat einen Schritt zurück. Unter ihrer Ferse gab das Gestein nach. Ein Rieseln erklang. Ein paar kleine Stücke lösten sich aus dem Sandstein, stürzten in die Tiefe.

Angsterfüllt zuckte sie zurück.

Einer der Männer kam auf sie zu. Er gab den anderen ein Handzeichen. Sie sollten stehen bleiben. Fackeln wurden gesenkt, die Hunde hörten auf, an ihren Leinen zu zerren.

Der Mann wandte sich ihr zu. Er war etwa zehn Meter von ihr entfernt. Sein Körper war unter dem weiten Umhang verborgen. Sein Gesicht war von einer Kapuze bedeckt. Als er anfing zu sprechen, klang seine Stimme sanft und dunkel.

»Geh da weg, mein Kind«, sagte er. »Weißt du nicht, wie gefährlich das ist? Der Sandstein ist alt und verwittert. Er kann jederzeit abbrechen. Willst du in den Tod stürzen?«

Die Stimme kam ihr bekannt vor. Hatte sie sie nicht irgendwo schon einmal gehört?

»Das Leben ist zu schön, um es achtlos wegzuwerfen. Du bist zu Höherem berufen. Du hast einen heiligen Auftrag.«

»Was denn für einen Scheißauftrag?«, brach es aus ihr heraus. Ihre Panik begann, blinder Verzweiflung zu weichen. Tränen strömten ihr über die Wangen. Da war etwas in seiner Stimme, eine Kraft, die sie schwach machte. *Willenlos.*

Plötzlich spürte sie das Verlangen, vor ihm auf die Knie zu sinken und ihn um Vergebung zu bitten. Sie war eine unartige Tochter und musste bestraft werden.

Moment mal.

Das war nicht ihr Vater. Sie hatte auch nichts angestellt, und schon gar nicht hatte sie sich versündigt. Vielleicht vor den Augen der Kirche, aber sie war keine Gläubige. Diese Männer hingegen jagten sie, verfolgten sie. *Sie* waren die Bösen.

»Ich werde nirgendwohin gehen.«

Mit hocherhobenem Kopf sagte sie: »Verschwindet, oder ich stürze mich von den Klippen. Ich meine es ernst …« Um ihren

Worten Nachdruck zu verleihen, trat sie einen weiteren Schritt auf den Abgrund zu. Es war schon fast zu weit. Als ihr Fuß abrutschte, zog sie ihn rasch zurück. Doch sie hatte Erfolg. Der Mann zögerte. Er schien nicht mit Widerstand gerechnet zu haben. Er hob die Hand und malte mit seinem Finger einen Kreis in die Luft.

Die Gestalten mit ihren Kutten sahen einander an, dann traten sie den Rückzug an. Die Hunde weigerten sich zunächst und mussten an ihren Leinen gewaltsam nach hinten gezogen werden. Enttäuschtes Jaulen war zu hören. Sie schienen es zu hassen, dass man ihnen die Beute verweigerte.

»Besser?«, fragte der Anführer. »Jetzt sind wir allein. So, wie du es wolltest. Wirst du mir den Gefallen tun und von der Kante wegtreten? Ich mache mir Sorgen um dich.«

»Blödsinn …«

»Warum bist du so argwöhnisch? Glaube mir, du bist mir lieb und teuer.«

»Ich … warum?« Seine Worte verwirrten sie.

»Weil du jung bist und voller Leben. Du willst doch nicht wie eine zerbrochene Puppe da unten auf den Felsen enden, oder? Deine Schönheit und Fruchtbarkeit machen dich zu etwas Besonderem.«

Sie schüttelte den Kopf. Seine Stimme war von einer solchen Macht, dass sie tatsächlich einen Schritt nach vorn trat. Es war wie ein Zwang.

Dann hielt sie inne. Ihr war ein Gedanke gekommen.

»Zeig mir dein Gesicht.«

Die Kapuze zuckte ein wenig nach oben. »Wie bitte?«

»Dein Gesicht. Ich will es sehen. Schieb die Kapuze nach hinten, und lass mich einen Blick darauf werfen.«

»Ich verstehe nicht, was mein Gesicht damit zu tun hat …«

»Sofort.« Sie spürte, dass es guttat, aktiv zu werden. Nicht das Opfer zu sein. Sie bestimmte, was zu geschehen hatte, und

das machte sie stärker. Die Wirkung der Drogen ließ langsam nach. Sie wurde wieder klar im Kopf.

»Los jetzt. Runter mit dem Ding.«

»Ich weiß nicht, ob das eine so gute Idee ist …«

»Was hast du zu verbergen? Ich will deine Augen sehen. Ich will sehen, mit wem ich es zu tun habe.« Sie tat, als wolle sie erneut auf die Kante zugehen. Den Entschluss zu springen, hatte sie inzwischen verworfen. Sie wollte leben.

Der Mann seufzte und ließ die Schultern hängen. »Na gut«, sagte er. »Ich halte das zwar für keine gute Idee, aber du bist der Boss.«

»Verdammt richtig.«

Er hob sein Kinn und schob die Kapuze nach hinten.

Das Gesicht eines gut aussehenden Mannes erschien. Markante Nase, scharf geschnittene Wangenknochen, verführerischer Mund. Er hätte ein Filmstar sein können oder ein Bankdirektor. Oberflächlich gesehen eine attraktive Erscheinung, doch was darunter lag, stieß sie ab. Sein Alter ließ sich nur schwer bestimmen. Er konnte Mitte dreißig sein oder jenseits der fünfzig. Seine Haut war makellos, aber für sein Alter zu glatt. Der Mund war ebenmäßig, doch eine Spur zu breit. Die Nase markant und doch irgendwie zu klein. Auf seiner linken Wange prangte eine halbmondförmige Narbe, die im kalten Licht des Nachthimmels unnatürlich weiß schimmerte. Als ihre Blicke sich begegneten, war es, als bohrten sich zwei Eiszapfen in ihr Herz. Es waren Augen, die alles gesehen hatten. Augen, denen kein Mysterium zu fremd und kein Abgrund zu tief war. Sie waren gütig, gleichzeitig fordernd und tödlich. Augen, älter als die Welt.

Ein süffisantes Lächeln umspielte die Lippen des Mannes.

»Und, zufrieden? Es ist doch vollkommen unsinnig, was du vorhast. So ein schönes Geschöpf. Du bist zum Leben geboren, nicht zum Sterben. Wirst du endlich deinen unsinnigen Gedanken aufgeben?«

Sie spürte die Ungeduld hinter seinen Worten, die Wut. Sie wollte antworten, konnte aber nicht. Ihre Kehle war wie zugeschnürt. Sie hatte diese Augen schon einmal gesehen. Jenseits der Mauer in ihrem Kopf.

»Komm. Ich befehle es dir.« Seine Hand formte sich zu einer Klaue. Ein blutroter Funke zuckte hinter seiner Netzhaut auf. Eine lodernde Flamme aus Hass und Verachtung.

Sie war so gefesselt von diesem Blick, dass sie um ein Haar nicht mitbekam, dass er sich näherte. Als ihr klar wurde, was er vorhatte, war er nur noch knapp eine Armlänge von ihr entfernt. Blitzschnell zuckte er vor, packte sie am Ärmel und wollte sie zu sich ziehen, doch sie riss sich los.

Einen Schrei ausstoßend, taumelte sie nach hinten. Die Naht an ihrem Ärmel ging mit einem hässlichen Geräusch auf. Der Stoff schnitt in ihre Haut. Sie verlor das Gleichgewicht. Wild mit den Armen rudernd, versuchte sie, die Balance zu halten, aber sie war zu weit über der Kante. Ihre Füße traten ins Leere. Einen Moment lang schien sie zu schweben, dann wurde sie von einer übermenschlichen Kraft nach unten gerissen …

und fiel.

»Nein!«

Sie hörte den Schrei des Mannes, sah das Entsetzen in seinen Augen. Sturm donnerte in ihren Ohren, verwirbelte ihr Haar zu grauem Rauch. Unter ihr leckten die Wellen gierig an den Felsen. Graublaue Schlieren sausten an ihr vorbei. Die Felswand besaß weder Vorsprünge noch Vertiefungen – nichts, wo sie Halt finden konnte. Schneller und schneller wurde sie. Über sich sah sie die Silhouette des Mannes auf der Klippe. Der Mond stand direkt hinter ihm. Seine Haare leuchteten im Gegenlicht ein letztes Mal auf.

Wie bei einem Heiligenschein.

5

Flughafen London Heathrow …

Es schüttete Bindfäden, als Hannah den Flughafen verließ und zu den Taxis eilte. Den Kopf gesenkt, steuerte sie das erste in der Reihe an. Auf den letzten Metern wurde sie von einem Mann mit Regenschirm und elegantem Hut überholt, der, ohne sie zu beachten, an ihr vorbeirauschte, in das Taxi stieg und ihr die Tür vor der Nase zuschlug. Als der Wagen an ihr vorbeifuhr, schwappte eine Ladung Wasser aus dem Rinnstein empor. Der Mann würdigte sie keines Blickes. Seine Krawatte schimmerte im Halbdunkel wie eine Landebahn des Erfolgs.

Kopfschüttelnd wandte Hannah sich dem nächsten Taxi zu. Ein junger, pakistanisch aussehender Mann stieg aus und half ihr mit den Koffern. Freundlich lächelnd öffnete er ihr die Tür, wartete, bis sie eingestiegen war, und eilte dann zurück auf seinen Sitz.

»Das war wirklich sehr unhöflich«, sagte er und deutete auf die Rücklichter, die im Grau des Regens verschwanden. »Diese Banker werden immer dreister. Sie glauben, ihnen gehört die Welt, dabei leben sie nur von dem Geld, das andere durch harte Arbeit erwirtschaftet haben.«

Hannah schüttelte die Tropfen aus dem Haar und befühlte ihre Hose. Sie war ziemlich feucht. »Was für ein Wetter«, sagte sie. »Ist es um diese Jahreszeit hier immer so nass?«

»Erst seit drei oder vier Jahren. Tja, was soll man sagen, der Klimawandel ist eine Tatsache.« Auf einem Schild des Fahrers stand sein Name: Hamid Yasir.

»Wohin darf ich Sie fahren?«

»Nach Windsor. Ins *George Inn.*«

»Windsor, sehr gerne. Haben Sie vor, die Queen zu besuchen? Ich glaube, sie hält sich gerade dort auf.« Er zwinkerte ihr zu. Offensichtlich wollte er sich mit ihr unterhalten, aber sie war zu müde dazu. Vierundzwanzig Stunden war sie jetzt schon auf den Beinen. Und die Nacht davor hatte sie kaum geschlafen.

»Wenn alles klappt, treffe ich dort eine alte Freundin«, sagte sie, in der Hoffnung, nicht unhöflich zu wirken.

»Das Schloss sollten Sie sich auf jeden Fall ansehen. Es ist wirklich schön.«

»Gerne, wenn mir noch Zeit bleibt. Ich bin auf der Durchreise.« Sie blickte hinaus in den Regen. Die Lichter der hereinfliegenden Jets spiegelten sich auf dem nassen Asphalt. »Macht es Ihnen etwas aus, das Radio leise zu drehen? Ich würde gerne noch ein paar Minuten die Augen zumachen. Ich habe die letzten beiden Nächte kaum geschlafen.«

»Kein Problem, Madam. Hier haben Sie ein Kissen, damit Sie Ihren Kopf etwas abstützen können.«

»Oh, vielen Dank. Im Vergleich zum Flieger ist Ihr Taxi himmlisch bequem.«

Er grinste. »Schlafen Sie nur. Sie sollen sich fühlen wie auf einem fliegenden Teppich. Sie werden kaum etwas von der Autofahrt mitbekommen.«

»Klingt himmlisch.« Hannah nahm Platz, schnallte sich an und bettete ihren Kopf auf das Kissen. Sie war überzeugt, gerade erst die Augen geschlossen zu haben, als eine sanfte Hand ihre Schulter berührte.

»Aufwachen, Madam.«

»Hm?«

Hamids freundliche braune Augen leuchteten ihr entgegen.

»Wir sind da.«

»Was, schon?« Hannah blickte auf die Uhr. »Das kann doch gar nicht …«, der Minutenzeiger war deutlich weitergerückt.

»Yes, Madam. Der Verkehr lief ausnahmsweise mal zügig.«

»Habe ich geschlafen?«

»Wie ein Murmeltier.« Er lächelte. »Es hat keine zehn Sekunden gedauert, da waren Sie weg. Beneidenswert, wenn man so einen gesegneten Schlaf hat.«

Sie rieb sich die Augen und blickte nach draußen. Das Wetter hatte aufgeklart. Die Wolkendecke war voller Lücken, in denen kurz die Sonne hindurchschimmerte. Über der Gaststätte stand in prächtigen Lettern *The George Inn & Eatery.* Farbenfrohe Blumenampeln über den Fenstern verströmten ein heimeliges britisches Flair. Dies war also der Ort, den Leslie für ein Treffen vorgeschlagen hatte.

Hannah gähnte herzhaft. Der kleine Schlummer hatte ihr tatsächlich Erholung gebracht. »Wunderbar«, sagte sie. »Was schulde ich Ihnen?«

»Sechsunddreißig Pfund.«

Sie öffnete ihr Portemonnaie und gab ihm vierzig, worauf er sich herzlich bedankte und ihr den Koffer bis vor die Tür trug.

Das *George Inn* war gleichzeitig Pub und Herberge. Es lag in der High Street, dem Herzen der Stadt, wenige Gehminuten entfernt vom Schloss. Da sie noch etwas Zeit hatte, ging Hannah zur Rezeption, meldete sich an und bezog ihr Zimmer. Es war klein, gemütlich und bezahlbar. Sie öffnete ein Fenster und ließ die frische Juniluft herein. Von hier aus hatte man einen wunderschönen Blick auf die Stadt. Die Zinnen und Türme der Burg, die weithin sichtbar über die schiefen Dächer und Bäume ragten, verliehen der Stadt einen besonderen Charakter. Unten auf den Straßen tummelten sich internationale Gäste – vor allem aus dem asiatischen Raum. Reisebusse parkten weiter vorn auf großen Parkplätzen. Vermutlich waren sie am Abend alle verschwunden.

Hannah räumte ihren Koffer aus, hängte ihre Blusen an die Stange und genoss das Vogelgezwitscher, das durch das weit geöffnete Fenster hereindrang. Der blaue Himmel kam durch. Sonnenstrahlen bahnten sich den Weg in ihr Zimmer und zauberten warme, helle Flecken auf Bett und Boden.

Hannah fühlte, wie ihre innere Anspannung wich. Hier konnte sie bequem zwei Nächte verbringen.

Sie hatte keine Ahnung, was Leslie von ihr wollte, aber das würde sie früh genug erfahren. Sie zog eine frische Hose und eine andere Bluse an, wechselte die Schuhe und ging ins Bad. Rasch den Waschbeutel ausgepackt und ein paar Spritzer Wasser ins Gesicht, dann war sie fertig. Sie konnte nicht sagen, mit welchen Erwartungen sie angereist war, aber das war egal. Sie würde ohnehin ein paar Tage benötigen, um die Enttäuschung von Honduras zu verarbeiten. Warum nicht hier in England?

Leslie wartete unten auf sie. Sie stand an der Bar und hatte ein Bier vor sich stehen. Die Reporterin des BBC World Service trug dunkelgraue Jeans, eine weiße Bluse mit hochgekrempelten Ärmeln und derbe Schuhe. Lederarmbänder und kleine Ketten verzierten ihre Unterarme.

Gut sah sie aus, fand Hannah. Deutlich erholter als beim letzten Mal. Was kein Wunder war, immerhin hatten sie sich unter ziemlich extremen Bedingungen kennengelernt. Leslies Haare waren kürzer, ihre Haut gebräunt. Keine Ahnung, wie sie das in England hinbekam, denn eigentlich hielt sie Leslie nicht für den Typ, der sich auf die Sonnenbank legte.

Hannah räusperte sich. Die Reporterin drehte sich um, und ein breites Lächeln ließ ihr Gesicht erstrahlen. Sie stellte ihr Bier ab, eilte auf Hannah zu und schloss sie in die Arme.

Hannah war geplättet von so viel Wiedersehensfreude. Es kam ihr vor wie eine Begrüßung unter besten Freundinnen, dabei hatten sie sich zwei Jahre nicht gesehen. Und beste Freundinnen waren sie eigentlich auch nicht.

Für Leslie schien das keine Rolle zu spielen. Als sie Hannah endlich aus ihrem Würgegriff entließ, war ihr Lächeln immer noch da. »Ich freue mich so, dich zu sehen«, rief sie lachend. »Du ahnst nicht, wie begeistert ich war, als du mich angerufen und mir gesagt hast, dass du herkommen würdest. Ich habe sofort ein Fläschchen Champagner aufgemacht.«

Hannah zwinkerte ihr zu. »Allein?«

»Klar. Wenn ich jedes Mal auf einen brauchbaren Mann warten würde, um etwas zu trinken, wäre ich schon längst verdurstet.«

Hannah grinste. Leslie war für sie der Inbegriff eines Singles. Eine Frau, die nie lange genug an einem Ort blieb, um eine feste Partnerschaft aufzubauen.

»Möchtest du was trinken oder lieber gleich essen? Es ist nach zwölf, und ich könnte mir gut vorstellen, dass du Hunger hast. Das Essen hier ist gut.«

»Ich habe tatsächlich Hunger«, sagte Hannah. »Seit achtundvierzig Stunden lebe ich von Erdnüssen und Schokoriegeln. Und ein Bier wäre auch nicht schlecht.«

»Dann komm. Du bist selbstverständlich eingeladen.« Leslie hakte sich bei ihr unter und führte sie hinüber zur Gaststube. Als sie am Barkeeper vorbeigingen, deutete sie auf ihr leeres Bierglas und hob zwei Finger in die Luft.

»Wie geht es dir, Hannah? Wie geht es John, wie Leni? Deine Kleine müsste jetzt sieben sein, oder?«

»Sechs. Aber sie benimmt sich wie eine Vierzehnjährige. Kürzlich erzählte sie mir doch, sie habe jetzt einen Freund und wolle bald heiraten. Es ist schwer, ihr etwas auszureden, wenn sie es sich in den Kopf gesetzt hat.« Sie lächelte gequält. »Sie und John sind gerade mit einem Schiff unterwegs. Eine Forschungsmission bei Korsika.«

»Du vermisst sie bestimmt, oder?«

»Und wie. Die Erkundung der weißen Stadt in Honduras hat mich bisher davon abgehalten, zu ihnen zu fahren. Aber das hat sich ja jetzt erledigt.« Sie seufzte.

»Eine schöne Scheiße da drüben in Honduras«, sagte Leslie. »Sei bloß froh, dass du da weg bist. Ich war bereits in Ländern, in denen Bürgerkrieg herrschte. Kein Vergnügen, das kann ich dir versichern.«

Sie setzten sich hin, und dann kam ihr Bier. Sie bestellten rasch etwas zu essen und stießen an.

»Auf dich, Hannah«, sagte Leslie und hob ihr Glas. »Und darauf, dass wir uns endlich wiedergefunden haben.« Sie ließen die Gläser gegeneinanderklirren.

Hannah strahlte. Gott, schmeckte das englische Bier gut.

Leslie wischte sich den Schaum von der Oberlippe. »Was hast du so getrieben in der Zwischenzeit? Ich habe übrigens noch oft über unsere Erlebnisse im Nordirak nachgedacht, aber je mehr ich mich damit beschäftige, desto verschwommener werden die Erinnerungen.«

»Geht mir genauso«, sagte Hannah.

»Manchmal denke ich, ich hätte das alles nur geträumt. Die Berichte darüber sind übrigens alle verschwunden. Ich habe versucht, dranzukommen, aber keine Chance.«

»Sie liegen vermutlich in Strombergs Safe«, sagte Hannah mit schiefem Grinsen. »Und es werden nicht die einzigen dieser Art sein.«

»Schade um den alten Herrn«, sagte Leslie. »Ich hörte von seinem Tod in den Nachrichten. Ich mochte ihn.«

Hannah zuckte die Schultern. »Dafür, dass er so krank war, hat er ganz schön lange durchgehalten. Und er hat noch seinen großen Fund gemacht, so, wie er es wollte. Ich glaube, er ist als glücklicher Mann gestorben.«

»Hast du schon seinen Sohn kennengelernt?«

Hannah schüttelte den Kopf. »Ich kenne ihn nur vom Hörensagen. Scheint ein aalglatter Typ zu sein.«

»Aber ziemlich gut aussehend.« Leslie grinste.

Hannah zuckte die Schultern. Gutes Aussehen war etwas, das sie bei Männern erst auf den zweiten Blick wahrnahm. John war auch nicht gerade hässlich, aber wichtig war ihr das nicht.

Sie bekam es nur mit, wenn andere Frauen sie darauf ansprachen.

»Hast du eigentlich noch Kontakt zu anderen Mitgliedern aus der damaligen Gruppe? Major Faulkner zum Beispiel?« Leslie sah sie neugierig an.

»Ich habe nie wieder etwas von ihm gehört. Ich muss aber zugeben, dass ich den Kontakt nicht bewusst gesucht habe. Vermutlich ist er immer noch bei den *Old Ironsides*.« Hannah starrte versonnen in ihr Glas. Alle, die an dem Einsatz im Irak beteiligt waren, glaubten, sich an etwas zu erinnern, was aber niemals stattgefunden hatte. Als habe jemand kollektiv ihr Gedächtnis gelöscht oder die Zeit zurückgespult. »Wie auch immer«, sagte sie. »Jetzt bin ich hier und bereit, mir anzuhören, was du auf dem Herzen hast. Um ehrlich zu sein, es klang alles ziemlich nebulös. Wenn ich auch zugeben muss, dass ich keine Zeit hatte, mich näher mit der Sache zu beschäftigen. Die letzten Tage waren einfach zu stressig.«

»Deswegen bin ich ja so froh, dass du gekommen bist«, sagte Leslie. »Es ist wirklich kompliziert und äußerst mysteriös. Aber du stehst ja auf Rätsel, oder?«

»Kommt darauf an.« Hannah zwinkerte ihr zu. »Auf unangenehme Überraschungen kann ich im Moment gut verzichten.«

Leslie nickte. »Wenn du nichts dagegen hast, würde ich dich heute Nachmittag gerne jemandem vorstellen. Er wohnt hier in der Nähe. Ein ziemlich verschrobener Typ, du wirst ihn mögen. Er wird dir alles Weitere erklären.« Sie hob den Kopf. »Hey, ich glaube, da kommt unser Essen. Wurde aber auch Zeit. Ich habe Hunger wie ein Bär.«

6

Maidenhead, die Stadt mit dem seltsamen Namen, war eine mittelgroße Arbeitersiedlung im Westen Londons. Sie war jung, erst Mitte des 18. Jahrhunderts gegründet, und bestand zum größten Teil aus Reihen um Reihen gleichförmig aussehender Einfamilienhäuser, die durch kurvige Straßen miteinander verbunden waren. Außer dass hier die Dreharbeiten zum Beatles-Film *Help!* stattgefunden hatten und die Schauspielerin Kate Winslet auf die Redroof Theatre School gegangen war, gab es wenig Nennenswertes zu berichten.

Leslie lenkte ihren feuerroten Minicooper in eine von jungen Bäumen gesäumte Straße nahe dem Golfclub, hielt vor einem der vielen identisch aussehenden Ziegelsteinhäuser und stieg aus. Hannah sah sich um. Bobbycars standen nebenan auf dem Rasen, gegenüber flatterte Wäsche an der Leine. Hinter einem der niedrigen Zäune stand ein Jack Russell und kläffte. Ein typisch englisches Vorstadtidyll.

»Und hier wohnt deine geheimnisvolle Kontaktperson?«, fragte Hannah. »Das hatte ich mir anders vorgestellt.«

»Lass dich nicht von Äußerlichkeiten täuschen. Der Mann ist eine echte Koryphäe und längst nicht so spießig, wie die Umgebung vermuten lässt. Allerdings ist er ein bisschen eigen und Fremden gegenüber misstrauisch. Es hat mich einen Haufen Überzeugungsarbeit gekostet, ihn so weit zu bringen, dass er dich empfängt. Also ganz locker, okay?«

Hannah folgte Leslie zur Eingangstür. Hier bemerkte sie zum ersten Mal Kleinigkeiten, die von der Norm abwichen. Zum Beispiel, dass es weder Namensschild noch Klingelknopf gab. Auch einen Türklopfer suchte sie vergeblich. Stattdessen war da ein seltsam aussehender Trittstein als Türschwelle. Hannah musterte das Ding, kniete sich sogar hin und kratzte mit dem Daumennagel darüber. Sie stellte fest, dass es eine Fälschung war, aber verdammt gut gemacht. Der Stein ähnelte einer Grabplatte aus dem 14. oder 15. Jahrhundert. Ein Ritter war darauf zu sehen. Er hielt ein Schwert in der Hand, und es rankten sich allerlei Ornamente darum herum.

Leslie stellte sich auf die Grabplatte, und ein sanftes Klicken ertönte. Die Videokamera neben dem Eingang schwenkte zu ihnen herüber. »Kopf heben, Hannah«, flüsterte Leslie. »Und vergiss nicht: Ganz locker.«

Wenige Sekunden später ertönte ein Summen. Leslie drückte gegen die Tür, und sie ging auf. »Na, dann wollen wir mal.«

Niemand kam, um sie zu begrüßen. Leslie schien nicht überrascht zu sein. Tatsächlich merkte Hannah schnell, dass das spießige Äußere des Hauses sie auf eine falsche Fährte gelockt hatte. Sie war nicht vorbereitet auf das, was sie erwartete.

Die Räume waren vollgestopft mit großen und kleinen Gegenständen. Teppichen, Wandbehängen, Waffen, Masken und Modellen. Vor allem Flugzeugmodelle, Autos und kleine Raumschiffe. Der Flur, den sie durchquerten, war schmal, sodass Hannah sich an manchen Stellen seitwärts drehen musste, um hindurchzupassen. Wer auch immer der Mann war, er schien ein besessener Sammler zu sein. Böswillige Zungen hätten ihn als Messie bezeichnet. Rechts zweigte die Küche ab, aus der ein angenehmer Duft strömte. Ihr Gastgeber stand offenbar auf Curry und andere exotische Gewürze. Sie passierten ein überschwänglich mit Pflanzen und Buddhastatuen dekoriertes Lesezimmer, dessen Geruch Erinnerungen an einen indischen Tempel aufkommen ließ. Das Ticken einer Standuhr drang an Hannahs Ohr.

Der Flur machte einen Knick und wurde breiter. Eine Garderobe und eine Schuhablage befanden sich hier. Zwei Glastüren zweigten ab, durch die man in weitere Zimmer gelangen konnte.

Die Bleiverglasungen waren mit Jugendstilmotiven besetzt und leuchteten in unterschiedlichen Blau- und Grüntönen.

Leslie stellte sich vor die linke und klopfte an. »Professor?«

»Kommt rein«, ertönte eine tiefe Stimme von der anderen Seite. »Vergesst aber nicht, euch die Schuhe auszuziehen.«

Leslie deutete auf die Schuhablage und löste ihre Schnürsenkel.

»Hier sind Hausschuhe für die Gäste«, sagte sie und schlüpfte hinein. »Nimm dir ein Paar. Er hasst es, wenn man sein Wohnzimmer mit Straßenschuhen betritt.«

»Hat er oft Gäste?«

Leslie zuckte die Schultern. Hannah folgte ihr durch die Tür. Dahinter hatte sie zum ersten Mal nicht das Gefühl, sich in einem vollgerümpelten Archiv zu bewegen. Der Raum war groß und auf der gegenüberliegenden Seite komplett verglast. Jenseits davon lag ein Garten, der verwunschen aussah. Hannah erkannte einen kleinen schilfbestandenen Tümpel, eine Wiese mit Sträuchern sowie einen knorrigen Baum, der sich gegen einen Felsen lehnte. Im Schatten des Baumes befanden sich steinerne Götzenbilder, malerisch mit Moos überwuchert.

Der Hausherr stand vor seinem Aquarium und machte nicht den Eindruck, als wäre er sonderlich an ihnen interessiert. Er drehte ihnen den Rücken zu und fütterte seine Fische.

Das Becken war riesig und enthielt eine farbenprächtige Unterwasserwelt. Zu sehen waren Kofferfische, Diskusfische und Seeanemonen. Der Raum selbst war mit erlesenen Teppichen ausgelegt, und Hannah begriff, warum der Hausherr hier keine Straßenschuhe duldete.

»Kommt herein, setzt euch, macht es euch bequem. Ich muss nur noch schnell meine kleinen Lieblinge füttern. Drüben steht ein Darjeeling. Bedient euch.«

Er hatte eine dunkle, sanfte Stimme, die gut zu seinem Äußeren passte. Hannah musste nur einen Blick auf ihn werfen, um zu erkennen, dass er ein Kind der »wilden Sechziger« war. Sein Vollbart war mit grauen Strähnen durchsetzt und das lichte Haar zu einem Pferdeschwanz zusammengebunden. An seinen Fingern und Handgelenken schimmerten Ringe und Armreifen. Deutlicher noch war es an seiner Kleidung ersichtlich. Besticktes Goa-Shirt, dreiviertellange Yogahose, wettergegerbte Füße. Hätte man nicht gewusst, dass er ein seriöser Akademiker war, hätte man ihn leicht für einen Hippie halten können.

Dieser Raum war ebenfalls angefüllt mit Gegenständen, wobei sich die meisten davon in eigens bereitgestellten Vitrinen befanden. An den Wänden sah man Bildnisse von Filmschauspielerinnen, die sich rings um ein gemaltes Buddhaporträt gruppierten. Eine Shisha, Räucherwerk und kuschelige Sofas rundeten das Bild ab. Einen Fernseher suchte sie vergeblich.

»So«, sagte ihr Gastgeber, krempelte seine Ärmel herunter und kam zu ihnen an den Esstisch. »Fertig gefüttert. Die Räuberbande ist sehr eigen, wenn es ums Essen geht. Man glaubt gar nicht, wie unleidig Fische werden können, wenn ihr Futter nicht pünktlich serviert wird.« Er sah Hannah aufmerksam an. »Du bist also die Spezialistin, die Leslie mir empfohlen hat? Ich bin sehr gespannt, dich kennenzulernen. Mein Name ist Edward.«

»Hannah«, erwiderte sie und ergriff die entgegengestreckte Hand. »Hannah Peters. Archäologin.«

»Hannah.« Er rollte den Namen im Mund wie ein Pfefferminzbonbon. »Dein Name stammt aus dem Hebräischen und bedeutet so viel wie die Barmherzige, wusstest du das? Auch die Anmutige oder Liebreizende. Nun, Letzteres kann ich bestätigen.« In seinen Augen war ein Glitzern zu erkennen. »Aber bist du auch barmherzig?«

»Manchmal ja, manchmal nein, kommt ganz auf die Situation an«, erwiderte Hannah lächelnd.

Er drehte ihre Hand um und fuhr mit seinem Daumen über

die Innenseite. »Deine Linien verraten mir wenig über dich. Du bist eine verschlossene Person, stimmt's?«

»Sehr verschlossen.« Hannah blickte verwundert zu Leslie, die sich nur mit Mühe ein Grinsen verkneifen konnte.

Hannah überlegte, ob sie ihre Hand zurückziehen sollte, entschied sich aber dagegen. Nicht, weil sie Sorge hatte, diesen komischen Kauz zu kompromittieren, sondern weil die Situation so wunderbar skurril war und sie wissen wollte, wo das hinführte.

»Was genau machen Sie eigentlich, Professor Moore?«, fragte sie. »Leslie hat es leider versäumt, mir etwas über Sie zu erzählen.«

»Professor Moore?« Er zog eine seiner buschigen Augenbrauen in die Höhe. »Ich dachte, über diesen Punkt wären wir hinaus. Edward reicht. Und ich nenne dich Hannah, wenn's recht ist.«

»Okay.« Es amüsierte sie, dass er noch immer ihre Hand hielt.

»Weißt du, ich bin in einer Zeit groß geworden, in der man um Förmlichkeiten und Spießertum einen weiten Bogen gemacht hat«, sagte Edward. »*Make love, not war. Wer zweimal mit derselben pennt, gehört schon zum Establishment* und so weiter. Du weißt, was ich meine.« Er schenkte ihr ein vielsagendes Lächeln. »Leslie ist übrigens die Einzige, die mich *Professor* nennen darf. Und das auch nur, weil sie weiß, dass sie mich damit aufziehen kann. Aber es sei ihr verziehen, schließlich hege ich immer noch die Hoffnung, sie eines Tages in die Kiste zu bekommen.«

»Eher friert die Hölle zu.« Leslie grinste.

»Du weißt nicht, was du verpasst, meine Teuerste. Ich habe zehn Jahre in einem Ashram verbracht. Die haben mir Sachen beigebracht, die du dir nicht mal in deinen kühnsten Träumen ausmalen kannst.«

»Täusch dich da mal nicht, ich kann mir eine Menge ausmalen.«

»Na, umso besser.«

Hannah verfolgte die Unterhaltung mit großem Vergnügen. Dafür, dass die beiden anscheinend nichts miteinander am Laufen hatten, pflegten sie einen ziemlich lockeren Umgangston. Leslie hatte versäumt, ihr zu sagen, was für ein Aufreißer dieser kuriose Akademiker war. Vorsichtig zog Hannah ihre Hand zurück.

»Was genau ist denn dein Fachgebiet, Edward?«, startete sie einen neuen Versuch, etwas über ihren Gastgeber herauszubekommen. »Oder anders gefragt: Wobei kann ich euch behilflich sein? Leslie hat sich auch da leider nur sehr vage ausgedrückt.«

»Auf meinen Wunsch hin«, sagte Edward. »Ich wollte vermeiden, dass du einen falschen Eindruck bekommst und vielleicht anfängst, zu plaudern. Das Thema ist – zugegeben – ein wenig bizarr.« Er bot Hannah einen Platz an. Dann schenkte er ihr und Leslie Tee ein und nahm sich ebenfalls eine Tasse.

»Zuerst mal möchte ich dir etwas über mich erzählen. Ich bin Filmhistoriker, habe selbst früher beim Film gearbeitet und hatte später einen Lehrstuhl in Oxford inne. Großbritannien war in den Sechzigern und Siebzigern ein Ort, der im höchsten Maße lebendig war – besonders was die Sparten Film und Musik betraf. Ein Quell überschäumender Ideen und Kreativität. Ich habe das alles aus nächster Nähe miterlebt. Doch mit den Achtzigern kam der große Einbruch. Studios mussten reihenweise schließen, wurden verkauft oder für Fernsehproduktionen zerschlagen. Der Boom war vorbei, und die Alltäglichkeit kehrte ein. Es wurde Zeit, dass ich mich zurückzog und eigenen Projekten widmete. Seit drei Jahren befinde ich mich im Ruhestand und kann seither ungestört meinem Hobby nachgehen: der Erforschung obskurer und geheimnisumwitterter Filmproduktionen.«

»Verstehe«, sagte Hannah. »Ich glaube, jetzt kann ich deine Sammlung hier besser einordnen.«

Er strahlte. »Ist sie dir aufgefallen? Was du hier siehst, sind Requisiten aus einigen der bedeutendsten Filmproduktionen der letzten hundert Jahre.« Er ging hinüber zu einem der Regale und kam mit einem abgenutzt aussehenden Armreif zurück. »Den hier zum Beispiel hat Charlton Heston in *Ben Hur* getragen.«

»Im Ernst?« Sie probierte ihn an und gab das wertvolle Stück dann zurück. »Ganz schön kräftige Handgelenke.«

»Hatte er. Und eine ziemlich große Klappe obendrein. Kein Wunder, dass er später Präsident der *National Rifle Association* geworden ist.«

»From my cold, dead hands«, zitierte Leslie grinsend.

»Und das da?« Hannah deutete hinüber zu einer Glasvitrine, in der sich ein Schachbrett mit etlichen mittelalterlichen Figuren befand. Es stand auf einem kleinen Podest und war museumsreif beleuchtet.

»Ein Schachbrett aus dem Film *Das siebente Siegel* von Ingmar Bergman. 1957 uraufgeführt, mit Max von Sydow in der Hauptrolle. Sydow spielt einen Ritter, der an diesem Schachbrett gegen den Tod antritt. Die Figuren wurden dem Stil von Albertus Pictor nachempfunden, einem mittelalterlichen Künstler aus Schweden. Als kleinen Insiderwitz hat Bergman Pictor als Nebenfigur in seinen Film eingebaut.«

Hannah war fasziniert. Der Mann schien tatsächlich eine Koryphäe zu sein. Bestimmt konnte er zu jedem einzelnen Stück eine Geschichte erzählen. Allerdings hatte sie keine Ahnung, was all das mit ihr zu tun hatte. Sie war Archäologin, keine Filmexpertin.

»Ich habe zahlreiche Bücher zu dem Thema verfasst«, fuhr er fort und schenkte sich ebenfalls einen Tee ein. »Zurzeit arbeite ich an meinem neuesten und wichtigsten Werk. Einem Buch über den Film *The Wicker Man* von 1973. Schon mal davon gehört?«

Hannah schüttelte den Kopf.

»Das wundert mich nicht. Dieses Werk ist nur einem eingeweihten Kreis von Filmliebhabern bekannt. Und das, obwohl manche Kritiker ihn zu einem der wichtigsten Vertreter des englischsprachigen Kinos zählen. Manche versteigen sich sogar darauf, ihn als größten Kultfilm aller Zeiten, als *Citizen Kane des Horrorfilms,* zu bezeichnen.« Er griff ins Regal, zog eine Zeitschrift heraus und legte sie auf den Tisch.

Hannah wischte die Finger an ihrer Hose ab und betrachtete das Heft. »Darf ich?«

»Deswegen habe ich es dir hingelegt.«

Das Magazin nannte sich *Cinefantastique* und zeigte einen grün eingefärbten Mann, der vor einer seltsamen hölzernen Figur stand und die Arme emporriss. Irgendwie kam ihr der Typ bekannt vor, sie wusste allerdings nicht, woher. Auf der Rückseite waren drei Männer mit Tiermasken abgebildet sowie ein Kerzenleuchter in Form einer Hand. Beim Durchblättern stieß Hannah auf allerlei merkwürdige Abbildungen. Steinkreise, die an Stonehenge erinnerten, nackte Frauen, die ums Feuer tanzten, und eine riesige Holzfigur, die am Schluss des Films in Flammen aufzugehen schien.

»Sir Christopher Lee«, sagte Edward und tippte auf den Mann in Grün. »Ehemals berühmter *Dracula*-Darsteller, später in Filmen wie *Der Herr der Ringe* und *Star Wars* zu sehen. Ist leider vor ein paar Jahren im stolzen Alter von dreiundneunzig verstorben. Er bezeichnete diesen Film als den wichtigsten seiner Karriere. Und das, obwohl er nie einen Cent Gage dafür bekommen hat.«

Hannah sah erstaunt auf. »Wieso das? Ich meine … wenn ich mir diese Bilder so ansehe …«

»Was ist damit?«

»Nun ...« Sie blätterte durch die Zeitschrift. Sie wollte den Professor nicht beleidigen. »Das sieht nicht nach einem künstlerisch hochwertigen Werk aus. Die Kostüme wirken billig, die Sets sind klein, und das Team macht einen ziemlich verfrorenen Eindruck. Aber ich bin keine Kennerin.«

Edward sah sie groß an, dann begann er, herzhaft zu lachen. »Du magst keine Kennerin sein, Hannah, aber du hast absolut recht. Der Film war produktionstechnisch und kommerziell eine völlige Katastrophe. Ein Totalausfall. Die Kinobetreiber hatten so wenig Vertrauen in ihn, dass sie ihn nicht allein, sondern in einem Doppelfeature, also zusammen mit einem anderen Film, laufen ließen, um einen höheren Eintritt verlangen zu können. In Deutschland ist er meines Wissens nie ins Kino gelangt und auch niemals synchronisiert worden.«

»Das wird der Grund sein, warum ich ihn nicht kenne«, sagte Hannah, erleichtert darüber, eine passende Ausrede gefunden zu haben. Sie nahm noch einen Schluck Tee. Dieses Treffen wurde immer kurioser. Fragen über Fragen türmten sich in ihrem Kopf auf. Sie beschloss, den Stier bei den Hörnern zu packen. »Bei allem Respekt«, sagte sie und stellte ihre Tasse ab. »Ich habe nicht die geringste Ahnung, warum ich hier bin. Film ist überhaupt nicht mein Spezialgebiet. Klar schaue ich mir auch mal hin und wieder einen an, aber was hinter den Kulissen abläuft, interessiert mich, ehrlich gesagt, nicht. Wenn ich einem Zauberkünstler zuschaue, will ich ja auch nicht wissen, wie er seinen Trick zustande bringt. Ich will mich verzaubern lassen und den Abend genießen.«

»Das kann ich gut verstehen«, sagte Leslie. »Geht mir genauso.«

»Aber wo ist dann die Verbindung?«, fragte Hannah.

»Das wirst du gleich erfahren.« Edwards Lächeln erinnerte Hannah an die Grinsekatze aus *Alice im Wunderland*. »Ehe Leslie und ich dir das Geheimnis anvertrauen, muss ich ganz sicher sein, dass nichts, aber auch gar nichts, was hier besprochen wird, diese vier Wände verlässt.«

»Aber …«

»Das ist sehr wichtig, Hannah, verstehst du? Leben könnten auf dem Spiel stehen. Das von Leslie, meines, vielleicht auch deines. Meine liebe Freundin hier hat mir versichert, du seist integer, aber ich will es aus deinem Munde hören. Kann ich mich auf dich verlassen?« Er sah sie unter seinen buschigen Augenbrauen argwöhnisch an. Welch eine Verwandlung zu dem flippigen Zausel, als der er sich eben präsentiert hatte.

Hannah blickte Hilfe suchend zu Leslie. Die Reporterin war ebenso ernst wie der Filmprofessor. Wenn die beiden sich einen Scherz mit ihr erlaubten, so hatten sie ihn gut einstudiert.

»Also gut«, sagte Hannah. »Hiermit verspreche ich hoch und heilig, dass ich schweigen werde wie ein Grab. Aus mir bekommt keiner etwas heraus.«

»Das muss auch für John und Leni gelten«, sagte Leslie. »Niemand, hörst du?«

»Jetzt macht aber mal einen Punkt. Ihr tut ja fast so, als ginge es hier um ein Staatsgeheimnis.«

»Damit könntest du der Wahrheit näher kommen, als dir selbst bewusst ist«, sagte Edward.

Hannah seufzte. »Also gut. Nachdem ich nun diesen Umweg gemacht habe, will ich auch wissen, worum es geht. Werdet ihr es mir jetzt endlich verraten?«

»Das werden wir«, sagte Edward. »Aber zunächst möchte ich dich bitten, uns in den Keller zu begleiten. Ich will, dass du dir den Film ansiehst. Oder, wie Lord Summerisle an einer entscheidenden Stelle des Films sagt: *You have an appointment with the Wicker Man.*«

7

Detective Sergeant Jonathan Carver vom Devon & Cornwall Police Department stand am Bug des Pacific-32-Schnellbootes und spähte hinaus in den Dunst. Der Nebel, der über dem Meer lag, passte perfekt zu seiner Stimmung. Die Sicht war auf unter hundert Meter gesunken. Sehen konnte er die Steilküste nicht, allenfalls hörte er das Rauschen, mit dem sich die Wellen an ihr brachen.

Der Anruf aus der Zentrale in Exeter war in den frühen Morgenstunden erfolgt. Superintendent Squires hatte nicht lange um den heißen Brei herumgeredet und ihn auf den Fall angesetzt. Er verlangte eine umfassende Untersuchung und wollte den Bericht noch heute Abend auf dem Tisch haben. Ihm war bekannt, wie sehr Jonathan Einsätze auf dem Meer verabscheute, weshalb es sich nur um einen besonders makabren Scherz handeln konnte. Aber das war Jonathan gewohnt. Squires bereitete es ein sadistisches Vergnügen, ihn zu schikanieren, wo er nur konnte.

Seit Jonathan im Alter von vier Jahren in Brighton vom Pier gefallen und fast ertrunken war, jagte ihm das Meer eine Heidenangst ein. Dass man ausgerechnet ihn in einen Badeort versetzt hatte, konnte kaum ein Zufall sein. Sie wollten ihm einen Denkzettel verpassen, ein Exempel an ihm statuieren. Sidmouth, na prima. Warum nicht gleich die Küstenwache?

Er spürte ein leichtes Rumoren im Bauch, während er in den Nebel starrte. An das Rauschen des Meeres würde er sich nie gewöhnen, genauso wenig wie an dieses ständige Auf und Ab. Es gab Tage, da kam er sich vor wie Chief Brody aus *Der weiße Hai*. Wobei der Vergleich hinkte. Brody war zwar wasserscheu, aber doch glücklicher Familienvater. Ein Privileg, das Jonathan nicht vergönnt war.

Mit wachsender Übelkeit klammerte er sich am Halteseil fest. Das feuerrote Schlauchboot mit Außenbordmotor und starrem Rahmen wurde von Senior Coastal Operations Officer Jim Henderson gesteuert. Ein knurriger Seebär, mit dem Jonathan bereits bei anderer Gelegenheit zusammengearbeitet hatte.

Jim war okay. Er stand kurz vor seiner Pensionierung, was ihn nicht davon abhielt, seinen Schreibtisch so oft wie möglich gegen ein schaukelndes Schlauchboot einzutauschen. Im Gegensatz zu ihm liebte Jim das Meer.

Jonathan spähte in den Nebel. »Sollten wir nicht längst da sein? Ich kann nichts erkennen. Verdammte Hechtsuppe.«

»Ein kleines Stück noch, in westlicher Richtung«, rief Jim zurück. »Die Augenzeugin sagte, sie hätte den Körper am Fuße eines nadelförmigen Felsens entdeckt. Ich kenne diesen Küstenabschnitt wie meine Westentasche. Es kann sich eigentlich nur um den *Big Picket Rock* handeln.«

»Dann hoffen wir mal, dass die aufkommende Flut die Leiche nicht weggespült hat«, murmelte Jonathan. Er klammerte sich an die Sicherungsleine. Es war nicht mal zehn Uhr vorbei, und er sehnte sich bereits nach dem ersten Whisky. Dabei hatte er geschworen, das Zeug nicht mehr anzurühren. Seit drei Monaten war er trocken, und noch immer kostete es ihn eine unglaubliche Überwindung, abends nicht zur Flasche zu greifen. Sollte der Bericht der Augenzeugin sich als wahrheitsgetreu erweisen, würde ihn das heute auf eine harte Probe stellen.

Sechsundzwanzig Kinder und Jugendliche waren in den letzten vier Jahren in diesem Küstenabschnitt verschwunden. Ein überdurchschnittlich hoher Prozentsatz, der nicht allein mit Badeunfällen erklärt werden konnte. Squires hatte ihm deswegen ordentlich Feuer unter dem Hintern gemacht, aber was erwartete er? Jonathan war kein Zauberer. Er konnte nicht nach Belieben verschwundene Kinder wie weiße Kaninchen aus dem Hut zaubern. Entweder waren sie abgehauen, oder hier war jemand am Werk, der eine hohe kriminelle Energie besaß. Jemand, der taktisch vorging und es meisterhaft verstand, seine Spuren zu verwischen.

Jonathan presste die Lippen zusammen. Das Gluckern und Schwappen des Schlauchboots war nichts für seinen Magen.

Vor ihnen schälte sich ein gewaltiger Umriss aus dem Nebel. Das musste die Steilküste sein. Durch den Dunst wirkte sie weiter entfernt und riesenhaft vergrößert.

Jim fuhr eine kleine Kurve Richtung Backbord und nahm dann Kurs auf die Felsnadel. Zwischen ihr und der Steilküste befand sich eine Lücke von vielleicht fünf Metern, in der das Meer besonders aufgewühlt war. Gischt schäumte empor und leckte gierig an den Steinen. Jim hielt geradewegs darauf zu.

Dieser Abschnitt der südenglischen Küste gehörte zum östlichsten Teil der Jurassic Coast. Unzählige seltene Seevögel lebten hier, aber auch Robben und andere geschützte Tierarten. Und sie alle hatten eine rege Verdauung. Was vorhin als leise Ahnung spürbar gewesen war, wurde zur Gewissheit. Es stank unerträglich. Die Felsen waren weiß getüncht vom Kot der Möwen.

Meine Güte, dachte Jonathan, diese Viecher konnten wirklich etwas zusammenscheißen. Er klappte den Kragen seiner Jacke hoch, um Mund und Nase dahinter zu verbergen.

»Das ist der Big Picket«, rief Jim. »Ein beliebter Brutplatz für Basstölpel, Trottellummen und Kormorane.« Er deutete zu einer Gruppe schwarzer Vögel mit langem Schwanenhals. »Bist du ornithologisch interessiert?«

»Die Viecher gehen mir am Arsch vorbei, ich bin auf einem Bauernhof aufgewachsen«, sagte Jonathan. »Da bekommt man ein anderes Verhältnis zur Natur.«

»Papageientaucher sind hier ebenso ansässig wie Raubmöwen und Küstenseeschwalben«, fuhr Jim fort, als hätte er ihm nicht zugehört. »Wenn man Glück hat, sieht man ab und zu mal

Delfine. Ist ein wirklich schönes Fleckchen Erde. Du solltest ab und zu mal deine finstere Kaschemme verlassen und dir die Landschaft anschauen.«

»Lass uns einfach die Felsen absuchen und dann heimkehren, okay?« Jonathan war nicht nach Sightseeing zumute. Die Aussicht, die Leiche eines Mädchens zu finden, versetzte ihn nicht gerade in euphorische Stimmung.

Die Vermisste stammte aus Wilmington, einem winzigen Kuhdorf im Osten von Devon. Studiert hatte sie in Exeter, was eigentlich nahelegte, dass sie dort einem Gewaltverbrechen zum Opfer gefallen war. Allerdings gab es da die Aussage dieser Joggerin, die dem widersprach.

Jim schaltete den Motor auf Leerlauf und ließ das Boot mit Eigengeschwindigkeit weitertuckern. Die Strömung zog sie durch die Lücke. Jonathan mochte es nicht, wie das Meer an dem Boot rüttelte. Rechts hatte sich ein mächtiger Strudel gebildet.

»Bist du sicher, dass das Ding hier sicher ist? Nicht, dass wir dort reingezogen werden.« Er rutschte vorsichtshalber vom Bug zurück.

»Keine Sorge. Hast du je in der Badewanne einen Strudel erzeugt und einen Pingpongball draufgelegt?«

»Nö ...«

»Dann lass dir sagen, er bleibt oben. Als Schwimmer solltest du bei diesen Dingern allerdings vorsichtig sein. Die können einen Menschen im Nullkommanichts runterziehen. Kannst du schon was erkennen?«

Jonathan wusste, dass Jim nicht die besten Augen hatte, und prüfte die Lage. »Bis jetzt noch nichts. Ist aber auch kein Wunder bei dieser Wasch...« Ihm blieb das Wort im Halse stecken. Zwischen der Möwenscheiße hatte er ein Stück Stoff entdeckt. Er hatte es zunächst nicht gesehen, weil es exakt denselben Farbton hatte wie die Umgebung. Doch jetzt erkannte er, dass es Teil eines Hemdes war. Dann sah er den Umriss der Frau.

Sie lag auf dem Rücken, die Arme weit ausgebreitet. Ihr blondes Haar ergoss sich wie Seetang über die Felsen. Sie trug Jeans, aber keine Schuhe. Arme und Beine wirkten verdreht. Der rechte Unterschenkel stand in einem ungesunden Winkel vom Knie weg, und die Schulterpartie wirkte verschoben. Eine fette Möwe saß auf ihrem Kopf und pickte daran herum. Jonathan war froh, dass das Gesicht zur Seite gedreht war. So blieben ihm die hässlichen Details vorerst erspart.

»Da ist sie«, sagte er zu Jim. »Kannst du sie erkennen?«

»Wo?«

»Na, direkt vor dir. Hast du Tomaten auf den Augen?«

»Ich … ach, du Scheiße.« Jim fiel die Kinnlade runter. »Ich muss mir wohl echt mal eine Brille anschaffen. Warte kurz, ich fahr näher ran.« Er drehte das Ruder.

Die Strömung brachte sie bis kurz hinter einen Felsvorsprung, der sich zum Anlegen eignete. Er war schmal genug, um das Boot daran zu vertäuen. Jim gab etwas Gas und drückte den Bug gegen die Felsen. Jonathan griff nach dem Tau, sprang auf die andere Seite und vertäute das Boot. Endlich wieder festen Boden unter den Füßen. Als sich beide vergewissert hatten, dass die Strömung ihrem Fahrzeug nichts anhaben konnte, machten sie sich auf den Weg.

Die Steine waren höllisch rutschig. Die Mischung aus Salzwasser, Algenbewuchs und Möwenkacke bildete eine Konsistenz wie Schmierseife – abgesehen davon, dass sie bestialisch stank. Jonathan tränten bereits die Augen.

Seine Nasenschleimhäute schonend und durch den Mund atmend, stieg er die Anhöhe hinauf. Der Nebel wurde dichter. Die Oberkante der Felswand war kaum noch sichtbar. Heidekraut wuchs da oben und Ginster. Wie viele Meter mochten das sein, zwanzig, dreißig? Genug jedenfalls, um einem Menschen beim Aufschlag sämtliche Knochen zu brechen.

Über ihm erklang genervtes Krächzen. Die ortsansässigen

Vögel schienen nicht begeistert zu sein über ihren Besuch. Vorsichtig erklomm Jonathan den Felsklotz. Als er einen Moment lang nicht aufpasste, griff er prompt in eine frische Kotablagerung. Fluchend wollte er seine Hand an der Hose abwischen und wäre dabei fast abgerutscht. Jim, der hinter ihm kletterte, stützte ihn in letzter Sekunde.

»Vorsichtig, okay? Man kann sich hier leicht den Fuß verstauchen.«

»Ich werd's mir merken. Komm, reich mir deine Hand.« Jonathan zog Jim zu sich herauf. Drei fette Seemöwen hockten auf der Leiche. Krächzend und sichtlich verärgert über ihre Ankunft, stiegen sie in die Höhe. Die Biester hatten Schnäbel wie Brotmesser. Jonathan wandte sich der Toten zu.

»Mal sehen, wen wir da haben.«

Beide Männer waren gleichermaßen schockiert von dem Anblick, der sich ihnen bot. Die Möwen hatten die arme Frau übel zugerichtet. Am schlimmsten verunstaltet war das Gesicht. Aus der Oberlippe fehlte ein großes Stück, sodass die Zähne darunter zum Vorschein kamen. Außerdem hatten die verdammten Viecher ihr ein Auge rausgepickt. Wie eine Eiskugel baumelte das Ding am Sehnerv. Weil Jonathan den Anblick nicht ertrug, zog er kurzerhand ein Taschentuch aus der Hose und drückte das Auge zurück in die Höhle. Gewiss, es war ein Verstoß gegen die Dienstvorschriften, aber das war ihm egal. Er schloss die Lider der jungen Frau.

»Verdammte Schweinerei«, murmelte er benommen. »So hat niemand verdient zu sterben.«

»Als Trost könnte man vielleicht einwenden, dass es ein schneller Tod gewesen sein muss«, warf Jim ein und deutete auf den eingedrückten Schädel. »Sie dürfte von dem Aufprall kaum etwas mitbekommen haben. Vermutlich war sie sofort tot.«

»Soll mich das aufmuntern?« Jonathan spürte seinen Magen rumoren. Wenn er vor etwas genauso viel Schiss hatte wie vor dem Ertrinken, dann war es der freie Fall. Er zog das Foto der Vermissten aus der Jackentasche und hielt es zum Vergleich daneben.

»Und, ist sie's?«, fragte Jim.

»Ich denke schon, ja«, erwiderte Jonathan. »Sieh dir das Muttermal auf der Wange an. Letztlich können das nur die Mediziner entscheiden. Aber meiner Auffassung nach haben wir Catherine Holloway gefunden.«

Jim nickte. »Ich werde Squires anrufen, damit er die Spurensicherung losschickt.«

»Tu das. Ich mache so lange ein paar Fotos.« Jonathan sah sich um. »Glaubst du, dass sie hier abgestürzt ist?«

»Schwer zu sagen«, erwiderte Jim. »Bei der Menge an Algen an ihrer Kleidung glaube ich eher, dass sie eine Weile im Wasser getrieben ist. Vermutlich ist sie irgendwo anders abgestürzt und hier angespült worden.«

Jonathan betrachtete die nackten Füße und das durchscheinende Hemd, unter dem sich ihre Brüste abzeichneten. Er kam sich vor wie ein Drecksack, aber er konnte nicht umhin, festzustellen, dass Catherine ausgesprochen attraktiv gewesen war. Vor ihrem Sprung.

Die Frage war: Was trieb eine junge Frau mitten in der Nacht dazu, barfuß durch die Landschaft zu rennen und sich dann von der Klippe zu stürzen? Ausgeraubt worden war sie wohl nicht, an ihrem rechten Ohr hing ein wertvoll aussehender Perlenohrring.

Er wandte seinen Blick ab und blickte hinauf zu der Kante. »Verdammt, ist das hoch«, murmelte er. »Da ist man eine Weile unterwegs, ehe man aufschlägt. Komm schon, gib endlich Squires Bescheid. Je eher wir hier wieder verschwinden können, desto besser.«

8

Der Abspann flackerte über den Bildschirm, dann stoppte der Film, und das Licht ging an. Leslie benötigte einen Moment, bis ihre Augen sich an die Helligkeit gewöhnt hatten. Obwohl sie den Film bereits gesehen hatte, war sie immer noch überrascht, in welch seltsame Stimmung er einen versetzte. Besonders jene letzten Momente, in denen Sergeant Howie seiner Bestimmung zugeführt wurde, gehörten zu den eindrücklichsten.

Sie konnte sich nicht erinnern, jemals einen ähnlichen Film gesehen zu haben, und war gespannt zu erfahren, was Hannah dazu sagte. Erwartungsvoll wandte sie sich ihr zu.

»Und, was denkst du?«, fragte sie. »Nicht ganz das, was man von einem konventionellen Horrorfilm erwartet, oder?«

Hannah saß da, mit ineinander verschlungenen Händen. Sie schien tief in Gedanken versunken. »Nein, wirklich nicht«, erwiderte sie. »Wobei ich sagen muss, dass ich gar nicht weiß, was ich erwartet habe. Ich bin vollkommen unvoreingenommen rangegangen, so, wie ihr mir geraten habt. Weder bin ich eine Expertin für Horrorfilme noch für Filme im Allgemeinen. Ich könnte vielleicht zehn Stück aufzählen, die mir dauerhaft in Erinnerung geblieben sind. An den Orten, an denen ich die meiste Zeit meines Lebens verbracht habe, gab es selten Kinos oder Fernseher.«

»Und was denkst du über den hier?«, fragte Edward.

»Er ist definitiv etwas Besonderes«, sagte Hannah. »Ein Film, der das Fledermausquietschen des Wahnsinns ausstrahlt.«

»Das hast du schön gesagt«, sagte Edward grinsend. »Eine absurde Anthologie von verrückten Eitelkeiten und B-Movie-Klischees, kreuzbestäubt mit einer Prise Genialität.«

»Mir kommt er vor, als würde man Männern in Boxhandschuhen dabei zusehen, wie sie versuchen, einen torkelnden

Zirkusclown vom Rand eines Abgrundes wegzulenken«, fügte Leslie hinzu, bemüht, auch etwas Originelles zu sagen.

Edward stand auf und schaltete den Projektor aus. »Dass der Film fünfunddreißig Jahre lang wie die Pest von Filmverleihern, Studios und Kinobesitzern gemieden wurde, zeigt zumindest ein gewisses Maß an Weisheit und Mut derjenigen, die ihn gedreht haben. *The Wicker Man* ist ein Film über Religion, und die Religion ist seit über zweitausend Jahren das Fundament jedweder Kultur. Jeder Filmemacher, der halbwegs etwas von sich hält, sollte sich zumindest einmal daran versuchen. Das gilt übrigens auch für andere Medien wie die bildende Kunst, die Literatur oder die Musik. *The Wicker Man* gibt dem Begriff ›Kultklassiker‹ eine doppelte Bedeutung. Es ist ein klassischer Film über den Kultismus und steht gleichzeitig auch im Mittelpunkt seines eigenen Kultes – will sagen, er wird von seinen Anhängern kultisch verehrt. Vermutlich ist es gerade diese Dualität, die dem Film eine Langlebigkeit sicherte, die seine Macher so nie erwartet hätten.«

»Das will ich gerne glauben«, sagte Hannah. »Er ist magisch, mystisch und auch ein wenig komisch. Ich glaube, es ist diese seltsame Mischung, die seinen Reiz ausmacht. Ich meine, ein Gruselfilm, der gleichzeitig eine Detektivgeschichte, eine Komödie, ein Thriller und ein Musical ist – gab's das schon mal?«

»In dieser Kombination? Nein.« Edward strich über seinen Bart. »Das Publikum hat stets Appetit auf das Magische und Mystische, ebenso auf das Fantastische und das Bizarre. Wenn man bedenkt, dass sich das Kino von Anfang an mit solchen Themen beschäftigt hat, wird es diese Art Geschichten wahrscheinlich so lange geben wie das Kino selbst.«

»Ich mag die Gesangseinlagen«, sagte Leslie. »Und natürlich den erotischen Nackttanz von Britt Ekland. Der dürfte dir besonders gefallen haben, oder, Edward?«

»Nur unter rein filmhistorischen Gesichtspunkten.« Edward

verzog keine Miene, sodass Leslie nicht wusste, ob er es ernst meinte oder nicht.

»Hat die nicht mal in einem Bond-Film mitgespielt?«, fragte Hannah. »Irgendwie kommt sie mir bekannt vor.«

»In *Der Mann mit dem goldenen Colt*«, entgegnete Edward. »Übrigens ebenfalls an der Seite von Christopher Lee.«

»Und sie war verheiratet mit Rod Stewart«, wusste Leslie.

»Und zuvor mit Peter Sellers«, ergänzte Edward.

»Ja, nur hilft mir all das nicht weiter«, sagte Hannah. »Ich denke, ihr seid mir eine Erklärung schuldig.«

»Das sind wir, oder, Leslie?« Edward gab ihr mit einem Nicken zu verstehen, dass er bereit war, die Katze aus dem Sack zu lassen. Langsam und schonend. Schließlich wollten sie Hannah nicht vor den Kopf stoßen.

»Gerne«, sagte Leslie. »Erinnerst du dich an die Fotos, die ich dir geschickt habe? Die mit der Steintruhe?«

»Klar. Die Szene war aber im Film gar nicht zu sehen, oder?«

»Gut aufgepasst«, erwiderte Leslie. »Sie wurde zwar gedreht, allerdings kurz vor der Veröffentlichung rausgeschnitten. Das zu erklären, überlasse ich nachher unserem Akademiker. Jedenfalls hatte der Film in seiner ursprünglichen Version eine Lauflänge von knapp drei Stunden, wurde aber für die Kinopremiere auf achtundachtzig Minuten zusammengeschnitten.«

»Achtundachtzig? Das ist ja weniger als die Hälfte.«

Leslie nickte. »Man tat das wohl, weil man einige Szenen als zu verstörend empfand. Auch wollte man ihn in eines dieser schrecklichen Doublefeatures pressen, deswegen durfte er nicht zu lang sein. Aber das ist nur eine von vielen Merkwürdigkeiten. 2013, also vierzig Jahre später, erschien endlich der Final Cut fürs Heimkino. Eine restaurierte Fassung mit vierundneunzig Minuten Lauflänge, die der Vision von Regisseur und Drehbuchautor wohl am nächsten kommt. Es ist die Fassung, die du gerade gesehen hast.«

»Aha.« Hannah hatte die Steelbox in die Hand genommen und betrachtete sie. Sie war schwarz mit einer holzschnittartigen Illustration, die den Höhepunkt des Films, die Verbrennungsszene, visualisierte. »Regie: Robin Hardy, Drehbuch: Anthony Shaffer«, las sie.

»Die kreativen Köpfe hinter der Produktion«, sagte Edward. »Leider können wir sie nicht mehr zu ihrem Werk befragen. Sowohl Hardy als auch Shaffer sind inzwischen gestorben. Verglichen mit der ursprünglichen Fassung, ist auch dieser Final Cut immer noch ein Fragment. Shaffer schrieb die Figur des Lord Summerisle übrigens eigens für Christopher Lee.«

»Wirklich?«

Er nickte. »Die beiden verstanden sich gut. Shaffer wollte dem charismatischen Darsteller eine besondere Freude bereiten, wusste er doch, dass dieser ein großes Interesse am Mittelalter und Keltentum hatte. Vielleicht der Grund, warum Lee *The Wicker Man* als seinen wichtigsten Film bezeichnet.«

Hannah strich mit dem Daumen über die Metallhülle. »Dass ein Schauspieler eine bestimmte Rolle auf den Leib geschneidert bekommt, ist eher ungewöhnlich, oder?«

»Absolut«, erwiderte Edward. »Vor allem für die damalige Zeit. Normalerweise gibt es zuerst ein Drehbuch, dann werden Schauspieler gecastet, und erst dann fängt man an zu drehen. Hier war es andersherum. Wir sollten das im Hinterkopf behalten, wenn wir ein Interview mit dem Schauspieler vom 21. März 2002 betrachten. Christopher Lee äußert da etwas sehr Interessantes. Er berichtet, wie schockiert er war, als er den Film zum ersten Mal sah. Nicht, weil er besonders grausam gewesen wäre, sondern weil er wusste, wie viel Material ursprünglich vorhanden gewesen war. Man kann sich das Interview auf YouTube ansehen oder darüber in dem Buch *Inside The Wicker Man* von Allan Brown lesen. Selbst Lee, der einen besonderen Bezug zu diesem Werk hatte, war der Film also niemals in seiner vollen

Länge gezeigt worden. Seiner Meinung nach fehlten nicht einfach nur kurze Zwischenschnitte, sondern *komplette Szenen*. Fünfzehn bis zwanzig Minuten – mindestens. Andere Quellen gehen von weitaus mehr fehlendem Material aus.«

»Wow.«

»Woher er um ihre Existenz wusste, habe ich nie herausbekommen«, sagte Edward, »aber er war felsenfest davon überzeugt, dass es sie gab. Und sie lagen ihm sehr am Herzen. Er sagte, sie wären direkt aus dem Negativ herausgeschnitten worden. Und wenn sie im Negativ fehlen, fehlen sie natürlich auch in den Kopien, die für die Verleiher gezogen wurden. Ist logisch, oder?«

»Klar«, erwiderte Hannah.

»Dreißig Jahre lang hatten er und andere nach den Szenen gesucht. Vergeblich. Über dreihundert Dosen Rohmaterial blieben einfach verschollen.«

Hannah hob die Brauen. »Jetzt sag aber nicht, du hast …«

Edwards Augen glänzten.

»Was?«

»Es ist hier, in einem Kühlschrank im Keller. Einem ziemlich großen Kühlschrank. Ich rühre das Zeug natürlich nicht an, dafür ist es zu wertvoll. Für private Zwecke habe ich eine digitale Kopie gezogen. Ein paar Ausschnitte darfst du dir gleich ansehen.«

»Gibt es noch weitere Kopien?«

»Nur diese eine.« Er atmete tief durch. »Sie ist das einzige Zeugnis weltweit. Und es wirft ein Licht darauf, mit was für einem Film wir es in Wirklichkeit zu tun haben.« Er atmete tief ein. »Er ist ein Monster, Hannah. Das Vermächtnis eines höchst gefährlichen Kultes. Ich verspreche dir, wenn ich den Film in seiner ursprünglichen Form veröffentlichen würde, er würde ein Erdbeben auslösen.«

»Okaay …« Hannah blickte skeptisch. Leslie konnte es ihr

nicht verdenken. Hannah war von Berufs wegen ein vorsichtiger Mensch. Sie erlaubte sich erst ein Urteil, wenn sie ausreichende Fakten hatte. Und das schien noch lange nicht der Fall zu sein.

»Vielleicht sollte ich erwähnen, dass es vor vierzig Jahren keineswegs üblich war, Rohmaterial so lange aufzuheben«, sagte Edward. »Die Rollen nehmen ganz schön viel Platz in Anspruch. Bei der Menge an Filmen, die damals gedreht wurden, hätte man riesige Lagerhäuser errichten müssen, zumal fotochemische Substanzen unter besonderen Bedingungen gelagert werden müssen. Kühl und dunkel. Am besten in Kühlschränken. Das verursacht natürlich Kosten. Die Studios hatten dafür kein Geld, weswegen sie das Rohmaterial einfach in den Müll warfen. Das Archivieren fing erst in den späten Siebzigern an, mit Regisseuren wie George Lucas und Steven Spielberg. Sie waren die Ersten, die überzähliges Schnittmaterial aufhoben, weil sie glaubten, es später für Special Editions oder den Director's Cut verwenden zu können.«

»Wo hast du die fehlenden Teile denn nun aufgetrieben?«, fragte Hannah. »Du wirst ja wohl kaum sämtliche Keller und Kühlschränke in der Umgebung durchforstet haben.«

»Nein«, erwiderte Edward lachend. »Das hätte auch gar nichts gebracht. Sie wurden nämlich vergraben.«

»Vergraben?«

Er nickte. »Tief unter der Erde. An einer Stelle, an der die Täter sicher sein konnten, dass das Material die Zeit überdauern würde. Bis zu dem Zeitpunkt, an dem man es finden und den Film restaurieren würde. *Unter einer Straße.*«

Leslie blieb Hannahs Überraschung nicht verborgen.

»Und auch nicht einfach unter irgendeiner Straße«, sagte Edward. »Unter einer *Autobahn*. Genauer gesagt, unter der M3, die von Sunbury-on-Thames nach Eastleigh verläuft und dabei die Grafschaften Hampshire und Surrey durchquert.«

Leslie breitete eine Karte aus, die sie mitgebracht hatte. »Sie ist vierundneunzig Kilometer lang und wurde zwischen den Jahren 1971 und 1995 errichtet. Und sie führt recht nah an den Shepperton Studios vorbei, in denen Szenen des Films gedreht wurden.« Sie tippte mit dem Finger darauf.

Hannah studierte die Karte.

»Dreihundertachtundsechzig Dosen mit rohem Filmmaterial wurden damals unter der Aufschüttung für den Fahrbahnbelag vergraben«, fuhr Edward fort. »Als dann die Planierraupen kamen – die Walzen und die Teermaschinen –, schien das Geheimnis sicher zu sein.«

»Vor wem?«

»Vor Leuten, die das Material vernichtet sehen wollen. Es gab und gibt Kräfte, die alles daransetzen, dem Film den Garaus zu machen.«

»Warum denn? Und vor allem: wer?«

»Das errätst du nie«, sagte Leslie. Hannah kam dem Geheimnis Stück für Stück auf die Spur. Aber dies war der einzige Weg, sie zu überzeugen. Indem sie das Puzzle selbst zusammensetzte.

»Und?«

»Ursprünglich traute sich keiner an den Film heran«, sagte Edward. »Als alles aussichtslos erschien, erbarmte sich ein kleines Studio namens *British Lion* und machte ein Angebot. Allerdings für den Bruchteil der veranschlagten Summe. Die Filmemacher überlegten kurz und nahmen das Angebot dann an. Sie dachten wohl: Besser den Spatz in der Hand als die Taube auf dem Dach. Und so unterzeichneten sie die Verträge.«

»Deswegen wirkt er auch so billig«, sagte Leslie. »Er wurde unter großem Zeitdruck und mit einem Bruchteil des veranschlagten Budgets gedreht.«

»Und dann?«

Edward faltete die Hände. »Während der Dreharbeiten ging *British Lion* das Geld aus. Das Studio wurde von EMI geschluckt. Als deren Vorstände erfuhren, an was für einem Thema da gerade gearbeitet wurde, schlugen sie sofort Alarm. Der Film ist, wie du sicher bemerkt hast, ein Affront gegen die christliche Kirche. Nimm zum Beispiel Sergeant Howie. Er ist der Inbegriff des bornierten, gläubigen Kleinbürgers. Sein Tod wird keineswegs kritisch dargestellt, sondern regelrecht gefeiert. Außerdem geht es um freie Liebe, promiskuitiven Sex und Partnertausch. Den überwiegend christlichen Vorständen der EMI stieß das sauer auf. Der Film durfte also auf keinen Fall wie geplant in die Kinos kommen. Allerdings konnte man ihn auch nicht komplett totschweigen, dafür war schon viel zu viel nach außen gesickert. Pressemeldungen waren ausgegeben worden, Anzeigen geschaltet, Plakate gedruckt. Christopher Lee höchstpersönlich hatte im Vorfeld kräftig die Werbetrommel gerührt. Blieb also nur, das absolute Mindestmaß fertigzustellen und zu hoffen, der Film würde an den Kinokassen einen schnellen Tod sterben.«

»Was aber nicht geschah«, ergänzte Hannah.

Edward nickte. »Wie Drehbuchautor Anthony Shaffer in einem Interview mal so treffend formulierte: ›*The Wicker Man ist wie ein Baum. Je mehr du ihn zurückschneidest, umso kräftiger wächst er wieder nach.*‹«

»Und das, obwohl er nur ein Fragment ist …«, sagte Leslie.

Hannah war tief in Gedanken versunken. Sie schien immer noch nicht überzeugt zu sein. Wieso auch? Bis zu diesem Punkt hatte sie ausschließlich verquere Geschichten und Mutmaßungen zu hören bekommen. Verschwörungstheorien wie diese gab es wie Sand am Meer, da brauchte man sich nur die einschlägigen Magazine anzuschauen. Ufos in Roswell, die gefakte Mondlandung, Kennedys Ermordung, der Angriff auf die Twin Towers – es gab so viele Leute, die nach Aufmerksamkeit lechzten, dass sie die bizarrsten Theorien als Wahrheiten verkauften. Wieso also sollte Hannah ihnen glauben? Aber sie schien zumindest interessiert zu sein, und das war schon ein kleiner Erfolg. Es war jetzt wichtig, die Geschichte in der richtigen Reihenfolge zu erzählen.

»Wie bist du denn an die Rollen gekommen, wenn sie unter der Straße vergraben waren?«, fragte Hannah. »Und woher wusstest du überhaupt, wo du suchen musstest?«

»Die zweite Frage zuerst«, sagte Edward. »Wie ich bereits erwähnte, habe ich in meiner Jugend selbst beim Film gearbeitet. Regieassistenz und so. Ich habe an vielen kleinen Produktionen mitgewirkt und einen Haufen Leute kennengelernt. Unter anderem den Kameramann von *The Wicker Man*, Harry Waxman. Ein versierter und erfahrener Profi, vor allem aber ein sehr netter Kerl. Ich kann wohl behaupten, bis zu seinem Tod im Jahr 1984 einer seiner engsten Freunde gewesen zu sein. Immer wenn wir beide um die Häuser zogen, erzählte er mir Geschichten aus der Vergangenheit. Kuriose Begebenheiten, Klatsch und Tratsch sowie Geheimnisse, die nicht für die Öffentlichkeit bestimmt waren. Vor allem Geheimnisse und Hintergründe zu *The Wicker Man*. Das war eines seiner Lieblingsthemen. Besonders, was diese fehlenden Szenen betraf. Sie waren nämlich nicht von ihm selbst gedreht worden, sondern von einer Second Unit.«

»So nennt man die Zusatzcrew, die im Filmgeschäft die Aufgabe hat, an besonderen Locations zu drehen«, ergänzte Leslie. »An Orten, an die man nur schwer rankommt und für die es zu teuer wäre, die gesamte Main Unit hinzuschicken.«

»Waxman, der in Chichester wohnte, erzählte, dass diese Second Unit aus seltsamen Leuten bestand. Typen, die er noch nie zuvor gesehen hatte und die auch später nie wieder auftauchten. Er behauptete, es seien Amateure gewesen, nachweisen konnte er das aber nicht. Jedenfalls hatte er die Spur der verschollenen Dosen akribisch verfolgt und sie bis zu einem bestimmten Ort eingekreist. Als er starb, überließ er mir seine

Forschungsergebnisse. Er war ziemlich deprimiert, weil er davon ausging, dass seine Theorie niemals überprüft werden konnte.«

»Und dann …?«

»Dann passierte ein Wunder, und zwar in Form einer Überschwemmung«, sagte Edward.

»Ein Wunder für die einen, eine Katastrophe für die anderen«, sagte Leslie.

»Erinnerst du dich an die Meldungen über sintflutartige Regenfälle in Südengland vor zwei Jahren? Große Abschnitte von Devon, Dorset und Hampshire versanken damals in den Fluten.«

Hannah nickte interessiert. »Das habe sogar ich mitbekommen, obwohl ich selten Nachrichten schaue.«

»Das Problem war natürlich ein Stück weit hausgemacht«, fuhr Leslie fort. »Die Regierung hat immer nur Vorkehrungen gegen Überschwemmungen von der Meerseite getroffen, nie aber gegen solche aus dem Inland.«

»Jedenfalls wurde die M3 auf dem Streckenabschnitt zwischen Sunbury-on-Thames und Thorpe auf einer Länge von drei Kilometern schwer beschädigt«, sagte Edward. »Die Wassermassen führten an verschiedenen Stellen zu Unterspülungen, sodass der gesamte Fahrbahnbelag erneuert werden musste. An einem Sonntag – ich weiß es noch, als wäre es gestern gewesen – zog ich in einer Nacht-und-Nebel-Aktion los. Harry Waxmans Plan in der einen, einen Metalldetektor in der anderen Hand. Mit diesen zwei Dingen begab ich mich auf Spurensuche.«

»Mit Erfolg, wie ich annehme?«

»Worauf du deinen niedlichen Hintern verwetten darfst.« Edward grinste. »Allerdings war es schwierig. Ich habe es nicht in der ersten Nacht gefunden, nicht in der zweiten oder dritten, aber in der vierten. Ich habe gegraben wie ein Eichhörnchen. Besessen und teilweise ohne Sinn und Verstand. Jeder normale

Mensch hätte aufgegeben, aber nicht Edward Moore, der Jäger der verlorenen Filmdosen. Wenn ich mich in etwas verbeiße, dann muss ich es durchziehen. Bis zum bitteren Ende. Vielleicht ein Grund, warum sich meine Frau vor einigen Jahren von mir hat scheiden lassen.« Er lächelte gequält. »Was ich damit sagen will, Hannah: Ich dachte lange Zeit genau wie du. Sosehr Waxman auch beteuerte, es würde die Aufnahmen wirklich geben und sie seien spektakulär – ich glaubte ihm nicht. Bis ich sie mit eigenen Augen sah.«

Seine Stimme wurde leise. Er flüsterte jetzt beinahe. Leslie verstand, warum. Auch sie hatte die Aufnahmen gesehen, und es gab Zeiten, in denen sie sie immer noch in ihren Träumen verfolgten. Und dabei hatte Edward ihr nicht mal alles gezeigt.

Er stand auf und ging zum Projektor. »Ich denke, jetzt ist der Zeitpunkt gekommen, um dir die Aufnahmen vorzuführen, Hannah. Entspann dich, vergiss alles, was wir dir gerade erzählt haben, und sieh es dir an. Ganz unvoreingenommen. Und bedenke bitte, es ist Rohmaterial. Also ungeschnitten, ohne Ton und Musik. Film in seiner reinsten Form. Aber ich denke, es ist eindrücklich genug.«

»Leg los«, sagte Hannah.

9

Das Licht ging aus.

Auf dem riesigen Monitor erschien ein krisseliges Bild. Hannah sah Kratzer und schwarze Punkte über den weißen Hintergrund rauschen.

»Das Filmmaterial hat die lange Zeit in seinem Versteck leider nicht ganz unbeschadet überstanden«, sagte Edward. »Die Bedingungen unter der Erde waren wohl nicht optimal. Aber zum Glück betrifft das nur Anfang und Ende. Gleich wird es besser.«

Tatsächlich, es dauerte keine dreißig Sekunden, dann verschwanden die Kratzer. Die erste Einstellung war zu sehen. Hannah versuchte, sich zu entspannen und die Eindrücke unvoreingenommen auf sich wirken zu lassen. Sie sah ein brennendes Feuer. Frauen tanzten darum herum, bekleidet mit dünnen, weißen Kleidern, die im Gegenlicht transparent schienen. Obwohl keine Musik zu hören war, halfen die schwingenden, anmutigen Bewegungen, sich vorzustellen, dass es eine keltische Melodie war, zu der sie tanzten. Die Bewegungen hatten etwas Traumähnliches, Hypnotisches. Dort, wo die Schatten begannen, waren halbkreisförmig weitere Personen zu sehen. Sie standen regungslos da und beobachteten die Tänzerinnen. Im Gegensatz zu ihnen waren sie in dunkle Stoffe gehüllt und trugen Masken. Hannah empfand unmittelbare Abneigung. Wie diese Typen dastanden und glotzten, hatte etwas Voyeuristisches. Und es waren Männer, das stand außer Frage. Einer von ihnen hielt einen langen Holzstab in der Hand und trug eine Widdermaske. Beides zutiefst sexuelle Symbole.

Hannah wusste nicht viel über neuheidnische Bräuche, war aber sicher, dass die Requisiten authentisch waren. Ob mit Schauspielern gefilmt oder bei einem real existierenden Event, blieb abzuwarten. Im Moment hatte es eher etwas Dokumentarisches.

Die Szene brach ab, und eine andere erschien. Inzwischen waren die Frauen nackt. Mit weit ausholenden Bewegungen tanzten sie weiter, wobei Gestik und Mimik zügelloser und ekstatischer wirkten. Die Frauen hielten die Augen geschlossen und gaben sich der Musik und Bewegung hin. Eine von ihnen sprang über die Flammen, landete auf allen vieren und erhob sich. Andere taten es ihr gleich. Die Flammen erzeugten einen öligen Widerschein auf ihrer verschwitzten Haut. Die Luft schien kalt zu sein. Der Atem kondensierte zu kleinen Wölkchen. Zu gerne hätte Hannah die Musik gehört. Sie hätte dieser bacchantischen Szene erst die richtige Wirkung verliehen. Aber vielleicht war es besser so, denn so konnte sie sich auf die Details konzentrieren. Eines dieser Details betraf den Hintergrund. Erst mit der Zeit wurde Hannah bewusst, dass der Tanz auf einer Waldlichtung gedreht sein musste. Riesige, uralte Bäume zeichneten sich gegen den dunklen Nachthimmel ab. Da die Flammen höherschlugen, konnte man mehr Einzelheiten erkennen. Hannah wurde klar, warum sie das Gefühl hatte, eine Dokumentation zu sehen. Es gab keine zusätzlichen Scheinwerfer. Die einzigen Lichtquellen waren das Feuer, der Mond sowie etliche Fackeln und Öllampen.

»Ist das üblich, so ganz ohne Scheinwerfer?«, fragte sie neugierig.

»Leslie erwähnte bereits, dass du ein gutes Auge hast«, sagte Edward anerkennend. »Ja, du hast recht. Es wurde bewusst darauf verzichtet, ebenso bei den anderen Szenen, die du gleich sehen wirst. Vermutlich sollte es dem Ganzen den Anstrich von Authentizität verleihen.«

Hannah richtete ihre Aufmerksamkeit wieder nach vorn. Es folgten Dutzende weitere Einstellungen, die den Tanz zum Inhalt hatten. Er wurde zunehmend ekstatischer und endete bei manchen der Frauen darin, dass sie sich auf den Boden warfen und Bewegungen vollführten, als würden sie mit der Erde kopulieren. Hannah war inzwischen überzeugt davon, dass dies keine Schauspielerinnen waren, sondern Laiendarstellerinnen. Und dass sie auch nicht simulierten, sondern wirklich so empfanden. Vielleicht hatte das Kamerateam die Genehmigung erhalten, an einer tatsächlichen Kulthandlung teilzunehmen und diese zu filmen.

Während die Frauen im Vordergrund sich redlich abmühten, standen die Männer mit ihren Masken die ganze Zeit unbeweglich im Hintergrund. Das änderte sich, als ein Schnitt erfolgte und eine andere Szene zu sehen war.

Hannah spürte, wie ihr das Blut ins Gesicht schoss. Sie musste sich räuspern. »Nun … hm. Das ist jetzt mal tatsächlich ziemlich …«

»… pornografisch? Ja, das ist es.« Edward nickte, diesmal ohne anzügliches Grinsen. »Und ehe du auf falsche Gedanken kommst, wir haben es hier nicht mit banalem Gruppensex zu tun, sondern mit einem rituellen Akt – einer zutiefst religiösen Erfahrung. Dies ist eine uralte heidnische Tradition, wie sie bereits seit prähistorischen Zeiten in England praktiziert wird. In der Neuzeit sind diese Zeremonien in den Fokus einiger neuheidnischer Strömungen gerückt. Einer der Gründer dieser Bewegung, ein gewisser Aleister Crowley, lebte von 1875 bis 1947. Ein britischer Okkultist und Schriftsteller und einer der Ersten, die den indischen Tantrismus nach Europa brachten und seine Techniken für die westliche Sexualmagie nutzbar machten.«

»Ich habe davon gehört«, sagte Hannah. »Es geht darum, Sexualität als religiöse Quelle zu nutzen, um bestimmte Ziele zu verwirklichen, nicht wahr?«

»Ziele, wie sie in *The Wicker Man* ausführlich behandelt werden«, erwiderte Edward. »Die Bitte um Regen, um bessere Ernte, um gesunde Geburten, langes Leben und so weiter. Die Filmemacher haben in dieser Hinsicht gut recherchiert.«

»Eine andere Form des Gebets also.« Hannah lächelte schief. Sie war froh, dass der Raum dunkel war. Es wäre ihr peinlich gewesen, wenn die anderen ihre roten Wangen gesehen hätten. Dabei sollte sie sich an derartige Anblicke eigentlich gewöhnt haben. Die Menschheitsgeschichte war durchzogen von Kulturen, in denen offen dargebotene Sexualität zum Alltag gehörte. Da brauchte man nicht erst nach Indien oder Kambodscha zu schauen. Selbst die Kelten und Römer waren in dieser Beziehung freizügiger gewesen als die Gesellschaft heute. Es war nur der Überraschungsfaktor gewesen, der sie aus der Bahn geworfen hatte. Aber jetzt hatte sie sich wieder unter Kontrolle und studierte die visuellen Eindrücke mit der gebührenden wissenschaftlichen Aufmerksamkeit.

Unzählige Leiber wälzten sich über- und untereinander, wobei man kaum noch erkennen konnte, wo ein Körper endete und ein anderer anfing. Hin und wieder tauchte ein Arm aus der Menge hervor, eine Schulter oder ein Bein. Lustverzerrte Gesichter zogen an der Linse vorbei, während die Kamera sich durch die schweißnassen Leiber bewegte. Vermutlich wurde das schwere optische Gerät getragen, denn es war ausgeschlossen, dass man dort mit einem Kamerawagen durchkam. Verblüffend war, dass sich keiner der Beteiligten an der Anwesenheit des Filmteams zu stören schien. Sie taten, was sie taten, und scherten sich nicht um irgendwelche Außenstehende. Der Effekt war, dass man als Zuschauer den Eindruck bekam, Teil der Zeremonie zu sein. Hannah rutschte unruhig auf ihrem Platz herum. Die Luft im Vorführraum war warm.

»Wie lange geht das noch?«

»Hast du schon genug?« Das Lächeln in Edwards Gesicht war im Halbdunkel undeutlich zu erkennen. »Na gut, ich verstehe, was du meinst. Wird auf Dauer eintönig. Ich spul ein bisschen vor.«

Das Bild verschwamm, und ein anderes erschien. Die Szene

wirkte verändert. War die erste unter freiem Himmel gedreht worden, befanden sie sich nun in einer Art Höhle. Hannah erkannte sofort, dass es derselbe Hintergrund war wie auf den Screenshots, die Leslie ihr geschickt hatte. Endlich kam sie dem Rätsel näher.

Die ersten Einstellungen zeigten einen kahlen Raum ohne Menschen. Hannah bemerkte eine kuppelförmige Decke und gestampften Lehmboden. In die Wände waren Vertiefungen eingegraben worden, in denen Schalen mit brennbarem Öl standen. Die Flammen spendeten gleichmäßiges und warmes Licht.

»Halt bitte mal den Film an«, sagte sie. »Nein, besser, du spulst ein Stückchen zurück. Bis zu dem Moment, in dem der erste Schwenk erfolgt.«

Er tat, was sie sagte. »Diese Stelle hier?«

»Ja, genau.« Hannah rückte näher heran. In der Mitte des Raumes stand ein Altar. Eine rechteckige Bodenplatte, auf der ein Schrein ruhte. Es fiel ihr schwer, die Proportionen abzuschätzen, da ein Größenvergleich nicht möglich war. Sie versuchte es trotzdem. Der Schrein hatte die Abmessungen eines Sarkophags. Etwa drei Meter lang und mindestens einen Meter hoch und breit. Der Deckel war abgehoben worden und ruhte aufrecht daneben. Im Inneren befand sich – soweit das zu erkennen war – Erde. Dunkle, schwere, feuchte Erde. Das allein war schon rätselhaft genug. Wirklich interessant aber wurde es, als die Kamera die Höhlendecke streifte. Hannah spürte ein Kribbeln im Nacken.

Irrte sie sich, oder glitzerte da etwas? Nein, kein Zweifel, da schimmerten unzählige kleine Lichter unter dem Deckengewölbe. Dass sie die nicht sofort bemerkt hatte, lag an dem ungünstigen Blickwinkel. Hätte sie persönlich in der Höhle gestanden, hätte es bestimmt noch wesentlich beeindruckender gewirkt. »Seht euch das an«, sagte sie. »Die haben da einen Sternenhimmel simuliert. Genau wie in Honduras.«

»Honduras?« Edward runzelte die Stirn.

»Hannah war dort, ehe sie hierherkam«, erläuterte Leslie. »Auf einer archäologischen Expedition.«

»Unser Versuch, der Stadt des Affengottes ihr Geheimnis zu entlocken. Ist aber leider erfolglos geblieben. Kurz bevor wir abrücken mussten, sind wir auf eine verschollene Grabkammer gestoßen. Ein Ort, an dem die Leichen reicher und einflussreicher Menschen bestattet wurden. Die Decke sah ähnlich aus wie diese hier.« Sie verschwieg die Menschenknochen. Es war auch so schon unheimlich genug. »Keine Ahnung, ob das wichtig ist, es fiel mir nur gerade auf. Lass mal weiterlaufen.«

»Interessantes Detail«, sagte Edward. »Aber es stimmt natürlich. Hier kann man es auch sehen.« Die Kamera wanderte am Sarkophag vorbei in den hinteren Teil der Höhle. Dann wandte sie sich einem neuen Objekt zu. Es sah aus wie ein Geflecht aus Ranken oder Wurzeln. Die gesamte hintere Wand war damit bedeckt. Dicke, dünne, lange, kurze. Sie bildeten einen regelrechten Teppich, der wie Wasser von der Decke herabfloss, die Wand überwucherte und sogar Teile des Bodens bedeckte. Was dieses Geflecht so eigenartig machte, war seine Farbe. Es war nicht einfach nur braun, dunkelgrau oder schwarz, wie bei Baumwurzeln üblich, sondern rot. Blutrot. Zumindest im oberen Teil. Zu den Enden hin bleichte es aus und wurde rasch heller, sodass es an den feinsten Verästelungen, die wie Haare aussahen, fast schon weiß war.

»Was ist das?«, fragte Hannah. »Gehören die zu einem Baum?«

»Darüber haben wir uns lange Gedanken gemacht«, erwiderte Leslie. »Wir sind übereingekommen, dass diese Höhle unterirdisch angelegt sein muss und dass darüber ein Baum steht. Allerdings haben wir keine Ahnung, um was für eine Gattung es sich handeln könnte.«

»Was immer das für ein Gewächs sein mag, aus den hiesigen

Breiten stammt es gewiss nicht«, sagte Edward. »Irgendwas Tropisches vielleicht.«

»Möglich ...« Je länger Hannah auf dieses fremdartige Wurzelwerk starrte, desto mulmiger wurde ihr. Der Kameramann hielt es auffällig lange im Fokus, wagte es aber anscheinend nicht, näher heranzugehen.

Irgendetwas Bedrohliches ging von diesen Wurzeln aus, das konnte Hannah spüren. Sie drehte sich zu Edward um. »Hast du noch weitere Aufnahmen von dem Sarkophag?«

»Dem Steinkasten in der Mitte des Raumes?«

»Genau. Das Bild, das mir Leslie geschickt hat.«

»Das kommt später.«

»Ich würde gerne die Gravuren in Augenschein nehmen.«

»Moment, ich spule etwas vor. Was hältst du von diesen Wurzeln?«

»Kann ich nicht sagen. Aber es ist auffällig, wie lange die Kamera darauf gerichtet war. Ich habe so etwas noch nie gesehen. Halt, stopp, hier ist es«, sagte Hannah. »Das ist die Szene.«

Sie rückte näher an den Monitor heran. Die Höhle war inzwischen nicht mehr leer. Vor der hinteren Wand standen jetzt halbkreisförmig die Typen mit den Masken. Einige von ihnen hielten Fackeln, andere irgendwelche Zweige. Misteln vielleicht. Die weiten, groben Umhänge waren fest verschlossen. Die Orgie schien vorbei zu sein.

»Ich hatte Edward gebeten, mir ein Standbild davon zu machen, weil ich wissen wollte, ob du damit etwas anfangen kannst«, sagte Leslie.

»Ich glaube, dass ich das schon einmal irgendwo gesehen habe«, sagte Hannah. »An einem fernen Ort. Dieser Altarstein ist alt, sehr alt.«

»Ich denke, wir dürften uns alle darüber einig sein. Auch darüber, dass das kein Filmrequisit ist«, erwiderte Edward. »Das Ding ist echt. So weit kenne ich mich mit Filmbauten aus, um sagen zu können, dass wir es mit einer real existierenden Location zu tun haben. Einem Versammlungsort. Einer Opferstätte.«

Hannah runzelte die Stirn. Der Begriff hatte keinen guten Klang. »Wer oder was wurde denn da geopfert?«

»Das wirst du gleich sehen. Allerdings muss ich dich vorwarnen. Selbst für jemanden, der sich mit Make-up- und Maskeneffekten auskennt, ist das ziemlich schwer verdauliche Kost. Bist du bereit?«

»Das kann man vorher nie sagen. Komm schon, bringen wir es hinter uns.«

»Hättet ihr was dagegen, wenn ich so lange rausgehe und eine rauche?«, fragte Leslie. »Ich kenne das Zeug schon, ich muss mir das nicht noch mal anschauen.«

Ehe Hannah etwas erwidern konnte, war die Reporterin draußen und machte die Tür hinter sich zu. Seltsam.

Hannah hatte Leslie nie für zimperlich gehalten. Seufzend sagte sie: »Also gut, lass laufen.«

10

Woran Hannah sich später glasklar erinnern konnte, waren die vielen Kleinigkeiten, die zu diesem Moment geführt hatten. Ihr Aufbruch von Windsor, der Aufenthalt an der Tankstelle, an der sie für sich und Leslie einen Coffee to go gekauft hatte, das saftig grüne Farmland, die parkähnlichen Bäume, hinter denen sich dicke, aufgeplusterte Kumuluswolken wölbten. In ihrer Erinnerung schimmerte jedes Detail wie ein frisch polierter Edelstein.

Sie waren an einem lang gestreckten künstlichen See vorbeigekommen, dem Dorney Lake, der von verschiedenen Ruderclubs, vorzugsweise dem Eton College, genutzt wurde. Er lag jenseits der Themse, die auf dieser Höhe zu einem schmalen Rinnsal zusammenschmolz. Von hier aus waren es nur noch wenige Meilen bis zu dem Moment, der seinen Schatten warf. Wie das langsam schwingende Pendel einer Standuhr. Tick, tack. Links, rechts, links, rechts, näher und näher. Bis sie dann endlich in dieser biederen Straße gelandet waren, vor diesem biederen Haus mit der roten Tür, hinter der das Grauen lauerte. Hier wartete es. Unscheinbar. Nichtssagend. Aber mit ausgefahrenen Krallen.

War sie vorbereitet gewesen auf das, was kommen würde? Nein. Hätte es eine Möglichkeit gegeben, sich darauf vorzubereiten? Eher unwahrscheinlich. So gesehen, konnte sie Leslie keinen Vorwurf machen. Hannah, die glaubte, bereits alles gesehen zu haben, musste feststellen, dass es Dinge gab, von deren Existenz sie nichts geahnt hatte.

Zum Glück war der Film ohne Ton, doch die Schreie hallten auch so in ihrem Kopf, dazu brauchte es keine Lautsprecher.

Als sie es nicht länger ertrug, zwang sie sich, den Blick auf unwesentliche Bilddetails zu richten. Auf die beiden eingravierten Steinböcke, die Wellen, die sternförmigen Blütensymbole –

und den Lebensbaum, über dessen gewundene Äste jetzt das Blut strömte.

Hannahs Gedanken drifteten ab. Hin zu einer weit entfernten Zeit, an einen weit entfernten Ort. Es war kurz nach dem Studium gewesen. Sie war damals noch eine junge Frau, hungrig nach Abenteuern, mit wachem Blick und einer schmerzhaften Sehnsucht nach Ferne. Ihr Professor hatte ihr diesen Auftrag verschafft. Ein Forschungsprojekt im Nahen Osten.

Sie erinnerte sich, wie verzaubert sie damals gewesen war. Jeder, der diesen Ort jemals besucht hatte, war von ihm berührt worden. Es war schlichtweg unmöglich, sich seiner Faszination zu entziehen. Selbst als einfacher Tourist. Für Hannah rangierte dieser Ort unter den Top Ten der größten Sehenswürdigkeiten dieses Planeten.

Zwei Jahre hatte sie dort verbracht, ehe sie weitergezogen war. In diesen zwei Jahren hatte sie eine Menge Geschichten und Überlieferungen zu hören bekommen, doch die seltsamste war aus unerfindlichen Gründen aus ihrem Gedächtnis verschwunden. Jetzt fiel ihr alles wieder ein.

»Petra«, murmelte sie. »Jordanien.«

Eine Hand legte sich auf ihre Schulter. Sie zuckte zusammen.

»Und, alles gut überstanden?« Leslie stand neben ihr und sah sie mitfühlend an. Sie musste den Vorführraum während der letzten Minuten betreten haben, doch Hannah hatte sie nicht kommen gehört. Auch das Licht war inzwischen wieder angegangen. Die Leinwand war schwarz.

»Ganz schön heftig, oder?«

»Ja …« Hannah benötigte eine Weile, um wieder ins Hier und Jetzt zurückzukehren. Ihr wurde bewusst, dass die beiden sie fragend ansahen. Was sollte sie sagen? Es war heftig, wenn jemand krank wurde oder sich verletzte. Heftig war, wenn man seinen Job verlor oder in finanzielle Nöte geriet. Für das hier gab es keine Worte.

»Keine Ahnung, ob das echt war oder nicht«, sagte sie leise. »Ich kann auch nicht darüber urteilen, ob das künstlerisch wertvoll oder einfach nur geschmacklos ist. Ich kann nur jedem mein tiefstes Bedauern aussprechen, der das als unterhaltsam erachtet. Es sollte dahin verschwinden, woher es gekommen ist.«

Sie erwartete eine enttäuschte oder wütende Reaktion, aber Edward reagierte erstaunlich gelassen. »Dafür ist es leider zu spät, meine Liebe. Der Stein ist ins Rollen geraten, den wird so schnell keiner stoppen.«

»Aber ...«

»Hast du irgendwelche Sprünge bemerkt, Bildschnitte oder Ähnliches?«

»Nein ...«

»Ich auch nicht. Wir müssen davon ausgehen, dass die Szene in einem Take aufgenommen wurde und demnach echt ist.«

»Was meinst du mit *echt?*«

»Nun, dass hier nicht mit Tricks gearbeitet wurde. Das hätte man gesehen. Spezialeffekte im Kino kündigen sich meistens mit einem Schnitt an. Die Säge fährt auf den Arm zu, Schnitt, der echte Arm wird durch einen Gummiarm ersetzt und so weiter. Heute lassen sich solche Dinge natürlich digital in der Postproduktion in eine durchgehende Szene einfügen, aber früher war das unmöglich. Weswegen wir davon ausgehen müssen, dass hier eine echte Opferzeremonie auf Zelluloid gebannt wurde. Anders formuliert, wir haben es mit einem Snuff-Movie zu tun.«

»Ein Film, in dem echte Personen zu Tode kommen«, erläuterte Leslie, doch Hannah wusste auch so, was gemeint war. Es ekelte sie an. Aber die Opferszene war nur ein Teil des gezeigten Filmausschnitts. Der, bei dem die Wurzeln ins Spiel kamen, war noch sehr viel verstörender. »Und die zweite Hälfte?«, hakte sie nach. »Was habe ich da zu sehen bekommen?«

»Das kann ich dir nicht sagen, Hannah«, sagte Edward mit ernster Miene. »Du ahnst gar nicht, wie oft ich mir das schon angeschaut habe. Ich bin mit so ziemlich jeder Form von Filmtrick vertraut, aber das ist für mich unerklärlich. Die naheliegendste Erklärung wäre vielleicht ein pneumatisches System, bei dem Luft durch Schläuche gepumpt wird. Doch dann wären die Bewegungen willkürlicher, nicht so zielgerichtet. Die Wurzeln scheinen aber wie eigenständige Gliedmaßen zu funktionieren. Sie packen zu, halten fest und strangulieren. Wie gesagt, das ist alles höchst rätselhaft.«

Hannah dachte einen Moment nach, dann sagte sie kopfschüttelnd: »Ehrlich gesagt, ist mir das herzlich egal. Wenn du unter die Sammler von Snuff-Filmen gegangen bist, ist das dein Bier, mich interessiert das nicht. Ebenso wenig die Frage, ob hier getrickst wurde oder nicht.«

»Darum geht es doch gar nicht, Hannah«, sagte Leslie und legte ihr sanft die Hand auf den Arm. »Wir sind der Meinung, Zeugen eines real existierenden Verbrechens zu sein. Wir haben uns zusammengetan, um denen, die dafür verantwortlich sind, das Handwerk zu legen.«

»So ist es«, sagte Edward. »Wir sind überzeugt, dass etliche der Männer, die du in den neuen Filmausschnitten siehst, immer noch leben. Schlimmer noch, wir gehen davon aus, dass dieser Kult noch heute existiert und weiterhin seine blutigen Rituale vollzieht. Im Verborgenen und dennoch mitten unter uns.«

»Das ist der Grund, warum ich mich bei dir gemeldet habe, Hannah«, sagte Leslie. »Wir sind an einen toten Punkt gelangt und kommen einfach nicht weiter.« Sie zuckte die Schultern. »Edwards und meine Wege haben sich gekreuzt, während ich über verbotene Kulte und satanische Zirkel recherchierte und er über *The Wicker Man*. Irgendetwas Unaussprechliches spielt sich vor unseren Augen ab, und wir sind angetreten, um dem ein Ende zu setzen.«

»Das wiederum kann ich gut verstehen«, sagte Hannah leise. »Nur ist mir nicht klar, was ich dazu beitragen könnte.«

»Uns mit deinem archäologischen Sachverstand zur Seite stehen«, sagte Edward. »Ich denke, wir alle sind uns darüber einig, dass dieser Schrein alt ist. An deiner Reaktion meine ich, erkannt zu haben, dass dir ein Gedanke gekommen ist. Gibt es irgendeinen Hinweis? Die kleinste Spur könnte von Nutzen sein.«

Hannah sah die beiden an und versank in tiefes Schweigen. Eigentlich hatte sie nur einen kleinen Zwischenstopp machen wollen, einen Kurzurlaub, ehe sie zurück zu Mann und Tochter fuhr. Jetzt saß sie da und spürte, wie sie erneut in ein dunkles Abenteuer gezogen wurde. Wie ein schwarzes Loch tat es sich vor ihr auf. Unmöglich, daran vorbeizugehen. Dabei hatte sie sich geschworen, dass endlich Schluss sein musste mit den Abenteuern. Keine Risiken mehr, keine Unwägbarkeiten.

Aber da hatte sie auch noch nicht gewusst, was sie jetzt wusste.

Ein kluger Mann hatte mal gesagt, wir wären mehr als die Summe unserer Entscheidungen. Die Wege, die wir zwar bedacht, aber wieder verworfen haben, sind ein Teil von uns. Sie summieren sich am Ende zu dem, was wir sind – zu unserer Identität. So gesehen, hatte sie die Reise im Geiste also schon angetreten. Und für eine Umkehr schien es bereits zu spät zu sein.

Leslies Blick ruhte gebannt auf ihr. Noch ein wenig intensiver, und er hätte Löcher in die Tischdecke gebrannt.

»Ich denke, dass du mich ziemlich gut kennst, Leslie.«

»Dann wirst du uns also helfen?«

»Gerne. Wenn mich mein Instinkt nicht trügt.«

»Das Risiko müssen wir eingehen«, sagte Edward.

Hannah wiegte den Kopf. »Es könnte aber etwas aufwendiger werden. Das meine ich nicht nur zeitlich, sondern auch finanziell.«

»Das ist egal. Ich bin ein wohlhabender Mann, Geld spielt keine Rolle.«

»Ich will da etwas überprüfen. Leslie und ich werden uns auf eine kleine Reise begeben müssen. Könnte ein paar Tage dauern.«

»Was denn für eine Reise, Hannah?« Leslies Stimme bebte vor Aufregung. »Wohin willst du mich entführen?«

»Das wirst du bald erfahren. Nur ein kleiner Tipp: Vergiss die Sonnencreme nicht.«

11

Redcliffe Castle, englische Südküste …

Ambrose van Tyne pfiff ein irisches Volkslied, während er seine Rosen pflegte. Die Beschäftigung mit seinen Pflanzen bereitete ihm großes Vergnügen. Es half ihm dabei, die Anspannung zu bekämpfen. Bedeutsame Ereignisse warfen ihre Schatten voraus. Nun würde es nicht mehr lange dauern, bis die ersten Gäste eintrafen.

Hugh Dickson hieß diese altenglische Züchtung, deren dichtes Buschwerk den Eingang zum Garten und dem dahinterliegenden Wald überspannte. Zwanzig Jahre intensiver Pflege, Liebe und Hingabe steckten in diesem Strauch. *Zwanzig Jahre!* Aber was bedeutete Zeit angesichts solcher Pracht?

Die Züchtung war zu Beginn des 20. Jahrhunderts aus einer Kreuzung zwischen der *Lord Bacon* und der *Gruß an Teplitz* entstanden und zeichnete sich durch besondere Blühfreudigkeit und gesundes Laub aus. Die großen, samtigen und karmin- bis scharlachroten Blüten waren nicht nur von immenser Leuchtkraft, sie verströmten auch einen betörenden Duft. Der Standort war perfekt. Sonnig, aber nicht zu trocken. Südseite, aber nicht zu heiß. Rosen liebten Licht und Wärme, hassten jedoch trockene Hitze. Der Boden nahe der Hauswand war ideal. Redcliffe Castle lag auf einer küstennahen Anhöhe mit sandigen Böden. Der Untergrund war fest, aber durchlässig genug, damit es nicht zu Staunässe kam. Außerdem enthielt er viele Nährstoffe, sodass man auf Dünger verzichten konnte.

Nachdem Ambrose den verblühten Flor ausgeputzt hatte, machte er sich an die Wässerung. Die Sonne stieg bereits höher und würde bald über die Wipfel der Bäume kommen. Er musste sich sputen, denn die Blätter konnten unter den Wassertropfen verbrennen. Den Boden würde er später auflockern.

Leichtfüßig stieg er von der Leiter. Er wollte gerade den Schlauch holen, als er Rhiannon erblickte. Sie wurde von Mr Darcy begleitet, ihrem gelben Labrador Retriever.

Mr Darcy war etwas Besonderes. Er ging in direkter Linie auf *Ben of Hyde* zurück, den ersten seiner Art hier auf der Insel. In seinen Bewegungen, den aufmerksamen Augen und dem sanften Gemüt konnte man immer noch seinen berühmten Vorfahren erkennen.

Ambrose hob seine Hand und winkte Rhiannon zu. Sie lenkte ihren Schritt in seine Richtung. Das cremefarbene Kleid umschmiegte ihre Silhouette. Sie trug keine Schuhe und – wie er mit einem Lächeln feststellte – keine Unterwäsche. An sich war das nichts Ungewöhnliches. Rhiannon liebte es, in den Sommermonaten wenig Stoff am Leib zu tragen. Sie war ein Kind der Natur und lief bei passender Gelegenheit auch gerne unbekleidet herum. Aber es lag ein besonderes Prickeln in diesem Licht und in der Morgenluft. Eine Aura, die seine Gedanken in eine bestimmte Richtung lenkte. Er streifte die Handschuhe ab.

»Guten Morgen«, rief er ihr zu. »Hast du gut geschlafen? Ich hoffe, du nimmst es mir nicht übel, dass ich bereits aufgestanden bin. Sie haben für heute klaren Himmel und Sonnenschein angekündigt, und da dachte ich, ich kümmere mich ein bisschen um die Rosen, ehe hier der große Ansturm losgeht.« Er trat auf sie zu und gab ihr einen zärtlichen Kuss auf die Wange. Wie wunderbar sie wieder roch.

»Aber nein, natürlich nicht«, erwiderte sie. »Ich bin froh, dass du mich hast schlafen lassen. Ich hatte einen herrlich erotischen Traum. Ich habe von Zentauren geträumt. Kannst du dir das vorstellen, Ambrose? *Zentauren.*« Sie blickte zu der Blütenpracht hinauf. »Prachtvoll, deine Rosen. Sie werden von Jahr zu Jahr schöner.«

»So wie du. Es liegt ein Zauber über diesem Land, dem sich nichts und niemand entziehen kann.« Er ließ seine Hand sanft über ihren Po gleiten. Eine spielerische Berührung, aber voller Begehren. Seine Lebensgefährtin hatte in all den Jahren nicht an Reiz verloren. Die Magie dieses Ortes hielt sie beide jung. Er wollte sie an sich drücken, spürte jedoch einen leisen Widerstand.

»Ist irgendetwas?«

»Das Mädchen wurde gefunden.«

Er stutzte. »Catherine?«

Sie nickte. Das war es also. Das Thema beschäftigte sie anscheinend sehr. Vielleicht war doch Eifersucht im Spiel, auch wenn sie das natürlich niemals zugeben würde.

»Nun, damit war zu rechnen gewesen«, sagte er lapidar. »Die Frage war also niemals *wann*, sondern *wo*.«

»Zwanzig Meilen von hier, am *Big Picket Rock*.«

»Recht weit entfernt.«

»Die Strömung muss sie dorthin getrieben haben. Sie war während der letzten Tage sehr heftig.«

»Na, umso besser. Dann dürfte niemand eine Verbindung herstellen.«

»Bist du sicher? Die Polizei hat sich der Sache angenommen. Sie untersuchen das ganze Gelände. Was, wenn jemand anfängt, Fragen zu stellen?«

»Mach dir darüber keine Sorgen. Vor der Polizei haben wir nichts zu befürchten.«

»Möglich.« Schweigend kraulte sie dem Labrador über den Kopf. Mr Darcy quittierte es mit einem Laut des Wohlgefallens. Ambrose verspürte einen Anflug von Eifersucht. Wieso bekam der Hund Aufmerksamkeit und er nicht? Er hätte jetzt ebenfalls ein bisschen Zärtlichkeit gebrauchen können. Aber er wollte sie nicht drängen. Eine Frau wie Rhiannon ließ sich nicht drängen. Niemals.

»Und, was denkst du?«, fragte er.

»Dass es ein Jammer ist. Eine Tragödie.«

»Ja, ich weiß. Andererseits – sie ist nur eine von vielen. Es werden sich weitere Gelegenheiten finden.«

»Sie wäre ideal gewesen. Ich habe sie selbst geprüft. Sie war perfekt.«

»Sie war eine billige Hure.«

Rhiannon winkte ab. »Das ist unerheblich. Sie hätte die Mutter deiner Kinder werden können. Was ist geschehen?«

»Ich habe es dir schon mehrfach zu erklären versucht. Ein Moment der Unachtsamkeit. Vielleicht habe ich die Formeln nicht richtig rezitiert, vielleicht war ich auch zu sehr auf mich selbst fixiert. Es erfordert jedes Mal ein hohes Maß an Konzentration, wie du weißt. Vor allem so kurz vor der Sonnenwende …«

»Das darf nicht noch einmal passieren, hörst du, Ambrose? Du musst für Nachkommen sorgen. Ich kann dir keine Kinder schenken. So gerne ich es auch täte.« Sie senkte ihren Kopf. Er überlegte, ob er sie in den Arm nehmen sollte, aber das hätte sie nicht gewollt. Deshalb ließ er es. Doch dann machte sie den ersten Schritt. Sie trat an ihn heran und strich sanft über seinen Oberarm, dann über seine Brust. Er spürte ihre Hitze. Seine Muskeln zuckten unter der Berührung zusammen.

»Wie stark du bist«, flüsterte sie. »Ein Löwe, genau wie dein Vater. Du bist geboren, um zu herrschen. Du darfst diese Verbindung nicht abreißen lassen. Sorge dafür, dass unser Geschlecht weiterbesteht.«

»Mach dir keine Sorgen. Die Zusammenkunft steht unmittelbar bevor. Wir haben reichlich Mädchen zur Verfügung. Ich werde eine geeignete Kandidatin finden.«

»Das hoffe ich«, hauchte sie. »Das hoffe ich wirklich. Dieses Fest muss so gut werden, dass selbst die Götter davon sprechen werden.«

»Das wird es, keine Sorge. Und du, meine Göttin, wirst den Vorsitz haben.«

Sie nahm das Kompliment mit einem Lächeln zur Kenntnis. »Da ist noch mehr«, sagte sie.

»Was?«

»Ich habe vorhin eine Nachricht erhalten. Sie stammt von einem unserer inländischen Kontakte. Ich weiß noch nicht, was ich davon halten soll, deswegen wollte ich mich zuerst mit dir abstimmen. Ich denke aber, dass wir dieser Spur nachgehen sollten.«

Er ließ seinen Arm sinken. »Willst du, dass ich es errate, oder verrätst du mir, was los ist?«

»Sagt dir der Name *Leslie Rickert* etwas?«

Er zog die Stirn in Falten. »Leslie Rickert?« Tief hinten in seinen Synapsen regte sich etwas. Den Namen hatte er tatsächlich schon mal gehört. Aber er konnte ihn nicht einordnen. »Gib mir einen Tipp.«

»BBC. Die British Broadcasting Corporation.«

»O ja.« Jetzt fiel es ihm ein. »Die Reporterin.«

Sie nickte. »Du erinnerst dich bestimmt an ihren Bericht über satanische und okkulte Zirkel hier in England vor ein paar Jahren.«

»Jetzt, wo du es sagst. Ist aber schon ziemlich lange her. Wann war das noch mal? Kurz vor der Jahrtausendwende, nicht wahr?«

»Sie war danach lange Jahre als Auslandskorrespondentin tätig. Südafrika, Vorderasien und so weiter. Jetzt ist sie wieder hier.«

»Und …?«

»Wie es aussieht, steckt sie ihre Nase in Sachen, die sie nichts angehen.«

Ambrose dachte nach. »Es war ein Bericht über den *Order of Nine Angles* und den *Temple of The Black Light*, jetzt erinnere ich mich wieder. Die beiden Vereinigungen wurden daraufhin verboten.«

»So ist es.«

»Nicht schade drum, wenn du mich fragst. Teufelsanbeter, das sagt doch alles.« Er zuckte die Schultern. »Wie kann man den Tod anbeten, wenn das Leben einem so viel mehr bietet? Ich finde, sie hat der Menschheit damit einen Dienst erwiesen.«

»Glaubst du, dass sie in solchen Dingen unterscheidet? Für sie sind wir doch alle Verrückte.«

»Willst du damit sagen, dass sie jetzt über uns recherchiert?«

»Zumindest stellt sie Nachforschungen an«, erwiderte Rhiannon. »Interessanterweise erstrecken sich ihre Recherchen neben der üblichen Schiene von Sekten, ihren Praktiken und Versammlungsorten auch in Richtung Film und Archäologie. Eine sehr ungewöhnliche Kombination, findest du nicht?«

Nun wurde er doch hellhörig. »Film und Archäologie?«

»Sie scheint Kontakt zu einem gewissen Edward Moore aufgenommen zu haben. Professor für Filmwissenschaften. Ich habe ihn überprüfen lassen.«

»Und?«

»Diese Überprüfung hat einige erstaunliche Dinge zutage gefördert. Er hatte bis vor drei Jahren einen Lehrstuhl an der Universität von Oxford inne. Filmanalyse als Kunstform. Filmkritik, Philosophie, Filmgeschichte und Literatur, das ganze Programm. Jetzt ist er im Ruhestand und widmet sich intensiv dem Thema Okkultismus in Filmen. Einer seiner Schwerpunkte ist *The Wicker Man*. Angeblich arbeitet er gerade an einem Buch darüber.«

»Was du nicht sagst.« Jetzt schrillten bei Ambrose doch die Alarmglocken.

Er war wieder einmal überrascht, wie gut informiert Rhiannon war. Sie hatte ihre kleinen Spione überall. Tatsächlich war sie eine der klügsten Frauen auf diesem Planeten. Und eine der ehrgeizigsten. Die Symbole ordneten sich zu einem Muster, das ihm nicht gefiel. »Hältst du es für denkbar, dass er etwas gefunden hat? Fragmente, Ausschnitte, unser verloren gegangenes Filmmaterial?«

»Möglich wäre es.«

»Hm.« Er strich mit der Hand über sein Kinn. »Wäre interessant zu erfahren, was er herausbekommen hat. Vielleicht ist es ja sogar möglich, ihn für unsere Sache zu gewinnen. Was denkst du?«

»Ein verwegener Gedanke …«

»Verwegen, ja. Aber auch chancenreich. Wenn es uns gelänge, diesen Mann zu überzeugen, könnten wir einen weiteren Mosaikstein zu unserem Bild hinzufügen. Erst mal sollten wir herausfinden, was die beiden überhaupt wissen und wie stark die Bedrohung ist, die von ihnen ausgeht. Streck deine Fühler aus, nimm Kontakt zu ihm auf. Und dann berichte mir, was du herausgefunden hast. Aber diskret und vorsichtig, hörst du?«

Rhiannon lächelte. »Ich werde mein Bestes geben. Leslie Rickert ist gerade mit einer Bekannten in Richtung Naher Osten unterwegs. Unsere Kontaktperson ist bereits informiert und wird jeden ihrer Schritte überwachen. Ich erwarte Meldung binnen der nächsten vierundzwanzig Stunden.«

Er nickte zufrieden. »Ich sehe schon, die Angelegenheit ist bei dir in den besten Händen. Niemand mischt sich ungefragt in unsere Angelegenheiten. Wer das versucht, wird schnell erleben, wie vergänglich das Leben ist.«

»So gefällst du mir.« Ihre Hand strich über seine Brust, wanderte dann langsam nach unten und kreiste über seinem Bauch.

Er erschauerte. Er musste sie haben, jetzt und hier.

Als hätte sie seine Gedanken gelesen, hob sie ihren Mund an sein Ohr und flüsterte: »Lass uns IHN besuchen. In SEINER Gegenwart sollst du bekommen, wonach es dich verlangt.«

Seine Lippen suchten nach ihren. Er musste sie küssen. Doch

ehe es ihm gelang, lachte sie auf und stieß ihn sanft zurück. Sie tauchte unter dem Rosenbogen hindurch und lief auf die andere Seite der Hecke. Ihre nackten Füße tanzten über den Weg, während sie die Arme ausbreitete und sich im Kreis drehte.

Ambrose zog sein Hemd aus, streifte dabei auch gleich seine Schuhe ab und folgte ihr. Zwischen Blumenbeeten und Kräutern hindurch, den Hügel hinauf. Dorthin, wo der Wald begann und alte Zweige ihre Schatten warfen.

12

Jordanien, zwei Tage später …

Der Mitsubishi Pajero bretterte über den vierspurigen Desert Highway und zog dabei eine Staubschleppe hinter sich her. Rechts und links tauchten einzelne, versprengte Gehöfte auf. Ein paar Höfe, Ställe und Schuppen, dazwischen ein Gemischtwarenladen, eine Werkstatt oder Tankstelle. Ansonsten war das Land kahl. Nichts als Geröll und toter Fels. Die jordanische Wüste war eine der trockensten Regionen der Erde.

Etwas weiter westlich verlief die *Route 35*, eine in der Antike angelegte Trasse, die von Norden kommend über das Bergland entlang des Jordangrabens, von Damaskus über Amman, bis hinunter in den Süden führt und allgemein *King's Highway* genannt wird. Die alte Weihrauchstraße, die sogar in der Bibel Erwähnung findet. Auf ihrem Weg über Wadi Musa und die Nabatäerstadt Petra erklimmt sie Höhen von bis zu tausendsechshundert Metern, was sie nicht nur zur schönsten Straßen Jordaniens macht, sondern zu einer der kulturhistorisch bedeutsamsten. Unter normalen Umständen wäre dies Hannahs erste Wahl gewesen, doch die Zeit spielte gegen sie. Was Hannah ihrer Freundin zeigen wollte, duldete keinen Aufschub, und so mussten sie sich mit der Wüstenpiste begnügen.

Vom Beginn ihrer Reise an hatten sie mit Schwierigkeiten zu kämpfen. Es fing damit an, dass die Mietwagenfirma ihnen einen Wagen mit leerem Tank hingestellt hatte, ohne sie darauf hinzuweisen. Dann waren da noch die vielen Schlaglöcher und Bodenschwellen, von denen die meisten nicht gekennzeichnet waren. Zum Glück hatte der Pajero gute Achsen, aber Hannah tat trotzdem der Steiß weh. Ab dem Highway verlief die Fahrt dann aber störungsfrei.

Aus dem Radio plärrte Beat-FM, ein ortsansässiger Radiosender. Oriental Pop, durchsetzt mit internationalen Hits. Wenn einem das gefiel, konnte man die ganze Welt bereisen und überall dieselbe synthetische Konservenmusik hören. So, wie man auch überall denselben synthetischen Fraß essen konnte, McDonald's und Subway sei Dank.

Hannah gehörte zu denjenigen, die sich den Auswüchsen der Globalisierung konsequent verweigerten. Da sie wusste, wie wohlschmeckend und bekömmlich die arabische Küche war, hatte sie nicht vor, ihren Körper mit Burgern und Pommes zu vergiften. Das Gleiche galt für ihre Ohren. Angewidert löste sie ihre Hand vom Lenkrad und schaltete das Gedudel ab.

Auf der Standspur trieb ein Beduine seine Dromedare in Richtung Norden. Sie hatten Teppiche geladen, geknüpft in einer der vielen kleinen Ortschaften im weiteren Umfeld von Amman. Der *Queen Alia International Airport* lag gut dreißig Kilometer südlich des Stadtkerns, doch noch immer war der Stadtverkehr spürbar. Verblüffend, wie sich die Infrastruktur eines Landes auf einen einzigen Mittelpunkt konzentrierte.

Leslie war schweigsam. Die Reporterin blickte versonnen hinaus in die Wüste und hing ihren Gedanken nach. Hannah warf ihr einen Blick zu. »Alles okay bei dir? Du bist so still.«

»Hm, was? Bitte verzeih. Ich war gerade in Gedanken.«

»Magst du reden? Ich könnte ein wenig Ablenkung gebrauchen.«

Ein müdes Lächeln erschien. »Ach, es ist dieses Land hier. Ich habe viel Zeit an Orten wie diesem verbracht. Da hängen eine Menge Erinnerungen dran – und nicht nur gute.«

»Verstehe«, sagte Hannah. »Ist bei mir nicht anders. Tunesien, Algerien, Nigeria, der Irak. Wie es scheint, zieht es mich immer wieder zurück in die Wüste. Hör mal, warum bringst du mich nicht auf den neuesten Stand? Wir haben einige Stunden Fahrt vor uns.«

»Was willst du denn wissen?«

»Nun, zum Beispiel, wie du und Edward zusammengekommen seid. Wo habt ihr euch kennengelernt? Ich weiß nicht wirklich viel über eure Vergangenheit und eure Arbeit. Wieso seid ihr euch so sicher, dass es gefährlich werden könnte?«

Leslie schwieg einen Moment, dann fragte sie: »Würde es dich sehr stören, wenn ich eine rauche?«

»Nicht, wenn ich auch eine bekomme.«

Die Reporterin zog eine Braue in die Höhe. »Ich habe dich noch nie rauchen gesehen.«

»Ist auch selten, zugegeben. Aber gerade ist mir danach. Außerdem gilt es in Ländern wie diesem als Ausdruck von Höflichkeit. Kaum zu glauben, aber diese Glimmstängel sind nicht selten der Auftakt zu guten Gesprächen.«

»Ich hoffe, du erwartest dir nicht zu viel davon.« Leslie zog zwei Zigaretten heraus und zündete sie an. Eine davon reichte sie Hannah. Hannah drückte einen Knopf und ließ ihr Fenster ein Stück nach unten gleiten.

»In Ordnung«, sagte sie. »Dann schieß mal los.«

»Na schön«, sagte sie ausatmend. »Was weißt du über die Wicca?«

»Die *Wicca?*« Die Frage kam überraschend. Hannah musste erst mal nachdenken. »Eine Naturreligion, wenn ich mich recht entsinne. Eine Strömung, die irgendwann in der ersten Hälfte des 20. Jahrhunderts entstand und dem keltisch-germanischen Heidentum zugerechnet wird. Da hört mein Wissen aber auch schon auf.«

»Das ist mehr, als die meisten wissen«, sagte Leslie lächelnd. »Der Großteil der Menschen hat noch nie etwas von ihnen gehört. Ein Phänomen, das die Mitglieder dieser Gruppierungen zu schätzen wissen, denn sie hängen ihre Existenz und Aktivitäten nicht gerne an die große Glocke.«

»Von wie vielen Mitgliedern reden wir?«

»Schätzungsweise eine Million weltweit. Die Zahlen sind alt, vermutlich gibt es inzwischen mehr. Der Begriff Wicca stammt ursprünglich aus dem angelsächsischen Sprachraum und wird deswegen gerne falsch ausgesprochen. Als Eselsbrücke kannst du dir merken, dass er auf Witch, also Hexe, zurückgeht.«

»Also mit einem Zischlaut in der Mitte?«

»Richtig. Aber der Einfachheit halber werde ich ihn so aussprechen, wie es alle tun, mit einem doppelten K.« Sie ließ ebenfalls ihr Fenster runter und blies den Rauch nach draußen. Viel schneller als hundert Stundenkilometer konnte man auf dem maroden Asphalt ohnehin nicht fahren.

»England und die USA sind bis heute die Länder mit der stärksten Anhängerschaft«, fuhr Leslie fort. »Was wiederum aus der keltischen Tradition herrührt.«

»Ich dachte immer, die modernen Kelten seien ein harmloses Überbleibsel der Hippiekultur.«

»Dachte ich anfangs auch«, sagte Leslie. »Und auf die meisten trifft das wohl auch zu. Männer und Frauen, die bei Vollmond nackt ums Feuer tanzen und Gesänge anstimmen. Ich bin im Zuge meiner Recherchen über geheime Kulte auf sie aufmerksam geworden, habe mich dann aber nicht näher mit ihnen beschäftigt. Ein Fehler, wie ich im Nachhinein feststellen muss.«

»Wie kommst du darauf?«

Leslie starrte nach draußen. »Kurz nachdem ich aus dem Irak zurückgekehrt bin, befand ich mich in einer Art Sinnkrise. Keinen Job, keinen festen Partner. Kinder ohnehin nicht. Nicht so wie bei dir, Hannah. Ob du es glaubst oder nicht, aber ich bewundere, wie du das alles unter einen Hut bekommst. Für mich wäre das undenkbar. Ich war anfangs ziemlich neidisch, aber das hat sich inzwischen gelegt.«

»Quatsch«, sagte Hannah. »Du würdest das auch schaffen.«

Leslie blickte zweifelnd. »Jedenfalls war es schwierig für mich. Ich begann, mich für Themen zu interessieren, die mit meiner Weiblichkeit zu tun haben, auch mit meiner weiblichen Spiritualität. Das mag dich vielleicht amüsieren, schließlich hast du mich nie als religiösen Menschen kennengelernt …«

»Allerdings.«

Leslie war der rationalste Mensch, den Hannah kannte. Eine Person, der es stets um die Wahrheit ging und die sogar mit hochrangigen IS-Kommandeuren über religiöse Themen diskutierte, wenn die Sache es erforderte.

»Ich war selbst überrascht«, fuhr Leslie fort. »Aber da war eine Stimme in mir, die wissen wollte, welche Kräfte in mir schlummern. Verrückt, oder? Zumal ich mich jahrelang in typischen Männerdomänen herumgetrieben habe.«

»Vermutlich genau deswegen«, erwiderte Hannah. »Mir leuchtet das jedenfalls ein.«

»Na ja, jedenfalls nahm ich mein Sabbatical, kündigte beim BBC und ging zurück nach England. Ich mietete eine kleine Wohnung in der Nähe meines alten Elternhauses und fing an, nach meinen Wurzeln zu forschen. Alte Freunde, alte Liebschaften, du weißt, was ich meine«, sie lächelte versonnen. »Es gab da dieses Seminar in einem alternativ angehauchten Café in unserem Ort. Es handelte von den Wicca, von Feminismus und von der Selbstbestimmung der Frau vor dem Hintergrund altüberlieferter, vorchristlicher Traditionen. Das fand ich interessant, zumal ich über die Vereinigung wenig wusste.«

»Und?«

»Nun, ich muss sagen, vieles von dem, was da gesagt wurde, sprach mich an. Selbstbestimmung zum Beispiel. Solange es niemandem schadet, tu, was du willst, ist einer der Leitsprüche der Wicca. *An ye harm none, do as ye will.*«

»Klingt vernünftig«, sagte Hannah.

»Die Wicca verstehen sich als Religion, deren Ethik auf dem Gedanken der Eigenverantwortung basiert. Jeder Mensch muss abwägen, was er tut und ob es moralisch vertretbar ist. Wer handelt, muss die Konsequenzen tragen. Deswegen gibt es einen zweiten Leitspruch: *Alles, was von dir ausgeht, fällt dreifach auf dich zurück.* Diesen Grundsatz findest du in sämtlichen Wicca-Gruppierungen. Er ist dort als Dreifache Wiederkehr bekannt.«

»Interessant …«

»Verbindend für alle Ausprägungen der Wicca ist die beseelte Natur. In ihrer Sichtweise besitzen jedes Tier, jede Pflanze, jeder Baum und jeder Stein eine Seele.«

Hannah nickte. »Animismus. Kennt man von vielen Ländern und Kulturen, zum Beispiel Japan.«

»Die Wicca pflegen das, was man als Urreligion bezeichnen würde. Wobei sie es geschafft haben, ihr archaisches Weltbild in die moderne Zeit zu teleportieren.«

»Bisher finde ich nichts, woran ich Anstoß nehmen könnte«, sagte Hannah. »Da habe ich mit den meisten monotheistischen Religionen mehr Probleme.«

»Vermutlich war es das, was mich daran gereizt hat«, sagte Leslie. »Ebenso wie die Gleichberechtigung von Mann und Frau. Bruder Sonne, Schwester Mond.«

»Aber es gibt schon Götter bei den Wicca, oder?«

»Und Göttinnen, ja«, erwiderte Leslie lachend. »Haufenweise. Antike Götter, die im Prinzip Naturgötter sind. Diana, Pan, Isis, Hermes, Hekate, Ischtar, Kybele, Inanna, Marduk …«

Hannah hob verwundert eine Braue. »Marduk?«

»Ja, sogar der.« Leslie grinste schief. Marduk war eine Gottheit, mit der sie in der Vergangenheit bereits zu tun gehabt hatten.

»So vielfältig die Natur, so endlos die Zahl der Götter und Göttinnen. Da nahezu die gesamte Natur in Geschlechter aufgeteilt ist, liegt es nahe, anzunehmen, dass es sich bei den Göttern ebenso verhält.«

»Schräg …«

»Aber irgendwie auch nachvollziehbar. Es geht um die Balance. Weder sollte das Pendel zu sehr in die männliche Richtung noch in die weibliche ausschlagen. Extreme gelten bei den Wicca als ungesund. Vielmehr sind sie bestrebt, eine Verschmelzung herbeizuführen.«

Hannah schluckte. Das Wort Verschmelzung ließ sie an die Orgie denken, deren Zeuge sie geworden war. Das Bild der sich windenden Leiber in Edwards Film war ihr sehr lebhaft in Erinnerung geblieben.

»Also gut«, sagte sie. »Ich denke, ich habe jetzt verstanden, was dich an den Wicca interessiert hat. Aber das erklärt noch nicht deinen plötzlichen Gesinnungswandel. Ab wann empfandest du sie als Bedrohung? Und wie kam es zu der Begegnung mit Edward?«

»Edward trat erst sehr viel später auf den Plan«, sagte Leslie. »Zuerst mal kamen weitere Workshops und Seminare. Ich hatte Feuer gefangen. Die Auseinandersetzung mit dem Thema bot mir den Rückhalt, nach dem ich gesucht hatte. Statt der großen weiten Welt begann ich, die kleine innere Welt zu erkunden. Ich fing an, Sport zu treiben, belegte Yogakurse und ernährte mich vegetarisch. Ich trank weniger und hielt mich von Männern fern.«

Hannah schmunzelte. »Wie langweilig.«

»Klingt schlimmer, als es ist«, erwiderte Leslie. »Tatsächlich macht es Spaß, sich von Zeit zu Zeit mal zurückzunehmen und das System neu zu starten. Liebgewonnenes behält man bei, Altes und Überflüssiges wird rausgeschmissen. Ein paar Dinge, von denen ich mich gerne getrennt hätte, habe ich dann aber doch beibehalten. *Leider.*« Sie klopfte die Asche aus dem Fenster. »Jedenfalls tat mir das alles richtig gut. Ich öffnete mich, lernte nette Menschen kennen, wurde zu Partys eingeladen und fing wieder an, zu schreiben. Etwas, was ich seit gefühlt zwanzig Jahren nicht mehr gemacht hatte. Die kreativen Säfte begannen, sich zu regenerieren.«

Hannah lächelte. »Ob du es glaubst oder nicht, aber ich habe es dir angesehen. Als wir uns in Windsor getroffen haben, ist mir sofort aufgefallen, wie gut du aussiehst. Ich habe gespürt, dass du dich verändert hast, noch ehe wir das erste Wort miteinander gewechselt hatten.«

»Ehrlich? Danke.« Leslie strahlte. »Mir war nicht klar, dass das so auffällig ist. Aber es geht mir gut, das stimmt. Jedenfalls spürte ich, dass ich auf dem richtigen Weg war.«

»Und dann …?«

»Dann passierte etwas Schreckliches. In unserer Nachbarschaft. Ein Mädchen verschwand. Sie war die Tochter guter Freunde. Ich bin ihr ein paarmal begegnet. Beim Bäcker, im Supermarkt, im Kino. Sechzehn Jahre, lange Haare, wunderschön. Keiner von diesen Teenies, die es nicht erwarten können, erwachsen zu werden, die rauchen, trinken, rumvögeln und sich Tattoos stechen lassen. Myra war anders. Eine schüchterne kleine Person, die etwas Verträumtes ausstrahlte. Als wäre sie mit ihren Gedanken nicht in unserer Welt. Typ Kate Bush, wenn du weißt, was ich meine.«

»Ich kann es mir vorstellen …« Hannah blickte starr geradeaus.

»Jedenfalls verschwand sie«, sagte Leslie. »Die Nachforschungen förderten nicht den kleinsten Hinweis zutage. War sie abgehauen, war sie entführt oder gar ermordet worden? Niemand wusste etwas. Ich begann, mich ein bisschen umzuhören, und stellte fest, dass Myra kein Einzelfall war. Dutzende von Jugendlichen und jungen Erwachsenen waren binnen der letzten Jahre verschwunden. Meistens Mädchen und meist unter ziemlich mysteriösen Umständen. Am helllichten Tag, auf dem Weg zum Einkaufen, zur Schule, zu Freunden. Bevorzugt während der Sommermonate. Klar, man könnte einwenden, dass das wahrscheinlich normal ist. Jugendliche sind viel unterwegs, gehen schwimmen, veranstalten Partys unter freiem Himmel.

Mit dem Alkoholpegel steigt die Wahrscheinlichkeit für verhängnisvolle Begegnungen. Manche fahren per Anhalter, treffen auf kriminelle Gestalten, und das Unglück nimmt seinen Lauf. Aber das traf hier nicht zu. All diese Fälle spielten sich in unmittelbarer Umgebung zum Wohnort ab. Oft direkt vor der Haustür. Und es traf nicht die Abenteuerlustigen, sondern die Introvertierten. Die Schüchternen, die Stubenhocker.«

Ein mulmiges Gefühl beschlich Hannah. Die Mädchen in der Opferungsszene waren ebenfalls jung gewesen.

»Ich habe mir daraufhin mal die Statistiken angesehen, und sie sprechen eine ziemlich eindeutige Sprache. An manchen Orten gibt es überdurchschnittlich viele Vermisste oder Tote. Es scheinen Orte zu sein, die irgendwie böse sind.«

Hannah musste an ihre Erlebnisse rund um die Himmelsscheibe von Nebra denken. »O ja, die gibt es«, sagte sie leise.

»In den Kursen und Seminaren wurde hinter vorgehaltener Hand über die Vorfälle getuschelt. Manche sprachen von magischen Ritualen, andere von geheimen Versammlungen und so weiter. Zusammenkünften, die irgendwie mit den Wicca zusammenzuhängen schienen. Ich fasste mir ein Herz und besuchte Myras Eltern. Ich sprach mit ihnen, berichtete ihnen von meiner Vergangenheit und meinen Erfolgen als Reporterin. Ich sagte, dass ich Dinge aufklären könne, Dinge, bei denen die Polizei scheitert. Ich bot ihnen meine Hilfe an.«

»Und?«

»Sie fassten Vertrauen zu mir und ließen mich in Myras Zimmer. Dort war alles noch genau so wie zu dem Zeitpunkt, als sie es verlassen hatte. Sogar eine Kanne mit Früchtetee stand noch da.«

»Schrecklich ...« Hannah musste an ihre eigene Tochter denken. Gewiss, Leni war noch jung, aber auch sie würde irgendwann ein Teenager sein, abends das Haus verlassen, Freunde treffen und zu Partys gehen. Man konnte Kinder nicht festbinden, man musste sie ziehen lassen. Bei dem Gedanken daran krampfte sich ihr Magen zusammen.

»Was hast du gefunden?«, fragte sie.

»Ein Buch«, erwiderte Leslie. »Gut versteckt hinter all den Harry-Potter-Büchern und den Werken von J. R. R. Tolkien. Ein kleines, unscheinbares Büchlein, für das sie eigens einen Einband gehäkelt hatte. Mit Blumenmustern und Runen. Ein Wicca-Handbuch.«

»Was du nicht sagst ...«

»Ich habe reingelesen. Alles ganz harmlos. Ein Einführungsbuch. Vom Handwerkszeug moderner Hexen über Tänze und Musik bis hin zu den Zaubersprüchen. Autor ist ein gewisser Scott Cunningham. Amerikaner, 1993 verstorben. Wobei ich bezweifele, dass er mir hätte weiterhelfen können. Die modernen Wicca sind friedvoll. Es käme ihnen nie in den Sinn, jemandem auch nur ein Haar zu krümmen.«

»Bist du sicher?« Hannah hielt das Lenkrad umklammert und überholte einen Lastwagen, dessen Auspuff schwarzen Rauch ausstieß.

»Ja, klar. Warum fragst du?«

»Nun ja, weil unsere keltischen Vorfahren alles andere als friedlich waren. Du weißt vermutlich, dass ich an der Himmelsscheibe von Nebra geforscht habe. Sie ist die älteste Sternendarstellung weltweit. Ein interessantes Konglomerat aus keltischer Handwerkskunst und mesopotamischer Symbolik. Auch steht sie mit blutigen Opferritualen in Verbindung. Unter Archäologen gilt es inzwischen als erwiesen, dass die frühen Druiden Bitt- und Dankopfer in Form von Tieren, manchmal auch von Menschen darbrachten. Mitunter waren es Rituale von unvorstellbarer Grausamkeit. Menschen wurden gepfählt, mit Pfeilen erschossen oder verbrannt. Es gab Scheiterhaufen in Form riesiger Menschen. So wie in *The Wicker Man*. Die Macher des Films haben sich das nicht etwa ausgedacht, das hat es wirklich gegeben.«

»Was glaubst du wohl, warum es mir dieser Film so angetan hat?«, sagte Leslie. »Ich habe mich mit der Produktionsgeschichte dieses Streifens beschäftigt und war verblüfft über die Hintergründe. Natürlich ist er ein fiktionales Werk, aber zum Teil ist er eben auch dokumentarisch. Dass es ihn überhaupt gibt, ist angesichts der schwierigen Dreharbeiten fast schon ein Wunder. Irgendwann traf ich auf Edward, den ungekrönten Experten für das Thema. Wie du dir vorstellen kannst, war es nicht leicht, an ihn heranzukommen.«

»Das glaube ich dir aufs Wort«, sagte Hannah. »Wie hast du es geschafft?«

Leslie grinste. »Ich habe ihn unter den Tisch gesoffen.«

Hannah hob die Brauen. »Das ist nicht dein Ernst …«

»Mein voller Ernst«, sagte Leslie grinsend. »Und das auf seinem ureigenen Terrain. In einer Bar und mit Scotch Single Malt Whisky. Wir hatten eine Wette laufen. Wer zuletzt steht, darf sich von dem anderen etwas wünschen. Ich habe um ein Gespräch mit ihm in seiner Wohnung gebeten.«

»Und wenn du verloren hättest?«

»Dreimal darfst du raten.«

Hannah fiel die Kinnlade runter. »Hättest du es getan?«

Leslie zuckte die Schultern. »Spielschulden sind Ehrenschulden.«

»Ja, aber …« Hannah war schockiert. Sie wusste, dass Leslie zielstrebig war, aber nicht, dass sie so weit gehen würde.

»Warum schaust du denn so entgeistert?« Die Reporterin lächelte. »Bist du noch nie mit jemandem ins Bett gestiegen, um etwas zu bekommen, worauf du scharf warst?«

»Ähem, nein …«

»Puh, jetzt komme ich mir richtig schlecht vor. Ich finde nichts dabei. Erstens wusste ich, dass ich nicht verlieren konnte, ich bin zwanzig Jahre jünger und verdammt gut im Training, und wenn ich verloren hätte, wäre das eben so gewesen. Und zweitens: Sooo abstoßend ist Edward nun auch wieder nicht. Dieses Tantra-Zeug hätte mich schon interessiert.« Sie grinste.

Hannah lächelte verlegen. Sie musste feststellen, dass Leslie in manchen Dingen freizügiger war als sie. Ihr Problem, wenn sie sich jetzt als Spießerin fühlte, immerhin kannte sie nun die Hintergründe.

Sie spürte, dass es die richtige Entscheidung gewesen war, Leslie auf diese Reise mitzunehmen. Nicht nur, weil sie sich auf diese Weise näherkamen, sondern auch, weil das Geheimnis, das sie Leslie zu zeigen gedachte, zu der erwähnten Geschichte passte. Auch in Petra war damals etwas verschwunden. Etwas, bei dem es um Götter ging, um die Natur.

Und um Menschenopfer.

13

Zur selben Zeit in Amman …

Yara Khazali setzte ihre Sonnenbrille auf, warf einen Blick in den Rückspiegel, dann trat sie aufs Gaspedal. Mit quietschenden Reifen schoss ihr mintgrüner Roadster zwischen zwei herannahenden Lkws auf die gegenüberliegende Straßenseite. Das Hupen ignorierend, fädelte sie sich in den Straßenverkehr ein und entspannte sich. Über ihr Borddisplay stellte sie einen Satelliten-Uplink her und prüfte ihre Tracking-Einrichtung.

Da war es. Das GPS-Signal war stark und präzise. Das Fahrzeug von Leslie Rickert und dieser deutschen Archäologin war zwanzig Kilometer entfernt. Wie es aussah, waren sie auf der Route 15 unterwegs. Sie hatten inzwischen ihr Reisetempo erreicht und machten einen guten Schnitt. In zwei Stunden würden sie an ihrem Ziel eintreffen, zumal laut Verkehrsfunk keine Staus oder Bauarbeiten das Vorankommen erschweren sollten. Zwei Stunden, die Yara irgendwie überbrücken musste. Im Geiste ging sie noch einmal die Details ihres Auftrags durch. Sie stieß dabei auf keinerlei Widersprüche oder Hindernisse. Das würde ein Spaziergang werden. Die letzte offenstehende Frage hatte sie vorhin geklärt. Der Manager des Marriott hatte ihr per Mail bestätigt, dass ihr Sonderwunsch erledigt war. Das war eine große Erleichterung. Sie hatte keine Lust, am Zielort im letzten Moment festzustellen, dass ihr fahrbarer Untersatz nicht verfügbar war. Um zu Fuß zu gehen, lag das Hotel dann doch zu weitab vom Schuss. Und sie würde einen Teufel tun und wie all die Touristen auf ein Maultier oder in eine Pferdedroschke steigen.

Die Vorzeichen standen günstig. Wenn ihr die Götter gewogen waren, würde der Auftrag keinerlei Probleme bereiten. Zeit für etwas Musik.

Sie steckte ihr Handy in die Halterung, stellte eine Bluetoothverbindung zum Bordsystem her und drückte auf Play. Aus den Lautsprechern drang Beethovens Klavierkonzert Nr. 3. Das Largo leise mitsummend, trat Yara aufs Gas und schoss auf dem Desert Highway in Richtung Süden.

14

Maidenhead …

Die Gastwirtschaft lag ein paar Autominuten entfernt am Rande eines Waldes, den es bereits zu Römerzeiten gegeben hatte und in dem noch ein paar Ruinenreste zu besichtigen waren. Trotz heftiger Kahlschläge im vergangenen Jahrhundert waren die Ortsansässigen stolz auf den kleinen Rest, der noch geblieben war, denn auf diese Weise hatten sie teil am kulturellen Erbe ihres Landes.

Links über der Gaststätte prangte ein gemaltes Schild, auf dem ein bärtiger Mann zu sehen war, der ganz und gar bemoost war. Ein klassischer Waldgeist, wie er in so vielen keltischen Sagen auftauchte. Der Name der Wirtschaft stand in schnörkeligen Lettern über der Tür, halb eingewachsen von Efeu und Kletterrosen.

Das *The Green Man Inn* war der Anlaufpunkt aller Alkoholiker, Philosophen, Taugenichtse und Nachtschwärmer aus der Umgebung. Das Pub brüstete sich damit, die meisten Whiskysorten im Umkreis von hundert Meilen vorrätig zu haben. Vermutlich war das nicht mal übertrieben. Den Besucher empfing ein Ehrfurcht gebietendes Arsenal von Flaschen, die sage und schreibe bis ins Jahr 1936 zurückreichten.

Seit Langem schon hatte Edward ein Auge auf einen 52er Macallan geworfen, der abseits der Hauptphalanx in einer Glasvitrine stand und von dort aus unsichtbare Signale in seine Richtung aussandte. Robert, der Wirt, hatte die Flasche vor über zehn Jahren bei einer Haushaltsauflösung zu einem Bruchteil ihres jetzigen Wertes ersteigert, und seither wartete der Tropfen auf den ersten mutigen und vor allem zahlungskräftigen Kunden. Neunzig Pounds für ein einziges Dram, das war kein Pappenstiel. Dafür bekam man woanders eine Flasche vom richtig guten Stoff. Zumal nicht mal klar war, ob es sich um einen echten Macallan handelte. Vor etlichen Jahren war es zu einem Skandal gekommen, als die Destillerie aus Gründen der Marktverknappung damit begann, alte Flaschen zu Mondpreisen zurückzukaufen, nur um später festzustellen, dass sie an der Nase herumgeführt worden war und nun Hunderte Flaschen billigsten Verschnitts aus Italien in ihren Kellern aufbewahrte. Shit happens. Es gab also keine Gewissheit, weswegen Edward es mit der Bestellung auch nicht eilig hatte. Irgendwann, wenn der Moment reif war. Dann würde er Robert heranwinken, sich die Whiskykarte reichen lassen und wie selbstverständlich auf den 52er Macallan tippen. Und die Zeit im *The Green Man Inn* würde für einen Moment stillstehen.

Von ferne drangen Gelächter und Musik auf den Parkplatz. Durch die Bleiglasfenster fiel anheimelndes Licht. Edward parkte den Wagen in dieser sternenübersäten Nacht und trat ins gelbstichige Licht.

Als er die Tür öffnete, schlug ihm eine Mischung aus Bier, Rauch und Schweiß entgegen. Die Wärme und Enge raubten ihm den Atem. Das über die Jahrzehnte vom Rauch nachgedunkelte Holz, die flackernden Kerzen, die fettglänzenden Ölbilder in ihren wurmstichigen Rahmen und der schwere Ledervorhang, der die Schankstube von der Küche trennte – all diese Zutaten bildeten einen Biotop, den viele dazu nutzten, den Sorgen des Alltags für ein paar Stunden zu entkommen.

Trotz Wirtschaftskrise war der Laden brechend voll. Es waren ein paar neue Gesichter dabei, die meisten aber waren Stammgäste.

Robert, der Wirt, war eine Instanz in diesem Teil der Welt. Ein glatzköpfiger Mann mit einem Bauch, der so gewaltig war, dass seine Lederschürze wie eine zweite Haut darüber spannte.

Dabei war er selbst sein bester Kunde. Immer freundlich, immer durstig und berüchtigt für seine schlechten Witze.

Als Edward den *Green Man* betrat, gab Robert gerade einen seiner Lieblingskalauer zum Besten. Den vom Stand-up-Comedian, seiner Bauchrednerpuppe und der blonden Frau.

»Mit Ihnen rede ich doch gar nicht, sondern mit dem kleinen Arschloch auf Ihrem Schoß«, hörte Edward Robert krakeelen, zur Freude einiger Gäste, die diesen Witz offenbar noch nicht kannten. Vielleicht waren sie auch nur zu höflich, um ihm die Wahrheit zu sagen. Edward winkte Robert zu, deutete auf seinen Stammplatz in der rechten Ecke und hob den Daumen. Was im Fachjargon so viel hieß wie: *Mach mir mal ein Bier, bin gleich da.*

Robert signalisierte zurück, dass er verstanden hatte.

Als Edward von der Toilette zurückkam, entdeckte er neben seinem Bier eine gut aussehende Dame mit roten Haaren, Jeans und hochhackigen Schuhen. Mit übereinandergeschlagenen Beinen saß sie auf seinem Hocker und blätterte in einer Illustrierten. Der Wirt deutete auf sie, zuckte die Schultern und machte dann eine anerkennende Geste. Anerkennung wofür? Edward kannte diese Person nicht. Eine solche Frau wäre ihm im Gedächtnis geblieben.

Er ging nach vorn, quetschte sich in die Lücke zwischen ihr und dem Nebenmann und griff nach seinem India Pale Ale. Er wollte sich gerade ein ruhigeres Plätzchen suchen, als die Frau ihr Glas hob und ihm zuprostete.

»Betrachten Sie sich als eingeladen, Professor Moore«, sagte sie mit leicht rauchiger Stimme. »Die Rechnung geht heute Abend auf mich.«

Er hob verdutzt die Brauen. »Kennen wir uns?«

»Sie mich nicht, ich Sie dafür umso mehr. Gestatten, Veronica Eldred, Kuratorin am Crichton Campus in Dumfries.«

Edward hob eine Braue. Er kannte Dumfries, und der Campus war ihm natürlich ein Begriff.

»Gehören Sie zur Universität?«

»University of Glasgow.« Sie reichte ihm ihre Karte.

Er überflog den Text. »Und wie kann ich Ihnen helfen?«

»Wir planen eine kleine Veranstaltungsreihe zum Thema Film und hätten Sie gerne als Sachverständigen mit an Bord. Bitte verzeihen Sie, dass ich hier so unangemeldet reinplatze, aber ich war gerade in der Gegend und dachte mir, dass es doch viel netter wäre, wenn wir uns persönlich unterhalten könnten. Zumal ich bereits so viel von Ihnen gehört habe, dass ich es kaum erwarten konnte, Sie endlich kennenzulernen.«

»Tatsächlich?« Edward fühlte sich gebauchpinselt. Die Frau war ungeheuer attraktiv. Genau sein Beuteschema. Und sie schien offensichtlich ein Fan zu sein. Der Blick, den sie ihm zuwarf, ließ sein Herz schneller schlagen. Aber er durfte nicht zu interessiert wirken. Erst mal horchen, was dahintersteckte. »Dumfries, hm?«

»Wunderbarer Ort, waren Sie schon mal dort?«

»Jep. Ist aber schon lange her.« Edward nahm einen Schluck. Er versuchte, sich ein Bild von der Unbekannten zu machen. Sie gehörte zu den Frauen, deren Alter schwer einzuschätzen war. Frauen, die entweder in jungen Jahren ein beträchtliches Maß an Lebenserfahrung gesammelt hatten oder die bereits älter waren, aber ihr Äußeres mittels moderner Medizin und kleinerer Eingriffe auffrischten. Wobei es gut gemacht war, wenn dem so wäre. Aus dem Bauch heraus hätte er sie auf knapp vierzig geschätzt, sie konnte aber auch bedeutend älter sein. Letztlich war das egal. Sie sah unglaublich gut aus, und sie wusste es.

»Um was genau geht es denn?«, fragte er.

»Haben Sie das nicht längst erraten?« Sie kräuselte ihre Lippen zu einem amüsierten Lächeln. »Es geht um *The Wicker Man*. Wir planen eine Reihe von Themenabenden mit Vorträgen aus verschiedensten Bereichen. Anthropologie, Archäologie, Sprachen, Filmgeschichte, Medientheorie, Musikgeschichte,

Philosophie, Religionswissenschaften und Tourismus. Deswegen ja auch Dumfries. Wie Sie wissen, wurden dort große Teile des Films gedreht.«

»Darum war ich so erstaunt.« Er lächelte. »*The Wicker Man* also. Und wie kommen Sie da auf mich?«

»Nun stellen Sie Ihr Licht mal nicht unter den Scheffel. Sie sind *die* anerkannte Autorität zu diesem Thema. Wen immer man fragt, wo immer man fragt, wenn es um *The Wicker Man* geht, fällt Ihr Name. Wussten Sie das nicht?«

»Das war mir nicht bewusst, nein.« Das war natürlich gelogen, aber er genoss diese Art von Schmeicheleien. Vielleicht ein bisschen zu sehr. Schöne Frauen, die Komplimente verteilten, waren seine Achillesferse.

»Lassen Sie es sich gesagt sein, Sie sind eine Koryphäe«, fuhr sie fort. »Und dabei sind Sie auch noch attraktiv. Das wiederum hat *mir* niemand verraten.«

»Ein Kompliment, das ich gerne zurückgebe.«

Sie prostete ihm zu und nahm einen Schluck aus ihrem Glas. Die Feuchtigkeit ließ ihre Lippen glänzen. »Sehen Sie, deshalb finde ich es so viel angenehmer, persönlich mit den Menschen zu reden«, sagte sie. »Da merkt man gleich, wen man vor sich hat.«

Er runzelte die Stirn. Ging es ihr um die Sache, oder wollte sie ihn anmachen? Egal, was es war, es erregte ihn. Er schlug sicherheitshalber mal die Beine übereinander.

»Wie man so hört, haben Sie gerade etwas Besonderes in der Mache«, fuhr sie fort. »Etwas über *The Wicker Man?*« Der Lichtreflex, den die Oberfläche des Glases in ihrem Auge erzeugte, war verwirrend.

»Äh, ja. Woher wissen Sie das?«

»Man bekommt so dies und das mit, wenn man die Ohren spitzt. Und ich habe sehr gute Ohren. Und gute Augen.« Ihr Lächeln war überirdisch.

Sein Instinkt sagte ihm, dass hier etwas nicht stimmte. Er lehnte sich zurück. Seine Lust war zwar noch da, wich aber langsam einer gewissen Skepsis. Diese Frau sollte Kuratorin an einer Universität sein? Nie und nimmer. Edward hatte schon viele Museums- und Universitätsangestellte kennengelernt, und nie war ihm eine solche Erscheinung unter die Augen gekommen. Hätte sie behauptet, Chefredakteurin eines Modemagazins zu sein, Schmuckdesignerin oder Betreiberin eines Bordells, er hätte den Köder vielleicht geschluckt. Wobei das natürlich Vorurteile waren. Männer seines Alters hatten oft Schwierigkeiten, sich an die Rolle der modernen Frau in der Gesellschaft zu gewöhnen. Sowohl, was das Selbstbewusstsein betraf, als auch die offen nach außen getragene Sexualität. Von vielen seiner Geschlechtsgenossen wurde das als Bedrohung empfunden. Er selbst tickte zwar anders, aber konnte er wirklich dafür garantieren, dass ihm hier kein Fehler unterlief?

»Glasgow, hm?«, sagte er wie beiläufig. »Dann kennen Sie doch bestimmt Dekan Lennox.«

»Artie?« Sie lachte laut auf. »Aber natürlich. Ein guter Freund von mir. Und von meinem Mann.« Sie spielte mit ihrem Ehering. Wieso war ihm der vorher noch nicht aufgefallen? Interpretierte er diese Situation vielleicht vollkommen falsch?

»Erst kürzlich waren wir zusammen essen, Artie und ich«, fuhr sie fort. »Er versicherte mir, wie begeistert er von meiner Idee sei und dass er sich nach Kräften bemühen würde, Gelder für dieses Vorhaben zu organisieren.«

Edward nickte. »Der gute alte Artie. Immer zu Diensten. War seine Frau ebenfalls anwesend?« Das war eine Fangfrage. Lennox' Frau war vor drei Jahren an einem Schlaganfall gestorben.

»Margaret?« Die geheimnisvoll schimmernden Augen wurden schmaler. »Ja, wissen Sie es denn nicht?«

»Was?«

»Sie ist tot. Und zwar schon seit geraumer Zeit.«

»Ach herrje. Das tut mir leid.«

»Ja, es hat uns alle schwer getroffen.« Sie runzelte die Stirn. »Wenn Sie doch so gut befreundet sind, müssten Sie es doch eigentlich mitbekommen haben. Hat Artie Sie denn nicht informiert?«

»Oh, wir haben schon eine halbe Ewigkeit nicht miteinander geredet, Artie und ich. Ich habe auch nie behauptet, dass wir gut befreundet wären. Es war nur ein Name, der mir durch den Kopf ging, da ich sonst niemanden in Glasgow kenne.«

»Verstehe.« Sie kräuselte amüsiert die Lippen. Sie wusste, dass er sie prüfte, und schien sich nicht daran zu stören. Was für ihre Aufrichtigkeit sprach. Trotzdem. Irgendwas stimmte nicht. Da war eine kleine Stimme, weit hinten in seinem Kopf, die unablässig dazu riet, vorsichtig zu sein.

»Dann ist es also wahr, dass Sie etwas in Arbeit haben. Ein Buch vielleicht?«

»Ich muss meine Frage wiederholen, woher Sie das wissen. Diese Information ist eigentlich streng vertraulich.«

»Von wissen kann keine Rede sein.« Sie machte eine Bewegung, als würde sie eine Fliege verscheuchen. »Ich habe das irgendwo aufgeschnappt. Sie kennen doch das Sprichwort mit den Gerüchten. Sie flattern wie Schmetterlinge durch die Luft, lassen sich hier und da nieder und hüpfen dann zur nächsten Blüte.«

»Netter Vergleich.« Er zwang sich ein Lächeln aufs Gesicht.

Er spürte, dass sie log. Irgendwer hatte ihr einen Tipp gegeben, aber sie ließ sich nicht in die Karten blicken. Doch wer konnte ein Interesse daran haben, Informationen und Gerüchte zu streuen? Im Grunde wussten nur zwei Personen davon, Leslie Rickert und diese Hannah Peters. Aber warum sollten die beiden mit einer solchen Information hausieren gehen? Verfolgten sie nicht dasselbe Ziel wie er?

Nein, das Loch musste irgendwo anders sein. Schwierig, es auf die Schnelle herauszufinden. Das Problem war, dass jeder, der über ein bestimmtes Thema recherchierte, Spuren hinterließ. Ob im Internet oder über das Verzeichnis ausgeliehener Bücher. Der gläserne Mensch war schon längst keine Utopie mehr. Edward arbeitete bereits so lange an dem Buch, dass es unmöglich war, die Forschung geheim zu halten. Die Frage war: Was wusste diese Person wirklich? Hatte sie unter Umständen sogar Wind von den Filmrollen bekommen?

Sie wartete auf eine Antwort, das spürte er. Ihr Blick hatte etwas Forschendes. Als wäre er ein Insekt auf dem Seziertisch.

»Nun, Professor, was denken Sie über meinen Vorschlag? Werden Sie meine Einladung annehmen? Vielleicht kann ich Sie ja davon überzeugen, mich ein bisschen an Ihrem Wissen teilhaben zu lassen? Ich kenne ein paar wirklich gute Verleger, die man bei einer solchen Veranstaltung gezielt anteasern könnte – für den Fall, dass Sie noch keinen haben. Wenn das, was Sie da ausgegraben haben, interessant ist, dürfte das Ihre Vertragsverhandlungen deutlich erleichtern. Was sagen Sie?«

»Ich weiß nicht«, murmelte er. Er war völlig überrumpelt und verspürte eigentlich nur noch einen einzigen Wunsch: zu gehen. »Ich bin sehr unschlüssig, ob ich das Angebot annehmen soll. Gewiss, ich fühle mich geschmeichelt, vor allem natürlich in Anbetracht Ihrer Erscheinung …«

Sie senkte verlegen die Augen.

»… andererseits möchte ich den Enthüllungen in meinem Buch nicht vorgreifen. Sie haben dafür sicher Verständnis.«

»Enthüllungen?« Sie rutschte nach vorn und legte dabei fast beiläufig ihre Hand auf die seine. Ihre lackierten Fingernägel schimmerten wie Gewehrkugeln.

»Das klingt fast schon ein bisschen schlüpfrig, Edward. Ich darf Sie doch Edward nennen, oder?«

»Gerne, Veronica.«

»Was könnte es bei einem über vierzig Jahre alten Film für Enthüllungen geben? Oder – warten Sie …« Sie sah ihn mit großen Augen an. »Wollen Sie damit andeuten, dass Sie im Besitz bestimmter verschollener Dokumente sind? Gewisser Filmrollen vielleicht?« Ihr Mund war ein feuchtes, glänzendes Loch.

Die Vertraulichkeit, die dieses Gespräch angenommen hatte, behagte ihm nicht. Ihre Stimme war zu einem Flüstern geworden, ihr Gesicht kaum mehr eine halbe Armlänge von ihm entfernt.

»Das glaube ich jetzt nicht …«

Über den Bier- und Rauchgeruch des *Green Man* hinweg konnte er ihr Parfüm riechen. Eine betörende Mischung aus Sandelholz, Lavendel und Rosenöl. War das überhaupt ihr Parfüm, oder roch sie selbst so? In den tieferen Schichten ihrer Iris war ein goldfarbenes Glimmen zu erkennen. Wie in den Augen einer Eule.

Seine Sinne begannen, sich zu verwirren.

»Was ist, geht es Ihnen nicht gut?« Ihre Finger waren sanft und warm. »Ich hoffe, ich habe Sie nicht überrumpelt. Vielleicht ist dies auch nicht die richtige Umgebung für so ein Gespräch.« War das wirklich ihre Stimme? Sie klang, als käme sie von weit her.

»Lassen Sie uns von hier verschwinden«, sagte sie. »Nur Sie und ich. Ich habe ein sehr hübsches Zimmer hier in der Nähe. Wir besorgen uns eine schöne Flasche Wein oder was immer Sie mögen, dann machen wir es uns so richtig gemütlich. Ich verspreche Ihnen, Sie werden es nicht bereuen. Man sagt mir nach, dass ich verdammt gut ficken kann.« Ihre Hand kroch seinen Arm hinauf.

Ein Schauer lief ihm über den Rücken. Wieso nur musste er gerade an die Schwarze Witwe mit ihren unglücklichen Spinnenmännchen denken?

Widerwillen machte sich in ihm breit. Er war kein Kostverächter, gewiss nicht, aber das war ihm eine Spur zu direkt. Sex gegen Informationen, ein uraltes Geschäftsprinzip und nicht das schlechteste. Aber das hier stank gewaltig.

»Was sagt denn Ihr Mann dazu?«, erkundigte er sich. »Meinen Sie nicht, er könnte etwas dagegen haben?«

Sie zuckte die Schultern. »Mein Mann und ich führen eine offene Ehe. Bei manchen Gelegenheiten war er sogar schon mit dabei. Wäre das etwas für Sie, hätten Sie Lust, es mir zusammen mit ihm zu besorgen?« Ihr Lächeln hatte etwas Wölfisches.

Er schluckte. »Also gut, überredet«, sagte er leise. »Aber nur Sie und ich. Ich bin in dieser Hinsicht etwas altmodisch.«

»Na, das ist doch ein Wort.« Sie gab dem Wirt ein Zeichen, dass sie zahlen wollten.

Er suchte nach einer Möglichkeit zu verschwinden und fand sie. »Was dagegen, wenn ich schnell noch mal wohin gehe?«, fragte er. »Danach können wir aufbrechen.«

»Kein Problem, ich zahle inzwischen. Aber lassen Sie mich nicht zu lange warten.« Sie berührte beim Vorbeigehen sanft seinen Po.

Edward steuerte zwar die Toiletten an, bog hinter der Garderobe aber links ab und blieb stehen. Er musste erst mal tief durchatmen. Die Luft im *Green Man* war heute besonders stickig. Er zückte sein Smartphone. Zwischen den Jacken, die an der Garderobe hingen, beobachtete er, wie Veronica zahlte und ein Schwätzchen mit Robert hielt. Der Wirt bekam richtiggehend Stielaugen. Zeit für eine kleine Recherche.

Er gab den Namen Veronica Eldred ein und ließ die Suchmaschine laufen. Zum Glück gab es im *Green Man* freies WLAN. Als Kuratorin an einer Universität müsste sie dutzendfach auftauchen. Tat sie aber nicht. Auch nicht, als er auf die Seite der University of Glasgow ging. Keine Person dieses Namens. Kurator war ein staubig aussehender Mann namens Wilkins. Also doch eine Betrügerin, genau wie er vermutet hatte. Rasch steckte er das Handy wieder ein und vergewisserte sich, dass sie immer noch abgelenkt war. Na, die konnte hier warten, bis sie Moos ansetzte. Um einen Edward Moore aufs Kreuz zu legen, musste man früher aufstehen. Er drückte die Tür mit der Aufschrift *Staff only* auf und ging hindurch.

Der Weg führte direkt durch die Küche, an der Tiefkühltruhe und den Lagerräumen vorbei, auf den Hof. Den verwunderten Gesichtern von Roberts Kindern begegnete er mit einem Lächeln und einem auf die Lippen gelegten Zeigefinger, dann schnürte er über den Angestelltenparkplatz hinüber zu seinem Auto. Er ließ den Motor an. Zwischen den parkenden Fahrzeugen fuhr er hinaus auf die unzureichend beleuchtete Straße und ließ *The Green Man Inn* im Dunkel hinter sich.

15

Jonathan Carver wälzte sich unruhig von einer Seite zur anderen. Der verdammte Mond schien ihm direkt ins Gesicht. Die Luft war so klar, dass man die Berge und Täler auf dem Trabanten erkennen konnte. Er strahlte wie eine kalte Sonne. Hätte Jonathan Vorhänge besessen, hätte er sie schließen können, doch Mary hatte auch die mitgenommen. So wie fast alles in diesem Haus. Nur den Fernseher, das Bett, einen Schrank sowie einen Tisch und zwei Stühle hatte sie ihm gelassen.

Was von der Ehe übrig blieb. Wäre das nicht ein hübscher Buchtitel gewesen? Als Anspielung auf den Roman *The Remains Of The Day* von Kazuo Ishiguro. Vielleicht sollte er es auch mal mit Schreiben versuchen. Alles besser als sein jetziger Job. Weder seine Polizeiarbeit noch seine Ehe hatten ihn auf einen grünen Zweig gebracht. Ihm war heiß.

Mit einem Fußtritt wendete er die Decke und beförderte die kühle Oberseite nach unten. Seit zwei Stunden versuchte er einzuschlafen, doch es wollte nicht klappen. Die Gedanken an das verunglückte Mädchen ließen ihm keine Ruhe.

Nachdem er ein weiteres Mal seine Liegeposition verändert hatte, schaltete er das Nachttischlämpchen an und setzte sich hin. Laut seiner Uhr war es kurz nach zwei. Er fühlte sich, als hätte er zwei Tassen Kaffee getrunken.

Neben ihm auf dem Boden lag eine Kopie des Berichtes, den er Squires am Nachmittag geschickt hatte. Zusammen mit dem rechtsmedizinischen Gutachten. Er klaubte die Papiere vom Boden und eierte hinüber zum Tisch.

Wie es hier wieder aussah. Wie schaffte man es, mit einem Teller, einer Tasse und einem Satz Besteck so ein Chaos anzurichten? Rasch räumte er den Kram in die Spüle, wischte die klebrigen Ränder weg und nahm Platz.

Eine verdammte Tragödie war das. Catherine Holloway war gerade mal zwanzig gewesen. Studentin der Betriebswissenschaften an der Business School in Exeter. Gute Uni, vorausgesetzt, man hatte etwas für Wirtschaft übrig. J. K. Rowling hatte hier Französisch und klassische Altertumswissenschaft studiert.

Der Befund der forensischen Abteilung lautete auf Impressionsfraktur und Gesichtsschädelfraktur bei gleichzeitigem Schädel-Hirn-Trauma. Blutungen aus Ohr und Augenhöhlen stützten diese Annahme. Kurz, sie war mit dem Kopf aufgeschlagen und hatte den Sturz nicht überlebt. Ein weiteres Indiz für diese Theorie war das Fehlen von Meerwasser in den Lungen. Wäre sie ohnmächtig gewesen und hätten die Lungen noch gearbeitet, wären sie mit Wasser gefüllt gewesen. Catherine aber war nicht ertrunken. Eine Fremdeinwirkung, die zum Tode geführt hätte, ließ sich nicht feststellen. Weder Hautschuppen unter den Fingernägeln noch Würgemale oder Schlagspuren. Allerdings eine Menge Kratzer und Schürfwunden, die für eine Flucht durchs Unterholz sprachen. Dazu passten die Risse, Prellungen und Blasen an ihren Füßen.

Sie war geflohen. Mutterseelenallein durch die Landschaft gerannt. Dann war sie der Klippe zu nahe gekommen und abgestürzt. Sie musste eine Weile im Wasser getrieben haben, ehe sie an den steil aufragenden Felsen gespült worden war. Wie lange sie im Wasser gedümpelt hatte, war unklar, mindestens jedoch einen Tag. Die Menge an Algen und Kleinstlebewesen, die sich in ihrer Kleidung festgesetzt hatte, war beträchtlich.

Rechnete man die Strömung mit ein, die in dieser Zeitspanne geherrscht hatte, war es durchaus wahrscheinlich, dass das Unglück etliche Kilometer weiter östlich stattgefunden hatte.

Die Leiche war zunächst untergegangen, dann aber durch die entstehenden Faulgase wieder an die Oberfläche gestiegen. Kurzum, es würde schwierig werden, den Ort und damit den genauen Tathergang zu rekonstruieren.

Kurz vorher musste es zu einem Geschlechtsakt mit Samenerguss gekommen sein. Es befanden sich Spermaspuren in ihrer Vagina, die allerdings aufgrund der bakteriellen Zersetzung nicht mehr zur DNA-Analyse taugten. Auch war es unmöglich zu sagen, ob der Akt freiwillig oder gewaltsam stattgefunden hatte.

Jonathan hatte all das minutiös in seinen Bericht geschrieben und diesen an Superintendent Squires weitergeleitet.

Die Reaktion hatte keine Stunde auf sich warten lassen.

In Ordnung, DS Carver, wir übernehmen von hier an. Kollegiale Grüße, William Squires, Superintendent.

Das war's.

Keine Prämie, kein Lob, kein Schulterklopfen. Stattdessen wurde er vom Fall abgezogen. Exeter übernahm. Und das, obwohl die Sache in Jonathans Revier, praktisch vor seiner Haustür, stattgefunden hatte. Aufs Meer schickten sie ihn, aber wenn er das tat, worin er richtig gut war – ermitteln –, zogen sie ihn vom Fall ab. Das war mehr als eine Beleidigung, das grenzte an Schikane.

Was sahen sie in ihm, einen billigen Handlanger? Gerade mal gut genug, um Strafzettel hinter Scheibenwischer zu stecken und alten Damen über die Kreuzung zu helfen?

Er hatte mal richtiges Talent besessen. Vor einigen Jahren, ehe alles aus dem Ruder gelaufen war. Ehe er zur Flasche gegriffen hatte und diesen dummen Fehler gemacht hatte. Ein Fehler, der einem achtjährigen Jungen das Leben und Jonathan seine Ehe gekostet hatte.

Nun bot sich eine Gelegenheit, den anderen zu beweisen, dass er es immer noch draufhatte, und was taten sie? Schickten ihn mit einem Tritt in die Eier zurück in seine Amtsstube.

Kollegiale Grüße am Arsch!

Er strich mit seinen Fingern über Catherine Holloways Handy. Er hatte es ihr aus ihrer Tasche gefischt, während Jim gerade abgelenkt gewesen war und die Forensik angerufen hatte. Ein befreundeter Handyspezialist hatte es auseinandergenommen, gereinigt, getrocknet und zusammengesetzt. Der Akku war zum Glück zum Zeitpunkt des Wassereintritts völlig leer gewesen, sonst hätte er irreparable Schäden verursacht. Den zerstörten Akku also rasch durch einen neuen ersetzt und dabei gleich noch das Passwort erneuert. Jetzt funktionierte wieder alles. Und dieses Handy hatte es in sich. Es war ein Hort verborgener Geheimnisse und Abgründe.

Rückblickend betrachtet, wunderte sich Jonathan darüber, wie er den Mut aufgebracht hatte, so etwas zu tun. Ein wichtiges Beweisstück verschwinden zu lassen, war ein enormes Risiko. Es konnte ihn seinen Job kosten. Andererseits, was hatte er zu verlieren? Sein jetziger Job war kaum besser als der von Bertie, der an der Supermarktkasse Waren über den Scanner zog.

Irgendetwas an der Art, wie Squires diesen Fall gehandhabt hatte, war ihm von Anfang an seltsam vorgekommen. Gut, seit dieser Sache damals hatte er Jonathan auf dem Kieker, das war kein großes Geheimnis. Aber das allein war es nicht. Sein Verhalten ging weit über persönliche Demütigung hinaus. Ihn so hastig von dem Fall abzuziehen, deutete darauf hin, dass er etwas zu verbergen hatte. Ehe nicht klar war, worum es dabei ging, würde Jonathan sein eigenes Ding durchziehen.

Das Handy war ein Schlüssel, der eine Tür zu weitaus größeren Geheimnissen zu öffnen vermochte.

Zärtlich strich er über das schwarze Display. Weder Squires noch sonst jemand wussten um dessen Existenz. Niemand konnte ihm verbieten, auf eigene Faust ein paar Ermittlungen anzustellen, zumindest, solange er dabei nicht erwischt wurde. Einen wichtigen Namen hatte das Gerät bereits ausgespuckt. Beatrix Cantrell. Catherines Freundin und Mitbewohnerin. Die beiden teilten sich nicht nur dieselbe Wohnung, sie studierten auch zusammen und schienen für denselben Escortservice zu arbeiten. War das inzwischen ein ganz normaler Nebenjob für junge Frauen? Jonathan kam sich alt vor. Immerhin, dieses Handy war ein vielversprechender Anfang. Wer konnte ahnen, welche Spuren sich von hier aus ergaben? Höchste Zeit, sich mal mit Beatrix zu unterhalten.

Kollisionen mit seinem Dienstplan würde es kaum geben. Jonathan hatte einen Haufen Überstunden angesammelt, die er dringend abbauen musste. Ein paar davon sogar noch aus dem letzten Jahr. Warum nicht gleich damit anfangen? Seine beiden Kollegen konnten gut ein paar Tage ohne ihn zurechtkommen. Die Sommerferien hatten noch nicht begonnen, und zurzeit war nicht viel los. Sobald die Schulen ihre Pforten schlossen und Tausende von übermütigen Teenagern an die Badestrände pilgerten, würde er wieder an Bord sein.

Er stand auf und ging hinüber zum geöffneten Fenster.

Ein milder Wind wehte herein. Was für eine Nacht. Der Mond überzog die Bäume hinter seinem Garten mit einem Hauch von Silber. Von ferne hörte er das Meeresrauschen.

Das Schicksal dieses Mädchens ließ ihm keine Ruhe. Irgendetwas an der Art ihres Todes irritierte ihn. Es war nichts, was einem offen ins Gesicht sprang. Vielmehr war es zwischen den Zeilen zu lesen. Sein Instinkt sagte ihm, dass mehr an der Sache war, als sich auf den ersten Blick erkennen ließ. Dieses Mädchen war nicht sturzbetrunken die Klippe entlanggehüpft und dann abgestürzt. Sie war vor etwas geflohen. Etwas, das so grauenerregend gewesen sein musste, dass ihr der Sturz in den sicheren Tod wie das kleinere Übel erschienen war. Die Frage war, was das gewesen sein mochte. Was konnte schlimmer sein als der Tod?

Jonathan stand nackt am Fenster und ließ die kühle Luft über seine Haut streichen. Als er zum Mond emporblickte, lief ein

Schauer über seinen Rücken. Kürzlich hatte er in der Zeitung gelesen, dass Vollmond und Sommersonnenwende in diesem Jahr auf ein und denselben Tag fallen würden. Ein Phänomen, das offenbar nur alle siebzig Jahre stattfand. Ob das etwas mit dem Tod des Mädchens zu tun hatte?

Ein beunruhigender Gedanke.

16

Jordanien …

Zu behaupten, die Felsen seien rot, wäre die Untertreibung des Jahrhunderts. Die Palette umfasste sämtliche Spielarten des Farbspektrums, von zartem Gelb über Ocker und Karmesin bis hin zu einem tiefen Magenta in den Schatten. In den Nischen und Vorsprüngen setzten Gräser, Büsche und kleine Bäume mit ihrem flammenden Grün den passenden Kontrapunkt. Vor allem jetzt, da die Sonne flach stand.

Die Berge von Edom leuchteten in einer Pracht, wie sie Leslie bisher kaum zu sehen bekommen hatte. Weder Fernsehen noch Kalender oder Kunstdruck vermochten diesen Eindruck zu reproduzieren. Wobei es nicht allein die Farben waren, die sie so faszinierten, sondern auch die Formen. Das aufregende Zusammenspiel von natürlicher Erosion und vorzeitlicher Architektur. Natur und Mensch waren in Petra eine Symbiose eingegangen, die einen fragen ließ, warum dieses Wunder erst im Jahre 1985 zum UNESCO-Weltkulturerbe erklärt worden war.

Leslie und Hannah durchquerten Seite an Seite das steinerne Labyrinth nördlich des Wadi Syagh. Außer ihnen war keine Menschenseele unterwegs. Abgesehen davon, dass es noch sehr früh am Tag war, befanden sie sich weit entfernt von den Hauptattraktionen von Petra. Der Ort, den sie ansteuerten, war nur auf professionellen Karten verzeichnet. Darüber, was sie hier wollte, hatte sich Hannah bislang ausgeschwiegen.

Aber sie sprachen generell nicht viel an diesem Morgen. Es war interessant, welche Wirkung ein solcher Ort auf Menschen ausüben konnte. Ohne dass jemand es von ihnen verlangt hätte, hielten sie die Stimmen gesenkt und reduzierten die Kommunikation auf das Nötigste. Jeder Laut, und sei es nur ein bloßes Husten, wirkte profan. Wie eine Störung der heiligen Ruhe.

Die Felsen trugen die Spuren starker Erosion. Wind und Wasser hatten die Kanten rund geschliffen. Die Oberfläche wirkte wie gegerbtes Leder.

Leslie ließ ihre Hände darübergleiten. Warum war Hannah so verschlossen? Befürchtete sie, es könne ihr ein Irrtum unterlaufen sein, oder wollte sie Leslie nicht durch zu früh ausgesprochene Theorien beeinflussen? Leslie hatte damit kein Problem. Dies hier war Hannahs Show. Sie bestimmte, wann was zu geschehen hatte. Leslie hatte volles Vertrauen in die Fähigkeiten ihrer Freundin und konnte sich gedulden.

Die Klamm, in die Hannah sie führte, wurde zusehends schmaler. Hoch über ihnen schimmerte ein schmaler Streifen Blau. Noch ein paar Meter, dann gelangten sie an eine Stelle, an der man nur noch seitlich vorankam. Leslies Kamera scheuerte über das raue Gestein. Sie nahm sie ab und legte schützend ihren Arm darum.

Über ihren Köpfen heulte der Wind. Ein klagender Laut, dessen Echo von den Steilwänden widerhallte. Leslie hatte für einen kurzen Moment das Gefühl, jemand würde ihnen folgen. Sie drehte sich um, doch da war niemand.

Mal klang es, als flüsterte jemand dicht neben ihrem Ohr, dann waren entfernte Schreie zu hören. Wie Stimmen aus einer fernen Vergangenheit. Stimmen, die von einem Geheimnis am Ende der Schlucht flüsterten. Sie beschleunigte ihren Schritt, um nicht den Anschluss zu verlieren. Hannah legte ein beträchtliches Tempo vor.

Nach hundert Metern teilten sich die Wände wie von Zauberhand und gaben den Blick auf einen verwunschenen Talkessel frei. Umsäumt von bizarr abgeschliffenen Felsen, lag dort ein perfektes Rund inmitten der Wüste.

Leslies Augen benötigten einen Moment, um zu erkennen,

dass die Felsen nicht ausschließlich natürlichen Ursprungs waren. Viele von ihnen waren bearbeitet worden, und zwar dergestalt, dass sie wie die Fassade einer uralten Stadt wirkten.

In der kreisförmigen Vertiefung befand sich ein verfallener Brunnen mit einem Eimer. Ein einsames Dromedar stand daneben und trank. Dass es gesattelt war, deutete darauf hin, dass der Besitzer irgendwo in der Nähe sein musste. Einige Gepäckstücke lagen auf dem Boden, er konnte also nicht weit weg sein.

Fragend hob Leslie eine Braue.

»Hussain«, sagte Hannah und deutete hinüber zu einem Punkt auf der gegenüberliegenden Seite des Kessels.

Leslie kniff die Augen zusammen. In den Schatten unter einem der mächtigen Torbögen erkannte sie eine Bewegung. Die Erscheinung hätte ebenso gut ein Trugbild sein können, so sehr verschmolz sie mit ihrer Umgebung.

»Werden wir erwartet?«

»Lass dich überraschen.« Hannah ging auf den Schatten zu.

Leslie folgte ihr, die Hand am Gürtel. Ihr Outdoormesser steckte in einer Scheide aus robustem Büffelleder. Auch wenn es nicht vergleichbar war mit einer Automatikpistole, gab ihr die zwanzig Zentimeter lange Klinge ein gewisses Maß an Sicherheit. Leslie hatte sich geschworen, kein muslimisches Land zu bereisen, ohne entsprechende Verteidigungsmöglichkeiten. Wobei das natürlich psychologisches Blendwerk war. Erstens waren die Menschen zu neunundneunzig Prozent höflich und zuvorkommend, zweitens würde ein Messer kaum nützen, wenn sie wirklichen Kriminellen in die Hände fiel. Räuber oder Banditen waren in der Regel bis an die Zähne bewaffnet. Aber manchmal genügte ein kleines Signal, um gewisse Gedanken erst gar nicht aufkommen zu lassen.

Leslie ließ sich ein paar Meter zurückfallen und beobachtete das Zusammentreffen. Der Mann trug die traditionelle Tracht der Beduinen. Klassischer, schwarzer Kapuzenmantel, darunter ein braunes Untergewand, das mit einem Ledergürtel zusammengehalten wurde. Ein Dolch war daran befestigt. Seine Füße steckten in ledernen Sandalen, und auf dem Kopf trug er eine gemusterte *Kufiya* – ein Tuch, das mit einem schwarzen Band an der Stirn festgehalten wurde.

Die Kleidung des Mannes wirkte abgenutzt und abgerissen, seine Bewegungen jedoch waren kraftvoll und geschmeidig. Über dem schwarzen Vollbart leuchteten lebhafte Augen. Als Hannah und er sich begegneten, erschien ein breites Lächeln auf seinem Gesicht.

»Hannah. Welch Freude, dich zu sehen.«

»Die Freude ist ganz meinerseits. Gut siehst du aus, Hussain. Wohlgenährt und zufrieden.« Sie tätschelte seinen Bauch.

»Kamilas gute Küche«, lautete die Erwiderung. »Ich müsste mal den Gürtel enger schnallen, aber was soll ich machen? Nichts ist schlimmer als die Versuchung. Ich bin ein glücklicher Mann.«

»Das sieht man dir an«, sagte Hannah. »Und ich bin sehr dankbar, dass du meiner Einladung gefolgt bist. Ich weiß, dass es für dich einen großen Aufwand bedeutet. Aber ich könnte mir keinen besseren Führer vorstellen. Und du wirst es nicht umsonst tun müssen, das verspreche ich dir.«

»Mein Lohn ist deine Freundschaft.«

Hannah grinste. »Leslie, darf ich vorstellen, dies ist Hussain ibn Ali vom Stamm der Bani Hamida. Hussain, dies ist Leslie Rickert.«

Leslie verbeugte sich. »Salam.«

»Salam.«

»Sie hat eine Zeit lang in Bagdad für den BBC gearbeitet.«

»Moment mal ...« Die buschigen Brauen rutschten ein wenig nach oben. »Sie sind die bekannte Reporterin, nicht wahr?«

»Sie kennen mich?«

»Aber natürlich«, sagte Hussain. »Ihre Reportagen über die

Niederschlagung des IS. Sie kamen mir gleich so bekannt vor. Hannah, warum hast du mir denn nichts gesagt? Lässt mich einfach ins offene Messer laufen. Typisch.« Er gab ihr einen Knuff. »Ich habe etliche Berichte von Ihnen gesehen. Es ist mir eine große Ehre.« Er verbeugte sich.

»Die Ehre ist ganz meinerseits«, erwiderte Leslie geschmeichelt. »Die Bani Hamida? Das sagt mir leider gar nichts.«

»Früher einer der mächtigsten Clans im Jordantal«, erwiderte er. »Doch unsere Zahl ist stark zusammengeschrumpft. Eine aussterbende Kultur.«

»Sehr bedauerlich.« Leslie wusste um das Schicksal der Beduinen. Sie starben aus, weil sie nicht mehr frei umherziehen konnten. Grenzzäune und Minenfelder machten das unmöglich.

»Aber noch gibt es sie, und sie pflegen das alte Wissen«, sagte Hannah. »Hussain lebt in Dhiban. Er gilt als einer der versiertesten Kenner der Nabatäer. Wir haben etliche Jahre hier bei Petra zusammengearbeitet. Er kennt hier jeden Stein.«

»Du schmeichelst mir.« Er ließ einen Goldzahn funkeln.

»Ich habe Leslie noch nichts erzählt«, fuhr Hannah fort. »Ich möchte, dass sie diesen Ort mit frischem Blick sieht.«

»Dann waren Sie noch nie zuvor in Petra?«

»Nein«, gab Leslie zu. »Zu meinem großen Bedauern. Ich hatte es mir immer vorgenommen, aber leider ist es nie dazu gekommen.«

Hussain sah Hannah skeptisch an. »Du willst, dass ich ihr davon erzähle, von dem alten Geheimnis?«

»Das will ich.«

»Dann musst du großes Vertrauen haben.«

»Das habe ich.« Hannah lächelte. »Erzähle ihr davon, und lass nichts aus.«

17

Yara nahm die Hand vom Gas und brachte die pechschwarze Elektro-Enduro zum Stehen. Die Zero FX war ein Wunder der Technik. Kaum ein Motorrad war so geräuschlos wie dieses. Der flüsterleise Motor nahm die Befehle vom Gasgriff logisch und präzise entgegen, sodass man sich als Benzinexperte sofort daheim fühlte. Beschleunigung von null auf hundert in vier Sekunden, ohne Kupplung, ohne Schaltvorgang und ohne Lastwechselreaktionen. Yara zauberte das ein Lächeln aufs Gesicht. Da der Motor nicht absterben konnte, ließ er sich selbst bei Schrittgeschwindigkeit sauber dosieren. Ideal für schwieriges Gelände wie dieses.

Ihren Feldstecher an die Augen gepresst, beobachtete sie, wie die beiden Frauen in der Nischenklamm zwischen dem steil aufragenden Sandsteinmassiv verschwanden. Sie wartete einen Moment, dann senkte sie das Glas. *Interessant.*

Eine normale Sightseeingtour war das nicht. Soweit Yara informiert war, hatten die Behörden diesen Bereich für die Öffentlichkeit noch gar nicht freigegeben. Also entweder verfügten die beiden über entsprechende Papiere, oder sie waren illegal unterwegs. Was letztlich niemanden kümmerte. Auch Yara besaß keine derartigen Genehmigungen. Aber sie würde sie ganz schnell bekommen, wenn sie sich ans Telefon hängte.

Mit ihrem Diplomatenpass und ihren Verbindungen zu den Behörden war das eine Sache von einem halben Tag. Ihr Vater war ein hochrangiges Mitglied des Geheimdienstes, ihre Mutter britische Diplomatentochter, was Yara ein großes Maß an Handlungsspielraum verschaffte. Niemand störte sich daran, dass sie Waffen mit sich führte. Sie war niemandem Rechenschaft schuldig, nicht mal der Polizei. Sollte es tatsächlich zu Schwierigkeiten kommen, würde ihr Vater ein bis an die Zähne bewaffnetes Einsatzteam losschicken, das sämtliche Probleme aus dem Weg räumte.

Aber das war nicht Yaras Methode. Sie hatte nicht so lange in Großbritannien und den USA studiert, um sich dann den Weg mit der Brechstange zu bahnen. Hier war britisches Understatement gefragt. Zumal dieser Ort heilig war.

Petra war nicht irgendeine x-beliebige Wüstenstadt.

Was hier vor Tausenden von Jahren geschehen war, darüber schwiegen sich die Geschichtsbücher aus. Was auch daran liegen mochte, dass die Nabatäer keine Literatur hinterlassen hatten. Neben den architektonischen Zeugnissen blieben nur ein paar griechische Inschriften, die aber nicht ausreichten, um Wissenschaftler auf die richtige Spur zu lenken. Was gut war. Manche Dinge blieben besser unerforscht.

Die Frage war, ob Hannah Peters und Leslie Rickert das Geheimnis kannten. Es war auffällig, dass sie die Hauptattraktionen von Petra links liegen ließen und stattdessen hierherkamen.

Yara blickte zum Eingang der Klamm. Sie überlegte, ob sie den beiden folgen sollte. Die Wintersturzregen hatten große Mengen Geröll nach außen gespült. Während dieser Jahreszeit konnte sich der Sik in einen reißenden Fluss verwandeln.

Die Felswände waren von der Wucht des Wassers glatt geschliffen worden. Die Glätte des Gesteins und die verwinkelten Windungen wirkten wie ein akustischer Verstärker. Ein knackender Zweig, ein fallender Stein, und man wäre auf sie aufmerksam geworden. Das Risiko war einfach zu groß.

Yara konsultierte ihren Laptop und beschloss, einen anderen Weg einzuschlagen. Laut 3-D-Umgebungssoftware gab es einen Aufstieg, etwas weiter im Osten. Nicht leicht zu finden und mit Sicherheit ziemlich schweißtreibend, aber das war es ihr wert. Von dort aus konnte sie sich unbemerkt nähern. Außerdem war sie gut trainiert. Das bisschen Kletterei würde sie schon nicht umbringen. Sie hatte sich ohnehin schon viel zu lange den Hintern platt gesessen.

Ihre Tasche geschultert, die Gurte eingerastet, stieg sie wieder auf ihre Enduro und fuhr los. Nur die schmale Reifenspur erinnerte daran, dass sie jemals hier gewesen war.

18

Die Erinnerungen kehrten mit aller Macht zurück. Der Geruch, die Farben, die Geräusche. Es war, als hätte sich überhaupt nichts verändert. Hannah hatte diesen Ort geliebt, sie liebte ihn immer noch. Hier kannte sie jeden Stein, jede Inschrift, jede Skulptur. Mein Gott, war das lange her. *Zwanzig Jahre.*

Dies war ihr erster Einsatzort kurz nach dem Studium gewesen. Zwei Jahre hatte sie hier verbracht. Ehe man ihr das Forschungsgebiet an der algerisch-libyschen Grenze übertragen hatte. So viel war seither geschehen, doch dieser Ort sah aus, als wäre sie nie fort gewesen. Die alte Magie war immer noch spürbar.

»Na, was denkst du?« Hussain bedachte sie mit einem Lächeln. »Wir waren Kinder damals, oder?«

»Jung und naiv«, murmelte Hannah.

»Aber voller Feuer und hungrig nach Wissen.«

»Nach *geheimem* Wissen, ja.« Sie sog die Luft tief in ihre Lungen. »Es ist immer noch hier, das spüre ich. Hier, zwischen den Felswänden.«

Leslie stand etwas abseits, die Arme verschränkt. Sie war sichtlich ungeduldig, und sie hatte allen Grund dazu. Die Zeit für Erklärungen war gekommen.

»Wir haben dich jetzt wirklich lang genug warten lassen, Leslie«, sagte Hannah. »Erlaube uns, dich von deinem Leiden zu erlösen. Was meinst du, Hussain?«

»Gerne. Aber ich würde empfehlen, auf die andere Seite zu gehen. Die Sonne steigt gleich über den Kamm, dann wird es hier drinnen wie in einem Ofen. Und Geheimnisse bespricht man am besten im Schatten.«

Er deutete auf die gegenüberliegende Wand. Dorthin, wo die Stufen begannen.

»Was wissen Sie über die Nabatäer, Leslie?«

»Nicht viel, um ehrlich zu sein«, entgegnete die Reporterin. »Ich hatte keine Zeit, mich mit ihrer Geschichte zu befassen.«

»Dann werden wir das jetzt nachholen.« Hussain schenkte ihr ein aufmunterndes Lächeln. »Um es kurz zu machen, die Nabatäer waren Nomaden, die etwa um 1000 vor Christus, aus dem Gebiet der arabischen Halbinsel kommend, in die Region südlich des Toten Meers einwanderten und sich hier niederließen. Sie gründeten die Stadt Petra im 6. Jahrhundert und bauten sie zu einem wichtigen Handelsknotenpunkt aus. Der Ort lag zwischen dem Roten Meer und dem Mittelmeer und verband auf perfekte Weise den Osten mit dem Westen. Gleich mehrere wichtige Handelswege kreuzten sich hier und wurden binnen kürzester Zeit von den Nabatäern übernommen und kontrolliert.«

»Zum Beispiel führte eine der Handelsstraßen durch die Wüste Negev«, ergänzte Hannah. »Über sie kamen Gewürze und Räucherwerk aus dem südarabischen Raum.«

»Eine andere führte zum Mittelmeer und zum Hafen von Gaza«, sagte Hussain, »einem der wichtigsten Umschlagplätze für Güter, die über das Wasser nach Griechenland und Rom verschifft wurden. Und dann war da noch die Küstenstraße zwischen Ägypten und Syrien, die berühmte Weihrauchstraße. Sie sehen also, es war kein Zufall, dass Petra an diesem Ort entstand. Er lag optimal und war überdies gut zu verteidigen.«

»Der Bericht von Plinius dem Älteren ist eine unserer wichtigsten Informationsquellen«, sagte Hannah. »Dort steht, dass die Karawanenroute zweitausend Kilometer lang war und fünfundsechzig Karawanenstationen umfasste. Sie wurden mit festen Gebäuden, Zisternen und Wehreinrichtungen gesichert und zu Siedlungen ausgebaut, von denen einige noch heute als Ruinen erhalten sind.«

»Die Nabatäer verdienten prächtig daran«, sagte Hussain.

»Futter und Nachtlager, Transport, Wegzölle – die Liste der Abgaben war endlos. Wer nicht zahlte, musste umkehren. Auf diese Weise gelangten sie zu enormem Wohlstand. Sie waren schwer zu besiegen und hielten die Standorte ihrer Brunnen vor allen geheim. Von vielen wurden sie deswegen als Räuber beschimpft.«

»Weniger Räuber als vielmehr clevere Geschäftsleute, würde ich sagen«, erwiderte Leslie. »Schließlich wurde doch niemand gezwungen, diesen Weg einzuschlagen, oder?«

»Natürlich nicht.« Hussain bedachte sie mit einem Schmunzeln. »Es war einfach eine Sache der Prioritäten und von Angebot und Nachfrage.«

»Gut, ich denke, das habe ich verstanden. Aber was hat es mit dem Geheimnis auf sich?«

»Das sollen Sie erfahren, Leslie. Aber um das zu erklären, müssen wir ein Stück weit nach oben klettern.« Er deutete auf die ausgewaschenen Treppenstufen. »Von dem Vorsprung dort hat man einen viel besseren Blick. Haben Sie entsprechendes Schuhwerk?« Er warf einen kritischen Blick auf ihre Sportschuhe. »Na, das sollte funktionieren. Ich werde vorgehen. Treten Sie einfach dahin, wohin ich trete, okay? Und nicht nach unten schauen.«

Leslie grinste. »Zu Befehl, Sir.«

19

Yara lief der Schweiß über das Gesicht. Der Pfad, den sie für den Aufstieg gewählt hatte, führte entlang einer steilen Erosionsrinne, in der es nicht den geringsten Schatten gab. Dabei stand die Sonne noch nicht einmal hoch. In zwei Stunden würden hier viel extremere Temperaturen herrschen.

Mit Händen und Füßen drückte sie sich den schmalen Kamin hinauf. Ihr Schatten kroch wie eine Eidechse über das Gestein. Der Puls pochte ihr in den Ohren. Gott, wie sie das Klettern vermisst hatte. Sie liebte das, allein auf sich gestellt zu sein, der Mensch als Teil der Natur. Und das inmitten einer atemberaubenden Kulisse. Konnte es etwas Schöneres geben?

Sie wurde eins mit dem Felsen, verschmolz mit ihm. Es war, als spürte sie den Herzschlag der Erde.

Natürlich war sie nicht hier, um Spaß zu haben, aber es sprach auch nichts dagegen, das Nützliche mit dem Angenehmen zu verbinden. Solange sie Erfolg hatte, war alles in Ordnung. Wie lange schon hatte sie danach gedürstet, ihrem Meister beweisen zu dürfen, dass sein in sie gesetztes Vertrauen gerechtfertigt war. Jetzt war der Moment gekommen, und es erfüllte sie mit tiefer Befriedigung.

Die Tasche scheuerte über das Gestein. Sie musste sie ein wenig verlagern. Trotz des breiten Schultergurtes schnitten ihr die zehn Kilo schmerzhaft in die Schulter. Aber sie wollte nicht klagen, zumal es ohnehin nur noch wenige Meter waren.

Die Oberkante war zum Greifen nah, als sie plötzlich einen stechenden Schmerz in der linken Hand spürte. Rasch zog sie sie zurück und wäre dabei um ein Haar abgerutscht. Doch zum Glück hatte sie gerade mit ihren Füßen einen guten Stand. Was zum Teufel war das?

Ihre Finger hatten in eine sandige Kuhle gegriffen, die offenbar von jemandem bewohnt wurde. Irgendwas Lebendiges saß dort. Yara zog sich hinauf und blickte in die Vertiefung.

Das Vieh war schätzungsweise acht Zentimeter lang und von hellgelber Färbung. Die acht Beine angriffslustig vom Körper abgespreizt, hielt es die Scheren in erhobener Kampfhaltung. Fünf Längsstreifen zeichneten ein treppenförmiges Muster auf den Rücken. *Ein verdammter Skorpion!*

Und nicht irgendeiner. Es handelte sich um einen *Leiurus quinquestriatus*, wie sie mit fachkundigem Blick feststellte. Den gelben Mittelmeerskorpion. Auf Englisch lautete sein Name *Deathstalker* – Todesschleicher.

Diese Biester waren giftig. Extrem giftig sogar. Die Toxine, die ihr Schwanz produzierte, konnten auch für Menschen gefährlich werden.

Yara verfluchte sich für ihre Unachtsamkeit. Sie nahm einen Stein und zerschmetterte das Tier. Niemand stach sie ungestraft. Mit schmerzender Hand setzte sie ihren Aufstieg fort.

Keine fünf Minuten später war sie oben.

Sie öffnete ihre Tasche, entnahm ihr das Messer und fuhr mit der Klinge über ihren Zeigefinger. Der Schnitt erfolgte in Längsrichtung, um möglichst viel von dem Gift zu erwischen. Sie steckte den Finger in den Mund, saugte Blut und Gift aus der Wunde und spuckte es aus. Zu dumm, dass sie die Operation nicht eher durchführen konnte, jetzt war schon einiges von dem Gift in ihre Blutbahn gelangt. Sie holte Verbandszeug aus der Tasche und verarztete den schmerzenden Finger. Die Wunde klopfte und pochte. *So ein verfluchter Mist!*

Tatsächlich war ihr das in all den Jahren noch nie passiert. Ausgerechnet heute, wo so viel auf dem Spiel stand. In vielen Ländern der Welt galt der Skorpion als Wächter über Leben und Tod. Ein böses Omen? Sie stopfte das Verbandszeug zurück in ihre Tasche und richtete sich auf.

Der Ausblick über das verkarstete Hochplateau war Ehrfurcht gebietend. Gleißende Hitze waberte über die Felsen. Die Kuppen waren abgerundet und boten reichlich Versteckmöglichkeiten. Sie durfte sich auf keinen Fall einen weiteren Fehler erlauben. Ihre Hand schmerzte höllisch. Das Gewebe unter dem Verband begann bereits anzuschwellen.

Sie stand auf und huschte in geduckter Haltung über das erhitzte Gestein. Sie hatte sich die Richtung genau eingeprägt. Etwa fünfzig Meter geradeaus, dann folgte eine kleine Senke, danach ein kurzer, steiler Anstieg. Die Felszinne, die danach kam, musste gegen den Uhrzeigersinn umrundet werden. Dahinter sollte sich, laut Übersichtskarte, der Talkessel befinden.

Die letzten Meter legte sie mit größter Vorsicht zurück. Da sie aus dem Osten kam, hatte sie die Sonne im Rücken. Was bedeutete, dass ihr Schatten sie verraten konnte.

Zweihundert Meter legte sie zurück, ehe sie einen Blick riskierte. Auf dem Bauch liegend, schob sie ihren Kopf über die Kante. Da lag er, der Talkessel. In voller Breite und bei bester Sicht.

Sie hatte gut daran getan, vorsichtig zu sein, denn das Erste, was sie sah, war ein angeleintes Dromedar. Es lag neben einem verfallenen Brunnen und döste. *Ein Dromedar?* Die Frauen waren doch allein hier, oder etwa nicht?

Yara kramte in ihrer Tasche und holte das Fernglas heraus. Die Augenmuscheln herunterklappend, blickte sie durch das Glas. Sie brauchte nicht lange, um sie ausfindig zu machen. Sie befanden sich auf der gegenüberliegenden Talseite, im Schatten eines antiken Torbogens. Drei Leute. Zwei Frauen und ein Mann. Er trug eine Beduinentracht. Sah aus wie ein Einheimischer. Mit Sicherheit keine zufällige Begegnung.

Die drei machten den Eindruck, als würden sie sich gut kennen.

Lachen war zu hören. Gesprächsfetzen drangen an Yaras Ohr. Der Talkessel wirkte wie eine Flüstergalerie. Er verstärkte den Schall und lenkte ihn zu ihr herüber.

Sie kroch zurück in den Schutz eines kleinen Felsens. Dort öffnete sie ihre Tasche. Alles wohlsortiert und staubfrei aufbewahrt. Kamera, Richtmikrofon, Laptop. Dazu eine kleine Sende- und Empfangseinrichtung, mit der sie einen Satelliten-Uplink herstellen konnte. Im untersten Teil der Tasche befand sich ihre Waffe. Fünf Kilogramm tödliche Präzision. Für den Fall, dass die Dinge hässlich wurden.

Nachdem sie die Anlage zusammengestöpselt und der Sender den Uplink hergestellt hatte, war die Verbindung bereit. Yara meldete sich über ein sicheres Netzwerk an und tippte ein paar Zeilen in den Messenger. Dann kroch sie wieder nach vorn, richtete Kamera und Mikrofon auf die Dreiergruppe und startete den Livestream.

20

Der Weg war alt. Ein Überbleibsel der Baumeister, die diese herrliche Fassade vor Urzeiten aus dem Stein gemeißelt hatten. Leslie folgte den beiden, wenn auch nicht gänzlich ohne Probleme. Sie bewegten sich inzwischen in schwindelerregender Höhe. Der Pfad zwang sie, in immer steilerem Winkel nach oben zu klettern. Die Stufen waren zwar noch erkennbar, wiesen aber schwere Abnutzungserscheinungen auf. An manchen Stellen betrugen die Vertiefungen nur wenige Zentimeter.

Leslie konnte Hannah nur dafür bewundern, wie leichtfüßig sie die Hindernisse meisterte. Als hätte sie in ihrem Leben nie etwas anderes getan. Es gelang ihr neben der Anstrengung sogar noch zu reden, etwas, das für Leslie ausgeschlossen schien. Sie hatte genug damit zu tun, nicht nach unten zu blicken.

»Petra ist der herrlichste Ort der Welt«, hörte sie Hannah von oben sagen. »Jede Beschreibung ist sinnlos, da sie ihm nicht gerecht werden kann. *Petra is the most wonderful place in the world, not for the sake of its ruins, which are quite a secondary affair, but for the colour of its rocks.* Das stammt nicht von mir, sondern von T. E. Lawrence, dem berühmten Lawrence von Arabien. Er schrieb es 1914 an seinen Freund E. T. Leeds, und ich muss sagen, ich gebe ihm recht. Dieser Ort fasziniert mich bis heute. Diese seltsame Mischung aus Nekropole und blühender Handelsmetropole findet man sonst nirgendwo auf der Welt.«

»Von manchen wurde sie deswegen auch *Wall Street des alten Arabien* genannt«, sagte Hussain.

»Aber wie konnten die Leute hier überleben?«, keuchte Leslie. »Dies ist doch eine Wüste.«

»Es gibt einige Quellen in unmittelbarer Nachbarschaft«, erwiderte Hussain. »Sie liegen in den Bergen und trocknen auch in den Sommermonaten nicht aus. Vergessen Sie nicht, wir sind hier auf über tausend Metern. Die Baumeister brachten das Wasser durch ein ausgeklügeltes Leitungssystem ins Innere der Stadt und ließen sie zu einer Oase erblühen. Noch heute sind diese Wasserrinnen erkennbar, wenn auch leider nicht mehr in Betrieb.«

»Was mich an Petra am meisten fasziniert, ist die Tatsache, dass bis heute nur ein kleiner Teil der legendären Felsenstadt erschlossen wurde«, sagte Hannah. »Lediglich zwanzig Prozent, der Rest muss erst noch freigelegt werden. Für einen Archäologen wie mich ist das natürlich das Paradies. Unsere Kenntnisse sind so begrenzt, dass wir nicht mal wissen, wie die Stadt wirklich hieß.«

»Wie meinst du das, ihr wisst nicht, wie sie hieß?«, hakte Leslie nach. »Ich dachte, ihr Name sei Petra.« Das Reden tat ihr gut. Es lenkte sie von dem Gedanken ab, zerschmettert oder gar tot am Fuße der Felsen zu liegen.

Hannah schüttelte den Kopf. »Der Name *Petra* stammt aus dem Griechischen und bedeutet *Fels* oder *Stein*. Jedoch ist bis heute nicht geklärt, ob die Nabatäer ihre Hauptstadt selbst so nannten. So gut sie auch mit Hammer und Meißel umgehen konnten, so mager sind ihre schriftlichen Hinterlassenschaften. In den Aufzeichnungen eines gewissen Flavius Josephus ist von der Stadt *Reqem* die Rede, was so viel heißt wie *die Rote* oder *die Bunte*. Im Alten Testament wird ein Ort namens *Sela* erwähnt, das lautet übersetzt *Felsen* oder *Stein*. Wie die Nabatäer ihre Stadt selbst nannten, werden wir vermutlich nie erfahren.«

»Sehr schade.«

»Ach, das ist nur die Spitze des Eisbergs«, sagte Hannah. »Viele der hiesigen Baudenkmäler geben den Historikern bis heute Rätsel auf. Das *Kolumbarium* zum Beispiel oder die Schlangen-Bildnisse auf dem Weg zum Berg Aaron. Wir haben keine Ahnung, wie das Alltagsleben ausgesehen haben könnte, womit sich die Leute beschäftigten, worüber sie nachdachten.«

»Sie waren keine Bauern, so viel ist sicher«, sagte Hussain. »Der Boden hätte gar nicht ausgereicht, um so viele Menschen zu versorgen. In der Blütezeit lebten hier dreißigtausend Menschen. Die meisten waren wohl Beamte und Priester. Man vermutet heute, dass sie aus dem Umland versorgt wurden.« Er war inzwischen auf der Oberseite des Felsengrabes angelangt. Er reichte Hannah eine Hand und half ihr beim Hochklettern. Dann war Leslie an der Reihe. Sie war ganz schön aus der Puste. Oben angekommen, löste sie ihren Wasservorrat vom Gürtel, nahm einen kräftigen Schluck und reichte die Flasche dann weiter.

Der Talkessel befand sich schätzungsweise fünfzig Meter unter ihnen. Die Terrasse hatte einen leichten Überhang, sodass es vor ihren Füßen senkrecht nach unten ging. Sicherheitshalber trat sie einen Schritt zurück. Hinter ihnen ragte ein weiteres Felsengrab senkrecht in die Höhe. Zwei schlanke Säulen flankierten eine gähnende Türöffnung. Leslie nahm noch einen Schluck und steckte die Flasche dann weg.

»Ist das die Stelle, die ihr mir zeigen wolltet?«

»Das ist sie«, sagte Hannah. »Und wir können von Glück sagen, dass wir so früh dran sind. Eigentlich dürften wir gar nicht hier sein.«

»Dann sollten wir uns besser beeilen.«

»So eilig haben wir es auch nicht. Wie bereits erwähnt, ist dieser Abschnitt für die Öffentlichkeit nicht freigegeben. Ich bin mir nicht mal sicher, ob hier überhaupt geforscht wird. Wir haben also noch Zeit für ein paar kurze Informationen.«

»Na, dann mal los«, sagte Leslie.

»Die eigentlichen Ausgrabungen begannen in den 1920er-Jahren. Es fing damit an, dass ein paar Leute auf die Idee kamen, den Ort als Touristenattraktion zu erschließen. Du musst wissen, Petra galt tausendzweihundert Jahre lang als verschollen. Erst im Jahre 1812 wurde es von den Europäern wiederentdeckt, und zwar von einem Schweizer namens Johann Ludwig Burckhardt. Um unauffällig forschen zu können, verkleidete er sich als Araber. Er dachte wohl, seine Chancen würden steigen, wenn er sich als Scheich ausgab.«

»Scheich Ibrahim.« Hussain stieß ein dunkles Lachen aus. »Seine Verkleidung war so dilettantisch, dass niemand ihm glaubte. Da half es auch wenig, dass er Arabisch gelernt hatte, zum Islam konvertiert war und einen Turban trug. Laut einigen Überlieferungen soll er wie ein Zauberer auf Schatzsuche gewirkt haben. Aber die Beduinen fanden ihn lustig und zeigten ihm alles.«

»Dann hat er ja erreicht, was er wollte«, sagte Leslie.

»Das hat er«, sagte Hannah. »Er hat Petra zurück auf die Landkarten geholt. Allerdings nur ein kleiner Trost, denn er starb viel zu früh. Auf den Spuren von Burckhardt folgten weitere Neugierige, die Petra bereisten und zu erfassen versuchten. Ab dem Jahre 1900 setzte dann eine systematische Erforschung des Orts ein. Petra wurde vermessen. Man erstellte eine erste moderne Karte der Stadt. Alois Musil, ein aus Mähren stammender Forscher, publizierte 1907 die Ergebnisse seiner wissenschaftlichen Expedition in dem Werk *Arabia Petraea*. Während des Ersten Weltkriegs wurde die Erkundung und Erfassung vom Deutsch-Türkischen Denkmalschutzkommando unter der Leitung von Theodor Wiegand fortgesetzt. Wiegand hatte bereits in Priene und Milet gearbeitet, dessen berühmtes Markttor er abbauen und in Berlin neu errichten ließ. Falls es dich mal dorthin verschlägt, es ist im Pergamonmuseum zu bewundern.« Hannahs Wangen glühten vor Begeisterung. »Bereits damals wurden Vermutungen angestellt, dass die Monumentalfassaden keine Einzeldenkmäler waren, sondern Teil größerer und gemauerter Gebäudekomplexe. Die ersten richtigen Ausgrabungen fanden dann ab dem Jahr 1929 statt. Erst unter deutscher Leitung, nach den verlorenen Weltkriegen unter britischer Flagge. Die *British School of Archaeology* begann im Jahr 1958, das Stadtzentrum auszugraben. Seither sind eigentlich ständig Archäologen vor Ort. Wissenschaftler und Abenteurer tummeln sich hier und entlockten dem Stein seine Geheimnisse. So fand man zum Beispiel heraus, dass die reiche Handelsstadt im Jahr 106 nach Christus von den Römern erobert worden war, die hier bis ins Jahr 330 herrschten. Danach kamen die Byzantiner. Sie alle hinterließen ihren Fingerabdruck. Sei es in Form von Tempeln, Kirchen oder Amphitheatern – bis heute zeugen die Reste römischer und byzantinischer Architektur von den verschiedenen Herrschern.«

»Und warum ging die Stadt dann unter?«, fragte Leslie. »Sieht doch aus, als hätten sich hier alle ganz prächtig eingerichtet.«

»Darüber wird noch spekuliert«, sagte Hannah. »Möglicherweise hat es etwas mit der Verschiebung der antiken Handelsstraßen zu tun. Basra und Palmyra hatten sich zu neuen Handelszentren entwickelt und machten Petra Konkurrenz. Dann folgte auch noch ein schweres Erdbeben im 7. Jahrhundert nach Christus. Große Teile der Stadt wurden dabei völlig zerstört. Die Bewohner hatten kein Geld für einen Wiederaufbau und zogen fort.«

»Die Beduinen lebten bis zuletzt in den Höhlen von Petra«, sagte Hussain. »Bis in die 1980er-Jahre war dies ihr Winterquartier. Im Sommer lebten sie in Zelten. Als man Petra 1985 zum UNESCO-Weltkulturerbe erklärte, wurden sie zwangsumgesiedelt.«

Leslie nickte ernst. »Ein Problem, das viele der alteingesessenen Völker zu erleiden haben. Aber es erklärt immer noch nicht, warum ihr mich hierhergebracht habt. Augenscheinlich ist es doch nur ein weiteres Felsengrab, so wie Hunderte andere, oder?«

»Nun, nicht ganz.« Hannah wirkte auf einmal sichtlich angespannt. Es sah aus, als käme sie endlich zum Kern ihres Besuches. »Inzwischen dürfte dir aufgefallen sein, dass Petra ein Konglomerat verschiedener Stile und Einflüsse ist. Ein Schmelztiegel der Kulturen, wenn du so willst. Völker kamen, Völker gingen, und sie alle brachten ihre Götter und Mythen mit hierher. Was die Nabatäer betrifft, so ist unser Wissen äußerst lückenhaft. Sie waren Araber und standen in der semitischen Kulturtradition. Daher war ihr Gott gesichtslos. Ein Naturgott, der den Wind beherrschte, der Stürme und Unwetter bringen konnte, der aber auch für das segensreiche Wasser und damit für das Leben selbst zuständig war.«

»Ein Naturgott hat seine Vorteile«, sagte Hussain lächelnd. »Er ist an keinen speziellen Ort gebunden und kann überall verehrt werden. Er ist omnipräsent und damit für jeden frei zugänglich.«

»Ein recht moderner Gottesglaube, oder?«, sagte Leslie.

»Stimmt«, entgegnete Hannah. »Die Nabatäer waren in dieser Beziehung anders als die Griechen und Römer, die ihren Göttern Geschlechter, Gesichter und menschliche Attribute verliehen. *Dushara*, so lautet sein Name.«

»Nie gehört«, murmelte Leslie.

»Er steht etwa auf einer Stufe mit dem biblischen Jahwe, dem syrischen Hadad und dem phönizischen Ba'al. Natürlich gab es diverse kleinere Untergottheiten, aber die sind zu vernachlässigen. Was du hier siehst, ist eine der wenigen Kultstätten, die ihm zu Ehren errichtet wurden. Es ist also kein Grabmal, wie man vielleicht annehmen könnte, sondern ein Tempel.«

»Er ist der Beherrscher des edomitischen Gebirges«, sagte Hussain. »Unter Rabbel dem Zweiten, dem letzten König der Nabatäer, wurde er zum Nationalgott erklärt. Vom Typ gehört er zu den semitischen Berg- und Wettergöttern. Er steht für Fruchtbarkeit und Vegetation. Ihm verdanken die Menschen das Wasser. Sein Symbol ist der Baum. Genauer gesagt, der Lebensbaum.«

Leslie sah Hannah verblüfft an. *Ein Baum?* Langsam begann ihr zu dämmern, worauf der Besuch hinauslief. Wenn ihre Vermutung stimmte, hatte ihre Freundin allen Grund gehabt, sie hierherzuschleifen.

Hannah lächelte wissend. »Komm mit ins Innere, Leslie. Das dürfte dich interessieren. Und vergiss nicht, deine Taschenlampe einzuschalten.«

21

Yara hing am Kopfhörer. Bisher hatte sie noch nichts zu hören bekommen, was irgendwie beunruhigend geklungen hätte. Ein Vortrag über nabatäische Geschichte, wie sie sie schon dutzendfach gehört hatte. Es war nicht ersichtlich, warum der oberste Hüter so besorgt war. Die drei schienen keine wirkliche Bedrohung darzustellen.

Es stand ihr allerdings nicht zu, die Beschlüsse des Rates infrage zu stellen. Sie war nur ein kleines Rädchen im Getriebe und zu bedingungslosem Gehorsam verpflichtet.

Yara blickte auf ihre Hand. Der Stich unter dem Verband brannte wie Feuer. Sie fühlte sich fiebrig, ihr Herz hämmerte wie verrückt.

Sie prüfte die Satelliteneinrichtung. Die Übertragung lief und wurde am anderen Ende empfangen. Sie konnte es an der Leiste am unteren Ende des Livestreams erkennen. Inzwischen hatten sich weitere Empfänger hinzugesellt. Wie auch immer das Ergebnis ausfallen mochte, ihre Übertragung erregte Aufmerksamkeit. Der Gedanke erfüllte sie mit Stolz.

Plötzlich trat Stille ein. Der Pegel am Richtmikrofon sackte ab. Einen kurzen Moment lang befürchtete Yara, es könne sich um ein technisches Problem handeln, bis sie feststellte, dass ihr Mikrofon gar nichts aufnehmen konnte. Aus dem einfachen Grund, weil die drei verschwunden waren. Sie hatten die Terrasse verlassen und waren ins Innere des Dushara-Heiligtums gegangen.

Yara wartete einen Moment. Nichts geschah. Sie wartete weitere Minuten ab, dann tippte sie eine Frage ins Chatfenster.

> Observation fortsetzen? Warte auf Befehle. <

Eine Weile geschah nichts, dann kam die Antwort.

Die Sonne spiegelte auf dem Display. Yara musste den Laptop zur Seite drehen. Was stand da? Sie ging näher heran, um sicher zu sein. Sie konnte zunächst nicht recht glauben, was sie da las, doch dann wurde es zur Gewissheit. Der oberste Hüter hatte ihr einen Befehl gegeben.

Bei den Göttern!

Die Botschaft bestand nur aus zwei Worten. Sie lauteten:

> Eliminieren. Alle. <

Teil 2

Das Wunder des Lebens

22

Maidenhead ...

Edward zuckte aus dem Schlaf empor.

Mit klopfendem Herzen, aufrecht im Bett sitzend, lauschte er in die Dunkelheit. Er hatte etwas gehört. Etwas, das seine Instinkte alarmiert und ihn aus dem Schlaf geholt hatte. Es gab nicht viel, was dazu in der Lage war. Ein Erdbeben vielleicht, der Geruch von Feuer oder die Anwesenheit einer fremden Person. Er lauschte so angestrengt, dass seine Ohren pochten. Aber da war nichts.

Fragmente seines letzten Traumes hingen wie Schreckgespenster im Raum. Gesichter, Masken, Tänzer. Ein Panoptikum bizarrer Gestalten, deren einziger Daseinszweck darin bestand, ihm Angst einzujagen. Während er versuchte, sich zu beruhigen, verblasste die Musik, verklang das Stöhnen, und die heiseren Schreie wurden leiser.

Ein leichter Wind wehte durchs Fenster und bewegte die Vorhänge. Vogelgezwitscher drang in sein Schlafzimmer.

Edward zwinkerte ein paarmal. Sanftes Licht war zu sehen. Jenseits der Bäume deutete sich die Morgendämmerung mit einem rosigen Schimmer an.

Sein Blick wanderte hinüber zur Uhr. Kurz vor fünf. Was bedeutete, dass er gerade mal vier Stunden geschlafen hatte. Stöhnend schlug er die Decke zur Seite. Warm war es geworden. Seine Beine klebten aneinander. Wieder fiel ihm das Gespräch gestern im *Green Man Inn* ein. Diese Frau ging ihm einfach nicht mehr aus dem Kopf. Die Vorstellung, Sex mit ihr zu haben, erregte ihn noch immer. Zweimal schon hatte er sich bei dem Gedanken an sie einen runtergeholt, und es würde sicher nicht das letzte Mal sein. Aber was hatte hinter dieser plumpen Anmache gesteckt? Er hatte gestern Abend Stunden nach ihr im Internet gesucht, war jedoch in lauter Sackgassen gelandet. In den verwinkelten Kanälen des Internets war sie eine Unbekannte. Dabei war er gut darin, Sachen herauszufinden.

Fest stand, sie war nicht diejenige, für die sie sich ausgegeben hatte. Weder war sie Kuratorin an irgendeinem Museum, noch hatte sie etwas mit Filmwissenschaft zu tun. Dass sie tatsächlich nur auf ein erotisches Abenteuer aus gewesen war, hielt er für unwahrscheinlich. So viel Glück konnte kein Mann haben. Diese Erkenntnis warf beunruhigende Fragen bezüglich ihrer Motivation auf. Sein Instinkt sagte ihm, dass es ihr um eine Story ging. Sie wollte wissen, woran er arbeitete und wie viel er wusste. Eine Konkurrentin vielleicht oder eine Journalistin? Jemand, der ihm seine Erkenntnisse vor der Nase wegschnappen wollte? Das wäre immerhin ein Motiv.

Aber war es wirklich so einfach? Vor allem der Zeitpunkt machte ihn skeptisch. Er hielt es nicht für einen Zufall, dass das ausgerechnet jetzt passierte. Immerhin war er seit fast zwei Jahren im Besitz der verschollenen Filmdosen. Vielleicht hatte es ja doch etwas mit Leslie und Hannah zu tun. Auch wenn er keinen Schimmer hatte, wie und warum. Aber wie hatte der berühmteste aller Detektive einmal gesagt? *Wenn du das Unmögliche ausgeschlossen hast, dann ist das, was übrig bleibt, die Wahrheit, wie unwahrscheinlich es auch erscheinen mag.*

Da war eine dringende Rücksprache angesagt. Sollte sich herausstellen, dass die beiden geplaudert hatten, würde er die Reißleine ziehen. Dann war die Zusammenarbeit so schnell beendet, wie sie begonnen hatte. Zu dumm, dass sie gerade so schwer zu erreichen waren.

Seine Gedanken ratterten wie ein Kugellager. An Schlaf war nicht mehr zu denken. Genervt verließ er das Bett.

Mit schwammigen Beinen steuerte er die Küche an, ging zum

Kühlschrank und trank einen Schluck eiskalte Milch. Sie schmeckte frisch und ebnete seine Gedanken.

Er musste mit diesem Projekt zum Ende kommen. Er beschäftigte sich schon viel zu lange damit. Jetzt fing es an, ihm auf die Nerven zu gehen. Zeit, das Buch zu beenden und den Kopf frei zu bekommen. Dass das möglich war, hatte er bei früheren Projekten erlebt. Kaum waren die letzten Worte geschrieben, die finale Datei gespeichert und der Buchdeckel geschlossen, war es, als würde ein frischer Wind durch die Hirnwindungen wehen und all die kleinen Flusen, Bindfäden und Staubknäuel rauspusten, die unter der alten Dachkammer begraben waren. Dann hieß es noch einmal feucht durchwischen und den Raum frei machen für etwas Neues.

Ja, etwas Neues! Danach sehnte Edward sich.

Er nahm einen letzten Schluck, stellte die Milch zurück in den Kühlschrank und ging hinüber zur Glastür.

Die Morgenröte war angebrochen, die rosenfingrige Eos. Wenn die dunklen Geister der Nacht von ihren freundlicheren Verwandten abgelöst wurden. Die schönste Stunde des Tages. So oft schon hatte er sich vorgenommen, früher aufzustehen und diese Stunde bewusst zu genießen, aber dann war wieder etwas dazwischengekommen, er war zu spät ins Bett gegangen, hatte zu viel getrunken und den Moment verschlafen. Umso schöner, dass es heute endlich mal klappte.

Er öffnete die Gartentür und ließ die Morgenluft herein. Hinter den Bäumen erhob sich die Venus, der Morgenstern, Vorreiter des Helios. Lucifer, in der römischen Mythologie. Wörtlich übersetzt lautete der Name *der Lichtträger*. Im Heidentum und dem frühen Christentum war er noch positiv besetzt gewesen. Erst in der hebräischen Mythologie des Alten Testaments wurde er zu Luzifer, dem gefallenen Engel. Zum Sinnbild der Gegner des Volkes Israel und damit zu Satan höchstpersönlich.

Edward kroch ein Schauer über den Rücken. Wie war er jetzt auf Satan gekommen? Wie es schien, verfolgten ihn die Schatten der Nacht noch immer.

Gerade als er die Tür schließen wollte, bemerkte er jenseits des Teiches eine schattenhafte Bewegung. Direkt neben der alten Weide.

Seinen Abmessungen nach war es etwas Größeres.

Edward hielt inne und fixierte den Punkt. Das Laub zwischen dem Stamm, den Ästen und dem Buschwerk bewegte sich fast unmerklich – als würden die Sträucher atmen. Dunkelheit entströmte diesem Punkt, wie Tinte, die in ein Wasserglas tropfte. War das ein Mensch? Eigentlich unmöglich. Das Grundstück war nach allen Seiten ummauert. Moderne Sicherheitsanlagen verhinderten, dass Unbefugte sein kleines Reich betreten konnten. Höchstens Katzen oder Eichhörnchen gelang es hin und wieder, sich über das Nachbargrundstück und die Zweige des alten Baums hinweg Zutritt zu verschaffen.

Er wartete. In der Ferne war das Hupen eines Autos zu hören. Die ersten Pendler machten sich auf den Weg zur Arbeit.

Er wollte das Ganze bereits als Hirngespinst abtun, als ihm auffiel, dass die Vögel erstaunlich stumm waren. Nicht das kleinste Zwitschern war zu hören, dabei hatten sie vorhin richtig Radau gemacht. Es war, als hätte jemand bei der Anlage den Lautstärkeregler auf null gedreht.

Irgendetwas ging hier nicht mit rechten Dingen zu, er fühlte es in jeder Faser seines Körpers. Genauso wie er fühlte, dass er nicht mehr würde ruhig schlafen können, wenn er der Sache nicht auf den Grund ging.

Seinen ganzen Mut zusammennehmend, trat er hinaus in den kühlen Garten.

23

Das Geheimnis ewigen Lebens«, sagte Hannah und spürte dabei einen wohligen Schauer ihren Rücken herunterrieseln. »Vielleicht das größte Rätsel von allen.« Sie ließ den Strahl ihrer Lampe über Wände und Decken des Heiligtums streifen.

Das Innere des Tempels war mit einer Vielzahl von Bildsymbolen geschmückt. Die meisten von ihnen hatten die Zeit gut überdauert. Ein riesiger Vorteil des trockenen Wüstenklimas gegenüber tropischen Gefilden. Dank fehlender Erosion rankten sich die Äste, Zweige und Blüten auf der Bildhauerei mit derselben Anmut und Schönheit, wie sie es zweitausend Jahre zuvor getan hatten. Vielleicht war das der Grund, warum sie immer wieder gerne in die Wüste zurückkehrte.

»Was dagegen, wenn ich da drinnen ein paar Fotos mache?« Leslie deutete auf ihr Handy. »Ich weiß, dass Edward darauf brennt, etwas zu erfahren. Ich könnte ihm die Aufnahmen vom Hotel aus schicken.«

»Klar, nur zu. Ich werde dir inzwischen etwas über die Hintergründe erzählen.« Hannah durchforstete ihr Gedächtnis nach allen Informationen, die sie während ihrer Laufbahn über das Thema gesammelt hatte. »Der Baum des Lebens, auch *Weltenbaum* genannt, ist ein weltumspannender Mythos«, sagte sie. »Es gibt keine Kultur, die diese Legende nicht verarbeitet hat. Wobei sich die Frage stellt, ob es da Verbindungen gibt. Auch die Nabatäer kannten diesen Mythos. Vermutlich gelangte er aus dem mesopotamischen und indischen Kulturraum hierher.«

»Ein uraltes Symbol für die Ordnung des Kosmos«, sagte Hussain.

Hannah nickte. »Für die gesamte Fruchtbarkeit und Schöpfung. Leben, Tod, Vergänglichkeit, Wiederauferstehung – all diese Dinge liegen nicht nur in der Kunst unglaublich nah beieinander, sie formen einen immerwährenden Kreislauf. Einen Kreislauf, den auch die modernen Naturwissenschaften nicht zu durchbrechen vermögen.« Sie strich mit der Hand über die Verzierungen. »Man denke nur an den Urknall, an das expandierende und wieder zusammenfallende Universum. Unsere Mythologie ist voll mit derlei Gedanken – die germanische, die slawische, die ägyptische, die lettische, hebräische, griechische, römische, buddhistische, ja sogar die Mythologie der Maya. Immer stellt der Baum die Verbindungsachse zwischen der Unterwelt, der Erde und dem Himmel dar.«

»Wie Yggdrasil bei den Germanen, oder?«, fragte Leslie und schoss dabei ein paar Bilder.

»Genau.« Hannahs Finger folgten den kleinen Windungen, Verästelungen und Vertiefungen. »Meist waren es Eschen, Eichen oder Eiben, die als Lebensbäume verehrt wurden. Manchmal auch Salbäume oder Pappelfeigen – *Bodhibäume* genannt. In manchen Überlieferungen, wie der Bibel, war von einzelnen Exemplaren die Rede. Andere Kulturkreise verehrten größere Gruppen. Zum Beispiel der Garten der Hesperiden in der griechischen Mythologie.«

»Und die heiligen Haine der Kelten«, warf Leslie ein. »Es gibt viele solcher Orte außerhalb von Ortschaften. England ist voll davon.«

»Bäume und Menschen sind seit Urzeiten miteinander verbunden«, sagte Hannah. »In der griechischen Argonautensage beispielsweise wurden die Leichen gefallener Krieger in Stierfelle gewickelt, die dann in Weidenbäumen aufgehängt wurden. Das wirklich Faszinierende ist, dass die Legenden nicht durch die Naturwissenschaften ausgeräumt werden konnten. Im Gegenteil. Manche der absurd klingenden Geschichten scheinen sich tatsächlich als Wahrheit herauszustellen.«

»Zum Beispiel?«

»Zum Beispiel, dass Bäume auf ihre spezielle Art sprechen können.« Hannah spürte, dass ihr Hals trocken wurde, und trank einen Schluck. »Die Forschung ist gerade dabei, unser gesamtes Wissen über Bäume zu revidieren. Sie kommunizieren miteinander, umsorgen ihren Nachwuchs und pflegen alte und kranke Nachbarn. Manche Forscher vermuten sogar, dass Bäume ein Gedächtnis besitzen.«

»Ob du es glaubst oder nicht, aber davon habe ich auch schon gelesen«, sagte Leslie. »Sie ähneln damit den Pilzen, mit denen sie ja häufig symbiotische Beziehungen eingehen. Kürzlich las ich, dass ein Gramm Walderde von circa hundert Metern feinster Pilzfäden, den sogenannten Hyphen, durchzogen ist. Das größte Lebewesen dieser Erde ist ein Pilz. Er ist zweitausend Jahre alt. Das muss man sich mal vorstellen. Neun Quadratkilometer Fläche, sechshundert Tonnen Gewicht. Schwerer als drei Blauwale. Er haust in Oregon, USA, und ist das einzige Lebewesen der Erde, das aus dem Weltraum mit bloßem Auge sichtbar wäre, wenn es an der Erdoberfläche leben würde. Übrigens fällt mir zum Thema Bäume noch etwas anderes ein.« Leslies Augen funkelten in der Dunkelheit. »Weißt du, wie Robin Hardys letzter Film hieß?«

»Keine Ahnung«, entgegnete Hannah. *»Angriff der Killerpilze?«*

Leslie lachte. »Nein. *The Wicker Tree*. Der Regisseur von *The Wicker Man* starb 2016 im Alter von 86 Jahren. Fünf Jahre vor seinem Tod drehte er noch diesen Streifen. Ein furchtbar schlechter Film, wenn du mich fragst. Bei Kritikern und Zuschauern zu Recht durchgefallen. Ich wollte es nur mal erwähnt haben.«

Hannah freute sich, dass Leslie verstand, warum sie hierherkommen mussten. Sie hatte schon befürchtet, die Fahrt könne sich als kolossaler Irrtum erweisen. Doch ihre Sorge war unbegründet. Das Geheimnis, das ihr vor so vielen Jahren schlaflose Nächte bereitet hatte, war immer noch da.

Die einzelnen Mosaiksteinchen fielen Stück für Stück an ihren Platz. Es fehlte nicht mehr viel, dann würde das Gesamtbild sichtbar werden.

»Kommen dir die Abbildungen in dieser Kammer bekannt vor?«, fragte sie Leslie. »Sieh sie dir genau an.«

»Sie ähneln denen in Edwards Film, nicht wahr?«

»Sie ähneln ihnen nicht nur, sie sind absolut identisch«, sagte Hannah. »Schau sie dir an. Die Vögel hier auf dem Zweig, die Form der Blätter.« Sie strich über den Stein. »Ich musste noch einmal herkommen, um mich davon zu überzeugen, dass ich mich nicht geirrt habe.«

»Womit geirrt?«

»Dass der Sarkophag aus Edwards Film tatsächlich von diesem Ort stammt. Er hat dort drüben gestanden, siehst du?« Sie ließ den Kegel ihrer Lampe hinüber zur Ostseite des Tempels gleiten. Dort befand sich ein steinerner Vorsprung mit einer Höhe von einem Meter fünfzig und einer Tiefe von mindestens einem Meter. Mittendrin war eine erkennbare, zwei Meter breite Aussparung. Das umliegende Relief wirkte wie abgeschnitten. Es war eindeutig, dass hier früher etwas gewesen war. Etwas, das jemand vor langer Zeit entfernt hatte.

»Mein Gott, du hast recht«, flüsterte Leslie. »Die Truhe passt genau da rein. Das gibt's doch nicht …« Sie kauerte sich hin und strich mit den Fingern über den Untergrund. »Das Ding muss ein beträchtliches Gewicht besessen haben, so tief, wie diese Schleifspuren hier sind.«

»Ja, und es ist schon eine ganze Weile her, dass es fortgenommen wurde. Die Spuren sind bereits verwittert, siehst du?« Hannah nahm etwas Gesteinsabrieb und hielt ihn in die Lampe. Er war bröselig und zerfiel sofort. Sie wischte den Staub an ihrer Hose ab und stand auf. »Ich bin davon überzeugt, dass der Mythos vom Baum des Lebens auf einem realen Hintergrund beruht«, sagte sie. »Es ist nicht einfach nur eine Geschichte, die man sich am Lagerfeuer erzählt. Ich denke, dass es ihn wirklich gegeben hat.«

»Den Lebensbaum?« Leslie runzelte die Stirn. »Wie kommst du darauf?«

Hannah presste die Lippen zusammen. Sie wusste, dass sie sich auf ziemlich dünnem Eis bewegte. Als Wissenschaftlerin sollte sie Beweisen folgen, keinen Hinweisen oder gar Vermutungen. Dennoch musste sie auch auf ihre Instinkte vertrauen, und die sagten ihr nun einmal, dass diese beiden Geschichten zusammenhingen. Sie fühlte ein Kribbeln auf der Haut. Es war, als würde ihr jemand die Erkenntnis mit feiner Nadel unter die Haut tätowieren.

»Du denkst also, er ist eine real existierende Pflanze?«, hakte Leslie nach. »Eine, die man einsetzen, wässern und düngen kann?«

»Ja, das denke ich«, sagte Hannah mit voller Überzeugung. »Und ich glaube, dass sie hier gelegen hat. Vermutlich nicht der Baum selbst, sondern nur sein Samen.«

Leslie war die Skepsis deutlich anzumerken. Ihr fiel es schwer, das große Ganze zu erkennen, aber das würde sie noch.

»Sieh dich mal um«, sagte Hannah. »Ihm zu Ehren wurde dieser Tempel errichtet. Er wurde praktisch um den Samen herum erbaut. Doch dann, irgendwann zu Beginn des 20. Jahrhunderts, wurde der Tempel geplündert. Der Sarkophag wurde fortgebracht. Ob der Samen zu dem Zeitpunkt noch drinnen gelegen hat, kann ich nicht beurteilen. Vermutlich nicht. Er dürfte einen ziemlichen Wert besessen haben, und die Zeiten waren schlecht damals. Das Nabatäerreich stand kurz vor dem Zusammenbruch, die Leute brauchten Geld.«

»Und wer sollte ihn gekauft haben? Wer könnte überhaupt Interesse an so einem Samen haben?«

»Was weiß ich?« Hannah zuckte die Schultern. »Ein reicher Römer vielleicht. Anhänger des Hesperidenkultes. Er kauft ihn für viel Geld und nimmt ihn mit auf die Reise. Die Römer sind damals bis nach Britannien vorgedrungen. Sie haben die halbe Welt erobert. In England angekommen, pflanzt er den Samen ein. Hegt ihn, pflegt ihn und macht ihn zum Zentrum seines eigenen Kultes.«

»Willst du damit sagen, dass …?« Leslies Augen wurden größer. Endlich schien sie zu begreifen, worauf Hannah hinauswollte.

»Ist nur so eine Idee«, räumte Hannah ein. »Ich lasse gerade ein bisschen meine Fantasie spielen. In den meisten Fällen kommt nichts dabei heraus, aber manchmal liegt man damit gar nicht so falsch. Ich habe die Zeit im Flugzeug dazu genutzt, einer bestimmten Sache nachzugehen. Da ist etwas, was mir keine Ruhe lässt, seit ich damals davon erfahren habe.« Sie griff in ihre Tasche und zog einen Notizblock heraus. »Es gibt da eine Veröffentlichung aus dem Jahre 1960. Da geht es um einen gewissen Lord van Tyne. Er war nach dem Zweiten Weltkrieg und der Übernahme der Fundstellen von den Deutschen Ausgrabungsleiter in Petra. In dem Bericht findet sich ein Eintrag über eine Steintruhe, die hier früher mal gestanden haben soll. Es wird darüber gerätselt, wo sie geblieben ist und ob es wohl noch mehr davon gab. Mein damaliger Professor war überzeugt, dass dieser Mann seine Befugnisse dahin gehend ausgenutzt hat, Objekte fortzuschaffen, die eigentlich Eigentum des Königreiches Jordanien gewesen wären. Er war der Meinung, dass die Engländer sich damals ungeheure Freiheiten bei antiken Fundstellen herausgenommen hatten und sie als ihren persönlichen Besitz ansahen.«

»Das wäre nicht das erste Mal«, sagte Leslie mit grimmigem Lächeln.

»Was ihn aber viel mehr beschäftigte, war die Frage, was an diesem Sarkophag so interessant gewesen sein könnte«, fuhr Hannah fort. »Er glaubte, dass dieser van Tyne hinter dem

Diebstahl steckte. Schon damals, als ich bei Edward den Film zum ersten Mal sah, fragte ich mich, ob es nicht der vermisste Sarkophag sein könnte. Und je mehr ich darüber nachgedacht habe, desto drängender wurde mein Verdacht. Deswegen wollte ich auch unbedingt noch einmal hierher. Um die Umgebung mit eigenen Augen zu sehen.«

Leslie hob den Blick. »Wie war noch mal der Name dieses Archäologen?«

»Van Tyne. *Lord* van Tyne, wenn ich mich nicht täusche. Ein Adliger.«

Leslie wirkte nachdenklich. »Das sagt mir was.«

»Im Ernst?«

»Ja. Es ist der Name einer alten Adelsfamilie unten im Süden. Das Schloss befindet sich an der Küste, gar nicht so weit weg von dem Ort, an dem ich wohne. Redcliffe Castle, wenn ich mich nicht irre. Etwas südlich von Exeter.«

»Sehr interessant …«

»Die van Tynes sind bekannte Kunstmäzene. Der jetzige Inhaber des Titels, Ambrose van Tyne, ist passionierter Polospieler und Rosenzüchter. Ein Mann mit vielen Talenten und Verbindungen bis in die höchsten Kreise. Man munkelt, er sei ein enger Vertrauter der Premierministerin.«

Hannah blätterte noch einmal in ihrem Notizblock. »Ambrose van Tyne, bist du da ganz sicher?«

»Ja, wieso?«

»Das ist auch der Name des Archäologen, der damals hier geforscht hat. Siehst du?« Sie hielt Leslie den Block hin.

»Und?«

»Wenn er damals noch recht jung war, hieße das, er müsste heute weit über achtzig sein. Etwas zu alt für Polo, meinst du nicht auch?«

Leslie zuckte die Schultern. »Vielleicht sein Sohn. Kommt öfter vor, dass Söhne nach ihren Vätern benannt werden.«

»Möglich. Jedenfalls eine interessante Spur. Wenn er wirklich der Sohn des Archäologen ist, könnte er uns vielleicht etwas über den Verbleib des Sarkophags erzählen.«

»Keine schlechte Idee«, sagte Leslie. »Wobei es nicht einfach sein dürfte, unseren Fuß in die Tür zu bekommen. Diese Adligen bleiben gerne unter sich. Aber ich könnte meine Kontakte spielen lassen. Vielleicht haben wir ja Glück.«

»Einverstanden«, sagte Hannah und nickte eifrig. Auf ihren Reisen in der Sahara hatte sie immer ein Kribbeln im Bauch verspürt, wenn sie eine verborgene Schlucht oder eine abgelegene Höhle betreten hatte. Ein Kribbeln, das meist ein Vorbote für das Jagdfieber war, das sich kurz darauf einstellte. Jetzt spürte sie es wieder. Ob das ein gutes Zeichen war, würde sich noch herausstellen. Aber für den Anfang war es nicht schlecht.

24

Die Waffe klebte an Yaras Wange. Die Hitze war unerträglich. Inzwischen war die Sonne höher gestiegen. Die Strahlen brannten mit gnadenloser Gewalt auf sie herab. Oder war es das Feuer, das durch ihre Adern lief?

Angestrengt starrte sie durch das Zielfernrohr. Das M89-SR war ein Scharfschützengewehr der Firma *Technical Consulting International.* Ein israelisches Fabrikat, eines der besten und leichtesten auf dem Markt. Schwarz eloxierter Stahl mit einem Schaft aus Kohlefaser zur Gewichtsreduktion, zielgenau auf einen Kilometer. Eine fehlerfreie und tödliche Waffe, vorausgesetzt, man wusste damit umzugehen. Yara hatte etliche Ausbildungslehrgänge besucht und hielt sich selbst für eine passable Schützin. Aber heute fühlte sie sich einfach nur miserabel.

Ihr Herz raste. Obwohl sie nichts anderes tat, als flach auf dem Bauch zu liegen und zu warten, fühlte es sich an, als würde sie gerade die hundert Meter in Bestzeit laufen.

Dieser verdammte Skorpion!

Das Gift schwächte sogar ihren Sehsinn. Der Eingang zum Tempel verschwamm vor ihren Augen, krümmte sich und waberte. Wie eine Fata Morgana. Teilweise verschwand er sogar, nur um im nächsten Moment wieder im Sucher zu erscheinen.

Schweißtropfen brannten sich durch ihre Haut. Einzelne Tropfen liefen an den Brauen vorbei über die Schläfen bis zum Kinn. Yara hob ihren Kopf und wischte über die Augen.

Was trieben die da drinnen nur so lange? Sie sah das Zucken von Taschenlampen, hin und wieder blitzte etwas auf. Vermutlich ein Fotoapparat oder Handy.

Wie angenehm kühl es jetzt da drinnen sein musste. Während die da unten im Schatten Sightseeing betrieben, musste sie in der prallen Sonne liegen und sich bei lebendigem Leib rösten lassen.

Die Zunge klebte ihr am Gaumen. Sie tastete nach der Tasche. Siedend heiß fiel ihr ein, dass sie ihr Wasser unten gelassen hatte. Die Flasche befand sich bei der Enduro, weil die Tasche auch so schon schwer genug gewesen war. Wie hätte sie auch ahnen können, dass das hier so lange dauern würde?

Yara hasste es, zu warten.

Dann bemerkte sie eine Bewegung. Sie kamen wieder heraus!

Rasch klemmte sie sich hinter das Zielfernrohr und blickte hindurch. Den Atem anhaltend, legte sie ihren Zeigefinger auf den Abzug.

25

Die Helligkeit stach wie ein Messer durch Hannahs Netzhaut. Sie war einen Moment lang nahezu blind, griff dann aber nach ihrer Sonnenbrille und setzte sie auf. Schon besser.

Der Blick auf die Uhr sagte ihr, dass sie fast eine Stunde im Inneren des Berges gewesen waren. Kein Wunder, dass sie zunächst kaum etwas sehen konnte, die Sonne war inzwischen deutlich höher gestiegen. Und auch die Temperaturen waren auf schweißtreibende Grade geklettert.

Hannah gewährte ihren Augen noch einen Moment der Umgewöhnung, dann wandte sie sich ihren Begleitern zu. »Alle bereit für den Abstieg? Langsam und vorsichtig, hört ihr? Runter geht es bedeutend schwerer als hoch. Also seht zu, dass ihr immer an mindestens zwei Stellen Kontakt mit dem Felsen habt. Besser an dreien. Wenn es für euch okay ist, werde ich vorangehen. Leslie, du gehst in der Mitte, Hussain bildet das Schlusslicht. Wenn es Schwierigkeiten gibt, können er oder ich dir helfen. Komm schon, du schaffst das.« Sie lächelte ihr aufmunternd zu.

Sie wollte gerade mit dem Abstieg beginnen, als sie plötzlich stehen blieb. Irgendetwas stimmte nicht. Ihre Beine versagten einfach den Dienst. Es war, als habe jemand den Stecker gezogen. Sie wollte etwas sagen, aber auch das ging nicht. Ihr ganzer Körper war verkrampft.

»Was ist los, Hannah?«, hörte sie Hussains Stimme. »Alles okay bei dir?«

Ein Gefühl unmittelbarer Bedrohung senkte sich auf sie herab, erstickte sie wie eine Decke. Instinktiv machte sie einen Schritt zur Seite. Im nächsten Moment hörte sie ein schrilles Pfeifen, gefolgt von einem splitternden Krachen. Direkt neben ihr verdampfte das Gestein zu Staub. Winzige Splitter zischten ihr um die Ohren, verfingen sich in ihren Haaren oder brannten sich glühend heiß in ihre Haut. Einer traf ihre Sonnenbrille und überzog die Oberfläche mit einem gläsernen Spinnennetz.

Die Luft war dunstig. Staub brannte in ihren Augen. Einen kurzen Moment lang stand Hannah wie zur Salzsäule erstarrt, dann ließ sie sich zu Boden fallen.

»Runter«, schrie sie. »Runter und in Deckung. Da schießt jemand auf uns.«

Als wollten sie ihre Worte unterstreichen, schlugen rings um sie herum weitere Kugeln ein. Staubfontänen schossen wie Pilze in den morgendlichen Himmel. Funken stoben, Steine explodierten. Binnen weniger Sekunden war der Vorplatz in dichten Staub gehüllt.

Hannahs Nerven waren wie betäubt, dennoch gelang es ihr, hinter einen Vorsprung zu kriechen, um diesem Stahlgewitter zu entkommen. Hussain reagierte nicht so schnell wie sie. Hannah sah, wie er zusammenzuckte. Roter Nebel hüllte ihn ein. Er sah aus wie eine Puppe, die einen Schlag erhalten hatte.

»Nein!«

Sein Gesicht zeigte einen Ausdruck der Verblüffung, dann kippte er um. Wie ein Brett schlug er auf den Boden und regte sich nicht mehr. Sein schwarzes Tuch wurde mit Feuchtigkeit getränkt. *Blut!*

Geistesgegenwärtig packte Leslie ihn und zerrte ihn zurück in den Tempeleingang. Mit einer Kraft, die Hannah ihr niemals zugetraut hätte, schleifte sie Hussain in Sicherheit. »Mach, dass du da wegkommst«, schrie sie in Hannahs Richtung. »Du bist dort nicht sicher. Der Schütze ist gegenüber auf dem Felsen, ich habe ihn gesehen.«

Hannah schluckte. Für einen kurzen Moment war jemand auf der anderen Seite des Talkessels zu sehen gewesen. Eine einzelne Person mit einem Gewehr.

Ihre Gedanken rasten. War das ein terroristischer Anschlag? Ein Angriff von Banditen? »Was ist mit Hussain?«

»Er lebt, aber er verliert viel Blut. Seine Schulter ist verletzt.«

»Schlimm?«

»Ich bin keine Ärztin, aber ich glaube, es ist ein glatter Durchschuss. Ich kann versuchen, ihn zu verbinden. Ich habe so was früher schon gemacht.«

»Worauf wartest du dann noch?«

»Und du mach, dass du hier in den Tempel kommst. Beeil dich, solange die Luft noch so dunstig ist.«

Hannah sah sich um. Sie fühlte, dass der Anschlag etwas mit diesem Fall zu tun hatte, auch wenn sie keine Ahnung hatte, wer dahinterstecken mochte.

»Was ist los, warum kommst du denn nicht?« Leslie kauerte hinter dem Eingang. Ihr blasses Gesicht schimmerte in der Dunkelheit.

Hannahs Atem ging stoßweise. Ihre Hände zitterten.

Es gab da einen schmalen Einschnitt im Felsen, drüben auf der anderen Seite. Durch ihn konnte sie unbemerkt nach oben klettern. Es war zwar nicht zu erkennen, wie weit diese Einkerbung führte, aber mit etwas Glück weit genug, um aus dem Kessel herauszukommen. Der Ort, an dem sie jetzt hockten, war eine Sackgasse, eine verdammte Todesfalle. Der Angreifer brauchte bloß zu warten, bis Durst oder Verzweiflung sie aus ihrem Loch trieben, und konnte sie dann problemlos abknallen. Wenn sie aber entkam, konnte sie zumindest Hilfe holen. Oder sie versuchte, die Dinge selbst in die Hand zu nehmen. Alles besser, als hier rumzusitzen und zu warten, dass der Typ sie fertigmachte. Und Hussain brauchte dringend einen Arzt.

»Hannah?« Leslies Stimme holte sie aus ihren Gedanken. »Was tust du?«

»Bleib du da und kümmere dich um Hussain. Ich bin gleich zurück …« Ohne eine Antwort abzuwarten, tauchte Hannah ihre Hände in den Sand, wirbelte eine Staubwolke in die Luft und rannte auf die gegenüberliegende Seite.

26

Das Bild verschwamm vor ihren Augen. Der Schweiß rann ihr über das Gesicht, sie zitterte am ganzen Leib. Das Gift hatte nun seine volle Wirkung erzielt. Sie hatte versagt. Auf ganzer Linie. Gut, der Beduine lag von einer Kugel getroffen am Boden, aber was bedeutete das schon? Die beiden Frauen waren am Leben und hatten sich dort drüben eingeigelt.

Freiwillig würden die da so schnell nicht rauskommen.

Mit einer wütenden Bewegung justierte Yara das Zielfernrohr. Die Sicht war beschissen. Alles voller Staub. An der Waffe konnte es nicht liegen, die war zuverlässig. Man hätte damit einer Fliege die Flügel wegschießen können. *Dieser verdammte Fieberschub.*

Die Frauen waren nicht ganz so hilflos, wie sie vermutet hatte. Die Schnelligkeit, mit der Leslie Rickert den angeschossenen Beduinen in Sicherheit gebracht hatte, ließ den Schluss zu, dass ihr solch eine Situation nicht unbekannt war. Und was die Archäologin betraf – Yara verstand es immer noch nicht. Sie hatte sie voll im Visier des Zielfernrohrs gehabt. Groß und bildfüllend. Eine hundertprozentige Trefferquote. Doch dann war sie einfach zur Seite getreten. Als hätte sie die Kugel auf sich zukommen sehen. Wie war so etwas möglich?

Das Überraschungsmoment war jedenfalls dahin. Nun gut, dann eben auf die harte Tour. Yara musste da rübergehen, die drei aus ihrem Versteck holen und dann auf kurze Distanz töten. Unschön, aber nicht mehr zu ändern. Dabei hätte alles so einfach sein können.

Fluchend klappte sie den Standfuß ihres Gewehrs ein, stopfte ein paar Ersatzmagazine in ihre Taschen und zog ihr Halstuch über Mund und Nase. Ab jetzt keine Fehler mehr. Sie würde die Kaninchen schon noch ausräuchern.

Es war das erste Mal, dass der oberste Hüter ihr einen Befehl von solchen Dimensionen erteilt hatte. Dies war der Moment, in dem sie ihm beweisen konnte, dass sein Vertrauen in sie gerechtfertigt war. Sie durfte ihn nicht enttäuschen, und sollte es sie das Leben kosten.

In gebückter Haltung machte sie sich auf den Weg hinüber zur anderen Seite.

27

Die Pistole lag schwer in Edwards Hand. Er hatte sie noch nie benutzt. Eine Inglis Browning Mk1 aus dem Zweiten Weltkrieg.

Sein Vater hatte nie viel über den Krieg geredet. Alles, was ihn daran erinnerte, hatte er in den Jahren danach eigenhändig vernichtet. Der Marschbefehl der ersten Luftlandedivision der British Army, die internen Dokumente zur Operation *Market Garden*, die Briefe, die er von Arnheim aus nach Hause geschickt hatte, Fotos, Notizen, Tagebücher, alles weg. Nichts war geblieben außer dieser Waffe, die er seinem Sohn zum achtzehnten Geburtstag feierlich überreicht hatte.

Edward erinnerte sich noch daran, wie er sie dankend in Empfang genommen hatte, nicht wissend, was er damit anfangen sollte. Weil ihm das auch später nicht einfiel, hatte er sie in einem Pappkarton hinten im Keller verstaut. Weit weg, um ja kein Risiko einzugehen. Der Besitz von Handfeuerwaffen ohne Waffenschein war in England ebenso strafbar wie in jedem anderen europäischen Land, und Edward hatte nicht vor, wegen einer Sentimentalität seines Vaters im Gefängnis zu landen. Es war ein Erinnerungsstück, mehr nicht.

Bis jetzt.

Das Ding war kinderleicht zu bedienen, Dad hatte es ihm gezeigt. Selbst ein Schimpanse konnte damit schießen. Keine Ahnung, ob die Waffe noch funktionierte, aber er ging davon aus. Der Geruch des Öllappens, in den sie eingeschlagen war, weckte alte Erinnerungen.

Seit dem seltsamen Erlebnis im Garten waren etwa zehn Minuten vergangen. Zehn Minuten, in denen nichts passiert war. Weder Schritte auf der Terrasse noch ein Kratzen an der Jalousie. Vielleicht falscher Alarm. Aber Edward war ein vorsichtiger Mensch. Bis er wirklich sicher sein konnte, musste noch etwas Zeit vergehen.

Sein Haus besaß von allen in der Nachbarschaft den höchsten Sicherheitsstandard. Videokameras, Bewegungsmelder, Geräuschalarm – er hielt das nicht für übertrieben. Schließlich lagerten hier beträchtliche Werte. Kenner schätzten seine Sammlung auf knapp drei Millionen Pfund. Das Telefon stand direkt neben ihm. Ein Anruf, und die Kavallerie würde anrücken. Im Dunkeln auf dem Sofa sitzend, die Pistole auf dem Schoß, wartete er.

Und wartete.

Die Standuhr tickte.

Es war jetzt kurz vor halb sechs. Er merkte, dass er fror. Ihm kam der Gedanke, was für ein Bild er wohl gerade abgeben mochte. Ein alter Mann, der im Pyjama und mit geladener Pistole auf dem Sofa saß. Ein Stillleben für die Götter.

Er begann, sich zu entspannen.

In diesem Moment drang ein leises Klirren an seine Ohren. Das Geräusch war so leise und verhalten, dass es ihm unter normalen Umständen niemals aufgefallen wäre. Jede zersplitternde Flasche draußen auf der Straße hätte mehr Lärm verursacht. Es lag nur an seiner erhöhten Aufmerksamkeit, dass er überhaupt etwas gehört hatte. Doch jetzt, da es ihm aufgefallen war, hallte das Geräusch in seinen Ohren wie ein Pistolenschuss. Und er hatte das Gefühl, noch mehr zu hören. Leise, verhaltene Schritte. Als würde jemand auf Zehenspitzen herumschleichen. Und zwar oben, über seinem Kopf.

Edward stand auf. Langsam. Vorsichtig.

Er prüfte, ob die Waffe entsichert war, dann schlich er in Richtung Flur. Auf dem Tisch neben der Tür sah er sein Handy liegen. Er steckte es ein. Auf Socken den Flur durchquerend, setzte er seinen Fuß auf die unterste Treppenstufe.

Das zarte Morgenlicht reichte aus, um sich zu orientieren. Er war in diesem Haus aufgewachsen, er hätte sich blind zurechtgefunden. Hier kannte er jeden Winkel, jeden Einrichtungsgegenstand, jede knarrende Diele. Trotzdem kam es ihm vor, als würde er beim Hinaufsteigen mehr Lärm machen als eine Horde Umzugshelfer. Seine Atemgeräusche, ja selbst das Schlagen seines Herzens kamen ihm unerträglich laut vor.

Er erreichte den oberen Treppenabsatz.

Rechts befanden sich Gästebad, Gästezimmer und eine zusätzliche Abstellkammer, in der ein Teil seiner Bibliothek lagerte. Sein Bestand an Büchern war in den letzten Jahren um fast das Doppelte gewachsen. Edward kam nicht oft hier hoch, höchstens um Staub zu wischen. Nur, wenn sein Bruder mit seiner schrecklichen Frau aus New York zu Besuch kam, wurde hier oben gelüftet. Alles, was er zum Leben brauchte, war nach unten verlagert worden. Es wäre gar nicht nötig gewesen, ein so großes Haus zu bewohnen, aber es war das Haus seiner Eltern, und das gab man nicht so einfach auf.

Gewissenhaft überprüfte er die angrenzenden Räume, dann richtete er seinen Blick auf die Dachluke. Über eine Ausziehleiter gelangte man von hier aus auf den Dachboden. Als Junge war er oft dort gewesen. Dort hatte er mit Stofftieren und Soldaten gespielt. Ein verzauberter Ort.

Die Luke ließ sich mittels eines Riegels öffnen. Der dazugehörige Stab stand in der Abstellkammer nebenan. Edward schob den Haken durch die Öse und zog die Klappe herunter.

Die Spannfedern gaben ein knarrendes Geräusch von sich. Vorsichtig zog er die Ausziehleiter nach unten und stieg mit vorgehaltener Waffe hinauf.

28

Als Hannah das obere Ende des steinernen Kamins erreichte, war sie aus der Puste. Der Aufstieg war steil gewesen. Teilweise hatte sie ihn nur mit einer speziellen Stemmtechnik bewältigen können. Man übte dabei Druck mit den Beinen aus, während man sich mit dem Rücken gegen die gegenüberliegende Seite presste und zentimeterweise nach oben schob.

Jetzt musste sie erst mal zu Atem kommen. Sie kauerte in einer Nische und keuchte. Die Luft schmeckte nach Rauch.

Die Sonne brannte von oben herab. Das langärmelige Baumwollhemd klebte ihr am Körper. Brust und Achseln waren dunkel vom Schweiß. Sie wartete noch eine Minute, dann wagte sie es, ihren Kopf zentimeterweise über die Felskante zu heben.

Offenbar war sie höher geklettert, als sie ursprünglich vorgehabt hatte. Rund geschliffene Felsen umgaben sie. Ein Meer aus Hügeln, Kuppeln und Schluchten, über dem sich der stahlblaue Himmel wölbte. Ein sanfter Wind strich über die Steine, kühlte ihr Gesicht und ihre Haut.

Sie befand sich etwa fünfzig Meter oberhalb ihrer ursprünglichen Position. Der Blick hinüber auf die andere Seite des Talkessels wurde weder von Sträuchern noch von Felsen oder anderen Hindernissen verstellt.

Sie benötigte einige Augenblicke, bis sie die Stelle ausgemacht hatte, von wo aus geschossen worden war. Luftlinie etwa hundert Meter. Eine Tasche lag dort, ein Laptop und etwas, das aussah wie eine Satellitenanlage.

Vom Angreifer fehlte jede Spur. Aber der Kerl war noch hier, da war sie sicher. Wo steckte er? Möglicherweise auf dem Weg zu ihnen?

Hannah tauchte hinter dem Felsen ab. Ihre Gedanken rasten.

Hilfe holen kam nicht infrage. Bis sie zurückkäme, wären ihre Freunde tot.

Sie hatte genau zwei Optionen. Zurückklettern und die anderen warnen oder auf eigene Faust weitermachen und versuchen, den Angreifer zu überwältigen. Aber was konnte sie allein gegen einen solchen Mann ausrichten? Sie hatte nichts, womit sie ihn überwältigen konnte, trug weder Schusswaffe noch Messer bei sich.

Verdammte Zwickmühle!

Vorsichtig schob sie ihren Kopf über den Felsen. Ob Glück oder richtiger Riecher, jedenfalls erspähte sie eine Bewegung aus dem Augenwinkel.

Eine kleine Gestalt bewegte sich in geducktem Lauf entlang der Oberkante des Talkessels. Dunkel gekleidet, ein Gewehr in der Hand. Die Haare waren nach hinten gebunden und Mund und Nase mit einem Tuch bedeckt. Für einen Killer wirkte der Kerl eher schmächtig, fast wie ein Jugendlicher. Aber das wollte nichts heißen. Die Kugel, die von einem Kindersoldaten kam, war genauso tödlich wie die eines Erwachsenen.

Ohnmächtige Wut stieg in ihr auf. Wieso meinte eigentlich immer irgendein Idiot, ihr nach dem Leben trachten zu müssen? Sie hatte verdammt noch mal genug davon, zumal sie nicht einmal den Grund kannte. Sie war Archäologin, Wissenschaftlerin! Ihre Mission war die Erweiterung des geistigen Horizonts. Die Erkenntnis, *Bildung*. Sie wollte der Menschheit das Tor zu ihrer eigenen Vergangenheit öffnen, aber bereits das schien von manchen als Bedrohung angesehen zu werden. Nun, diese Ignoranten durften sich warm anziehen. Hannah würde ihnen das Feld nicht kampflos überlassen.

Lautlos wie eine Katze huschte sie über die Felsen, den Gegner dabei nicht aus den Augen lassend. Das Überraschungsmoment war auf ihrer Seite. Sie hatte ihre Position so gewählt, dass sie jederzeit abtauchen und in Deckung gehen konnte. Die Sonne stand so, dass sie keine Schatten warf – was ihr einen kleinen Vorteil verschaffte. Allerdings nur so lange, wie sie unbemerkt blieb. Einmal entdeckt, war sie ein wehrloses Ziel.

Der Attentäter befand sich etwa fünfzig Meter vor und vier Meter unterhalb ihrer jetzigen Position. Das Plateau war leicht abschüssig.

Hannah ging hinter dem nächsten Felsen in die Hocke und öffnete ihre Schnürbänder. Die harten Sohlen erzeugten Geräusche auf dem steinigen Untergrund. Barfußlaufen war für sie kein Problem.

Bereits nach den ersten Schritten verschmolz sie mit dem Untergrund. Sie hatte eine dicke Hornhaut unter den Füßen, und der Fels war zum Glück nicht so heiß, dass es wehtat.

Der Verfolger war direkt vor ihr. Hannah konnte sehen, wie er stehen blieb, verschnaufte und dann seinen Weg fortsetzte. Seine Bewegungen wirkten unkontrolliert. Immer wieder blieb er stehen und krümmte sich. Als litte er Schmerzen. Ob er verletzt war? Das mochte die unpräzisen Schüsse erklären.

Hannah biss die Zähne zusammen. Sein Nachteil war ihr Vorteil. Sie konnte gerade jede Hilfe brauchen, die sie bekam.

Wie eine Raubkatze huschte sie über die Felsen.

Der Fremde war jetzt fast auf der Höhe des Tempels. Er musste nur noch eine kleine Anhöhe bewältigen, dann stand er direkt davor. Die Zeit wurde knapp.

Hannah nutzte die Schatten der Felsen, um unentdeckt zu bleiben, und sah sich nebenher nach einer geeigneten Waffe um. Den Gedanken an einen Stein hatte sie verworfen. Viel zu unsicher, es sei denn, man war ein brillanter Werfer. Auch als Schlaginstrument taugte er nur bedingt. Die Reichweite war einfach zu gering. Manchmal bedeuteten wenige Zentimeter den Unterschied zwischen Sieg und Niederlage. Außerdem wollte sie dem Fremden ja nicht gleich den Schädel einschlagen.

Das Glück spielte ihr in Form einer verkrüppelten Terebinthe in die Hände. Die Terpentin-Pistazie wuchs unterhalb eines felsigen Überhangs aus dem bröseligen Gestein und war zum Teil abgestorben. Während der felsseitige Teil grüne Blätter trug, war der vordere tot. Das Holz war von schwerer, elastischer Beschaffenheit. Hannah hatte Mühe, einen der abgebrochenen Äste von herausstehenden Zweigen zu befreien. Als sie es geschafft hatte – zerkratzt und aufgeschürft –, lag der Prügel schwer in ihren Händen. Sie ließ den Stock ein paarmal durch die Luft sausen und nickte zufrieden. Ja, damit konnte es klappen.

Die nächsten Minuten würden die Entscheidung bringen.

29

Edward kniff die Augen zusammen.

Die Frau stand vor dem Giebelfenster, den Blick nach draußen gerichtet. Ihr weißes Kleid wirkte im Licht der aufgehenden Sonne beinahe transparent. Scherben bedeckten den Boden, umgaben ihre nackten Füße. Hatte sie denn gar keine Schmerzen? Als sie ihn hörte, drehte sie sich um.

»Da bist du ja endlich. Ich dachte schon, du kommst nie.«

Er stutzte. Die Stimme kam ihm vertraut vor.

»K… kennen wir uns?«

»Selbstverständlich kennen wir uns. Sag bloß, du weißt nicht mehr, wer ich bin. Die, die dich auf einen Drink eingeladen hat.«

Er versuchte, ihr Gesicht zu erkennen. Die Sonne stand genau hinter ihr. Das Gegenlicht umstrahlte ihre Silhouette wie eine Aurora. Er bildete sich ein, sie lächeln zu sehen. Zähne leuchteten wie Perlen in der Dunkelheit.

Die Waffe zitterte in seiner Hand. *»Veronica?«*

Sie lachte. »Schön, dass du dich noch erinnerst. Aber das ist nur mein Künstlername. Mein richtiger Name lautet Rhiannon.« Sie zupfte an ihrem Kleid und machte einen leichten Knicks. »Wie du siehst, habe ich mich hübsch gemacht für dich. Um ehrlich zu sein, ich bin ein bisschen verärgert, dass du mich sitzen gelassen hast. Das ist mir noch nie passiert.« Sie schüttelte den Zeigefinger.

Vor Edwards Augen flimmerte es. Es war unangenehm, so gegen die Sonne blinzeln zu müssen. Wenn er wenigstens ihr Gesicht sehen könnte. Er tastete nach dem Lichtschalter.

Sie hob ihre Hand, die Fingerspitzen wie die fünf Zacken einer Krone gegen ihn gerichtet. »Nein, nicht. Kein elektrisches Licht. Wenn du magst, gehe ich hier rüber, dann kannst du mich besser sehen.« Sie machte einen Schritt zur Seite. Ihre nackten Füße traten auf Glas, ließen es knirschen. Anscheinend machte ihr das überhaupt nichts aus.

»Stehen bleiben.« Er riss die Pistole hoch. Er hatte sie vor lauter Verwirrung sinken lassen. Der Lauf war zitternd auf ihre Brust gerichtet. Die Frau hatte etwas Magisches. Sie benebelte seine Sinne. Mit fahrigen Bewegungen tastete er nach dem Lichtschalter. Die Birne flammte kurz auf, dann verlosch sie mit einem Knall. Durchgebrannt.

»Oops.« Sie lächelte.

Er sah sie jetzt besser. Wahrhaftig, es war die Frau aus dem *Green Man.* Auch wenn sie wie ein Geisterwesen wirkte. Unwirklich, unheimlich und schön.

»Was machen Sie hier?«, murmelte er benommen. »Wie sind Sie hier hereingekommen?« Obwohl die Frage mehr als berechtigt war, kam sie ihm gleichzeitig banal und unwichtig vor.

»Ist das nicht offensichtlich?« Sie deutete auf das zerbrochene Fenster. »Es tut mir leid, dass ich das Glas kaputt gemacht habe, aber irgendwo musste ich es ja versuchen.«

»Waren Sie das vorhin im Garten?«

»Na, was denkst du wohl?« Sie neigte den Kopf.

Dann war das also keine Einbildung. Es tröstete ihn, dass er noch nicht vollends seinen Verstand verloren hatte. Er klammerte sich gerade an jeden Strohhalm.

»Ich habe neben der alten Weide gestanden und auf dich gewartet«, sagte sie. »Aber du bist nicht gekommen. Sie ist übrigens sehr alt.«

»Wer?«

»Die Weide. Sie stand schon hier, bevor es die ersten Häuser gab. Der Garten wurde um sie herum angelegt. Ein sehr alter und weiser Baum. Er kennt viele Geschichten.«

»Sie haben meine Frage nicht beantwortet.«

»Welche Frage war das doch gleich?« Sie grinste.

»Wie Sie hier reingekommen sind. Und was Sie hier wollen.«

»Das sind aber schon zwei Fragen.« Sie machte eine Bewegung, als wollte sie eine lästige Fliege verscheuchen. »Ich bin über die Äste bis zur Regenrinne, dann rüber und hinauf. Klettern war noch nie ein Problem für mich. Ich bin ziemlich gelenkig.« Ihre Ausstrahlung war von betäubender Intensität.

»Und was wollen Sie?«

Sie kräuselte die Lippen. »Ist das so schwer zu verstehen? Du bist ein Mann mit Bildung und Verstand, du müsstest das doch eigentlich selbst herausbekommen.«

»Ich will es hören.« Seine Waffe war immer noch auf sie gerichtet. Was eigentlich albern war, denn offensichtlich war sie unbewaffnet. Aber irgendetwas hielt ihn davon ab, sie zu senken.

Sie seufzte. »Würde es dir etwas ausmachen, wenn wir uns unten weiter unterhielten? Es ist etwas frisch hier am offenen Fenster, und ich wette, unten ist es viel gemütlicher.« Sie schlang die Arme um ihren Körper. »Auf dem Sofa. Oder im Bett.« Ein lüsternes Lächeln huschte über ihre Lippen. Sie sah ihn an, als wolle sie ihn mit ihren Blicken verschlingen. Um ein Haar wäre er weich geworden, doch dann fiel ihm wieder ein, was sie gerade getan hatte.

»Nein«, sagte er. »Hier und jetzt. Ist ja lächerlich, dass ich mich überhaupt auf so ein Gespräch einlasse. Ein Einbruch ist ein schweres Vergehen. Mir ist es, ehrlich gesagt, schnuppe, was Sie zu sagen haben, weil ich ohnehin vorhabe, die Polizei zu rufen.« Er griff nach seinem Handy.

»Weg mit dem Ding.« Der Ausdruck, der jetzt auf ihrem Gesicht erschien, war weit weniger freundlich.

»Oder was? Sie haben mich belogen, und jetzt brechen Sie auch noch in mein Haus ein.« Er richtete die Pistole auf ihren Kopf und drückte mit der anderen Hand die Schnellwahltaste auf seinem Handy.

Im selben Moment sah er es. Eine Andeutung von Körperlichkeit, ein kurzes Beben der Luftmoleküle.

Es kam aus der dunkelsten Stelle auf dem Dachboden. Dort, wo er früher die Brettspiele aufbewahrt hatte. Etwas sauste auf ihn herab, dann spürte er einen heftigen Schlag am Kopf. Tausend winzige Sterne blitzten auf. Seine Beine gaben nach.

Im nächsten Augenblick war er unten am Boden. Mit dem Gesicht auf den rauen Bodendielen liegend, atmete er Staub ein. Irgendetwas stimmte nicht mit seinen Augen. Er sah nur graue Schatten und schräge Winkel. Ein ekliger Geschmack füllte seinen Mund. Warm und eisenhaltig.

Stöhnend wälzte er sich zur Seite.

Die Frau stand an seinem Fußende. Wie eine Heilige ragte sie über ihm auf. Das Licht der Morgensonne schien in ihr Gesicht und ließ sie in ihrer ganzen Schönheit erstrahlen. Aber eine Heilige war sie gewiss nicht. Eher eine Dämonin. Dazu passte auch die Kreatur, die ihr zur Seite kauerte. Ein Wesen mit Fell und einem Wolfsgesicht. Oder war das eine Maske? In seiner Klaue hielt es einen Knüppel.

Edward wollte sprechen, brachte aber nur ein Krächzen hervor. Der Schmerz in seinem Kopf war kaum auszuhalten.

Die Frau blickte auf ihn herab. Wie auf ein wehrloses Insekt. Noch immer lächelte sie, aber es lag keine Wärme in ihren Augen. Als sie sprach, klang ihre Stimme nicht länger sanft, sondern befehlsgewohnt und hart.

»Nun, Liebster, immer noch streitlustig? Bist du jetzt endlich bereit, dich mit mir zu unterhalten? Ich hätte da ein paar Fragen an dich.« Sie setzte ihren Fuß auf seine Genitalien und trat zu.

Er keuchte vor Schmerzen.

30

Yara war fast am Ziel. Der Tempel war nur noch einen Steinwurf entfernt. Wenn den dreien nicht heimlich die Flucht gelungen war, saßen sie dort wie die Kaninchen in der Falle. Yara brauchte nur reinzugehen und das Feuer zu eröffnen. Eine Sache von Minuten.

Sie wollte gerade den letzten Anstieg in Angriff nehmen, als sie etwas spürte. Ein Ziehen und Zerren in ihrem Nacken. Weder konnte sie es hören noch sehen, aber es war definitiv da. Etwas, das sich am besten mit dem Begriff *Vorahnung* umschreiben ließ. Als würde jemand mit einem elektrisch aufgeladenen Heizstab auf sie zukommen. Die Luft war erfüllt vom Gestank nach Ozon.

Yara war diesbezüglich schon immer sensibler gewesen als andere, aber erst die wundersamen Kräfte des Baumes hatten bei ihr diese Fähigkeit zu voller Blüte gebracht. Dieser Fähigkeit nun hatte sie es zu verdanken, dass sie die nächsten Sekunden überlebte. Mit aller Schnelligkeit, die ihr zur Verfügung stand, fuhr sie herum. Ihre Waffe war auf das Ziel gerichtet.

Die Frau stand etwa fünf Meter entfernt.

Sie hielt einen schweren Knüppel in der Hand, den sie zum Schlag erhoben hatte. Ihr Gesicht eine Maske der Entschlossenheit. Die Füße der Frau waren nackt, vermutlich der Grund, warum Yara sie nicht gehört hatte.

»Stehen bleiben.« Yaras Blick zuckte zwischen dem Gesicht der Frau und dem Knüppel hin und her. »Weg mit dem Ding, *sofort!*«

Sie feuerte einen Warnschuss ab.

Zögernd warf die Fremde den Stock beiseite.

Yara richtete den Lauf auf die gegnerische Brust. Es war die Archäologin. Sie wirkte verändert. Haarfarbe und Kleidung waren noch dieselben, aber etwas war anders. Durch das Zielfernrohr hatte Yara den Eindruck gehabt, es mit einer kleinen Frau zu tun zu haben. Doch jetzt, da sie vor ihr stand, wirkte sie größer. Irritiert blinzelte sie. Warum hatte sie nicht längst den Abzug gedrückt, was hielt sie davon ab?

Es gehörte Mut dazu, jemanden anzugreifen, der ein Gewehr in den Händen hielt. Vor allem, wenn man selbst nur mit einem Knüppel bewaffnet war.

Yara rann der Schweiß über das Gesicht. Das Gewehr fühlte sich an, als wöge es Tonnen. Die Forscherin stand reglos da. Ihr Gesicht leicht nach unten geneigt, beobachtete sie Yara unter gesenkten Augenbrauen. Diese Augen hatten etwas Hypnotisierendes. Yara konnte sich nicht erinnern, jemals solche Augen gesehen zu haben. Es sei denn bei dem Hüter.

Sekunden verstrichen. Niemand sprach ein Wort. Die Brust der Frau hob und senkte sich, ansonsten wirkte sie wie erstarrt. Sie schien keine Angst zu haben. Warum auch immer. Doch Yara hatte einen Job zu erledigen. Sie brauchte nichts weiter zu tun, als den Finger zu krümmen und ihr ein faustgroßes Loch in die Brust zu schießen.

Dieser Frau musste das doch bewusst sein. Wieso geriet sie nicht in Panik? Jeder andere wäre auf die Knie gefallen und hätte um sein Leben gebettelt.

Yara spürte, dass gerade etwas Unerhörtes vor sich ging. Sie versuchte, den Abzug zu bedienen, aber ihre Hand gehorchte ihr nicht. Es fühlte sich an, als habe jemand anders von ihr Besitz ergriffen.

In den Augen der Frau lag keine Abneigung. Weder Hass noch Zorn oder Vorwurf. Es waren Augen, die die Welt aus einer höheren Position betrachteten. Trotz der Hitze war Yara plötzlich kalt. Sie ließ das Gewehr sinken.

»Wer bist du?«, flüsterte sie. »Was hast du mit mir gemacht?«

»Tu, was du tun musst«, sagte die Archäologin. »Ich werde nicht über dich richten.«

Yara stieß ein Stöhnen aus. Diese Stimme. *Diese Worte!*

Hier waren Mächte am Werk, die sie nicht verstand.

Diese Wendung der Ereignisse war nicht vorauszusehen gewesen. Diese Begegnung hatte etwas zu bedeuten, und es oblag nicht ihr, darüber zu entscheiden. Der oberste Hüter musste darüber informiert werden.

Ihre Lippen zusammengepresst und das Gewehr auf den Boden gerichtet, trat Yara den Rückzug an. Schritt für Schritt rückwärtsgehend und die Frau dabei nicht aus den Augen lassend. Erst als sie etwa hundert Meter auseinander waren, drehte Yara sich um und verließ fluchtartig das Plateau. Sie musste einen Flug buchen. Am besten heute noch.

31

Zwei Stunden später …

»*Sie hat was getan?*« Johns Gesicht war eine Maske des Entsetzens.

Das Fenster im Warteraum des Polizeipräsidiums spiegelte sich auf Hannahs Laptopmonitor. Sie musste ihn ein wenig zur Seite drehen, um die Spiegelung wegzubekommen.

»Sie ist gegangen«, sagte Hannah. »Hat sich einfach umgedreht und ist verschwunden.«

»Das gibt's doch nicht.« Sein Gesicht drückte Fassungslosigkeit aus. Hannah bereute es schon wieder, dass sie ihm die Geschichte überhaupt erzählt hatte. Er regte sich immer so furchtbar schnell auf. Aber mit irgendjemandem musste sie reden. Und John war nun mal derjenige, dem sie am meisten vertraute. Ihr Freund, ihr Geliebter, *ihr Mann.*

»Ohne eine Erklärung? Einfach so?«

Sie nickte.

»Und du?«

»Ich bin zurück zu Leslie und Hussain. Weiter oben hatten wir dann Handyempfang und konnten die Rettungskräfte alarmieren. Danke übrigens noch mal dafür, dass du dich so schnell mit Stromberg Enterprises in Verbindung gesetzt hast. Ich denke, das hat die Vorgänge beträchtlich beschleunigt.«

»Das war ja wohl das Mindeste«, sagte John. »Am liebsten würde ich gleich in den Flieger steigen und zu dir kommen.«

Sie lachte. »Lass das lieber. Ich weiß, dass euer Projekt gerade in der kritischen Phase ist. Außerdem weißt du, wie sehr ich es hasse, bemuttert zu werden. Mach dir keine Sorgen, wir haben hier alles im Griff.«

»Scheiße, das macht aber nicht den Eindruck.« Er schüttelte

den Kopf. »Hat man herausgefunden, wer sie war? Du sagtest, es wäre eine Frau gewesen.«

»Ja, hundertprozentig eine Frau. Leider konnte ich ihr Gesicht nicht erkennen, da es verhüllt war. Und nein, keine Spur von ihr. Als wir zurückkamen, war sie wie vom Erdboden verschwunden. Das Gespräch mit den zuständigen Behörden war nicht sehr ergiebig. Ich habe das Gefühl, dass sie etwas wissen, es mir aber nicht sagen wollen. Aus welchen Gründen auch immer.«

John blickte sorgenvoll. »Je eher du da wegkommst, desto besser. Wer immer hinter euch her ist, er könnte es wieder versuchen. Du sagtest, die Frau hätte eine professionelle Ausrüstung besessen?«

»Die beste, die ich seit Langem gesehen habe. Zumindest soweit ich das beurteilen kann. Scharfschützengewehr mit Schalldämpfer, Computer, satellitengesteuerte Mobilfunkanlage.«

»Klingt teuer.«

»Ganz bestimmt. Sie war auf einer schwarzen Elektro-Enduro unterwegs. Ich konnte sie aus der Ferne davonfahren sehen. Kein Motorengeräusch. Aber sie war definitiv allein.«

»Hm.« John wirkte nachdenklich. »Und wie geht es Hussain?«

»Den Umständen entsprechend gut«, sagte Hannah. »Ein glatter Durchschuss. Wie ich vermutet hatte. Dank Leslies rabiater Verbandstechnik hat er nicht allzu viel Blut verloren. Ich finde, für seinen Einsatz hat er einen Extrabonus verdient, meinst du nicht?«

»Selbstverständlich. Ich werde mich darum kümmern. Die Hauptsache ist, dass er es unbeschadet übersteht.«

»Er ist ein zäher Hund …«

John presste seine Lippen zusammen. »Ich kriege das immer noch nicht zusammen. Warum hat sie dich laufen lassen?«

»Wenn ich das nur wüsste«, sagte Hannah. »Ich hatte sie fast schon, als sie sich plötzlich umdrehte. Keine Ahnung, wie sie auf mich aufmerksam geworden ist. Ich kann schleichen wie eine Katze.«

»Das weiß ich …«

»Sie muss über irgendeinen zusätzlichen Sinn verfügen. Wir haben kein Wort miteinander gewechselt. Standen nur da und haben uns angestarrt. Trotzdem fühlte es sich an, als würden wir miteinander reden. Sie hatte Angst, wirkte überrascht. Ich spürte, dass sie mir nichts tun würde.«

John schüttelte den Kopf. »Mir wird ganz flau im Magen, wenn ich nur daran denke.«

»Was immer es war, es hat sie dermaßen aus der Bahn geworfen, dass sie ihren ursprünglichen Plan aufgegeben und den Rückzug angetreten hat. Anders ist ihr Verhalten nicht zu erklären.«

»O Mann …«

»Wie auch immer, Leslie und ich haben eine neue Spur. Wir werden unsere Suche fortsetzen. Unser Flug geht noch heute Abend.«

»Moment mal …« John riss die Augen auf. *»Ihr wollt weitermachen?«*

»Aber sicher. Jetzt, da wir wissen, wonach wir suchen müssen, wäre es doch verrückt, die Sache an den Nagel zu hängen. Habe ich dir je von dieser Sache in Petra erzählt? Es ist ein Fall, der mich seit zwanzig Jahren beschäftigt.«

»Der Sarkophag …?«

Sie nickte. »Wie es aussieht, hängt das alles zusammen. Endlich habe ich die Chance, herauszufinden, was damals geschehen ist. Du siehst also, ich kann nicht aufhören, selbst wenn ich es wollte.«

»Und die Tatsache, dass man euch umbringen will, macht euch nicht nervös?«

»Natürlich macht mich das nervös. Ich habe eine Scheißangst, wenn ich ehrlich bin. Wäre ja auch seltsam, wenn es anders wäre, oder? Aber erstens hat diese Frau ihre Meinung geändert – aus welchen Gründen auch immer – und zweitens: Wenn es doch einen Zusammenhang gibt, wäre es interessant zu erfahren, was an der Sache dran ist. So oder so, ich habe Leslie versprochen, sie zu begleiten. Meine Rückkehr verschiebt sich also noch etwas.«

John ließ seine Schultern hängen. Seufzend sagte er: »Warum nur überrascht mich das nicht?«

»Komm schon, schau doch nicht so betrübt.« Sie versuchte, ihn mit Blicken aufzumuntern. »Du hast deinen Job und ich meinen, und bald schon sehen wir uns wieder. Eine Woche noch, höchstens zwei. Vermutlich verläuft sich die Spur im Sand. Sehr wahrscheinlich sogar. Du wirst sehen, ich bin im Handumdrehen wieder da. Und für Leni ist es bestimmt besser, mit Papa auf einem Schiff zu sein und mit Delfinen zu spielen, als mit Mama durch südenglische Pubs zu tingeln, oder?«

»Wenn es denn nur bei den Pubs bliebe.« John blickte nachdenklich. »Versprich mir, dass du keine Risiken eingehst. Sieh mich an, Hannah. Bitte, versprich es mir.«

»Das tue ich.« Sie versuchte zu lächeln, spürte aber, dass es ihr nicht gelang. Wen hätte sie auch damit überzeugen wollen? John kannte sie viel zu gut.

In diesem Moment ging hinter ihr die Tür auf. Leslie betrat den Raum.

»Ich muss Schluss machen«, sagte Hannah. »Wir hören bald wieder voneinander, okay?«

»Okay …«

Sie legte ihren Finger auf die Lippen und berührte dann sanft die Kamera. »Ich liebe euch beide, dich und Leni. Sag ihr, Mama hat sie lieb.«

»Mache ich. Und du grüß Leslie von mir. Ihr seid beide total verrückt, wisst ihr das? Ich werde keine Minute ruhig schlafen, bis du wieder in meinen Armen liegst.«

»Was früher der Fall sein wird, als dir lieb ist.« Hannah lachte, schickte ihm noch einen Kuss durch den Äther und klappte dann den Laptop zu. Selten war ihr ein Abschied so schwergefallen.

Leslie deutete auf den Computer. »John?«

»Er lässt dich schön grüßen. Er meint, wir hätten nicht alle Tassen im Schrank.«

»Womit er völlig recht hat.« Die Reporterin lächelte. »Du musst das nicht tun, weißt du?«

»Doch, muss ich«, entgegnete Hannah. »Ich fühle, dass die Sache größer ist, als wir momentan sehen können. Als wäre das nur die Spitze des Eisbergs. Ich kann jetzt nicht aufhören.«

»Geht mir genauso«, sagte Leslie. »Irgendein Unheil braut sich da über unseren Köpfen zusammen. Ich kann es noch nicht so richtig fassen, dabei sitze ich schon sehr viel länger an diesem Fall als du.«

»Wie geht es denn jetzt weiter?«, fragte Hannah. »Hat dein Gespräch etwas ergeben?«

»Das nicht gerade, aber zumindest lassen sie uns gehen.«

Hannah hob erstaunt die Brauen. »Einfach so?«

»Ja. Man wird uns informieren, sobald sie eine Spur der geheimnisvollen Attentäterin gefunden haben. Wobei ich nicht glaube, dass das jemals geschehen wird. Die ist über alle Berge.«

»Wie kommst du darauf?«

»Instinkt.« Leslie tippte an ihre Nase. »Sei es, dass diese Frau für den Geheimdienst tätig ist, sei es, dass sie über gute Beziehungen verfügt, jedenfalls rennen wir hier gegen Wände.« Sie zuckte die Schultern. »Hauptsache, wir können weg. Ehrlich gesagt, machen mich Polizeireviere in solchen Ländern immer ein bisschen nervös.«

»Ich verstehe, was du meinst«, sagte Hannah. »Gehen wir uns von Hussain verabschieden, und dann fahren wir zurück zum Flughafen. Ich habe schon die Verbindungen gecheckt.

Um siebzehn Uhr gibt es einen Flug nach London. Da sind noch Plätze frei.«

»Worauf warten wir dann noch? Ich bin gespannt, was Edward zu alldem sagen wird«, sagte Leslie. »Bestimmt wird er aus allen Wolken fallen.«

32

Das Handy ans Ohr gepresst, behielt Jonathan den Eingang des Cafés im Auge. Die Kontaktperson war bisher noch nicht aufgetaucht, aber lange sollte es nicht mehr dauern. Der Zeiger der Kirchturmuhr stand auf kurz vor drei. Er konnte nur hoffen, dass ihn die Kleine nicht versetzt hatte.

»DS Carver, sind Sie noch dran?«

»Nie weg gewesen, Chief Superindendent.«

»Dann antworten Sie gefälligst, wenn ich mit Ihnen rede.«

»'tschuldigung, Sir. War gerade abgelenkt. Wie war die Frage noch mal?«

»Ich will wissen, ob Sie sich an der Leiche zu schaffen gemacht haben. Haben Sie etwas fortgenommen?«

»Ohne Sie darüber zu informieren? Aber Sir, das wäre ja strafbar.«

»Ich weiß, dass das strafbar ist, Sie Idiot. Ich möchte es aber aus Ihrem eigenen Mund hören.«

»Ich habe nichts fortgenommen«, log Jonathan. »Bei meiner Ehre.«

»Haben Sie sie angefasst?«

Jonathan zuckte zusammen. Er wusste, dass es eine Fangfrage war. Bestimmt hatte Jim Henderson in seinem Bericht erwähnt, dass Jonathan der Frau die Augenlider geschlossen hatte. Und Squires wusste das. Wenn Jonathan jetzt log, würde ihn das in eine schlechte Position bringen.

»Ich habe sie berührt, Sir«, sagte er selbstbewusst. »Ich habe dem armen Ding das heraushängende Auge zurück in die Höhle gedrückt und ihr die Lider geschlossen. Eine Möwe hatte sich daran zu schaffen gemacht. Wenn Sie daran Anstoß nehmen, bitte ich um Verzeihung. Aber es gibt so etwas wie Anstand. Sie hätten dasselbe getan, wenn Sie dort gewesen wären, Sir.«

»Ja, vermutlich …«

»Vielleicht hilft es ja, wenn Sie mir verraten, was Sie eigentlich suchen.«

Squires schwieg eine Weile, dann sagte er: *»Ein Handy. Wir wissen, dass sie eines besessen hat, es war aber weder in ihrer Wohnung noch bei ihrer Leiche.«*

»Könnte es sein, dass es ihr bei dem Unglück aus der Tasche gefallen ist? Sie ist immerhin sehr tief gestürzt.«

»Das ist auch unsere Vermutung. Zumindest ist es die einzige Erklärung, die übrig bleibt.«

Jonathan konnte sich ein Grinsen nicht verkneifen. Dieses Gespräch war ganz nach seinem Geschmack. »Haben Sie die Unglücksstelle lokalisiert? Wenn man wüsste, wo es passiert ist, könnte man den Suchbereich darauf einengen.«

»Nein, wir haben die Stelle noch nicht gefunden und werden es vermutlich auch niemals«, kam es barsch zurück. *»Die Frau hat zu lange im Wasser gelegen und wurde weit abgetrieben. Sie könnte sonst wo gestürzt sein.«*

»Laut Officer Henderson kam die Meeresströmung an diesem Tag aus östlicher Richtung. Man bräuchte doch nur ein paar Leute zusammenzutrommeln und den Küstenabschnitt gewissenhaft abzusuchen …«

»Glauben Sie, wir hätten das nicht längst getan?« Squires klang pampig. *»Jeden verdammten Meter haben wir abgesucht. Hören Sie auf, sich meinen Kopf zu zerbrechen. Wieso sind Sie eigentlich nicht im Dienst? Ich kann mich nicht erinnern, Ihnen Urlaub genehmigt zu haben.«*

»Kein Urlaub, Sir, Überstundenabbau«, erwiderte Jonathan wie aus der Pistole geschossen. Er hatte diese Frage erwartet. »Ich dachte, ich erledige das lieber, ehe die Sommerferien beginnen. Tut mir leid, aber die Personalabteilung hat uns dringend dazu ermahnt, nicht länger damit zu warten. Erbsenzählerei, wenn Sie mich fragen, aber was soll man tun?«

»Ja. Schön. Na gut …« Ein Räuspern erklang.

Jonathan konnte vor seinem geistigen Auge förmlich sehen, wie Squires sich krümmte. Wie ein Wurm am Haken.

Der Verlauf, den dieser Fall genommen hatte, war Jonathan von Anfang an spanisch vorgekommen. Hier wurde zu viel ausgelassen, zu wenig versucht, gar nicht richtig ermittelt. Er bezweifelte stark, dass der Küstenabschnitt gewissenhaft abgesucht worden war, das hätte er mitbekommen. Der Superintendent wusste mehr, als er ihm gegenüber zugeben wollte, und Jonathan wurde das Gefühl nicht los, dass hier etwas vertuscht werden sollte. Vielleicht eine Gelegenheit, verlorenen Boden gutzumachen. Von einer Rehabilitation wagte er gar nicht zu träumen. Hauptsache, er kam wieder in seine alte Abteilung, das würde ihm schon genügen.

»War's das dann, Superintendent? Ich muss noch ein paar Besorgungen machen.«

»Das war's«, erklang Squires' schnarrende Stimme am anderen Ende. *»Im Moment gibt es nichts weiter zu besprechen. Halten Sie sich zu meiner Verfügung, verstanden?«*

»Werde ich, Sir. Ich habe nicht vor, das Land zu verlassen.«

Der Witz zündete nicht. Squires legte auf, und Jonathan steckte sein Handy zurück in die Tasche.

In diesem Moment sah er die junge Frau die Straße entlangspazieren. Vor dem Café blieb sie stehen. Sie blickte durch die Scheiben, sah sich um und trat dann zögernd ein. Das musste sie sein. Beatrix Cantrell, Catherines Zimmergenossin. Sie war hübsch. Blond, schlank, ein ähnlicher Typ wie Catherine.

Jonathan lächelte. Gott, wie hatte er diese Polizeiarbeit vermisst. Er wartete einen Moment, dann verließ er seinen Beobachtungsposten und überquerte die Straße. Der Spaß konnte beginnen.

33

Beatrix Cantrell saß am Fenster in der hintersten Ecke des Cafés. Sie hatte die Hände auf den Tisch gelegt und blickte nervös hin und her. Als sie ihn eintreten sah, erstarrte sie.

Jonathan hängte in aller Seelenruhe seine Jacke an die Garderobe und ging zu ihr hinüber. Der Geruch von frischem Mohnkuchen drang aus der Backstube. Er nahm sich vor, ein Stück davon zu probieren. »Ms Cantrell?«

»Ja?«

Herrje, sie schien wirklich Angst zu haben.

»Ich bin Detective Sergeant Jonathan Carver vom Devon & Cornwall Police Department. Darf ich mich setzen?« Ohne eine Antwort abzuwarten, zog er einen Stuhl vor und nahm Platz. »Möchten Sie einen Kaffee oder vielleicht einen Tee? Der Kuchen hier soll übrigens ganz ausgezeichnet sein.«

»Danke, nein.«

»Was dagegen, wenn ich mir etwas bestelle?«

Sie schüttelte den Kopf.

Er winkte die Bedienung heran, orderte einen Cappuccino und ein Stück Mohnkuchen und sah die junge Frau dann noch einmal an. »Ganz sicher, dass Sie nichts wollen? Sie sind selbstverständlich eingeladen.«

»Ein Glas Wasser vielleicht …«

»Und noch ein Glas Wasser dazu.« Jonathan wartete, bis die Bedienung fort war, dann wandte er sich seiner Zeugin zu.

»Danke, dass Sie meiner Einladung gefolgt sind«, sagte er. »Ich wollte Sie nicht zu Hause belästigen. Hier ist übrigens meine Dienstmarke, damit Sie sehen können, dass ich Sie nicht anschwindele.«

Sie starrte darauf, wagte aber nicht, sie zu berühren.

»Ich verstehe das nicht«, sagte sie. »Die Polizei war doch bereits da. Sie haben die ganze Wohnung auf den Kopf gestellt. Ich habe denen alles erzählt, was ich weiß. Dass ich Cathy seit zwei Wochen nicht mehr gesehen habe, dass wir zwar zusammen wohnen und studieren, aber ansonsten jeder sein eigenes Leben führt, und so weiter. Wieso jetzt noch eine Befragung?«

»Mochten Sie sie?«

»Wen?«

»Cathy.«

»Aber ja.«

»Erzählen Sie mir ein bisschen über sie.«

Sie zuckte die Schultern. »Sie war nett und unkompliziert. Hat immer pünktlich die Miete gezahlt, keine schrägen Typen mit nach Hause gebracht und war freundlich und hilfsbereit.«

»Na, das hört man doch gerne.« Jonathan nahm Kaffee und Kuchen in Empfang und stürzte sich mit Heißhunger darauf. Der Kuchen war tatsächlich sensationell.

»Hm«, sagte er mit vollem Mund. »Der ist noch besser, als er riecht. Sicher, dass Sie nicht mal probieren wollen? Ich verspreche Ihnen, Sie werden es nicht bereuen.«

»Nein, will ich nicht«, platzte die Studentin heraus. »Ich will keinen Kaffee, keinen Kuchen, und dieses blöde Wasser will ich eigentlich auch nicht. Was soll das hier? Sie sagten, es gäbe da etwas, worüber Sie mit mir reden wollten, etwas, von dem die anderen Beamten keine Ahnung hätten.«

»So eilig haben Sie es also, Trixie? Ich darf Sie doch Trixie nennen, oder? Jedenfalls hat Catherine das immer getan.«

Ihre Brauen rutschten zusammen. »Woher wissen Sie das?«

»Ich habe meine Hausaufgaben gemacht.« Er schob sich noch eine Gabel von dem köstlichen Kuchen in den Mund, spülte ihn mit einem Schluck Kaffee herunter und schob dann beides auf die Seite. Er wusste, dass er jetzt ihre volle Aufmerksamkeit genoss.

Er tupfte seinen Mund mit der Serviette ab und zog dann das

Handy heraus. Wortlos legte er es auf den Tisch. Er beobachtete sie unauffällig. Sie war schockiert, das konnte er sehen. »Kommt Ihnen das bekannt vor? Das ist Cathys Mobiltelefon.«

»Woher …? Ich meine, wieso …?« Die Worte blieben ihr im Hals stecken. Sie musste erst mal einen Schluck trinken.

»Wie es in meinen Besitz gekommen ist? Tja, das darf ich Ihnen leider nicht verraten. Das einzig Wichtige ist, dass ich es habe und dass es ein höchst interessantes Licht auf Ihre gemeinschaftlichen *Tätigkeiten* – um es mal diplomatisch auszudrücken – wirft.« Er zwinkerte ihr zu. »Tatsächlich teilten Sie beide sich ja mehr als nur Uni und Wohnung, nicht wahr?«

»Ich verstehe nicht …«

»Ich rede von Männern, Trixie. Wohlhabenden Männern. Einflussreichen Männern. Von Männern, von denen Sie für Ihre Dienste bezahlt wurden.« Er sprach die Worte bewusst lang gezogen aus.

Aus dem Gesicht der jungen Frau war sämtliches Blut gewichen. Sie war so weiß wie eine Lilie.

Der Moment war gekommen, die Daumenschrauben anzuziehen. Er holte seinen Notizblock hervor und blätterte ein paar Seiten zurück. »Sie arbeiteten beide als freie Angestellte für den Escortservice *Violet* hier in Exeter. Oder irre ich mich? Wie läuft das ab, erhalten Sie einen Anruf, bei dem Ihnen ein bestimmter Kunde und ein Termin genannt werden, und Sie entscheiden dann, ob Sie den Job annehmen oder nicht? Oder müssen Sie pro Monat ein festes Kontingent von Kunden abarbeiten? Haben Sie manchmal Kunden zu Hause empfangen? Wo fanden diese Treffen statt? Sie sehen, ich kenne mich in der Branche nicht aus und habe viele Fragen.« Er lächelte kühl.

Beatrix nahm noch einen Schluck Wasser. Als sie wieder sprechen konnte, war ihre Stimme so leise, dass Jonathan näher rücken musste, um sie zu verstehen.

»Wir … wir haben das nur gemacht, um unser Studium zu

finanzieren. Viele Frauen machen das so. Da ist gar nichts dabei.«

»Das habe ich auch nicht behauptet …«

»Das Handy beweist gar nichts. Woher haben Sie das, funktioniert es überhaupt noch?«

»Oh, das funktioniert, keine Sorge.« Er drückte auf den Startknopf, und sofort leuchtete das Display auf. Rasch gab er die PIN ein und hielt es ihr hin. »Ich habe Zugriff auf sämtliche privaten Fotos und Einträge. E-Mails, Facebook und Messenger und sogar WhatsApp.«

»Scheiße …« Sie sackte zusammen.

»Sie beide waren ziemlich gut vernetzt, wie mir scheint.«

»Nur mit Freunden, nicht mit Kunden«, erwiderte Beatrix ein wenig zu hastig. »Wir haben das immer strikt auseinandergehalten.«

»Keine Stammkunden?«

»Doch, aber das lief ausschließlich über die Agentur. Wir bekamen eine Adresse und eine Uhrzeit. Keine Namen.«

»Und wie viel haben Sie dabei verdient?«

»Es gab feste Stundensätze. Die Agentur bekam siebzig Prozent, wir dreißig. Trinkgelder durften wir behalten.«

Jonathan pfiff zwischen den Zähnen. »Siebzig Prozent, ganz schön happig. Wäre es da nicht lukrativer, auf eigene Rechnung zu arbeiten?«

Die junge Frau schüttelte den Kopf. »Der Kundenkreis ist höchst exklusiv, an den wären wir privat nie rangekommen. Die Agentur verpflichtet sich, jeden Kunden gewissenhaft zu prüfen und schwarze Schafe auszusortieren. Es gibt da ein internes Bewertungssystem, das uns Mädchen ermöglicht, die Kunden einzuschätzen. So bleibt gewährleistet, dass uns nichts passiert und wir in Ruhe unsere Arbeit machen können. Umgekehrt können sich die Kunden darauf verlassen, keine Pannen zu erleben. Es ist ein strenges Auswahlverfahren. Cathy und ich haben eine Weile gebraucht, um dort aufgenommen zu werden.«

»Sie waren es, die Cathy dort eingeführt hat, stimmt's? Sie haben in der Agentur für sie gebürgt und eine Empfehlung ausgesprochen. So zumindest kann man es im Chatverlauf nachlesen.«

»Ja, aber nur, weil sie mich angefleht hat, mitmachen zu dürfen.«

»Muss ja ein echter Knallerjob sein ...«

»Das ist er natürlich nicht«, erwiderte Trixie. »Aber immer noch besser, als jeden Abend Achtstundenschichten zu schieben, bis zwei oder drei Uhr nachts in irgendwelchen Bars zu bedienen, keinen Schlaf zu bekommen, sich blöd anmachen zu lassen und dann auch noch mit Almosen heimgeschickt zu werden. Meine Eltern haben kein Geld. Ich muss mein Studium komplett selbst finanzieren. Cathy ging es genauso.«

»Verstehe ...«

»Was glauben Sie, was so ein Semester kostet? Inzwischen ist das Studieren hier in England ein Privileg der Reichen geworden. Nur wer ordentlich Asche hat, kann sich die Semestergebühren, die Miete und das ganze Drumherum leisten. Warum also nicht den eigenen Körper dafür einsetzen, um ein bisschen Geld zu verdienen? Ein Fließbandarbeiter tut nichts anderes ...«

»Haben Sie das den anderen Kriminalbeamten auch gesagt?«

»Nein ...« Sie senkte den Kopf.

»Warum nicht?«

»Weil sie nicht danach gefragt haben. Ich habe das geheim gehalten, niemand wusste davon. Außer ...« Sie hielt verstohlen nach allen Seiten Ausschau, als habe sie Angst, belauscht zu werden. Jonathans Interesse war sofort geweckt.

»Außer?«

»Na, da war dieser Kerl. Der Chefermittler.«

»Superintendent Squires?«

Sie strich über ihren Arm, als wäre ihr kalt. »Ein unangenehmer Mensch. Von Anfang an hat er seine Leute herumgescheucht, gleichzeitig war er ungeheuer nervös und misstrauisch. Wie ein Geisteskranker hat er Cathys Unterlagen durchwühlt. Alles Private hat er sofort eingesackt, Briefe, Tagebücher und so. Er war die ganze Zeit unzufrieden. Als suchte er etwas Bestimmtes. Erst als klar war, dass da nichts war, schien er sich zu entspannen. Er schickte die Leute runter in die Fahrzeuge, blieb aber selbst noch oben.«

»Um was zu tun?«

»Mit mir zu reden. Kaum waren die anderen weg, nahm er mich beiseite. Er fragte gezielt nach dem Handy. Ich sagte ihm, ich wüsste nicht, wo es wäre, versprach ihm jedoch, mich zu melden, falls ich es fände. Das schien ihn aber irgendwie nicht zu beruhigen ...«

»Warum wohl, was denken Sie?«

»Keine Ahnung. Obwohl er es nicht aussprach, war ich sicher, dass er von Cathy, von mir und dem Escortservice wusste. Er wusste, dass wir dort arbeiten. Doch anstatt mich darüber auszufragen, schärfte er mir ein, mit niemandem darüber zu reden. Das fand ich seltsam.«

Jetzt wurde Jonathan hellhörig. »Moment mal. Nur damit ich das richtig verstehe: Er wusste von Ihrem Job und hat Sie nicht weiter dazu befragt?«

»So war es, ich schwöre. Er sagte, wenn ich keinen Ärger wolle, dann sollte ich diesen Teil meines Privatlebens dringend geheim halten. Er riet mir dazu, sämtliche Hinweise zu tilgen. Umso erschrockener war ich, als Sie plötzlich davon anfingen.« Sie sah ihn argwöhnisch an. »Hat er Ihnen davon erzählt?«

»Das geht Sie nichts an«, entgegnete Jonathan. »Dienstinterne Angelegenheiten.«

»Ich dachte nur, weil ...«

»Überlassen Sie das Denken mir. Meine Quelle ist dieses Smartphone, und darin finden sich sehr interessante Details.« Er öffnete den WhatsApp-Chat und hielt ihn Trixie entgegen. »Cathys letzter Eintrag stammt vom 3. Juni, sehen Sie? Vier Tage ehe wir ihre Leiche aus den Fluten des Ärmelkanals gefischt haben. Offensichtlich hat sie versucht, eine Nachricht an Sie abzuschicken, doch sie ging nicht an Sie raus. Aus welchen Gründen auch immer. Der Inhalt lautet:

Hi, Trixie. Ich wünschte, du wärst noch bei mir. Diese Sache entwickelt sich anders als erwartet. Ich hab versucht, mit den Veranstaltern zu reden, aber niemand hört mir zu. Alle sind hier ganz komisch drauf. Könntest du mal bei der Agentur nachfragen, ob die etwas machen können? Ich habe keine Lust mehr und will hier einfach nur noch weg. LG, C.«

Er musterte die junge Frau aufmerksam. »Können Sie mir sagen, was damit gemeint ist? Von was für einer Veranstaltung ist da die Rede?«

Trixie sackte in sich zusammen wie ein Brotteig, den man ins Kalte gestellt hatte. Ihre Augen starrten auf das Wasserglas, ihre Lippen waren versiegelt.

»Trixie?«

»Ich …«

Er beugte sich vor und ergriff ihre Hände. Sie waren eiskalt. »Sehen Sie mich an. Was für eine Veranstaltung?« Er drückte fester zu.

Ängstlich hob sie den Blick. »Eine Party …«

»Aha, eine Party also. Über mehrere Tage hinweg?«

Die Andeutung eines Nickens war zu sehen.

»Muss ja eine recht ausschweifende Veranstaltung gewesen sein. Und Sie waren ebenfalls dort?«

»Ja …«

»Sind dann aber früher gegangen.«

Zaghaftes Nicken.

»Warum?«

»Meine Dienste wurden nicht länger benötigt.«

»Cathys aber schon.«

»Ja …«

Jonathan ließ ihre Hände los und lehnte sich zurück. »Erzählen Sie's mir, Trixie. Was für eine Veranstaltung war das? Sex, Rollenspielchen, Orgien?«

»So was in der Art …«

»Wie viele Mädchen waren dort? Wurden Drogen gereicht? Sie werden mir doch wohl nicht erzählen wollen, dass man Sie zu einem gesitteten Kaffeekränzchen eingeladen hat. Wer hat das organisiert, welche Klientel war dort anwesend?«

»…«

»Es ist offensichtlich, dass Cathy Angst hatte. Sie wollte dort weg. Irgendetwas muss passiert sein, denn kurze Zeit später sprang sie von der Klippe. Oder sie wurde gestoßen, so genau wissen wir das nicht. Ich will, dass Sie mir alles erzählen, andernfalls sehe ich mich gezwungen, die Sache der nächsthöheren Behörde zu übergeben. Ich möchte Sie bitten, mich diesbezüglich nicht auf die Probe zu stellen.« Jonathan sah sie prüfend an.

Ihre Augen waren wie zwei dunkle Schächte, die tief hinunter bis zum Grund des Meeres reichten.

34

Der Abend senkte sich über die Wipfel der Bäume. Die Geräusche erstarben, wurden leiser und dunkler. Vögel flogen hinaus auf die Felder, Säugetiere suchten ihre Schlafplätze auf, Insekten erstarrten in der kühler werdenden Luft. Drüben im Osten war der Mond über den Horizont gestiegen. Schon wich die warme Dämmerung vor seinem kalten Schein zurück. Andere Kreaturen betraten die Bühne. Kröten, Eulen, Raubtiere. Die Veränderungen in der Natur waren hautnah spürbar. Die blaue Stunde.

Dies war Ambrose van Tynes liebste Tageszeit. Die Stunde der Geister und Kobolde, der Feen und Waldelfen. Der Moment, wenn die Seelen der Verstorbenen auf die Lebenden trafen und mit ihnen kommunizierten. Man gedachte der Toten, erfreute sich des Lebens und zog Kraft daraus. Schöpfung, Untergang, Auferstehung – all das war für einen kurzen Zeitraum vereint und gewährte dem ungeübten Auge einen flüchtigen Blick in die Welt jenseits der Realität. Kein Wunder, dass so viele Dichter diesen Moment in ihrer Lyrik eingefangen hatten und unzählige Künstler bestrebt waren, dieses spezielle Licht zu malen. Niemand blieb davon ungerührt, nicht einmal zu Beginn des 21. Jahrhunderts. Es war, als spürte selbst der abgestumpfteste Geist, dass etwas Besonderes vorging. Dass die alten Götter noch immer unter den Sternen wandelten.

Es war diese Stunde am Tag, wenn Ambrose hinauf in den Wald ging. Die lange Treppe hinauf, vorbei an der Quelle und dem Aussichtspunkt, ins Herz des Waldes. Dorthin, wo die Ruinen standen. Der Wald war groß. Es dauerte eine Zeit, um dorthin zu gelangen. Aber es war ein festes Ritual, und er vollzog es jeden Tag.

Heute war er nicht allein. Rhiannon war bei ihm und auch

Yara. Die junge Frau, die heute Mittag aus Jordanien eingetroffen war. Sie hatte den weiten Weg auf sich genommen, um ihm eine Botschaft zu überbringen. Eine Geste, die Ambrose ehrte und die als Beweis ihrer Loyalität gelten durfte. Gewiss, sie hatte seinen Auftrag nicht ausgeführt, dafür aber schien es Gründe zu geben. Gewichtige Gründe. Er brannte darauf, sie zu erfahren, sobald die Reinigung vollzogen war.

Das Ritual der Erneuerung war heilig, es war das Fundament ihres Glaubens. Die Seele wurde gereinigt, Misstrauen, Lügen und Zweifel verbannt. Angesichts IHRER Herrlichkeit gab es nur die Wahrheit.

Die Ältesten befanden sich im dichtesten Teil des Waldes. Dort, wo niemand außer dem engsten Kreis Zutritt hatte. In diesem Bereich waren alle Bäume alt. Schwer, knorrig und weise. Sie hatten hier gestanden, ehe die Sachsen in dieses Land eingefallen waren, noch vor den Wikingern und den Normannen. Sie hatten ihre Zweige ausgebreitet, ehe Thomas Becket, Richard Löwenherz und Robin Hood geboren wurden. Ein William Shakespeare würde erst viel später die Bühne betreten, und auch von einem Heinrich VIII. war noch lange nichts zu sehen. Als der Bruch mit Rom stattfand, waren diese Bäume bereits alt.

Unzählige ihrer Art hatte man abgeholzt, um die englische Flotte zu bauen, doch wie durch ein Wunder war an diesen Teil des Landes niemals eine Axt gelegt worden. Generation um Generation verantwortungsbewusster Hüter hatte den Raubbau zu verhindern gewusst. Kleinere Abholzungen wurden höchst behutsam ausgeführt und fanden höchstens statt, damit der Wald luftig blieb und die Patriarchen genügend Licht bekamen. Ein Akt größter Vorsicht und höchsten Respekts.

Dabei war es nicht immer einfach gewesen, den Wald zu schützen.

Mehr als einmal waren die Äxte bis auf Hörweite herangekommen. Es hatte höchster Diplomatie- und Überzeugungskunst bedurft, um die Kleingeister davon abzuhalten, zu vernichten, was sie nicht verstanden – allen voran die Vertreter der christlichen Kirchen. Ihnen war dieser Ort von Anfang an ein Dorn im Auge gewesen, widersprach er doch in fundamentaler Weise ihrer lächerlichen Fabel von einem Gott, der seinen eigenen Sohn tötete, um die Sünden der Menschheit auf sich zu nehmen. Eine altbackene Hirtengeschichte, die den Tod über das Leben stellte und die mit ihrer verqueren Botschaft dafür sorgte, dass die Menschen die Kirche aus lauter Angst um ihr Seelenheil zu einem gefräßigen Schmarotzer heranfütterten. Einem Schmarotzer, der sich in so ziemlich jeden Aspekt des täglichen Lebens einmischte.

Zur Sicherung der Macht hatte die Kirche einen perfiden Plan ausgeheckt. Wie lenkt man den Blick der Menschen weg vom eigenen Reichtum? Wie verschleiert man die Tatsache, dass die einen am Hungertuch nagen, während die anderen immer fetter und reicher werden? Richtig, man baut ein Feindbild auf. Eines, das stark genug ist, den Schleier von Lug und Trug, von Unterdrückung und Ausbeutung aufrechtzuerhalten. Man benötigt jemanden, dem man die Schuld an dem Frust und dem Leid der gequälten Menschen geben kann. Und man findet ihn in der Konkurrenz – im andersgearteten Glauben. In dem, was früher war.

So kam es, dass nicht nur die alten Götter geschändet wurden, sondern mit ihnen das Land. *Seid fruchtbar und mehret euch. Und macht euch die Erde untertan.* Nein, dieser neue Gott hat keinen Sinn für die Natur. Ihm ist alles verhasst, was grünt und blüht. Die uralten Wälder? Rohstofflieferanten. Die lieblichen Flüsse? Abwasserkanäle. Die unberührten Täler? Billiges Bauland. England verkam zu einem Gartenstaat, einem Paradies für Kricketspieler und Kleintierzüchter. Eine dunkle Epoche, die nun schon zweitausend Jahre anhielt. Zweitausend

Jahre Christentum. Doch das würde bald ein Ende haben. Selbst aus dem kleinsten Samenkorn konnte wieder ein ganzer Wald entstehen.

Das kommende Fest markierte den Beginn eines neuen Sonnenzyklus. Wenn alles so verlief, wie Ambrose das plante, würden die alten Kräfte erstarken. Das Land würde ergrünen und die Magie zurückkehren. *Erneuerung* lautete das Zauberwort. Und es begann hier.

Der Patriarch stand inmitten eines Steinkreises aus römischer Zeit, dessen Alter Forscher auf knapp zweitausend Jahre datierten. Er stammte aus derselben Zeit wie die Ruinen, die ringsherum aus dem Boden ragten. Überbleibsel einer prächtigen Villa, die einst einem Konsul oder Präfekten gehört hatte.

Der Kreis besaß einen Durchmesser von fünfundzwanzig Metern, womit er ein wenig kleiner war als sein berühmter Nachbar in Stonehenge. Er bildete gleichsam geografischen Mittelpunkt wie spirituelles Zentrum der gesamten Anlage. Trotz seines hohen Alters war er ausgezeichnet erhalten. Die Symbole auf den Steinen konnte man selbst bei schwachem Licht erkennen.

Die vier Himmelsrichtungen waren mit farbigen Kerzen markiert. Grün für den Norden, Gelb für den Osten, Rot für den Süden und Blau für den Westen. Heilige Gegenstände lagen auf dem Altarstein. Ein magisches Messer, eine Schale mit Salz, ein Räuchergefäß, zwei gelochte Steine sowie ein Krug mit Wasser.

Ambrose ging hin und entfachte den Weihrauch. Dann nahm er das Messer und berührte damit die Oberfläche des Wassers. Er sprach die geweihten Worte. Anschließend ging er nach Osten und wiederholte die Worte. Im Uhrzeigersinn schritt er den magischen Kreis ab, das Messer mit der Klinge nach außen haltend. *»Dies ist die Grenze meines Zirkels aus Stein, nichts als Liebe soll hier willkommen sein. Nichts soll entstehen hier als*

Liebe allein. O, ihr Uralten, bringt eure Kräfte mit ein.« Er legte das Messer zurück auf den Altar und wiederholte den Vorgang im Süden, Westen und Norden. Der Steinkreis war nun versiegelt.

Der Patriarch reagierte auf die Beschwörung. Ein leichter Wind hatte eingesetzt und ließ die Kerzen flackern. Die Luft war erfüllt von Magie. Ein dünner Nebel waberte über den Boden.

Ambrose winkte den beiden Frauen zu, die am Rand des Kreises standen. Gemeinsam gingen sie in die Mitte und stimmten den Segnungsgesang an.

»Mögen die Mächte des All-Einen, des Ursprungs aller Schöpfung, alldurchdringend, allmächtig, ewig sein.

Mögen Göttin und Gott, Herrscherin des Mondes und gehörnter Jäger der Sonne, mögen die mächtigen Steingeister, Herrscher über die Elemente, die Sterne dort oben und die Erde unter mir, diesen Ort und diese Stunde segnen, und mich, der ich mit ihnen bin.«

Yara und Rhiannon umkreisten den Stamm und wiegten ihre Leiber zur Musik unsichtbarer Instrumente. Sie waren in Trance gesunken. Die Steine im Kreis glommen und pulsierten von magischer Energie. Das Licht spiegelte sich auf der Rinde der mächtigen Eibe. Einst war sie heller gewesen, doch Alter und Ermüdung waren jetzt deutlich zu erkennen. Ambrose ließ seine Hände über den Stamm gleiten. Das Wesen sprach zu ihm. Es hinterließ Gedanken. Bilder, die von Verlangen zeugten. Der Patriarch spürte das Herannahen der Mittsommerwende.

»Bald«, flüsterte Ambrose. »Bald wirst du bekommen, wonach es dich verlangt. Nur noch ein bisschen Geduld.«

Ein Zittern durchlief den Stamm. Der Baum hatte ihm geantwortet. Er war bereit.

»Jetzt«, flüsterte Ambrose den beiden Frauen zu und brach ein kleines Stück der Rinde ab. »Beeilt euch.«

Die Frauen unterbrachen ihren Tanz und brachen ebenfalls kleine Teile der Rinde ab. Jede nur ein daumennagelgroßes Stück, doch das genügte. Mehr wäre tödlich. Sie steckten es in den Mund und kauten darauf herum. Der Geschmack war äußerst bitter. Es zog einem alles im Inneren zusammen. Die Eingeweide wurden herumgedreht wie ein nasser Lappen. Das Gefühl, die Rinde ausspucken zu müssen, wurde unerträglich, doch man musste ihm widerstehen. Nach einer Weile ließ das Unwohlsein nach. Die heilende Wirkung setzte ein. Dann geschah es. Als würden sämtliche Lämpchen in seinem Inneren angeknipst, zuckte ein Licht in Ambroses Innerem auf. Seine Zellen wurden von purer Herrlichkeit durchströmt.

Die beiden Frauen erlebten es ebenfalls. Rhiannon lächelte beseelt. Ihr Blick war jung und voller Leidenschaft. Auch Yara war sichtlich ergriffen. In ihren Augen lag Erstaunen, gepaart mit Ehrfurcht. Ambrose war dieser Blick vertraut, vor allem bei Adepten. Es war der Blick eines Menschen, dessen Weltbild gerade bis in die Grundfesten erschüttert worden war. Er nahm sie bei der Hand und führte sie aus dem Kreis. Langsam erlangte sie das Bewusstsein wieder.

»Danke«, flüsterte sie. »Danke, dass ich daran teilhaben durfte.«

»Du hast es dir verdient, Yara«, erwiderte er. »Ich bin stolz auf dich. Das Band zwischen uns ist stärker als zuvor. Nun berichte, was du gesehen hast. Was ist da drüben geschehen, dass du den weiten Weg auf dich genommen hast? Ich möchte, dass du uns von deiner Begegnung erzählst. Und lass kein Detail aus.«

35

Leslies Stimme kam aus der Küche. »Mach mal eine Pause, und komm her. Ich koche uns einen Tee.«

Hannah schaltete ihren Laptop aus, stand dann auf und vertrat sich die Beine. Leslies Wohnung war klein, aber gemütlich. Eingerichtet mit viel Liebe zum Detail und einem Blick für das Wesentliche. Überall befanden sich Erinnerungsstücke. Vornehmlich aus Südafrika sowie dem Nahen und Mittleren Osten. Orten, an denen die Journalistin während der letzten Jahre gelebt und gearbeitet hatte. Kaum eine Handbreit entlang der Wände war frei. Es gab Bücherregale, Lampen, Wandteppiche, geschnitzte Masken und Fotografien.

Manch einer hätte die Wohnung als zugerümpelt empfunden, doch Hannah mochte den Stil. Es war wie eine Zeitreise. In solchen Wohnungen erfuhr man etwas über die Menschen, und darum ging es doch. *Zeig mir, wie du lebst, und ich sag dir, wer du bist.* Und dass die Wohnung ein Spiegelbild der Seele war, daran hegten wohl selbst Nichtpsychologen keine Zweifel.

Auf vielen der Fotos war Leslie zu sehen. Als kleines Mädchen, als Jugendliche, später als Frau. Im Jeep, an Bord eines kleinen Flugzeugs, im Kanu oder in Bergsteigermontur in einer Felswand hängend. Der Reiz des Abenteuers, die Liebe zu fremden Ländern und Kulturen sprühte aus allen Aufnahmen. Hannah hatte schon immer eine gewisse Seelenverwandtschaft mit Leslie gespürt, nun begriff sie, wie ähnlich sie sich im Grunde waren. Nicht weil sie vom selben Geschlecht waren, sondern weil sie diesen Drang nach der Ferne verspürten, den Hunger nach Leben.

Auf ein paar der Fotos sah man Leslie neben einem gut aussehenden, braun gebrannten Mann stehen. So wie sie ihn umarmte, küsste und anlächelte, war es die große Liebe. Was wohl aus ihm geworden war?

Hannah schrak aus ihren Gedanken, als Leslie plötzlich neben ihr auftauchte, ihre Hände mit einem Handtuch trocknend.

»Was siehst du dir an?«

»Nur ein paar deiner Erinnerungsfotos. Danke übrigens, dass ich bei dir unterschlüpfen darf. Ich finde Hotels so unpersönlich.«

»Ich habe gerne ein bisschen Gesellschaft. Und die Wohnung ist groß genug für zwei.«

»Wer ist das?« Hannah tippte auf ein Bild, das Leslie und den Unbekannten auf dem Heck eines Pick-ups stehend zeigte. Die beiden hielten sich am Überrollbügel fest und strahlten in die Kamera. Sie trugen kurze Hosen und T-Shirts und wirkten glücklich.

»Das ist Andrew, mein Verlobter. Die Aufnahme stammt von 1998.«

»Was ist passiert?«

Leslie sog die Luft durch ihre Nase. »Er wurde ermordet.«

»Was? Wieso denn?« Hannah und ihr untrüglicher Sinn für Fettnäpfchen. »Du musst es mir nicht sagen, wenn du nicht willst.«

»Ist schon okay«, sagte Leslie. »Die Sache ist fast zwanzig Jahre her. So langsam sollte ich mal darüber hinweg sein. Ich habe diese Bilder aufgehängt, um mich daran zu erinnern, wie vergänglich das Leben ist. Heute glücklich und verliebt, morgen alles vorbei. Bestimmt wäre mein Leben an seiner Seite anders verlaufen, aber man kann es sich nicht immer aussuchen, oder? Komm mit, dann erzähle ich dir von ihm.«

Sie gingen hinüber in die Küche. Hannah nahm an dem kleinen Küchentisch Platz und ließ sich von Leslie eine Tasse duftenden Oolong einschenken.

»Wir arbeiteten zusammen für das südafrikanische Magazin *Living*, für das ich die Texte und er die Fotos lieferte«, sagte Leslie. »Andrew war bereits ein gefeierter Fotograf, der für seine Arbeiten in den Townships während der Apartheid einen Pulitzerpreis gewonnen hatte. 1998 wurden wir, zusammen mit ein paar anderen Journalisten, nach Lesotho geschickt, um über die Ausschreitungen zu berichten. Unser Team wurde von oppositionellen Rebellen entführt, die uns in ihre Gewalt brachten und uns zwangen, uns öffentlich für die Annullierung der Wahl und die Absetzung des frisch vereidigten Premierministers Bethuel Pakalitha Mosisili auszusprechen. Was wir notgedrungen taten. Genutzt hatte es allerdings wenig, nur wenige Tage später marschierten Truppen aus Südafrika und Botswana ein und schlugen den Aufstand nieder. Nur mit knapper Not konnten wir vor den Rebellen fliehen.«

»Und Andrew?«

Leslie schluckte. »Er verhandelte mit dem Führer, um uns die Flucht zu ermöglichen. Er wurde festgesetzt und kurz darauf hingerichtet. Später fand man seine Leiche. Sie hatten ihn mit Macheten zerstückelt.«

»Um Gottes willen ...«

»Ich war traumatisiert. Ich schwor mir, künftig einen weiten Bogen um alle Krisenregionen zu machen. Aber du weißt ja, wie das ist mit den guten Vorsätzen«, sie grinste schief. »Sie sind unbeständig wie das Wetter. Heute Regen, morgen Schnee. Und irgendwann kommt die Sonne zurück, und du fragst dich, weswegen du trübsinnig gewesen bist.« Leslie zuckte die Schultern.

Sie versuchte, tapfer zu sein, Hannah sah es ihr an, aber die Erinnerungen machten ihr noch immer zu schaffen. Sie legte ihre Hand auf Leslies. »Ich kenne das. Zu viele Male schon stand ich mit einem Fuß am Abgrund, schwor mir, einen seriösen Beruf zu ergreifen und für meine Familie da zu sein. Aber wir können halt beide nicht gegen unsere Natur handeln. Wäre es anders gewesen, wir wären uns nie im Irak begegnet, und das wäre doch jammerschade.«

»Auch wieder wahr.« Leslie nippte an ihrem Tee. »Allerdings

haben sich danach ein paar Dinge für mich geändert. Ich habe nie wieder einen festen Partner gefunden, und ich bin nie wieder in die Kirche gegangen.«

Erstaunt sah Hannah sie an. »Warst du denn jemals religiös?«

»Ob du's glaubst oder nicht. Ich bin regelmäßig zum Gottesdienst gegangen, habe gebetet und den Geschichten von der unsterblichen Seele gelauscht. Nach Andrews Tod kam mir das alles vor wie blanker Hohn. Tatsächlich schlug es ins krasse Gegenteil um. Ich entwickelte einen regelrechten Hass auf die Heilsverkünder und selbst ernannten spirituellen Führer. Ich fand, dass sie nichts anderes tun, als den Leuten Sand in die Augen zu streuen und ihnen das Geld aus der Tasche zu ziehen. Damals drehte ich meine Dokumentation über Sekten in England. Der Beitrag war ziemlich erfolgreich, hat mir aber auch einige Feinde beschert. Edward kannte ihn, mochte ihn und fand ihn für seine Arbeit hilfreich. So kamen wir ins Gespräch.«

Hannah runzelte die Stirn. »Apropos, hast du schon etwas von ihm gehört? Ich nämlich nicht.«

Leslie schüttelte den Kopf. »Anrufe, Mails, Kurznachrichten, nichts wird beantwortet. Es ist wie verhext. Seit Amman geht das schon so, ich bin wirklich am Ende mit meinem Latein.«

»Vielleicht ist er verreist, hat ein paar Tage Auszeit genommen ...«

»Ohne uns zu informieren? Sehr unwahrscheinlich. Ich weiß, wie sehr er auf den Bericht von unserer Reise brennt.« Leslie wirkte besorgt. »Ich hoffe, ihm ist nichts zugestoßen.«

»Das hoffe ich auch. Aber wir sollten ihm noch etwas Zeit geben. Er wird sich schon melden. Inzwischen könnten wir unsere Fährte weiterverfolgen. Die van Tynes wohnen in einem Schloss unten an der Südküste, sagtest du?«

Leslie nickte. »Redcliffe Castle existiert seit dem Mittelalter. Es wurde in dieser Zeit mehrmals erobert, geschleift und wiederaufgebaut, aber es steht auf den alten Grundmauern.«

»Die Frage ist, wie man an solche Leute rankommt. Die werden wohl kaum im Telefonbuch stehen, oder?«

»Um ehrlich zu sein, ich weiß es nicht«, sagte Leslie. »Meine Kontakte reichen nicht aus, um uns dort die Tür zu öffnen. Und einfach hinfahren und anklopfen erscheint mir auch nicht sehr aussichtsreich.«

»Vielleicht gibt es einen anderen Weg«, sagte Hannah. »Stromberg Enterprises verfügte über ziemlich gute Kontakte in die obersten Etagen. Normans Sohn David hat jetzt das Sagen, aber ich könnte mir vorstellen, dass er diese Kontakte weiter pflegt. Einige ihrer größten Investitionen stecken in der Altertumsforschung. Wenn es stimmt, dass die Familie van Tyne einst in Petra tätig war, sollte es nicht so schwer sein, einen Kontakt herzustellen. Einen Versuch wäre es zumindest wert. Ich werde John bitten, sich mit David in Verbindung zu setzen. Die beiden kennen sich persönlich. Mal schauen, was ich erreichen kann.«

»Klingt gut«, sagte Leslie. »In der Zwischenzeit sollten wir mal einen Ausflug runter an die Küste machen. Uns ein bisschen die Umgebung ansehen.«

»Eine Spazierfahrt?«

»Recherche, meine Liebe, Recherche.« Sie schob Hannah einen Zeitungsartikel herüber. Er stammte vom Mittwoch.

»Mysteriöser Todesfall an der Jurassic Coast. Junge Frau stürzt in den Abgrund.« Hannah hob verwundert eine Braue.

»Ich sagte dir doch, es ist eine gefährliche Gegend«, sagte Leslie.

Hannah biss sich auf die Unterlippe. Sie hatte Leslies Worte nicht vergessen. »Denkst du dabei an die Sache mit Myra?«

»Schwer zu sagen«, erwiderte Leslie. »Die Hintergründe sind ungeklärt. Die Tragödie hat sich anscheinend nachts ereignet. Die junge Frau ist auf einen Felsen gestürzt, wurde ohnmächtig und ist dann ertrunken. Die Behörden gehen davon aus, dass es ein Unfall war.«

»Klingt einleuchtend«, sagte Hannah. »Ein paar Jugendliche, die nachts an der Küste Party machen, sich betrinken, den Klippen zu nahe kommen. Wieso sagtest du, der Fall sei ungeklärt?«

»Nenne es journalistischen Instinkt. Ich suche nach Ungereimtheiten. Alte Berufskrankheit. Es gibt da ein paar Dinge, die nicht koscher sind. Erstens war das Mädchen allein. Also keine Party oder so. Sie war mitten in der Nacht unterwegs und trug keine Schuhe. Angehörige hat sie keine, wäre also ein ideales Opfer. Das Kuriose aber ist, dass sie wohl offenbar vorher durch einen Wald gerannt ist. Im Artikel steht etwas von Schürfspuren, die sie sich auf der Flucht zugezogen hat. Kratzern von Ästen und Zweigen …«

»Das ist allerdings seltsam«, murmelte Hannah.

»Verstehst du jetzt, warum ich gerne einen kleinen Abstecher an die Jurassic Coast machen würde? Obendrein ist es eine zauberhafte Gegend. Wird dir gefallen.«

»Gut, einverstanden«, erwiderte Hannah. »Lass mich noch kurz eine Mail an John schreiben, dann können wir aufbrechen. Wie lange werden wir ungefähr unterwegs sein?«

»Bis in die späten Abendstunden. Je nachdem, was wir finden. Ich würde gerne die Dämmerung ausnutzen, um weniger Aufmerksamkeit zu erregen. Taschenlampen liegen schon bereit.«

»Klingt, als könnte mir das Spaß machen«, sagte Hannah.

36

Ambrose van Tyne richtete sich auf. Das Licht des frühen Abends schimmerte wie Gold auf den Körpern der Frauen. Beide schliefen tief und fest. Rhiannon rechts von ihm auf dem Bauch, Yara auf der linken Seite. Beide machten leise Atemgeräusche. Der Boden sah aus, als wäre ein Hurrikan durch den Raum gefegt. Unterwäsche, Schuhe, Hemden, Hosen, Rhiannons Kleid, alles wild durcheinander.

Leise streifte Ambrose die Decke zur Seite und rutschte nach vorn. Er wollte die beiden nicht stören. Nach den körperlichen Ausschweifungen hatten sie sich Ruhe verdient. Rhiannon wurde trotzdem wach.

»Musst du schon aufstehen, Liebster?«, murmelte sie verschlafen. »Komm doch zurück ins Bett.«

Er gab ihr einen Kuss. »Ich habe zu tun.« Er ignorierte ihren halbherzigen Protest, ging hinüber zum Schreibtisch und nahm dort Platz. Der Rechner war an ein Highspeed-Netzwerk angeschlossen und verfügte über beste Verschlüsselungsstandards. Von hier aus erledigte er alle seine Geschäfte. Einem naturgebundenen Glauben anzugehören, bedeutete nicht zwangsläufig, auf technischen Komfort zu verzichten. Ambrose genoss das Beste aus beiden Welten. Den Glauben an höhere Mächte sowie einen gesunden Hunger nach weltlichen Profiten.

Rhiannon verließ das Bett und kam zu ihm herüber. »Was gibt es denn so Dringendes zu erledigen, dass du nicht wieder zurückkommst?«

»E-Mails checken, nachsehen, wie unsere Aktien in Südkorea stehen, und natürlich, ob die letzten Zusagen für das Fest eingegangen sind.« Er scrollte durch die Mails. Plötzlich stutzte er und überflog den letzten Eintrag.

»Was haben wir denn hier?«

Sie blickte ihm über die Schulter. »Was denn?«

»Einer unserer Verbindungsleute in London hat uns eine Mail weitergeleitet. Absender ist ein gewisser John Evans, Chief Technology Officer bei Stromberg Enterprises.«

»Nie gehört.«

»Ein mächtiger US-Konzern«, erwiderte Ambrose. »Öl, erneuerbare Energien, Lithium und so weiter. Wir haben etliche Aktien bei denen. Der Gründer ist ein gewisser Norman Stromberg, ein amerikanischer Großindustrieller, der aber kürzlich verstorben ist. Sein Sohn leitet jetzt die Geschäfte. Die Strombergs gelten als ausgewiesene Kenner der Altertumsforschung.«

»Sammler?«

Er nickte. »Vor allem von historischen Relikten. Sie haben eine Armee von Archäologen, die für sie arbeiten. Man munkelt, dass ihre Sammlung die des British Museum übertrifft. Ihre Scouts sind rund um den Erdball im Einsatz.«

»Gehören sie zu unseren Leuten?«

Er schüttelte den Kopf. »Wir haben ein paarmal versucht, mit ihnen in Kontakt zu treten, sind jedoch auf Granit gestoßen. Störrische Amerikaner. Ich habe aber die Hoffnung noch nicht aufgegeben.«

»Und was will dieser … wie hieß er doch gleich?«

»Evans. Moment, lass mich kurz das Dokument öffnen.« Er klickte auf den Anhang und überflog die Zeilen. Er konnte nicht glauben, was er da las. Es war so kurios, dass er laut auflachen musste. Nebenan rekelte sich Yara im Bett.

»Das glaube ich jetzt nicht«, sagte er. »Wenn der Prophet nicht zum Berg kommt …«

»Was ist los?«

»Lies selbst.« Er rutschte zur Seite.

»Eine Terminanfrage. Für …« Sie stutzte. »Das ist ein Scherz, oder?«

»Ich glaube nicht.«

»Hannah Peters?«

»Lies weiter. Wie es aussieht, gehört sie zum freien Mitarbeiterstab von Stromberg Enterprises. Hier steht's: John Evans ist ihr Ehemann. Er entschuldigt sich dafür, diesen Umweg zu nehmen, und vertraut darauf, dass uns die Nachricht eher erreicht, wenn sie über die offiziellen Kanäle kommt.«

»Kluger Mann …«

»Er schreibt, seine Frau würde sich gerne mit uns treffen. Es geht um die Ausgrabungsstelle in Jordanien. Da schau her. Offenbar haben sie herausbekommen, wer damals die Leitung im Grabungsabschnitt dreiundzwanzig innehatte. Sie fragt wegen eines Termins an. Für sich und diese Journalistin.«

»Leslie Rickert.« Rhiannon schüttelte den Kopf. »Unglaublich …«

»Vielleicht nicht.« Ambrose lehnte sich zurück, die Hände gefaltet. »Die kosmischen Verbindungen sind für uns Menschen manchmal unsichtbar. Was aber nicht heißt, dass sie nicht existieren. Ich tendiere dazu, es als Wink des Schicksals zu betrachten.«

Rhiannon fing an, seine Schultern zu massieren. Er liebte die Berührung ihrer Hände. Sie waren zu so unglaublichen Dingen fähig.

»Wie wirst du reagieren?«

»Ich werde sie natürlich einladen. Ich will sie kennenlernen, beide. Wenn du nichts dagegen hast …«

Sie zögerte. »Hältst du das für klug? Nach allem, was Yara uns über sie erzählt hat?«

»Aber das ist doch genau der Punkt. Ich will mir ein eigenes Bild von ihr machen. Ich bin neugierig, ob an Yaras Geschichte etwas dran ist.«

»Neugierig bin ich ebenfalls, aber auch vorsichtig. Wenn sie eine Sehende ist, könnte es sein, dass sie unsere Absichten durchschaut.«

»Das Risiko müssen wir eingehen«, erwiderte Ambrose. »Immerhin besteht die Chance, dass wir sie für unsere Sache gewinnen. Wahre Sehende sind selten wie Diamanten, vergiss das nicht. Die alten Schriften zählen gerade mal zwölf von ihnen. Und sie alle wurden zu wichtigen Wegbereitern unseres Ordens.«

Sie legte ihren Kopf zur Seite. Ihre Skepsis war größer als seine, das konnte er erkennen. »Erst willst du sie umbringen, und jetzt willst du sie einladen. Ein etwas plötzlicher Gesinnungswandel, findest du nicht?«

Er winkte ab. »Da standen uns noch nicht die Informationen zur Verfügung, die wir heute besitzen. Yaras Bericht hat alles verändert. Ich fühle, dass es das Richtige ist. Ich werde sie einladen. Die Chance, dieser Frau gegenüberzutreten, wiegt jedes Risiko auf. Wir dürfen die Strömungen auf keinen Fall ignorieren.« Er drehte sich zu ihr um. »Wie geht es eigentlich unserem Professor?«

»Edward?« Rhiannon lächelte. »Ausgezeichnet. Die Tränke schlagen gut an. Er hat uns alles verraten, was wir wissen wollten.«

»Wie war eigentlich der Besuch bei ihm? Ich bin noch gar nicht dazu gekommen, dich danach zu fragen.«

Sie antwortete nicht gleich, sondern stand nur da. Nackt und mit verschränkten Armen. Der Anblick der Brüste, die auf ihren Unterarmen ruhten, gefiel ihm.

»Nun? Du verbirgst doch etwas vor mir. Was ist es? Raus mit der Sprache.«

»Dräng mich nicht.« Ihr Lächeln wurde breiter. »Es soll eine Überraschung sein.«

»Du weißt, dass ich Überraschungen hasse. Also los.«

»Ich denke, du wirst zufrieden sein.«

»Sag nicht, ihr habt die Fragmente gefunden.«

»Vielleicht …«

»Bei den Göttern!« Er sprang auf. »Darf ich sie sehen? Wo sind sie? Komm schon, du musst sie mir zeigen.«

»Das werde ich nicht«, rief sie tadelnd. »Du bist unmöglich, Ambrose. Wie ein kleiner Junge, der es nicht erwarten kann, endlich seine Geschenke auszupacken. Ich wollte damit bis zum Fest warten.«

»Wie viele sind noch da?«

»Alle. Zumindest die Dosen mit dem Rohmaterial. Die fertig geschnittenen Sequenzen wurden ja vernichtet.«

»Das Rohmaterial ist genauso gut. Nein, besser. Das bietet uns einen größeren Gestaltungsspielraum.«

Sie nickte. »Edward ist überzeugt, er könne den Film vollständig rekonstruieren. Seiner Einschätzung nach schafft er das bis zum Beginn der Feierlichkeiten. Der Ton bereitet ein paar Probleme. Es fehlen Musik und Soundeffekte. Manche der Dialoge sind auch verschwunden, aber das bekommen wir hin.«

»Wir haben Spezialisten, die sich darum kümmern können«, sagte Ambrose. »Hauptsache, der Film ist komplett, wenn die Feierlichkeiten beginnen. Oh, Rhiannon, du weißt gar nicht, was für eine Freude du mir damit machst. Das große Manifest unseres Glaubens, endlich vollständig.« Er wusste nicht, wie er seine Freude zum Ausdruck bringen sollte, daher nahm er Rhiannon einfach in den Arm. »Ich habe, ehrlich gesagt, nicht mehr damit gerechnet. Nicht nach so vielen Jahrzehnten.« Er strahlte. »Stell dir vor, was für einen Eindruck das auf unsere Gäste machen wird. Das ist das Event des Jahrzehnts, ach wo, des Jahrhunderts.«

Sie presste ihren Körper an ihn. »Hast du jetzt genug gute Nachrichten erhalten, dass du dich dazu überwinden könntest, noch einmal zu uns ins Bett zu kommen? Wir könnten Yara gemeinsam wecken. Na, was denkst du?«

»Einverstanden«, sagte er lächelnd. »Bereiten wir ihr eine kleine Überraschung.«

Er spürte, dass er bereit war für ein Nachspiel. Die Aussicht, dieses Meisterwerk der Filmgeschichte, dieses Kunstwerk, in seiner ursprünglichen Fassung sehen zu dürfen, erregte ihn mehr als alles andere.

37

Die Jurassic Coast präsentierte sich an diesem frühen Juniabend von ihrer schönsten Seite. Der warme, seeseitige Wind trieb die Kumuluswolken wie Schafe über den Himmel. Das trockene Gras wurde zu Boden gedrückt, und das Heidekraut wogte sanft. Links standen ein paar Kühe, die friedlich auf der Weide grasten, rechts kreisten Möwen im Aufwind an den Klippen.

Hannah hob den Kopf und atmete tief ein. Der Wind roch nach Salz und Seetang. Die Gischt ließ feine Tröpfchen durch die Luft segeln, die sich auf Haut und Haaren niederließen. Weiter vorn standen ein paar Kinder, die ihre Drachen steigen ließen.

Hannah lächelte. Die Klassiker kamen nie aus der Mode. Schmale Holzleisten, buntes Papier und eine Schnur – mehr brauchte man nicht für einen Nachmittag voller Aufregung, roter Wangen und Gelächter. Hannah dachte an Leni und daran, dass sie beide zusammen noch nie einen Drachen hatten steigen lassen. Welch ein Versäumnis, das musste sie unbedingt nachholen.

Leslie, die vorausgegangen war, drehte sich um. »Nun komm schon«, rief sie. »Warum trödelst du denn so?«

Hannah lachte. »Sorry, ich bin wohl etwas ins Träumen geraten. Es ist so ein herrlicher Nachmittag, und die Landschaft ist wunderschön.«

»Nicht wahr? Aber vergiss nicht, warum wir hier sind. Wir haben noch ein gutes Stück zu gehen.«

»Warum erzählst du mir nicht einfach, wohin du willst? Dann wüsste ich wenigstens, warum ich mich beeilen muss.«

»Das soll eine Überraschung sein.«

»Aus allem machst du ein Geheimnis.«

»Das sagt gerade die Richtige«, erwiderte Leslie lachend. »Erinnere dich nur an Petra. Das bekommst du jetzt zurück. Aber ich werde dich bald erlösen, versprochen.« Leslie fuhr sich mit den Händen durchs Haar. »Mir spukt da ein fixer Gedanke im Kopf herum. Ist ein bisschen zu vage, um dir bereits jetzt davon zu erzählen, aber ich kann nicht aufhören, daran zu denken, seit ich es gelesen habe. Wenn wir Glück haben, ist es eine Spur. Wenn nicht …«, sie zuckte die Schultern, »dann haben wir zumindest einen schönen Nachmittag verbracht.« Sie trat an die Kante und blickte nach unten. Sie sah aus, als suchte sie etwas.

Hannah folgte ihr. »Was schaust du dir da an?«

»Sieh selbst. Aber vorsichtig, der Sandstein ist ziemlich bröselig.«

Die Klippen fielen steil nach unten ab. Dreißig oder vierzig Meter. Kein Vorsprung, nichts, woran man sich festhalten konnte. Unter Hannahs Füßen brauste das Meer. Der schmale Strand bestand überwiegend aus Geröllbrocken, die dicht mit Muschelbänken besetzt waren. Vorgelagert befand sich ein winziges Eiland – kaum mehr als eine Felszinne, die schroff aus den Wogen ragte.

»Das ist der Ort, an dem sie gefunden wurde«, sagte Leslie. »Dort unten hat sie gelegen.«

»Wer?«

»Die junge Frau, die kürzlich abgestürzt ist. Die aus dem Zeitungsartikel. Ihre Leiche wurde hier angeschwemmt. Dort unten, auf dem Vorsprung, siehst du? Das ist der Big Picket Rock.«

Hannah schluckte. Bei dem Versuch, sich vorzustellen, wie es wohl war, von einer solch hohen Klippe hinabzustürzen, bekam sie einen trockenen Hals. Der Leichnam musste furchtbar zerschmettert gewesen sein. »Schrecklich«, murmelte sie.

»Im Internet habe ich gelesen, dass der Tod nicht hier eingetreten ist, sondern weiter östlich«, sagte Leslie. »Sie trieb wohl eine ganze Weile durchs Wasser und ist dann hier angeschwemmt worden. Das brachte mich auf die Idee. Das Anwesen der van Tynes liegt weiter östlich. Wir könnten uns die Stelle ja mal ansehen.«

»Von mir aus«, sagte Hannah. »Wobei ich vermute, dass die Polizei die Küste bereits abgesucht hat. Aber das sollte uns nicht abhalten. Legen wir ruhig einen Zahn zu. Das englische Essen fängt an, sich an meinen Hüften bemerkbar zu machen.«

Leslie lachte. »Na, dann los.«

Sie marschierten eine knappe Stunde. Die Sonne war deutlich tiefer gesunken und stand eine Handbreit über dem Horizont. Hannah dachte daran, dass sie die Strecke auch wieder zurücklaufen mussten. Sie nahm einen Schluck aus ihrer Flasche. Die Landschaft hatte nichts von ihrem Reiz verloren, abgesehen davon, dass es hier deutlich bewaldeter war als drüben im Westen. Sie waren durch Abschnitte gewandert, an denen die knorrigen alten Bäume bis an den Klippenrand kamen. Häuser gab es hier so gut wie keine. Links von ihnen erhob sich ein grasbewachsener Hügel, der von einem dichten dunklen Wald gekrönt wurde.

Sie kniff die Augen zusammen. Der Wald sah anders aus. Älter. Leslie zog ihre Karte aus der Tasche, verfolgte ihre Strecke mit dem Finger und nickte. »Das müsste es sein«, sagte sie. »Die Bäume da oben gehören bereits zu dem Anwesen der van Tynes.«

»Und wo ist die Burg?«

»Dahinter. Ich schätze, wir werden die Türme sehen, sobald wir hinaufsteigen.«

Hannah betrachtete das Gelände. Sie versuchte, sich vorzustellen, was hier geschehen sein könnte. »Wenn das Mädchen tatsächlich von dort gekommen ist, müsste sie an dieser Stelle ins Meer gestürzt sein.«

»Das sehe ich auch so. Ich habe gelesen, sie hätte ein paar

Stunden im Wasser gelegen. Die Meeresströmung ist hier ziemlich stark. Da drüben liegt der Big Picket Rock, siehst du?« Sie deutete in Richtung der untergehenden Sonne. Hannah musste sich erst orientieren, dann sah sie den Punkt. Wie eine Haifischflosse ragte er aus den glitzernden Fluten. Zwischen ihnen und diesem Felsen lag die Bucht von Sidmouth. »Ganz schön weit«, murmelte sie.

»Wie gesagt, das Wasser hat ordentlich Kraft. Man kann die Strömung sehen, wenn man die einzelnen Schaumkronen verfolgt.«

Hannah blieb skeptisch. »Trotzdem bin ich sicher, dass die Polizei diesen Abschnitt gründlich abgesucht hat.«

»Vermutlich«, erwiderte Leslie. »Allerdings frage ich mich, ob die Untersuchung den Wald da oben mit eingeschlossen hat.«

»Es wäre grob fahrlässig, wenn es nicht so wäre. Wobei ich keine Ahnung von Polizeiarbeit habe. Und da wir schon mal hier sind, können wir uns ja auch ein bisschen umsehen.«

»Das ist doch ein Wort«, sagte Leslie. »Ich würde vorschlagen, wir fangen gleich damit an.«

Leslie war gerade damit beschäftigt, den Draht am Viehgatter zu lösen, als Hannah eine Bewegung erspähte. Rechts von ihnen war für einen kurzen Moment der Umriss einer dunkel gekleideten Gestalt zu sehen gewesen. Als sie ein zweites Mal hinschaute, war sie verschwunden. Einbildung?

Hannah vertraute auf ihre Instinkte. Jemand war dort gewesen und war schnell hinter dem Busch abgetaucht.

»Alles klar bei dir?« Leslie wartete bei dem geöffneten Gatter auf sie.

»Ja. Da war nur … ach, nicht weiter wichtig.«

»Dann können wir also?«

»Ja. Klar.« Hannah schlüpfte durch die Lücke und half ihrer Freundin, das Gatter zu verschließen. Gemeinsam gingen sie auf den Wald zu.

38

Drüben hinter den Hügeln war die Sonne untergegangen. Ein letztes Mal schickte sie flammende Strahlen durch das Geäst, dann verschwand sie. Unter den Bäumen krochen bläuliche Schatten hervor.

Geheimnisvolles Zwielicht senkte sich über den Wald. Die Geräusche erstarben, und die alten knorrigen Bäume erwachten zum Leben. Sie schienen zu atmen und zu lauschen.

Ihre Stämme hatten alle möglichen Formen und Farben. Krumm und gebogen, gerade und geduckt. Es gab Eichen, Buchen, Pappeln und Weiden. Kaum einer dieser Patriarchen war jünger als fünfhundert Jahre. Hannah war wie verzaubert. Dass es ein solch unberührtes Gebiet hier in Südengland noch gab, grenzte fast an ein Wunder. Es musste einer der letzten verbliebenen Urwälder sein.

Die meisten der Stämme waren überwuchert von Flechten und Moosen. Verschlungene und verflochtene Wurzeln kreuzten ihren Weg. Im Dämmerlicht sahen sie aus wie meterlange Schlangen. Kühle kroch aus dem Boden. Die Luft roch feucht und moderig. Wie in einem alten Blumenkübel. Einen erkennbaren Weg oder Pfad gab es nicht. Sie mussten querfeldein gehen.

Das Gelände stieg jetzt merklich an. Hannah war auf den Untergrund konzentriert, als Leslie plötzlich stehen blieb.

»Ich geb's auf«, schimpfte sie. »So ein blödes Teil.«

»Was ist denn los?«

»Hier, sieh es dir an. Vielleicht kommst du ja damit klar.« Leslie hielt ihr das Navigationsinstrument hin. »Die ganze Zeit versuche ich schon, ein klares Satellitenbild zu bekommen, aber es will einfach nicht gelingen. Was auch immer ich versuche, das Bild bleibt unscharf. Dabei ist das Signal stark und stabil. Ich verstehe das nicht ...«

Hannah nahm das Gerät, fummelte ein bisschen daran herum und runzelte dann die Stirn. »Ich glaube nicht, dass es an der Technik liegt«, sagte sie. »Ich kenne die Software. Hast du die Echtzeitdarstellung aktiviert?«

»Ich denke schon ...«

»Stimmt, die Darstellung ist aktuell«, sagte Hannah, während sie in die Systemeinstellungen ging. »Also keine alten Daten. Bleibt nur, dass das Gebiet unkenntlich gemacht wurde.«

»Geht das denn?«

»Wenn du einen entsprechenden Antrag stellst, schon. Ist aber ziemlich kompliziert und teuer. Der Einsatz ist eigentlich für die Regierungsbehörde und militärische Einrichtungen gedacht.«

Leslie nickte nachdenklich. »Ich erwähnte bereits, dass die van Tynes über beste Kontakte verfügen, oder? Und Geld haben sie auch. Wie Heu.«

Hannah schaltete das Gerät ab. »Lass uns weitergehen. Wir finden den Weg auch ohne technischen Schnickschnack. Eigentlich müssten wir bald oben angelangt sein.«

Ihr Gefühl hatte sie nicht getrogen. Etwa fünf Minuten später kamen sie auf ebenen Grund. Der Waldboden war von einer dichten Schicht abgestorbener Pflanzenreste bedeckt. Eine Mauer ragte vor ihnen in die Höhe. Circa vier Meter hoch und, wie es schien, von beträchtlichem Alter.

Die Steine saßen teilweise nicht mehr sauber aufeinander, und der Mörtel war weggebröselt. Moose und Flechten hatten sich auf der Mauerkrone niedergelassen. An der Basis wuchs Farn. Hannah trat näher und befühlte die Steine. Sie waren feucht und klamm. Sie schätzte das Alter auf hundert Jahre, eher mehr. Das Bauwerk erstreckte sich in beide Richtungen und verschmolz in weiter Ferne mit dem Wald. Unheimlich sah es aus und abweisend.

»Das war's dann wohl«, sagte Hannah. »Weiter kommen wir nicht.«

»Scheint so, ja.« Leslie blickte sehnsüchtig nach oben. Sie prüfte die Umgebung, als ob sie etwas suchte.

»Du hast doch nicht etwa vor, dort hinaufzuklettern, oder?«

»Nein …« Leslie tastete über den Stein, suchte nach Vorsprüngen und Vertiefungen. »Aufgeben möchte ich allerdings auch nicht. Ich weiß nicht, wie es dir geht, aber Hindernisse spornen mich an. Und für verbotene Orte hatte ich seit jeher ein Faible.«

»Wieder etwas, was uns verbindet«, sagte Hannah. »Allerdings wüsste ich nicht, wie wir da hinaufgelangen sollten.«

»Lass uns noch ein bisschen daran entlanggehen. Vielleicht finden wir eine Möglichkeit. Und halte die Augen offen. Möglicherweise entdecken wir etwas, was sich mit Catherine Holloway in Verbindung bringen lässt.«

»Geh du vor.«

Die beiden setzten ihren Weg fort. Leslie schien ganz in ihrem Element zu sein. Immer wieder blieb sie stehen, untersuchte Bäume nach ihrer Tragfähigkeit und testete das Mauerwerk.

Hannah spürte ein zunehmendes Unbehagen. Sie wurde das Gefühl, dass sie beobachtet wurden, nicht los. Ihr fiel die dunkle Gestalt wieder ein. Hatte sie sich das nur eingebildet?

Leslie schien zu spüren, dass etwas nicht stimmte. Sie hielt an. »Ist was nicht in Ordnung?«

»Ich bin mir nicht sicher.« Hannah sah sich um. »Vorhin an der Küste war ein Mann …«

»Auf dem Wanderweg?«

Sie nickte. »Ich hatte den Eindruck, er wollte nicht entdeckt werden. Ich habe ihn nur ganz kurz gesehen, dann verschwand er.«

»Scheiße, wieso hast du das nicht früher gesagt?«

»Mir kam es nicht wichtig vor. Aber jetzt habe ich seit geraumer Zeit das Gefühl, dass wir beobachtet werden. Vielleicht sollten wir besser von hier verschwinden.«

»Nicht so schnell. Erst mal wollen wir sehen, ob an deinem Verdacht etwas dran ist.« Leslie gab Hannah mit Zeichen zu verstehen, sich hinter einem der knorrigen alten Bäume zu verstecken. Gemeinsam warteten sie.

Minuten verstrichen. »Nichts …«, murmelte Hannah. »Ich muss mich wohl getäuscht haben.«

»Bleib, wo du bist«, flüsterte Leslie. »Inzwischen habe ich vor deinem sechsten Sinn eine echte Hochachtung. Du hast uns in Petra allen das Leben gerettet. Lass uns noch ein bisschen warten.«

Doch nichts geschah. Die Dämmerung hielt Einzug, und die Farben verblassten. Bald würden sie ohne Lampen nichts mehr sehen.

»Ich glaube wirklich, dass ich mich geirrt habe«, sagte Hannah. »Es tut mir leid.«

»Muss es nicht. Aber ich kann auch nichts erkennen. Lass uns weitergehen und die Augen offen halten. Allerdings sollten wir die Taschenlampen noch eine Weile ausgeschaltet lassen.«

»Einverstanden.«

Hannah spürte, dass dieser Wald anders war. Älter. *Lebendiger.* Die Rinde der Bäume glänzte fettig, als würden sie schwitzen. Hannah hatte den Eindruck, dass sich die Bäume am Rande ihres Sichtfeldes bewegten. Doch immer wenn sie ihren Blick darauf richtete, standen sie still. Eine optische Täuschung? Auch hörte sie anhaltendes Geflüster. Tuscheln, Wispern, leises Atmen. Immer wieder blieb sie stehen, um sicherzugehen, vernahm dann aber nur das normale Rascheln des Windes in den Wipfeln.

Schätzungsweise einen halben Kilometer weiter östlich entdeckten sie etwas. Das Tageslicht war so schwach geworden, dass es kaum mehr war als ein fahles Glimmen zwischen den Stämmen.

»Warte mal«, flüsterte Leslie. »Ich glaube, da vorn an der Mauer ist etwas.«

»Dass du bei diesem Licht überhaupt etwas erkennen kannst, grenzt an ein Wunder. Ich sehe nur noch graue Formen und schwarze Winkel. Wenn wir nicht umknicken wollen, sollten wir langsam die Lampen an…«

…schalten, wollte sie noch sagen.

Doch dazu kam es nicht mehr.

Hannah hörte ein Rascheln im Laub, gleichzeitig vernahm sie das Klicken einer Waffe. »Nehmen Sie die Hände hoch.«

39

Leslie erstarrte.

Hinter Hannah war schemenhaft eine Gestalt aufgetaucht, die etwas in der Hand hielt. Das Ding schimmerte kalt. »Hände hochnehmen, habe ich gesagt.«

Ein grelles Licht zuckte auf.

Geblendet schloss Hannah die Augen. Als sie sie wieder öffnete, blickte sie in die Mündung einer Pistole.

»Wer sind Sie? Was haben Sie hier zu suchen?« Eine Männerstimme. Fordernd und ungeduldig. »Los jetzt. Raus mit der Sprache.«

»Wir sind nur zwei Frauen, die vom Weg abgekommen sind«, log Leslie. »Wir waren auf der Suche nach unserem Auto und haben uns dabei im Wald verirrt.«

»Blödsinn«, sagte die Stimme. »Ich folge Ihnen bereits eine ganze Weile. Sie suchen doch etwas.«

»Quatsch …«

»Wie sind Ihre Namen?«

»Wie wär's, wenn Sie erst mal Ihren nennen würden, Mister?« Jetzt platzte Leslie wirklich der Kragen. »Das ist öffentliches Gelände. Wir befinden uns nicht auf Privatbesitz. Sie haben keine Befugnis, eine Waffe auf uns zu richten.«

»Wenn Sie sich da mal nicht täuschen.« Der Mann fummelte in seiner Tasche herum und zog etwas heraus. Leslie kniff die Augen zusammen. Es war im grellen Licht der Lampe kaum zu erkennen. Dann wusste sie, was das war. Eine Polizeimarke.

»Detective Sergeant Jonathan Carver, vom Devon & Cornwall Police Department«, sagte der Mann. »Ich verhafte Sie wegen Herumstromerns und Hausfriedensbruch.«

»Sie sind Polizist?«, stammelte Leslie.

»Ganz recht, Ma'am. Und ob Sie es glauben oder nicht, Sie

befinden sich hier sehr wohl auf Privatbesitz. Dies ist offiziell eingetragenes Farmland. Sie wollen mir doch nicht erzählen, Sie erinnerten sich nicht mehr daran, dass Sie vorhin ein Gatter geöffnet haben. Und jetzt wüsste ich gerne Ihre Namen. Haben Sie irgendwelche Ausweispapiere bei sich?«

»Nur meinen Führerschein.«

»Und ich meinen Personalausweis«, sagte Hannah.

Leslie reichte ihm das Dokument. »Könnten Sie das Licht bitte in eine andere Richtung lenken? Es tut mir in den Augen weh.«

Der Mann antwortete nicht, sondern untersuchte die Ausweise.

Nachdem er beide gewissenhaft geprüft hatte, gab er sie ihnen zurück.

»Sie haben mir immer noch nicht erzählt, was Sie hier eigentlich wollen. Und das Märchen, Sie hätten sich verirrt, erzählen Sie bitte jemand anderem. Ich mag zwar nur ein Landpolizist sein, aber blöd bin ich nicht.«

Leslie versuchte, sich ein Bild von dem Kerl zu machen. Er war in Zivil gekleidet und machte einen sehr bodenständigen Eindruck. Breite Schultern, kräftige Hände, Dreitagebart. Sein Blick war klar und direkt. Sie beschloss, mit offenen Karten zu spielen.

»Wir sind hier wegen der Sache mit Catherine Holloway«, sagte sie geradeheraus. »Ich bin freischaffende Journalistin und war die letzten Jahre für die BBC tätig. Ich arbeite an einer Geschichte über verschwundene Personen im Zusammenhang mit mysteriösen Sekten. Über das Thema habe ich vor Jahren schon mal einen Fernsehbericht gedreht.«

»Und Sie?« Er richtete den Strahl der Lampe auf Hannah.

»Ich bin nur eine Freundin.«

»Laut Ihrem Ausweis sind Sie Deutsche.«

»Das stimmt«, sagte Hannah. »Wobei ich die letzten zwanzig

Jahre fast ausschließlich im Ausland verbracht habe. Eigentlich sollte dies hier nur ein kleiner Urlaub sein.«

»Hm.« Der Mann wirkte nachdenklich. »Mein Wagen steht auf einem Feldweg, nicht weit entfernt. Ich möchte, dass Sie mich begleiten.«

Leslie wurde es mulmig. Die Dinge entwickelten sich anders als geplant.

»Sind wir verhaftet?«

»Nur, wenn Sie es darauf anlegen. Wir können aber auch einfach und gesittet miteinander reden. Es gibt da einige Fragen, die ich Ihnen gerne stellen würde. Danach werde ich entscheiden, wie ich weiter verfahre.«

»Und wenn wir uns weigern, mitzukommen?«

Er sah sie mit einem scharfen Blick an. »Ich kann Sie zwingen, wenn Sie das möchten. Allerdings würde ich das lieber vermeiden. Es könnte nämlich sein, dass wir an einem Strang ziehen.«

40

Es war kurz vor Mitternacht, als es an die Tür klopfte. Ambrose hob den Kopf und blinzelte Richtung Uhr. Wer könnte um diese Stunde etwas von ihm wollen? »Ja?«

»Sir?« Eine Männerstimme. Klang nach Pravin Singh, dem Sicherheitschef. Ungewöhnlich, zu dieser späten Stunde.

»Ist irgendetwas nicht in Ordnung?«

»Ja, Sir. Ich denke, es ist wichtig, Sir.«

»Kommen Sie rein.«

Knarrend öffnete sich die Tür. Ein beeindruckendes Gesicht erschien.

Mr Darcy, der eingerollt zu Ambroses Füßen schlief, hob den Kopf. Der Mann trug einen Vollbart und auf dem Kopf einen Turban, wie es dem Brauch entsprach. An seinem Gürtel baumelte ein Dolch, und er trug einen eisernen Armreif. Pravin war Sikh und gehörte somit einer Religionsgemeinschaft an, die seit nunmehr hundertfünfzig Jahren fest in der englischen Armee etabliert war. Aus ihren Reihen stammten die Leibwächter der Königin. Nach zwei blutigen Kriegen gegen die Sikh-Fürstentümer im Punjab zogen die englischen Kolonialherren Indiens es vor, die wehrhaften Gebirgsbewohner als Soldaten anzuwerben, statt Tausende von Soldaten im Kampf gegen sie zu verlieren. Ein Handel, von dem beide Seiten profitierten.

»Was gibt es denn?«

»Sir, wir haben etwas Verdächtiges bemerkt. An unserer Südmauer. Ich dachte, Sie wollen sich das vielleicht selbst anschauen.«

Ambrose runzelte die Stirn. Wenn sein Sicherheitschef ihn um seine Mithilfe bat, musste es wichtig sein. »Geben Sie mir zwei Minuten Zeit zum Anziehen, dann bin ich bei Ihnen.«

Die Sicherheitszentrale war in einem kleinen Raum am östlichen Ende des Haupthauses untergebracht. Er lag neben dem Fußweg, der zu den Pferdeställen führte. Früher hatte hier der Pförtner gewohnt, der jedoch längst von einem Geflecht hoch entwickelter Überwachungselektronik ersetzt worden war.

Ambrose wurde bei seinem Eintreten von einem guten Dutzend schwach leuchtender Monitore, klickender Relais und summender Server empfangen. Die warme Ausdünstung leistungsfähiger Rechner stieg ihm in die Nase.

Sämtliche Messfühler rund um das Anwesen liefen hier zusammen. Videokameras, Infrarotsensoren und lasergesteuerte Bewegungsmelder. Redcliffe Castle war besser gesichert als das ADMAX Florence in Colorado. Die Anlage war rund um die Uhr besetzt, sieben Tage die Woche, zwölf Monate im Jahr.

Ein junger Mann, den Ambrose noch nicht oft zu Gesicht bekommen hatte, sprang bei seinem Eintreten auf und verbeugte sich demütig.

»Eure Lordschaft.«

»Lass dich nicht stören, Junge. Also, Pravin, was wollten Sie mir zeigen?«

»Hier drüben, Sir.« Der große Mann deutete auf einen Monitor am äußeren linken Spektrum. Er zeigte ein dunkles Bild mit ein paar kleinen hellen Punkten. Die Wärmebildkamera war hoch in einem Baum befestigt und nach außen gerichtet. Die hellen Punkte konnten kleine Säugetiere sein, die um diese Uhrzeit ihre Schlupflöcher verließen und sich auf Nahrungssuche begaben. Nichts Ungewöhnliches, soweit Ambrose feststellen konnte.

»Ich verstehe nicht, Pravin. Sieht doch ganz normal aus.«

»Ja, Sir, jetzt. Aber vorhin war hier einiges los. Sehen Sie.« Er nahm hinter der Tastatur Platz. Mit flinken Fingern tippte er ein paar Befehle ein. Kaum hatte er die Entertaste gedrückt, kam Bewegung in die Sache. Die Zeitangabe in der unteren rechten Ecke des Bildes fing an, rückwärts zu zählen. Als sie um kurz nach halb elf angekommen war, zuckte ein Licht über den Monitor. Ambrose erkannte die Wärmebildumrisse mehrerer Personen. Sie standen im Wald und sprachen miteinander. Einer von ihnen hatte eine Lampe, mit der er in der Gegend herumleuchtete. Die drei schienen nach etwas zu suchen. Ganz gewiss waren es keine Pilzjäger.

»Halt, stopp«, sagte Ambrose. »Frieren Sie das Bild ein. Ja, so.« Er ging näher heran, konnte aber keine Details erkennen. »Ist es möglich, die Gesichter noch schärfer zu stellen?«

»Wenn ich auf die Aufnahme mit der hochauflösenden Nachtsichteinstellung umschalte, schon, Sir. Einen Moment, bitte.« Er drückte ein paar Tasten, dann wurde das Bild klarer. Die Personen waren jetzt besser zu erkennen.

»So ist es gut«, sagte Ambrose. »Und jetzt noch etwas näher.«

»Bitte warten Sie, Sir.« Pravin zog das Bild mit der Maus auf. Es wurde größer, allerdings auch körniger und unschärfer. Die Kontrastwerte waren enorm hoch, trotzdem meinte Ambrose, zwei Frauen zu erkennen. Schlanke Figur, sportliche Kleidung. Die eine hatte ihre Haare zu einem Pferdeschwanz zurückgebunden. »Und der Dritte?«

Pravin scrollte die Vergrößerung nach rechts. Dieses Gesicht war besser zu erkennen als das der Frauen. Ein Mann um die vierzig. Muskulös, zurückweichendes Haar, schlecht sitzendes Hemd, Dreitagebart. Ambrose kam er nicht bekannt vor. Was aber an der schlechten Aufnahme liegen konnte. »Gibt es auch einen Ton dazu?«

»Aber ja, Sir. Das ist bei Weitem der interessantere Teil. Deswegen habe ich Sie gerufen. Am besten Sie nehmen sich einen Stuhl, die Aufzeichnung ist etwa zehn Minuten lang.« Er drückte eine Taste, und das Bild fing an, sich zu bewegen. Eine Stimme war zu hören. Leise und scheppernd, dennoch gut verständlich. Das Erste, was Ambrose vernahm, war die Stimme des Mannes. Und was er sagte, war in der Tat bemerkenswert.

»Detective Sergeant Carver, vom Devon & Cornwall Police Department. Ich verhafte Sie wegen Herumstromerns und Hausfriedensbruch …«

41

Nehmen Sie bitte Platz«, sagte Carver. »Ich werde uns einen Kaffee machen. Vorausgesetzt, ich finde hier irgendwo noch zwei Tassen. Um Ihnen die Wahrheit zu sagen, ich war nicht auf Besuch eingerichtet.« Mit einem entschuldigenden Lächeln wies er auf das zerschlissene Sofa, dann verschwand er in der Küche.

Die Wohnung war klein, karg und unaufgeräumt. Eine typische Junggesellenbehausung, auch wenn der Mann nicht wie ein Junggeselle wirkte. Aber das war nicht das Einzige, was Hannah seltsam vorkam.

Klappern war zu hören.

»Gibt es hier irgendwo eine Toilette?«, rief Hannah ihm hinterher.

»Einfach den Flur entlang und dann rechts. Die Tür am Ende.«

»Okay, danke.« Sie warf Leslie einen vielsagenden Blick zu und verließ das Wohnzimmer.

Als sie zurückkam, war der Polizist bereits da und schenkte Kaffee ein. Zucker und etwas Milch standen ebenfalls bereit. Aus den Tiefen seiner Jackentasche beförderte er ein paar Kekse zutage, die er dazulegte. Obwohl Hannah fand, dass die Dinger nicht besonders appetitlich aussahen, nahm sie sich einen davon. Nach all der Aufregung fühlte sie sich ein wenig unterzuckert.

»Warum haben Sie uns hierhergebracht und nicht ins Polizeirevier?«, fragte sie geradeheraus und hakte dann nach: »Dürfte ich bitte noch mal Ihren Ausweis sehen? Ich konnte ihn vorhin im Wald so schlecht erkennen.«

»Bitte sehr.« Er reichte ihr das Dokument.

Sie studierte es ausgiebig. Natürlich konnte es eine Fälschung sein, aber wenn, dann war sie gut gemacht. Das Ding wirkte authentisch. So wie der Mann selbst. Aber das zu entscheiden, erschien ihr verfrüht.

Sie gab ihm den Ausweis zurück. »Also, was wollen Sie?«

»Die Sache ist ein bisschen kompliziert. Ehe ich mich hier um Kopf und Kragen rede, wüsste ich gerne etwas mehr über Sie. Sie sagten, Sie wären Reporterin?«

»Das stimmt.« Leslie schob ihr Kinn vor. »Wir wollten uns den Ort ansehen, an dem Catherine Holloway abgestürzt ist.«

»Vermutlich abgestürzt ist«, warf Carver ein. »Der genaue Ort konnte nicht mit Sicherheit lokalisiert werden.«

»Richtig«, räumte Leslie ein. »Wir haben den Eindruck, dass da ein paar Punkte nicht so ganz zusammenpassen. Die Art ihres Todes, die Uhrzeit, der Zustand der Leiche. Warum sollte ein Mädchen mutterseelenallein nachts an der Küste herumlaufen, leicht bekleidet und barfuß? Das erscheint mir wenig plausibel. Ich frage mich, ob es vielleicht einen Zusammenhang geben könnte mit anderen Fällen, die weiter zurückliegen. Als Polizist wissen Sie vermutlich, wovon ich rede, oder?«

»Ich kann es mir denken. Dann sind Sie also die treibende Kraft hinter dieser Aktion?« Er knabberte an einem Keks und sah Leslie dabei erwartungsvoll an.

»Ist sie, ja«, beantwortete Hannah die Frage. »Ich bin nur eine Freundin, die hier zu Besuch ist.«

»Das sagten Sie bereits.« Er wirkte nicht so, als würde er ihr glauben, ritt aber auch nicht weiter darauf herum. »Und wieso dieser Wald?«

»Ich vermute, dass Catherine von dort oben gekommen ist«, erläuterte Leslie. »Es hieß doch, sie habe Schürfungen und Kratzer gehabt. Die könnten von Ästen und Zweigen stammen.«

»Aber das Gelände ist gesichert, und, wie Sie bestimmt bemerkt haben, von einer meterhohen Mauer umgeben. Was hoffen Sie dort zu finden?«

»Es war einfach eine spontane Idee.«

»Blödsinn«, erwiderte Carver. »An dieser Aktion war nichts spontan. Ich habe Sie längere Zeit beobachtet. Sie haben gezielt nach einer Möglichkeit gesucht, die Mauer zu übersteigen. Sie wollten auf die andere Seite, habe ich recht?« Er spülte den Keks mit einem Schluck Kaffee herunter.

Die Frauen schwiegen. Die Situation war mehr als unangenehm.

»Ich glaube, Sie wollten herausfinden, an welcher Stelle man das Hindernis überwinden könnte. Und soll ich Ihnen etwas sagen? Nur ein paar Meter weiter, und Sie hätten die Lösung gefunden.«

»Ach ja?« Leslie hob eine Braue.

»Nach etwa dreißig Metern wären Sie auf eine Stelle gestoßen, an der ein umgestürzter Baum einen Teil der Mauer beschädigt hat. Er muss erst kürzlich umgefallen sein und lehnt von innen dagegen. Schräg genug, dass eine flüchtige Person in Panik daran hinaufsteigen und die Mauer überwinden kann. Die Frau hatte vermutlich pures Glück. Ich fand dort übrigens winzige Fetzen eines weißen Hemdes, an dem sich noch ein paar Blutspuren befinden. Wäre interessant, einen Bluttest zu machen.«

Hannah neigte den Kopf. »Das Opfer trug ein weißes Hemd, nicht wahr?«

Carver runzelte die Stirn. »Woher wissen Sie das? Darüber stand nichts in den Zeitungen.«

»Geraten.«

Er sah sie kurz an, dann lachte er. »Erwischt. Ich muss aufpassen, was ich sage. Ja, richtig, ein weißes Hemd und Jeans.«

»Sie wissen, wer hinter der Mauer wohnt, oder?«, fragte Leslie. »Eine der ältesten und reichsten Familien des Landes.«

»Die van Tynes, ja«, er nickte. »Die dürften ein paar Milliarden schwer sein. Hauptsächlich ererbtes Vermögen.«

»Das meiste Geld liegt in Form von Paradise Papers im Ausland«, sagte Leslie. »Durch Bitcoins sind in den letzten Jahren weitere Millionen hinzugekommen. Es geht das Gerücht, dass die van Tynes in Kreisen verkehren, die Regierungen bestimmter Staaten künstlich am Leben erhalten. Regierungen, die – um es mal dezent auszudrücken – *fragwürdiger* Natur sind. Natürlich ist das nicht legal, und ethisch ist es erst recht nicht, aber wen interessiert's? Sie scheinen ganz gut daran zu verdienen.«

»Sie scheinen Ihre Hausaufgaben gemacht zu haben«, erwiderte Carver. »Ganz recht, die van Tynes gehören zu einem kleinen Kreis von *Ultra High-Net-Worth Individuals*. Leuten, die nicht nur unfassbar viel Kapital anhäufen, sondern obendrein politische und wirtschaftliche Strippen ziehen. Eine gut vernetzte und unantastbare Gruppe Superreicher, die die Geschicke der Welt lenkt und leitet.«

»Womit haben die ihr Geld verdient außer mit Bitcoins?«, hakte Hannah nach. Sie spürte, wie der Kaffee zu wirken begann. Langsam wurde sie wieder munter. »Irgendwo muss es ja herkommen. Gehören ihnen Industrieanlagen, Immobilien oder Bodenschätze?«

»Darüber gibt es keine gesicherten Erkenntnisse, Madame«, sagte Carver vorsichtig. »Im Zuge meiner Ermittlungen habe ich versucht, das Imperium zu durchleuchten, aber ab einem bestimmten Punkt ist es, als würde man auf Granit beißen. Keinem noch so gewieften Enthüllungsjournalisten ist es jemals gelungen, in diesen inneren Zirkel vorzudringen. Und es haben etliche versucht, das können Sie mir glauben. Als gesichert dürfte nur gelten, dass sie einen großen Freundeskreis pflegen. Politiker, Könige, Machthaber, Industriebosse, Bankenvorstände, Gesetzeshüter – es ist ein bisschen wie das ›Who's who‹ der oberen Zehntausend. Viele von ihnen waren bereits auf Redcliffe Castle zu Gast, haben dort gewohnt, gegessen und getrunken und …«, er räusperte sich, »… Partys gefeiert.« Er sagte das mit einer Betonung, die Hannah aufhorchen ließ.

»Waren Sie schon mal dort?«, fragte Leslie. »Haben Sie das Schloss von innen gesehen?«

Carver verschluckte sich fast an seinem Kaffee. »Sie machen wohl Scherze. Erstens gehöre ich nicht zu den Leuten, die von den van Tynes zum Tee eingeladen werden, zweitens, selbst wenn ich einen begründeten Verdacht hätte, so würde ich dennoch nicht einfach so dort hineinkommen. Nicht mal mit meiner Polizeimarke. England ist in dieser Hinsicht unglaublich rückständig. Hier gilt der Adel noch etwas. Der Fall würde an jemanden übertragen werden, der die Familie kennt und der ihr nahesteht. Das Ergebnis einer solchen Ermittlung können Sie sich vorstellen.« Er schüttelte den Kopf. »Es ist eine verschworene Gruppe von Menschen, zu der kein Außenstehender Zutritt hat. Es sei denn, diese Leute laden Sie ein.«

Hannah blickte zu ihrer Freundin hinüber. Auch Leslie musste inzwischen klar geworden sein, dass Carver kein einfacher Dorfpolizist war.

»Wenn Sie der Meinung sind, dass Catherine Holloway aus Redcliffe Castle geflohen ist, verstehe ich nicht, wieso Sie nicht einfach einen Durchsuchungsbefehl erwirken«, sagte sie. »Wäre das nicht naheliegender als dieses konspirative Treffen bei Ihnen zu Hause? Wir sind nun wirklich die Falschen, wenn Sie nach Schuldigen suchen.«

»Ich fürchte, Sie haben mir nicht richtig zugehört«, sagte Carver. »Oder ich habe mich nicht klar genug ausgedrückt. Ich bin nicht in offizieller Mission unterwegs, sondern ermittele auf eigene Faust. Mein Vorgesetzter hat mir zu verstehen gegeben, dass ich mich raushalten soll. Und ich bin nicht in der Position, mich gegen solche Entscheidungen aufzulehnen. Alles, was ich tun kann, ist, den Ball flach zu halten und vorsichtig ein paar eigene Ermittlungen anzustellen. Diese Leute sind gefährlich.

Wenn sie herausbekommen, dass ich hinter ihrem Rücken ermittele, blüht mir Schlimmeres als eine Suspendierung.«

»Dann wollten Sie uns also gar nicht verhaften.« Leslies Augen wurden zu Schlitzen. »Sie suchen nach Verbündeten.«

Carver biss von seinem Keks ab, knabberte ein bisschen darauf herum und lächelte dann. »Wären Sie denn interessiert?«

Hannah tauschte einen überraschten Blick mit Leslie. Das Treffen entwickelte sich anders, als sie erwartet hatten. »Das kommt darauf an«, sagte Leslie. »Sie müssten uns schon etwas mehr erzählen. Zum Beispiel, was Sie bereits herausgefunden haben.« Ihrem Röntgenblick schien nichts zu entgehen. »Sie wissen doch etwas, oder?«

»Nun ja …« Er sah sich um, als befürchtete er, belauscht zu werden. Er schien mit sich zu ringen, ob er den beiden Frauen wirklich vertrauen konnte. Dann griff er in seine Tasche, zog ein Handy heraus und legte es auf den Tisch.

Die Schutzhülle hatte eine silbrige Rosafärbung und war mit kleinen Sternchen bedruckt. Einige von ihnen waren abgeplatzt. Es sah nicht aus wie das Handy eines Polizisten.

»Catherine Holloway hat für einen Escortservice gearbeitet. Sie war eine Prostituierte. Ganz offensichtlich stand sie bis kurz vor ihrem Tod in den Diensten von Lord und Lady van Tyne.« Er lehnte sich zurück. »Mehr kann ich Ihnen nicht sagen. Es sei denn, Sie kooperieren mit mir. Nun, wie sieht es aus? Sind Sie daran interessiert, dass wir den Fall gemeinsam lösen?«

42

Am folgenden Tag …

Es klopfte laut an Leslies Wohnungstür. Einmal. Zweimal. Dann ertönte die Klingel. Hannah meinte, im Halbschlaf eine Stimme zu hören. Sie sah sich verwirrt um. Durch das Fenster schien die frühe Morgensonne. Wer machte denn um diese Zeit so einen Lärm?

Sie stand auf und schlurfte zur Tür. »Ja?«, fragte sie zaghaft.

»Leslie? Hannah? Bitte machen Sie auf.«

»Wer ist denn da?«

»Hier ist Jonathan. Jonathan Carver. Lassen Sie mich rein.«

Carver? War das möglich? Hannah blickte durch den Spion. Es war tatsächlich Carver. »Sie sind aber ein früher Vogel«, sagte sie. »Es ist kurz nach sieben.«

»Ja, und?«

Sie hatten gerade mal vier Stunden geschlafen. Gestern Abend war es spät geworden. Der Sergeant hatte sie noch bis zu ihrem Auto begleitet, dann waren sie heimgefahren. Wieso war er schon wieder wach? Schlief dieser Mensch denn überhaupt nicht?

»Jetzt kommen Sie schon, Hannah, lassen Sie mich rein.«

»Moment«, sie ging in ihr Zimmer. »Ich muss mir nur kurz was anziehen!«

Wo steckte Leslie? Die Reporterin konnte schlafen wie ein Stein. Hannah war schon ins Bett gegangen, während sie immer noch aufgeblieben war und recherchiert hatte. Es gab Menschen, die einfach nicht müde wurden.

Sie machte die Wohnungstür auf. Jetzt war er rasiert, trug ein frisches Hemd und eine saubere Hose – als wolle er einen guten Eindruck machen.

»Wie können Sie schon wieder so munter sein?«

»Alte Angewohnheiten«, sagte er. »Ist Leslie schon wach?«

»Gesehen habe ich sie noch nicht. Liegt vermutlich noch im Bett. Soll ich sie wecken?«

»Bitte.«

Hannah ging zu Leslies Zimmertür und klopfte an. »Leslie, wir haben Besuch. Carver ist hier.«

Kein Mucks von innen.

»Leslie?« Hannah drückte die Klinke herunter.

Es war dunkel, die Jalousien waren heruntergelassen. Das Bett war leer. Alarmiert erhob Hannah die Stimme.

»Leslie?«

In diesem Moment erklang ein Geräusch aus Richtung des Wohnzimmers. Leslie stand im Türrahmen, dunkle Ringe unter den Augen. Sie sah aus, als würde sie schlafwandeln. »Ich bin ja hier. Was soll die Aufregung?« Als sie Carver sah, wurden ihre Augen etwas größer. Sie stand da, nur mit einem T-Shirt und einem Slip bekleidet.

»Es geht um Edward Moore«, sagte Carver. »Könnte ich wohl einen Kaffee bekommen?«

»Ich mache das schon.« Hannah ging vor. Im Gegensatz zu Leslie war sie in guter Verfassung. Die beiden folgten ihr.

»Ich dachte, Sie wollten vielleicht mitkommen, wenn ich Ihrem Filmprofessor einen kleinen Besuch abstatte«, sagte der Sergeant. »Es könnte sein, dass ich Ihre Unterstützung brauche.«

»Sie wollen zu Edward?«

Er nickte.

Hannah ließ Wasser in den Kocher und schaltete ihn ein. »Aber wir haben keine Ahnung, wo er ist. Seit Tagen schon versuchen wir, ihn zu erreichen. Fehlanzeige. Haben Sie etwas Neues herausbekommen?«

»Das möchte ich noch nicht sagen.«

»Ist er wieder aufgetaucht? Geht es ihm gut?«

»All das werden wir in Erfahrung bringen. Allerdings sitzt uns die Zeit etwas im Nacken, und ich möchte Sie bitten, sich zu beeilen.«

»Immer schön langsam«, sagte Leslie. »Ohne Kaffee und eine Dusche geht bei mir gar nichts.«

»Dem kann ich mich nur anschließen«, sagte Hannah.

»Okay. Carver, Sie sind für den Kaffee zuständig. Pulver und Filter finden Sie da drüben im Schrank. Tassen gibt es dort.« Leslie sah den Sergeant schläfrig an. »Haben Sie überhaupt ein Auge zugemacht?«

»Ich schlafe generell wenig«, erwiderte Carver. »Ein paar Stunden reichen mir. Und jetzt machen Sie voran. Wir haben es eilig.«

Eine Viertelstunde später waren sie unterwegs. Carver legte ein ziemliches Tempo vor, sodass sie Maidenhead noch vor acht erreichten. Als sie in die Rushington Avenue einbogen und auf Edwards Haus zusteuerten, bemerkte Hannah einen roten Lieferwagen, der in der Einfahrt stand. Fragend blickte sie Carver an. Statt einer Antwort holperte der Polizist den Bordstein hinauf und schaltete den Motor aus.

»Warten Sie hier.«

Hinter dem Lenkrad des Lieferwagens war die Silhouette einer Person zu sehen. Eine Frau in einem Handwerkeroverall stieg aus. Gemeinsam mit Carver ging sie in Richtung Haustür. Sie trug eine schwer aussehende Werkzeugtasche.

»Was geht denn hier vor?«, fragte Hannah.

»Keine Ahnung«, murmelte Leslie. »Wenn ich's nicht besser wüsste, würde ich sagen, die beiden planen einen Einbruch.«

»Aber er ist Polizist …« Hannah spürte, wie die Innenseiten ihrer Hände feucht wurden. »Wenn Edwards Alarmanlage losgeht, wird sie die gesamte Nachbarschaft aufscheuchen.«

»Abwarten«, sagte Leslie. »Ich glaube nicht, dass die Frau eine Amateurin ist. Sieh sie dir an.«

Hannah beobachtete, wie die zierliche Frau mit den langen Rastazöpfen mit einem Messgerät an der Türfüllung entlangfuhr. Von Zeit zu Zeit hielt sie inne und setzte mit einem Stift eine Markierung. Dann packte sie alles weg und holte stattdessen fünf unscheinbar aussehende graue Kästchen hervor, die sie auf die Markierungen setzte. Anscheinend waren sie selbstklebend, denn sie hielten ohne weiteres Zutun. Erneut griff die Frau in die Tasche. Eine Art Fernsteuerung kam zum Vorschein, so ein Ding, mit dem Hobbypiloten ihre Modellflugzeuge am Himmel hielten. Die Frau zog eine Antenne heraus, drückte ein paar Knöpfe und wartete dann, bis auf der Steuerung ein grünes Licht erschien. Dann presste sie eine der Schultertasten. Ein dumpfes Poltern war zu hören, als würde irgendwo ein Pappkarton runterfallen. Kleine Rauchwölkchen stiegen auf. Carver drückte gegen die Tür, und Hannah sah, wie sie aufging. Es wurde kein Alarm ausgelöst.

»Profi, wie ich vermutet habe.« Leslie stieg aus und eilte über das Gras. Hannah folgte ihr.

Die junge Frau packte alles wieder ein, rieb mit einem Lappen die Tür ab und machte sich auf den Weg zu ihrem Van. Im Vorbeigehen grüßte sie Hannah und Leslie mit einem knappen Nicken. Carver hatte bereits das Haus betreten.

Nebenan verließ der Van die Einfahrt und rauschte davon.

»Kommt rein, schnell.« Jonathan wartete, bis sie drin waren, warf noch einen sichernden Blick nach draußen und schloss dann die Tür.

»Erzählen Sie mir nicht, dass diese Aktion legal ist.« Leslie verzog den Mund zu einem spöttischen Grinsen. »Ich würde mich sehr wundern, wenn die mit Ihren Vorgesetzten abgestimmt wäre.«

Carver lächelte grimmig. »Von Zeit zu Zeit ist es sinnvoll,

den Dienstweg ein wenig abzukürzen. Haben Sie vor, mich zu verpfeifen?«

»Ihre Kollegin machte einen ziemlich verwegenen Eindruck …«

»Das war keine Kollegin. Nur eine gute Freundin, bei der ich früher mal ein Auge zugedrückt habe. Aber jetzt lassen Sie uns loslegen. Nach allem, was Sie mir über Edward und seine Arbeit erzählt haben, sehe ich dringenden Handlungsbedarf. Und keine Sorge, Ihr Freund ist nicht hier. Zumindest hat er kein Lebenszeichen von sich gegeben.«

Hannah riss die Augen auf. »Dann glauben Sie also auch, dass ihm etwas zugestoßen ist?«

»Wir wären nicht hier, wenn es anders wäre. Am besten, wir teilen uns auf. Ich übernehme den Keller, Leslie, Sie das Erdgeschoss, Hannah den oberen Stock. Fassen Sie nichts an, und brüllen Sie nicht in der Gegend herum. Vermeiden Sie laute Geräusche, und hinterlassen Sie keine Spuren. Wer etwas findet, trommelt die anderen zusammen. Alles klar? Auf geht's.«

Hannah schlich auf Zehenspitzen die Treppe hinauf. Das Gefühl, etwas Verbotenes zu tun, wirkte elektrisierend auf sie. War Edward wirklich nicht zu Hause? Was, wenn er hinter der nächsten Tür stand? Ein derartiges Eindringen in die Privatsphäre eines anderen Menschen war kein Kavaliersdelikt. Was meinte Detective Sergeant Carver zu finden, dass er zu solch drastischen Mitteln griff?

Sie schüttelte den Kopf und versuchte, sich auf ihre Aufgabe zu konzentrieren. Die Vorstellung, dass dem Professor etwas zugestoßen sein könnte, verursachte ihr Magenkrämpfe. »Edward, bist du hier?«, flüsterte sie. »Ich bin's, Hannah. Sag was, wenn du mich hören kannst.«

Die Stille, die ihr antwortete, hätte kaum bedrückender sein können. Die ersten Zimmer waren unangetastet. Sauber und aufgeräumt. Vermutlich waren es Gästezimmer. Das Bad war ebenfalls sauber und aufgeräumt. Hannah hätte gerne etwas Licht gemacht, aber das traute sie sich nicht. Es folgte eine Bibliothek, dahinter eine Abstellkammer. Nichts Verdächtiges so weit.

Beim Umherschauen entdeckte sie eine Dachluke. Sie war nicht vollständig geschlossen, sondern stand einen Spalt weit offen.

Hannah sah sich um und fand die dazugehörige Stange. Der Mechanismus war einfach zu bedienen. Riegel lösen, Klappe herunterziehen und die Leiter ausfahren. Mit einem mulmigen Gefühl stieg sie nach oben.

Frische Luft wehte ihr entgegen. Das war nicht dieser typische Dachbodengeruch. Irgendwo musste ein Fenster offen stehen. Vorsichtig schob sie ihren Kopf durch die Öffnung. Es dauerte keine Sekunde, bis sie es sah. Das Giebelfenster war zerbrochen, die Holzdielen waren mit feinen Glassplittern bedeckt, dazwischen Tropfen von geronnenem Blut.

Angst presste ihr Herz zusammen. Bis zuletzt hatte sie auf ein Kommunikationsproblem oder ein Missverständnis gehofft. Doch jetzt deutete alles darauf hin, dass hier tatsächlich ein Verbrechen geschehen war.

Aber Hannah spürte noch etwas anderes. Da war etwas im Raum, das beunruhigender war als Scherben und Blut. Eine Ausdünstung, die tief ins Gebälk eingezogen war und die selbst die kühle Luft nicht zu vertreiben vermochte.

Der Geruch von Alter und Bosheit.

Von der Treppe her hörte sie Geräusche. Leslie kam zu ihr herauf, ihr Gesicht voller Sorge.

»Was ist los?«

»Sie sind weg«, keuchte ihre Freundin. »Alle fort.«

»Was denn?«

»Die Filmdosen. Das gesamte Archiv.«

Hannah riss die Augen auf. »Die wertvollen Filmrollen?«

»Die Rollen, die Aufzeichnungen, das Manuskript. Ansonsten scheint nichts zu fehlen. Es hat den Anschein, als ob die Einbrecher es nur darauf abgesehen hätten.«

»Ach, du Sch…« Hannah schrak zusammen. Sie spürte ein Vibrieren. Das Handy in ihrer Hemdtasche war auf lautlos gestellt, die Vibrationsfunktion aber war aktiv. Das kam nun wirklich im unpassendsten Augenblick. Trotzdem holte sie das Gerät mit spitzen Fingern aus der Tasche und starrte auf das Display.

Gut, dass sie gerade einen festen Stand hatte, sie wäre sonst vielleicht aus den Schuhen gekippt.

»Was ist denn los?« Leslie sah sie mit weit aufgerissenen Augen an. »Was hast du, Hannah?«

»Eine E-Mail«, stammelte Hannah, »sie stammt von niemand Geringerem als Lord Ambrose van Tyne. Hör zu, was er schreibt:

Haben Ihre Anfrage erhalten. Würden uns freuen, Sie und Ms Rickert heute Nachmittag zum Tee auf Redcliffe Castle begrüßen zu dürfen. Hochachtungsvoll A. V. T.«

43

Einige Stunden später …

Das Schloss im neugotischen Stil lag am Fuß der dicht bewaldeten Anhöhe. Der Blick auf die Klippen der Jurassic Coast und die Bucht von Exmouth wurde von einem Hügel und dem beeindruckenden alten Wald versperrt. Einzig die zwei dreigeschossigen Türme aus unverputzten Quadersteinen sowie der Flaggenmast, an dem stolz der Union Jack flatterte, ließen erkennen, dass es tatsächlich dasselbe Gebäude war, das sie gestern von der anderen Seite gesehen hatten.

Edwards Verschwinden war in höchstem Maße mysteriös und alarmierend. Hannah hatte das Erlebnis noch immer nicht verdaut. Das verlassene und geplünderte Haus, die Glasscherben und das Blut. Vor allem aber der Eindruck von Alter und Bosheit hatten ihr schwer auf den Magen geschlagen. All das verdichtete sich bei ihr zu einem Gefühl unmittelbarer Bedrohung.

Wer immer dort eingebrochen war, er hatte genügend Kraft besessen, eine senkrechte Außenmauer hochzuklettern, das Dachfenster einzuschlagen und Edward zu entwaffnen. Nicht nur waren sie auf Kampfspuren gestoßen, bei einer genaueren Durchsuchung hatten sie eine Pistole unter einem der Regale gefunden. Eine Inglis Browning Mk1 aus dem Zweiten Weltkrieg, wie Jonathan mit fachkundigem Blick festgestellt hatte. Sie lag noch nicht lange dort, das bewies die sie umgebende Staubschicht. Kein Schuss war daraus abgefeuert worden, was umso seltsamer war, da Edward die Waffe wohl zuvor noch entsichert hatte.

Hannah wurde das Gefühl nicht los, dass sie sich hier mit Mächten anlegten, denen sie nicht gewachsen waren. Sie kam sich vor wie eine Fliege in einem Netz aus unsichtbaren Fäden. Alte Steine, fremde Kulturen, vergessene Mysterien – das waren Elemente, mit denen sie umzugehen vermochte. Damit kannte sie sich aus.

Dies hier war anders.

Gut, bisher gab es nichts weiter als Hinweise und Vermutungen. Es bestand noch immer die Möglichkeit, dass sie einer falschen Fährte folgten. Doch sollte sich herausstellen, dass die van Tynes etwas mit Edwards Verschwinden zu tun hatten, sollten sie gar hinter dem Anschlag in Petra stecken, so begaben Hannah und Leslie sich gerade in die Höhle des Löwen. Andererseits war es die einzige Möglichkeit, wirklich Gewissheit zu erlangen.

Abgesehen davon war es Hannah gewesen, die um dieses Treffen gebeten hatte. Wenn sie jetzt einen Rückzieher machte, könnte das verdächtig aussehen.

Dann doch lieber die Naiven spielen und die Augen offen halten.

Es war eine verdammte Zwickmühle.

Hannah blickte zu Leslie hinüber. Ihre Freundin saß am Lenkrad ihres Minis und schien völlig in Gedanken versunken. Schweigsam setzte sie den Blinker und bog von der Hauptroute auf die schmale Straße ab, die zum Herrenhaus hinaufführte. Seit einer halben Stunde hatten die beiden Frauen kein Wort miteinander gewechselt.

Vor ihnen befand sich die hohe Umgebungsmauer mit dem schmiedeeisernen Tor. Zum Teil unter einer dichten Hecke verborgen, ragte das Bauwerk zu beiden Seiten wie eine grüne Wand in die Landschaft. Weder entdeckten sie eine Klingel noch ein Pförtnerhäuschen. Wie sie dort hineingelangen sollten, war unklar.

»So, da wären wir«, sagte Leslie und nahm den Gang raus. »Ziel erreicht. Schauen wir mal, was jetzt passiert.«

Leslie hatte sich chic gemacht. Sie trug eine Kombination aus dunkler Hose und weißer Bluse, dazu hochhackige Schuhe. Zudem hatte sie sich geschminkt und eine Kette mit schwarzen Perlen angelegt. Hannah war nicht sicher, ob sie Leslie jemals so gesehen hatte. Ihre Freundin war eine attraktive Frau. Neben ihr kam Hannah sich klein und unscheinbar vor.

Sie selbst hatte lediglich ihr dunkles Kleid angezogen, dazu Schnürsandalen mit kleinem Absatz. Sie trug ihren Ehering sowie ein Amulett aus Honduras, das an einem geflochtenen Lederband um ihren Hals hing. Nervös spielte sie daran herum. »Niemand da, um uns aufzumachen.«

»Abwarten«, sagte Leslie. »Ich bin sicher, es kommt gleich jemand. Ah, wenn man vom Teufel spricht, siehst du?« Sie deutete nach vorn.

Ein gelbes Licht hatte angefangen zu blinken, und die Torflügel glitten auseinander. Leslie gab Gas und fuhr die kiesbestreute Auffahrt hinauf. Vor dem reich verzierten Haupteingang stellte sie den Wagen ab.

Er befand sich an der Nordseite, unter einem hohen Spitzbogen mit Maßwerkfenstern. Ein Mann in Livree wartete dort auf sie.

Während sie den Wagen verließen und auf das Portal zugingen, bemerkten sie, dass ein weiterer Mann dazugekommen war. Hochgewachsen, schlank und von sportlicher Eleganz. Er trug einen maßgeschneiderten dunkelgrauen Einreiher mit Einstecktuch, eine weinrote Krawatte und schwarz glänzende Schuhe. Sein Erscheinungsbild war modern, wenn auch konservativ.

Kein Zweifel, das musste Lord van Tyne sein. Dass er sie persönlich begrüßte, empfand Hannah als Ehre. Das gewellte und leicht ergraute Haar, die sauber gezupften Brauen und manikürten Fingernägel ließen ein Gefühl von Unnahbarkeit entstehen. Sie stellte fest, dass sie sich im Geiste ein anderes Bild zurechtgezimmert hatte. Sie hatte erwartet, einem gebeugten alten Mann gegenüberzutreten. Jemandem, der die Öffentlichkeit scheute und der den Medien den Rücken zukehrte. Nirgendwo im Internet waren Fotos von Lord und Lady van Tyne zu finden gewesen. Ziemlich verwunderlich in dieser sensationsgeilen Medienwelt. Der Lord sprach ein paar Worte zu dem Butler, woraufhin dieser sich umdrehte und im Haus verschwand.

»Ms Peters, Ms Rickert?« Er hob den Kopf und lächelte. »Mein Name ist Ambrose van Tyne. Ich begrüße Sie auf Redcliffe Castle. Freut mich, dass Sie meiner Einladung gefolgt sind.«

»Die Freude ist ganz auf unserer Seite«, erwiderte Leslie und reichte dem Lord die Hand. »Wir fühlen uns geehrt.«

Van Tyne wandte sich Hannah zu. »Auch Ihnen ein herzliches Willkommen. Wie es der Zufall so will, hat sich gerade heute ein kleines Zeitfenster ergeben. Normalerweise ist unser Terminkalender über Wochen im Voraus gefüllt. Besonders jetzt, da wir mitten in den Vorbereitungen für unser Jahreshighlight stecken. Umso mehr freue ich mich über Ihre spontane Zusage. Kommen Sie, ich führe Sie ein bisschen herum, ehe wir uns zum Tee in den Garten zurückziehen.«

»Danke sehr.« Hannah versuchte, sich ein genaueres Bild ihres Gegenübers zu machen. Normalerweise konnte sie Menschen recht schnell einschätzen, sie hatte eine Gabe für so etwas. Doch bei van Tyne tat sie sich schwer. Das fing mit seinem Alter an. Es war unmöglich, zu sagen, ob er erst Mitte dreißig oder bereits jenseits der fünfzig war. Seine Haut hatte eine auffallende Glätte und besaß an manchen Stellen diese wächserne Transparenz, die man häufig bei älteren Leuten beobachtet. Auf seiner linken Wange entdeckte sie eine unscheinbare halbmondförmige Narbe, die ein wenig heller war als der Rest. Seine Augen aber waren das Faszinierendste. Sie waren grün, jedoch schimmerte auch ein wenig Gold in ihnen. Es waren Augen, die viel gesehen hatten. In seinem Ohr steckte ein drahtloser Hörer mit Mikrofon, der mit dem Handy in der Innenseite seines Jacketts verbunden zu sein schien. Hannah konnte die schmale rechteckige Form unter dem Stoff erkennen.

»Ich kann Ihnen gar nicht sagen, wie sehr ich mich freue, Sie kennenzulernen, meine Damen«, sagte er. »Ich habe bereits viel von Ihnen gehört. Vor allem von Ihnen, Ms Peters.«

»Tatsächlich?« Hannah hob eine Braue. Selbst in Fachkreisen tauchte ihr Name recht selten auf. Was mit der Besonderheit der von ihr betreuten Funde zusammenhing.

»Aber ja. Jemandem mit meinen Interessen kann Ihr Name nicht lange verborgen bleiben. Wie Sie wissen, bin ich ein glühender Verehrer der archäologischen Wissenschaften. Das ist auch der Grund, weshalb Sie mit Ihrer Anfrage bei mir offene Türen eingerannt haben. Ich finde, es gibt kaum eine andere Disziplin, die die Bereiche Anthropologie, Urzeitforschung, Kulturgeschichte, Philosophie und Kunst so anmutig miteinander verbindet wie die Archäologie.«

»Das könnte stimmen«, sagte Hannah. »Ich werde versuchen, mich daran zu erinnern, wenn ich das nächste Mal mit Spachtel, Bürste und Lupe auf allen vieren durch den Wüstensand krieche.«

Er lachte. »Ja, es ist immer ein Unterschied, ob man eine Disziplin selbst ausübt oder ihr nur bewundernd aus der Ferne zusieht.«

»Sie wirken nicht wie ein Wissenschaftler«, sagte Leslie betont lässig. »Die sind doch gemeinhin in Karohemden und Cordhosen unterwegs.«

»Täuschen Sie sich nicht.« Van Tyne öffnete eine Tür für sie. »Ich mag mich äußerlich den modischen Herausforderungen des 21. Jahrhunderts angepasst haben, innerlich bin ich ein Mann des Viktorianischen Zeitalters. Einer Epoche, in der es eine Tugend war, interdisziplinär zu denken. Ich betrachte gerne das ganze Bild, nicht nur einen kleinen Ausschnitt, wenn Sie verstehen, was ich meine.«

»Absolut«, sagte Hannah. »Geht mir genauso.«

»Eine verwandte Seele also, das gefällt mir.« Der Lord schenkte ihr ein knappes Lächeln. Er taxierte sie, das war offensichtlich. Aber was er dachte, ließ er sich nicht anmerken. »Dieses Haus und ich, wir passen gut zusammen«, fuhr er fort. »Redcliffe Castle ist ein Sammelsurium verschiedener Stile.« Er deutete auf die Fassade des Gebäudes. »Der ursprüngliche Bauherr, mein Urahn Randolph van Tyne, war britischer Botschafter in Frankreich. Er ließ Steine der teilweise abgerissenen Abtei Jumièges nach Südengland bringen und verwendete sie für den Bau seines neuen Herrenhauses. Um das Bauwerk noch eindrücklicher zu gestalten, erwarb er Buntglasfenster aus dem 15. Jahrhundert. Einige von ihnen sind noch heute erhalten.«

Hannah und Leslie blickten hinauf zu der atemberaubenden Architektur. Durch die Verwendung alter Baustoffe wirkte das mit Erkern, Dachbrüstungen und Ziertürmchen versehene und reich durchfensterte Haus tatsächlich recht alt. Der Mittelteil war zweigeschossig und wurde von den markanten dreigeschossigen Türmen, die sie schon aus der Ferne gesehen hatten, eingerahmt.

Hannah ließ ihren Blick schweifen. Ihr fielen die außergewöhnlich vielen Computer und elektronischen Gerätschaften auf, die geschmackvoll in das Interieur integriert waren. Mochte das Gebäude auch ein gewisses Alter aufweisen, der Lebensstil dieser Leute war hochmodern. Wozu brauchten sie nur so viel Elektronik?

»Kommen Sie, meine Damen.« Van Tyne ließ ihnen den Vortritt und schloss dann die Tür, die mit einem tiefen Dröhnen zufiel.

»Hier wären wir in der großen Halle. Die Haupträume befinden sich im Erdgeschoss des Westflügels. Dazu gehören der

Speisesaal, die große Halle und der *Drawing Room*. Wenn wir weitergehen, werden wir die Bibliothek und den Wintergarten durchqueren.« Er führte sie durch die große Halle mit dem beeindruckenden Treppenaufgang. Weitere Computer waren zu sehen. Hannah bemerkte, dass der Butler niemals weit weg war. Er befreite ein paar der Gemälde vom Staub, wobei er die Neuankömmlinge keinen Moment aus den Augen ließ.

»… leider fiel ein Großteil der ehemaligen Ausstattung Bränden zum Opfer. Wir haben die Räume nach alten Dokumenten wiederhergestellt. Das betrifft auch Teile der Buntglasfenster. Sie blieben zum Glück erhalten und wurden im Zuge der Renovierung 1998 wieder eingebaut …«

»Willst du unseren Gästen nicht lieber einen Tee anbieten, anstatt sie mit endlosen Geschichten über diesen alten Kasten zu langweilen, Ambrose?«

Schlagartig verstummte der Lord.

Am anderen Ende der Halle war eine Frau erschienen. Sie trug ein weißes Kleid mit langen Ärmeln. Tadelnd schüttelte sie den Kopf. »Wo hast du nur deine Manieren gelassen?«

Ambrose van Tyne ging auf sie zu, ergriff die Hand der Frau und führte sie zu ihnen zurück. Das musste die Hausherrin sein. Wie ihr Mann war sie von altersloser Schönheit. Ihre Haare besaßen eine Farbe irgendwo zwischen Blond und Silbergrau. Ihre Augen waren haselnussbraun, ihre Brauen fein geschwungen und dicht. Die Haut war hell und von porzellanartiger Glätte. Nur um die Augen und am Hals waren ein paar Fältchen zu entdecken. Ein Geheimnis umgab sie wie unsichtbarer Duft einen Rosenbusch.

»Ms Peters, Ms Rickert, darf ich vorstellen? Dies ist Lady Rhiannon, die Herrin dieses Hauses. *Meine Schwester.*«

44

Hannah versuchte, sich ihre Verwunderung nicht anmerken zu lassen. Sie war ganz selbstverständlich davon ausgegangen, dass die van Tynes ein Ehepaar waren und irgendwo ein paar Kinder geparkt hatten. Selbstverständlich auf Top-Internaten. Und nun hörte sie, dass die beiden Bruder und Schwester waren. Nicht die einzige Überraschung, wie sich sehr bald herausstellen sollte.

Van Tyne klatschte in die Hände. »Simon, wir nehmen den Tee draußen im Garten ein. Ich hoffe, die Damen haben nichts dagegen?«

»Aber nein, im Gegenteil. Das Wetter ist herrlich.«

Simon öffnete eine Tür, und die vier traten hinaus in den Garten.

»Ein sehr schönes Stück übrigens, das Sie da um den Hals tragen, Ms Peters«, sagte van Tyne mit Blick auf Hannahs Amulett. »Es ist mir gleich aufgefallen, als ich Sie sah.«

Hannah hob den bronzenen Jaguarkopf. Die zwei Opale, die anstelle der Augen eingelassen waren, schimmerten geheimnisvoll.

»Dürfte ich es mir einmal aus der Nähe ansehen?«

»Natürlich, gerne.« Sie zog das geflochtene Lederband über ihren Kopf und reichte es ihm. Er strich mit dem Daumen darüber. »Wunderschön. Wie alt ist es? Lassen Sie mich raten. Dreihundert Jahre, vierhundert?«

»Nicht schlecht«, sagte Hannah. »Spätes 14. Jahrhundert. Das Vermächtnis einer längst vergessenen Kultur.«

»Aus Südamerika vermutlich.«

Lächelnd antwortete sie: »Mittelamerika. Hueitapalan.«

Seine Augen wurden groß. »Ciudad Blanca, die weiße Stadt? Sie waren dort?«

Hannah nickte. »Bis vor wenigen Tagen. Ehe der Bürgerkrieg uns zwang, unser Lager zu räumen und das Land zu verlassen.«

»Ich hörte davon. Ein Jammer, was dort gerade geschieht.«

»Eine Tragödie. Wir mussten Hals über Kopf unsere Arbeit verlassen. Das ist der Grund, warum ich hier bin.« Sie zuckte die Schultern. »Vielleicht kehre ich ja eines Tages dorthin zurück, aber im Moment sieht es nicht danach aus.«

»Doch, das werden Sie«, sagte van Tyne mit Überzeugung. »Es wird nicht mehr lange dauern, Sie werden es erleben. Ich wünschte, ich könnte Sie begleiten.«

Hannah verzog den Mund zu einem grimmigen Lächeln. »Überlegen Sie sich das lieber noch einmal, Lord van Tyne. Die Einheimischen nennen es *Portal del Infierno*. Und das nicht ohne Grund.«

»Die Welt ist voller Wunder«, sagte der Lord. »Ich habe fast alles über die Stadt des Affenkönigs gelesen – na ja, zumindest das, was in Fachkreisen darüber berichtet wurde. Aber ich bin sicher, es ist nur ein Bruchteil dessen, was Sie zu erzählen haben. Stimmt es, dass es dort einen Totenkult gibt, ganz ähnlich dem der Maya?« Er delegierte sie zu einem Holztisch, der auf einem hölzernen Fundament im Schatten einer mächtigen Eiche stand. Er war reich gedeckt.

»Sie sind überraschend gut informiert«, sagte Hannah. »Diese Entdeckung ist eigentlich noch gar nicht freigegeben worden. Darf ich fragen, woher Sie das wissen?«

»Ich bin immer gerne gut informiert.« Der Lord deutete auf einen Laptop, der seitlich auf einem kleinen Beistelltisch stand. »Wie gesagt, reine Liebhaberei. Jemandem wie Ihnen könnte ich nie das Wasser reichen.«

Ehe Hannah weitere Fragen stellen konnte, tauchte der Butler wieder auf, zog ihre Stühle vor und wartete, bis alle Platz genommen hatten. Dann begann er, Tee einzuschenken. Hannah fühlte sich, als hätte man sie in eine Folge von Downton Abbey hineinversetzt.

»Wenn ich könnte, würde ich meiner Liebhaberei ausgiebiger frönen«, fuhr van Tyne fort, »aber leider lassen mir meine Geschäfte kaum Zeit. Doch ich will Sie nicht langweilen. Bestimmt haben Sie Hunger. Hier haben wir Scones, da drüben ist Clotted Cream und Erdbeerkonfitüre. Auf der Etagere finden Sie kleine Savouries, belegt mit Ei, Gurken, Kresse, Schinken und Lachs. Bitte bedienen Sie sich einfach selbst. Simon, ich glaube, wir benötigen Ihre Dienste nicht weiter.«

Der Butler deutete eine Verbeugung an und entfernte sich wortlos.

»Armer Kerl. Er ist von Geburt an stumm«, sagte Lady Rhiannon. »Sie können sich vorstellen, wie schwierig es für einen stummen Butler ist, Arbeit zu finden.«

»Wir wüssten nicht, was wir ohne ihn täten«, ergänzte der Lord und bediente sich mit Toast und Marmelade. »Er ist Teil unserer stetig größer werdenden Familie. Eine Familie, die inzwischen in vielen Ländern beheimatet ist.« Sein Lächeln wirkte aufgesetzt. »Doch kommen wir mal zu Ihnen. Uns hat eine Anfrage Ihres Mannes erreicht, Ms Peters. Einige Fragen bezüglich einer Ausgrabung in Jordanien. Wenn ich das richtig verstanden habe …«

»Das stimmt.« Hannah nippte an ihrem Tee. Er schmeckte anders als die meisten Tees, die sie zuvor gekostet hatte, war aber ausgezeichnet. »Ich interessiere mich sehr für Jordanien. Genauer gesagt, für die versunkene Wüstenstadt Petra. Ich war schon einmal dort, kurz nach meiner Ausbildung. Und jetzt vor wenigen Tagen. Ms Rickert und ich sind gerade erst von dort zurückgekommen.«

»Ein wunderschöner Ort.« Der Lord nickte. »Ich war selbst erst einmal in Petra. Das ist allerdings schon lange her. Ich wünschte, ich könnte dorthin zurückkehren.«

»Wenn du etwas lieb hast, lasse es los«, zitierte Hannah ein Sprichwort.

»Ja, aber wenn es zurückkommt, gehört es dir«, ergänzte der Lord.

»Wenn es nicht zurückkehrt, jage und töte es.« Leslie schmunzelte. »So hat man uns das beigebracht.«

Der Lord und die Lady lachten herzlich. »Klingt nach dem Motto Ihrer Zunft, Ms Rickert«, sagte van Tyne mit breitem Grinsen.

»Oje.« Leslie blickte betroffen, doch Hannah konnte sehen, dass es nur geschauspielert war. »Haben wir Journalisten tatsächlich so einen schlechten Ruf? Ich fürchte, dann bin ich hier wohl nicht sehr willkommen.«

»Schlecht? Im Gegenteil«, sagte van Tyne. »Hartnäckigkeit ist eine Tugend. Ohne sie wären Sie keine gute Journalistin. Sie sind eine Jägerin, Ms Rickert. Nur wenn Sie an der Beute dranbleiben, können Sie sie verfolgen und zur Strecke bringen.«

»Ich nehme das als Kompliment.«

Während sie aßen und sich unterhielten, studierte Hannah die beiden Gastgeber unauffällig. Sie wurde den Verdacht nicht los, dass hier ein Katz-und-Maus-Spiel im Gange war. Die Frage war nur: Wer war die Katze und wer die Maus?

»Gehe ich recht in der Annahme, dass Ihr Vater in den frühen Sechzigerjahren Ausgrabungen in Petra organisiert hat? Ich meine, mich zu erinnern, seinen Namen in einem der vielen Seminare gehört zu haben, an denen ich teilnehmen durfte.«

»Die Erinnerung hat Sie nicht getrogen«, sagte van Tyne. »Mein Vater war tatsächlich einige Zeit dort unten. Hat gegraben und geschürft und ist recht erfolgreich dabei gewesen. Allerdings hat er nicht an den Hauptattraktionen gearbeitet, sondern an einem kleinen, wenig bekannten Ort. Warum interessiert Sie das?«

»Es geht um eine alte Überlieferung«, sagte Hannah. »Ich

habe damals davon gehört, und es lässt mir seither keine Ruhe. Die Rede ist von einem Baum.«

»Einem Baum?«

Sie nickte. »Dem Baum des Lebens, auch Weltenbaum genannt. Schon mal davon gehört?«

»Wer hätte das nicht? Dieser Mythos zieht sich quer durch alle Weltkulturen. Eine der langlebigsten und komplexesten Hinterlassenschaften unserer mythenreichen Vergangenheit.«

»Ich möchte gerne ein paar Rätsel entschlüsseln, die mit dieser Legende und den steinernen Relikten von Petra zu tun haben.« Hannah schlürfte an ihrem Tee. »Die Frage, der ich nachgehe, ist, ob der Lebensbaum nur ein Mythos ist oder ob es ihn tatsächlich gegeben hat. Ich weiß, das klingt ziemlich verrückt und unwahrscheinlich, ich habe aber Grund zu der Annahme, dass der Legende ein wahrer Kern zugrunde liegt.« Während sie die Worte aussprach, beobachtete Hannah den Lord und seine Schwester sehr genau. In dem Moment, als die Schüsselbegriffe fielen, wusste sie, dass sie einen Volltreffer gelandet hatte.

Die van Tynes wechselten einen knappen Blick, dann sagte der Lord mit hörbar veränderter Stimme: »Höchst bemerkenswert. Was genau haben Sie denn vor?«

»Oh, nichts Aufsehenerregendes.« Hannah strich mit der Hand über das edle Holz des Tisches. »Vielleicht schreibe ich ein Buch darüber. Vorausgesetzt, ich bekomme genug Recherchematerial zusammen.«

»Und ich würde sie gerne dahin gehend unterstützen, dass ich einen Film darüber drehe«, warf Leslie ein. »Wie Sie bereits sagten, die Legende vom Baum des Lebens findet sich in allen Weltkulturen. Es ist wie ein roter Faden, der sich durch die gesamte Menschheitsgeschichte zieht. Ein Thema, das unsere Zuschauer bestimmt brennend interessieren wird.«

»Da bin ich mir sicher«, sagte der Lord.

»Die Hinweise sind recht weit verstreut«, fuhr Hannah fort.

»Die meisten Teile zu diesem Mosaik haben wir bereits, doch es fehlen noch ein paar. Wir hofften, bei Ihnen welche zu finden.«

Der Lord legte seine Fingerspitzen aufeinander und dachte nach. Seine Schwester schwieg ebenfalls. Eine ziemlich lange Pause trat ein.

»Ich finde es bemerkenswert, dass Sie sich an mich gewendet haben«, sagte van Tyne nach einer Weile. »Ich muss Ihren Scharfsinn bewundern, meine Damen. Sie sind mit Ihren Erkundungen genau am richtigen Ort. Wie es der Zufall so will, war dies das Thema, dem sich mein Vater bis zu seinem Tode verpflichtet fühlte. Das Geheimnis des ewigen Lebens, die Legende vom Weltenbaum. Bis zum Schluss hat er daran geforscht. Leider starb er, ehe er dem Geheimnis auf die Spur kommen konnte. Wenn Sie erlauben, würde ich Ihnen gerne etwas zeigen.« Er griff in die Mappe, die neben dem Laptop auf dem Beistelltisch lag. Sie war schwarz und bestand aus feinstem Leder. Er zog Dokumente daraus hervor und breitete sie auf dem Tisch aus.

»Da ich ahnte, worum Sie mich bitten würden, habe ich mir erlaubt, ein paar Dokumente vorzubereiten. Sehen Sie sie sich an, lesen Sie. Nehmen Sie mit, was Sie brauchen können, es sind Kopien.« Er zwinkerte ihnen zu. »Vielleicht hilft Ihnen das bei Ihrer Suche weiter. Sie finden Zeitungsausschnitte, Kopien von Briefen und Fotos. Jede Menge Fotos. Vor allem aus der Zeit der Grabungen.«

Hannah runzelte die Stirn. Das Gespräch entwickelte sich anders, als sie erwartet hatte. Es war ihr unheimlich, dass ihnen der Lord immer zwei Schritte voraus zu sein schien.

Sie nahm eines der Fotos und betrachtete es aufmerksam. Zu sehen war ein Mann, der breitbeinig auf dem Sockel einer umgestürzten Säule stand. Helle Hose, helles Hemd, auf dem Kopf ein Hut mit breiter Krempe. Die Füße steckten in hohen Lederstiefeln. Sie reichte das Foto an Leslie weiter.

»Sie sind Ihrem Vater wie aus dem Gesicht geschnitten.«

Van Tyne lachte. »Das höre ich nicht zum ersten Mal. Es hat in der Vergangenheit zu etlichen Verwechslungen geführt. Was die Sache zusätzlich verkompliziert, ist, dass wir auch noch den gleichen Vornamen tragen. Alle Erstgeborenen in unserer Familie heißen Ambrose.«

»Ein bürokratischer Albtraum«, sagte Leslie und gab das Bild zurück.

»Sie sagen es«, erwiderte der Lord. »Um der Sache die Krone aufzusetzen, fing meine eigene Mutter irgendwann an, mich mit ihm zu verwechseln. Sie litt unter Demenz ...« Schmerzerfüllt verzog er das Gesicht.

»Wie tragisch«, sagte Hannah. »Lebt Ihre Mutter noch?«

»Sie ist vor vielen Jahren gestorben. Man sieht es uns vielleicht nicht an, aber wir sind nicht mehr die Jüngsten.«

»Haben Sie Kinder?«, fragte Leslie mit vollem Mund.

Van Tyne schüttelte betrübt den Kopf. »Weder ich noch meine Schwester haben jemals geheiratet. Aber ich habe die Hoffnung noch nicht aufgegeben, eines Tages der Richtigen zu begegnen. Das wäre die Erfüllung meines größten Wunsches.« Er warf Hannah einen Blick zu, der gleichzeitig Bedauern und Begehren ausdrückte.

Hannah musste zugeben, dass sie die beiden in höchstem Maße faszinierend fand.

»Nun sind wir aber ziemlich vom Thema abgeschweift«, sagte Lady van Tyne mit tadelndem Blick in Richtung ihres Bruders. »Ging es nicht eigentlich um unseren Vater und den Weltenbaum?«

Van Tyne lachte. »Du hast recht, meine Liebste. Ich komme immer wieder vom Thema ab, und dabei ist unsere Zeit doch so knapp bemessen. Um es noch mal zusammenzufassen: Ich unterstütze Ihre Bestrebungen und würde mich glücklich schätzen, wenn ich Sie auch weiterhin mit Informationen versorgen dürfte. Wann immer Sie etwas brauchen oder eine Frage haben, zögern Sie nicht, mich anzurufen. Hier ist meine Karte.«

Leslie nahm sie in Empfang und strich mit dem Finger darüber. »Eine Frage hätte ich jetzt schon«, sagte sie mit seltsam veränderter Stimme. »Stimmt es, dass Sie dem Orden der Wicca angehören?«

Hannah zuckte zusammen.

Von einer auf die andere Sekunde schien die Welt den Atem anzuhalten. Das Zwitschern der Vögel verstummte, das Quaken der Frösche im Teich erstarb. Ja, es hatte sogar den Anschein, als würden die Insekten aufhören zu summen. Hoch oben am Himmel war das leise Donnern eines Düsenflugzeugs zu hören.

45

Das Handy klingelte. Jonathan warf einen Blick aufs Display. *Superintendent Squires!* Der Name ließ bei ihm sämtliche Alarmglocken schrillen.

Ein Anruf von seinem Chef um diese Zeit, das konnte nichts Gutes bedeuten. Hatte Trixie geplaudert, oder – schlimmer noch – hatte er von dem Einbruch in Moores Haus erfahren? Wenn das der Fall war, konnte Jonathan sich gleich die Kugel geben. Dann würde er nie wieder ein Bein auf den Boden bekommen.

Er überlegte kurz, ob er den Anruf wegdrücken sollte, entschied sich dann aber dagegen. Scheiße hatte die Angewohnheit, wie Pech am Fuß kleben zu bleiben. Ignorieren machte es nur noch schlimmer. Er nahm das Gerät und drückte die Empfangstaste. Die Elektronik schien sich in seine Hand zu brennen.

»Ja?«

»Carver?«

»Am Apparat.«

»Gut, dass ich Sie erreiche. Es gibt da etwas, wobei Sie mir behilflich sein müssten. Es ist etwas vorgefallen.«

Himmel, dachte Jonathan. Seine schlimmsten Befürchtungen schienen sich zu bestätigen. »Vorgefallen, Sir?«

»Äh, ja. Eine unangenehme Sache. Ich müsste Sie bitten, runter an die Esplanade zu kommen. Sie treffen mich dann dort, ich bin gleich vorn beim Segelclub.«

»Sie sind hier, Sir? In Sidmouth?«

»Ganz recht. Und ich wünsche, dass Sie sich umgehend hier einfinden. Werden Sie das einrichten können?«

Jonathan zögerte. »Aber heute ist mein freier Tag«, sagte er vorsichtig.

»Darauf kann ich leider keine Rücksicht nehmen. Ich brauche jemanden mit Ihrer Erfahrung. Sie sind einer unserer Besten, und die Sache duldet keinen Aufschub.«

»Worum geht es denn?«

»Das sage ich Ihnen, wenn Sie hier sind. Bitte beeilen Sie sich.«

Zack, aufgelegt.

Jonathan blickte einen Moment auf das Display, dann steckte er das Handy ein. Squires hatte nervös gewirkt, unsicher. Das war überhaupt nicht seine Art. Er gehörte zu der Art von Männern, die einen exakten Bauplan von der Welt in der Tasche hatten. Die immer wussten, was recht und was unrecht war und wen man dafür zur Verantwortung ziehen musste. Wenn es nach ihm gegangen wäre, hätte man den laschen Strafvollzug schon längst außer Kraft gesetzt und die Todesstrafe wieder eingeführt. Ein Emporkömmling, wie er im Buche stand. Nach oben buckelnd, nach unten tretend. Dass er jetzt so freundlich zu ihm war, machte Jonathan misstrauisch.

Sie sind einer unserer Besten? Scheiße, was hatte den denn geritten? Diese Freundlichkeit war zutiefst besorgniserregend. Irgendetwas war vorgefallen. Jonathan benötigte dringend mehr Informationen.

Ungehalten stand er auf, griff nach Schlüssel und Brieftasche und machte sich auf den Weg.

Da ihm die Strecke zu Fuß zu weit war, stieg er auf sein Fahrrad. Der strahlende Sonnenschein und der blaue Himmel vermochten seine düstere Vorahnung nicht zu vertreiben.

Am Segelclub angekommen, entdeckte er das rote Einsatzboot. Zwei Männer standen daneben und warteten. Der eine klein und untersetzt, der andere ein Bär von einem Mann in der Uniform der Küstenwache. Squires war also nicht allein.

Jonathan schloss sein Fahrrad an, ging die Betonrampe herunter und betrat den Kiesstrand. Die Steine knirschten unter seinen Sohlen. Ein paar Jugendliche spielten Fußball. Der Superintendent bemerkte ihn und hob die Hand.

»Carver.«

»Superintendent.«

»Darf ich vorstellen? Das ist Coastal Operations Officer Atherton. Er wird Ihnen die betreffende Stelle zeigen und Sie hinausfahren. Ich muss leider gleich wieder weg.«

Jonathan hielt dem Mann die Hand hin, schüttelte sie aber nur kurz. Seine Ausstrahlung war ihm nicht angenehm. Der Kerl hatte etwas Kaltes, Brutales.

»Betreffende Stelle, Sir?«

»Ja. Ja … äh. Danke, dass Sie so schnell gekommen sind«, stammelte Squires. »Tut mir leid, dass wir Sie an Ihrem freien Tag aufscheuchen, aber Sie wissen ja, wie das ist. Dienst ist Dienst …«

»… und Schnaps ist Schnaps. Ja, ist mir bekannt.«

»Ob Sie's glauben oder nicht, aber Sie sind der einzige fähige Mann im Umkreis von zehn Meilen. Ihre beiden Kollegen konnte ich schlecht hinzuziehen, Sie kennen die beiden Armleuchter ja. Zu dumm zum Scheißen. Haha.«

Er klopfte ihm auf die Schulter. War ihm eigentlich bewusst, was für eine Respektlosigkeit er sich da gerade leistete? Aber Squires war nicht der Mann, der sich lange mit Selbstkritik aufhielt.

»Also, dann ran ans Werk. Ich muss dann mal wieder los …«

»Wo ist denn Jim Henderson?« Jonathan warf dem Mann von der Küstenwache einen misstrauischen Blick zu. Der Kerl stand nur da und glotzte. Bisher hatte er noch nicht ein Mal den Mund aufgemacht.

»Hexenschuss«, sagte Squires. »Muss das Bett hüten. Wir waren eben draußen, Atherton und ich. Schreckliche Sache. Wie es scheint, haben wir eine weitere Leiche, drüben am Wheel Rock. Ein junger Mann diesmal. Übel zugerichtet.«

Jonathan runzelte die Stirn.

Der Wheel Rock war ein Felsen gleich neben dem Big Picket. Wie hoch war die Wahrscheinlichkeit, dass in so kurzer Zeit zwei Leichen an derselben Stelle angespült wurden?

»Eine weitere Leiche? Wieso wurde ich nicht informiert? Es ist doch mein Zuständigkeitsbereich.«

»Wurden Sie doch gerade«, gab Squires zurück. »Es mag Ihr Zuständigkeitsbereich sein, aber es ist mein Fall. Sie erfahren gerade so viel, wie ich für vertretbar halte. Haben Sie ein Problem damit?«

»Nein, Sir ...«

»Ich will, dass wir es so machen wie beim letzten Mal. Hinfahren, sich alles ansehen, Bericht schreiben. Das können Sie ja. Lassen Sie sich nicht zu viel Zeit. Ich will das Ding spätestens morgen früh auf meinem Schreibtisch haben, verstanden? So, dann überlasse ich Sie mal den erfahrenen Händen von Mr Atherton. Schönen Abend noch, die Herren.« Er tippte sich zum Gruß an die Stirn und wandte sich zum Gehen. Recht eilig, wie es Jonathan schien.

Er seufzte.

Wieder mal durfte er nur den Handlanger spielen. Viel schlimmer aber war, dass schon wieder jemand auf unerklärliche Weise zu Tode gekommen war. Nahm das denn nie ein Ende? Die Sache wuchs sich zu einem immer größer werdenden Problem aus. Er musste daran denken, dass Leslie und Hannah in ebendiesem Moment drüben in Redcliffe Castle waren. Diese Vorstellung behagte ihm überhaupt nicht. Er hatte sie gewarnt, aber die beiden waren nicht von ihrem Plan abzubringen gewesen. So blieb ihm nichts anderes übrig, als zu hoffen, dass alles gut ging. »Also los«, sagte er zu Atherton. »Dann fahren Sie mich mal rüber. Sehen wir uns die Sache an.«

46

S*timmt es, dass Sie dem Orden der Wicca angehören?*

Der Satz stand wie ein Elefant im Raum. Hannah hatte das Gefühl, als wäre es schlagartig kälter geworden.

Die van Tynes saßen da wie Ausrufezeichen. Weder sagte die Lady ein Wort noch der Lord. Stattdessen starrten sie sie an. Ungläubig. Feindselig.

Grundgütiger, Leslie, was hast du dir nur dabei gedacht?

Warum hatte sie ihr Vorhaben nicht vorher mit Hannah besprochen? Sie hatten verabredet, über Jordanien zu reden, über Geschichte und Vergangenes, vielleicht ein paar Bemerkungen über Vermisstenfälle, mehr nicht. Sie wollten nur ein bisschen auf den Busch klopfen und nicht gleich einen Böller in den Hühnerstall werfen.

Leslie machte nicht den Eindruck, als wäre ihr das spontan eingefallen. Sie schien diesen Schachzug von langer Hand geplant zu haben.

In van Tynes Augen erschien ein Ausdruck von Belustigung.

»Wicca? Wir? Wie kommen Sie darauf?«

»Ich höre und ich beobachte«, entgegnete Leslie mit einem schmalen Lächeln. »Berufskrankheit. Wie Sie so treffend bemerkten, bin ich Jäger, Lord van Tyne. Die Art, wie Sie sprechen, die Themen, die Fachkenntnis. Wenn ich mir Sie und Ihre Schwester so ansehe, erkenne ich Personen, die sich ausgiebig mit dem Thema Spiritualität und Mystizismus auseinandergesetzt haben. Ich sehe Ihren Garten, die alten Steinstelen, die Götterstatuen, die kreisförmigen Muster. Ich bemerke auch Ihren Goldreif, Mylady. Ein keltisches Symbol, nicht wahr?«

»Mein Armreif?«

»Ja, der mit den Stieren. Ich habe etwas Ähnliches mal in einem Museum für Ur- und Frühgeschichte gesehen. Allerdings war er da aus Bronze.«

Der Lord sah seine Schwester an, dann lächelte er. »Ich fürchte, wir sind aufgeflogen, meine Liebe. Ms Rickert hat uns enttarnt.«

»Ja, scheint so.« Im Gegensatz zu ihm lächelte Rhiannon nicht. Er goss allen noch einmal Tee nach. »Sie haben recht«, sagte sie. »Wir sind Wicca. Oder besser gesagt, *Kelten.* Wir bewahren die Überlieferungen, leben nach den alten Traditionen und befinden uns im Einklang mit der Natur und den Göttern. Dennoch leben wir nicht hinter dem Mond, wenn Sie das glauben.«

»Selbstverständlich nicht«, erwiderte Leslie. »Nicht bei der Menge an Hightech, die Sie in Ihrem Schloss aufbewahren. Ja, auch das ist mir aufgefallen. Und bitte verstehen Sie mich nicht falsch, ich möchte Ihnen keineswegs zu nahe treten. Als jemand, der sich eine Zeit lang intensiv mit anderen Glaubensformen beschäftigt hat, ist mir jedoch nicht entgangen, dass Sie eine bestimmte Form von Naturmystizismus pflegen. Das erscheint mir vor allem deswegen erwähnenswert, weil wir ja gerade über den Baum des Lebens sprachen.« Sie deutete auf eine steinerne Stele nebenan, auf der unverkennbar ein Baum abgebildet war, wenn auch stark stilisiert.

Sosehr Hannah Leslies Beobachtungsgabe bewunderte, so fragte sie sich doch, ob es klug war, dieses Thema zur Sprache zu bringen. Es würde schwierig werden, jetzt noch unverbindlich aus der Sache herauszukommen.

Der Lord neigte den Kopf. »Ich sehe, Sie kennen sich aus. Sind Sie vielleicht selbst Adeptin?«

»Adeptin wäre übertrieben«, erwiderte Leslie. »Ich bin nie über den Initiationsritus hinausgekommen. Aber ich bin interessiert, so viel darf ich wohl behaupten.«

»Und Sie, Ms Peters?«

Hannah schüttelte den Kopf. »Nein. Der Glaube sollte als Ausdruck einer persönlichen Lebenseinstellung verstanden werden. Weshalb ich auch nichts von kirchlich durchstrukturierten Abläufen und Dogmen halte. Ebenso wenig davon, ihn an die breite Öffentlichkeit zu tragen oder gar andere zu missionieren. Falls ich jemals eine Struktur in all dem Chaos erkennen sollte, so wäre dies etwas, das ich nur mit meinen engsten Freunden und Vertrauten teilen würde.«

»Ausgezeichnet formuliert«, sagte van Tyne und nickte anerkennend. »Uns geht es nicht anders. Die heutigen Kirchen, allen voran die christliche, sind nichts weiter als Machtinstrumente zur Unterdrückung der Schwachen und Wehrlosen. Über die Jahrhunderte hinweg haben sie ungeheure Reichtümer aufgehäuft. Geld, Boden, Immobilien. Doch was immer du ihnen gibst, stets brauchen sie mehr. Dieser christliche Gott scheint alles beherrschen zu können außer Geld. Die Tatsache, dass wir es hier mit einem zweitausend Jahre alten Hirtengott aus dem Vorderen Orient zu tun haben, erscheint mir in dem Zusammenhang noch nicht mal als das Absurdeste. Unsere Götter sind teilweise älter. Aber was die Kirchen daraus gemacht haben, das ist Blasphemie. Sie predigen den lebendigen Gott, schotten sich jedoch in steinernen Trutzburgen ab. Sie sagen: *Kommt her, wenn ihr beten wollt, nur bei uns könnt ihr zu Gott sprechen. Aber vergesst nicht, Geld dazulassen, sonst landet ihr in der Hölle.*

Als würde die Schöpfung nicht in jedem von uns stecken. In jeder Blume, in jedem Schmetterling, in jedem Grashalm. Als wäre nicht jede Wiese ein Tempel und jeder Baum eine Kirche. Eine wohlgemerkt, die ihre Umgebung nicht alle Viertelstunde mit ihrem Gebimmel daran erinnern muss, dass es sie immer noch gibt. Wenn Sie Struktur im Chaos suchen, Ms Peters, bei uns könnten Sie sie finden.«

»Das wäre das erste Mal …«

Der Lord lachte. »Wir behaupten nichts, was wir nicht beweisen könnten. Was vermutlich der Grund ist, warum uns das Christentum so unbarmherzig verfolgt. Der Vatikan hatte schon immer eine deutlich effektivere PR-Abteilung als wir.«

Rhiannon rutschte zu ihrem Bruder herüber und flüsterte ihm etwas ins Ohr. Der Lord dachte darüber nach, dann nickte er. »Ja, warum eigentlich nicht? Eine gute Idee. Meine Schwester und ich haben im Vorfeld bereits darüber gesprochen, und ich denke, wir können es riskieren.«

»Was denn riskieren?« Hannah verschränkte die Finger ineinander. Ihr Unwohlsein meldete sich zurück. Ambrose strich mit seinen manikürten Händen über das Holz des Tisches. Der Maserung nach zu schließen, musste es sehr alt sein. »Ab morgen finden auf Redcliffe Castle die Feierlichkeiten anlässlich des diesjährigen *Solstitiums* statt. Dieses Fest hat eine große Bedeutung für uns.«

»Die Sommersonnenwende ist für uns seit jeher ein wichtiges Ereignis«, sagte Rhiannon. »Besonders in diesem Jahr. Denn diesmal fällt das Datum auf einen Vollmond. Ein Phänomen, das im Volksmund *Erdbeermond* genannt wird und das nur alle siebzig Jahre stattfindet.«

»Und?« Hannah war vorsichtig.

»Unsere Vorbereitungen für dieses Fest laufen bereits seit über einem halben Jahr. Unser Schloss wird überquellen vor Gästen. Meine Schwester und ich dachten, es könnte für Sie vielleicht von Interesse sein, an den Feierlichkeiten teilzunehmen.«

»Sie ... Sie wollen uns einladen?« Hannah war sprachlos. »Zu Ihrem Fest?«

»Ganz recht«, sagte van Tyne. »Wir sprachen über diese Idee, aber wir wollten Sie vorher kennenlernen. Sehen, ob Sie zu uns passen.« Er zuckte die Schultern. »Schauen Sie, meine Schwester und ich sind Menschen, die nicht so schnell Vertrauen zu jemandem fassen. Vor allem nicht bezüglich dessen, worüber wir gerade sprachen. Wir müssen vorsichtig sein und unsere Privatsphäre schützen. Aber nachdem wir Sie beide nun kennenlernen durften, denke ich, dass wir es riskieren können.«

»Sie wollten doch zu diesem Thema recherchieren«, sagte Rhiannon. »Das wäre die Gelegenheit, unsere Bräuche kennenzulernen. Erfahren Sie mehr über uns, und genießen Sie die Stimmung. Vielleicht lernen Sie dabei sogar etwas über sich selbst«, fügte sie mit einem Augenzwinkern hinzu. »Sie werden feststellen, dass es eine ausgesprochen anregende und belebende Erfahrung ist. Wenn Sie möchten, könnten wir Sie mit einigen bedeutenden Personen bekannt machen. Persönlichkeiten aus Kultur und Wirtschaft, aus Politik und Medien. Na, was sagen Sie dazu?« Rhiannon hatte ein bezauberndes Lächeln aufgesetzt.

Hannah zögerte. Sie hatte die Geschichte um Beatrix Cantrell und Catherine Holloway nicht vergessen. Sie hatte nicht vergessen, was sie in Edwards Film gesehen hatte. Wie könnte sie? Doch es fiel ihr schwer, diese Art von Bildern mit den beiden kultivierten und freundlichen Personen ihr gegenüber in Verbindung zu bringen.

»Ich weiß nicht …«, murmelte Hannah. »Es kommt etwas überraschend.«

»Überraschend ja«, sagte Leslie, »aber doch sehr willkommen. Ich fände es ganz großartig. Sagen Sie, dürfte denn mein Freund auch mitkommen?«

Schon wieder zuckte Hannah zusammen. *Ihr Freund?* Was hatte Leslie denn nun schon wieder vor?

»Oh, Sie haben einen Lebensgefährten?« Ambrose zog eine Braue in die Höhe. »Na ja, Lebensgefährte klingt ein bisschen hochgestochen, so weit sind wir noch nicht.« Leslie lachte. »Aber er ist meine große Liebe. Sein Name ist Benjamin Hutton. Er arbeitet in einer Designagentur in London. Wir haben uns erst vor wenigen Monaten kennengelernt. Auf einem Wicca-Seminar.«

Der Lord lächelte. »Ein Eingeweihter also?«

»Ungefähr auf meinem Stand. Wir kennen uns noch nicht so lange.«

»Hm. Was sagst du, Rhiannon?«

»Von mir aus gerne. Ich denke, wenn Leslie ihm vertraut, können wir das auch.« »Einverstanden. Wir werden umgehend zwei Zimmer für Sie vorbereiten lassen. Möchten Sie auch gerne Ihren Lebensgefährten mitbringen, Hannah?«

»Mein Mann ist leider beruflich unterwegs«, sagte sie zögernd. »Ich weiß nicht mal, ob ich die Einladung überhaupt annehmen kann. Sosehr ich mich auch dadurch geehrt fühle, aber ich habe viel zu tun und wollte eigentlich übermorgen abreisen. Mein Mann erwartet mich. Er und meine Tochter sind gerade auf einer Forschungsmission im Mittelmeer. Ich habe die beiden lange nicht gesehen und vermisse sie sehr.«

»Das verstehen wir vollkommen«, sagte Rhiannon. »Sie müssen natürlich tun, was Sie für richtig halten.«

»Überlegen Sie es sich, und entscheiden Sie einfach spontan«, sagte Ambrose. »Wir werden die beiden Zimmer für Sie bereitstellen lassen, ob Sie nun kommen oder nicht. Morgen Nachmittag werden bereits die ersten Feierlichkeiten stattfinden. Spätestens um zwölf Uhr mittags schließen unsere Pforten, spätestens dann sollten Sie also eingetroffen sein. Fahren Sie einfach vor, unser Personal wird Sie einlassen.«

»Sie werden feststellen, dass es die denkbar beste Umgebung für ein frisch verliebtes Paar ist«, sagte Rhiannon mit vielsagendem Blick in Leslies Richtung. »Danach möchten Sie nie wieder von hier fort, das versichere ich Ihnen.«

Ambrose räusperte sich. »Ich möchte nicht unhöflich erscheinen, aber die Zeit drängt. Ich fürchte, ich muss unser reizendes Gespräch beenden. Es hat mir viel Vergnügen bereitet.

Vielleicht sehen wir uns ja morgen wieder. Spätestens um zwölf, nicht vergessen.«

»Spätestens um zwölf«, sagte Leslie, stand auf und schüttelte den beiden die Hand. »Kommst du, Hannah?«

Hannah griff nach der Mappe und stand auf. Ihr schwirrte der Kopf.

»Ich bedanke mich ebenfalls für das anregende Gespräch und den Tee«, sagte sie. »Und danke auch noch mal für die Dokumente. Wir werden die Unterlagen studieren und Ihnen dann Bescheid geben.«

»Tun Sie das, Hannah«, sagte Ambrose und deutete einen Handkuss an. Das hatte er bei Leslie nicht getan.

47

Das Meer war ruhig. Ein sanfter, ablandiger Wind wehte zu ihnen herüber und führte den Duft von Lindenblüten und Wacholder mit sich. Die Sicht war klar und weit. Das warme Licht der Nachmittagssonne tauchte die Küste in satte Farben.

Jonathan stand mit dem Wind im Gesicht vorn am Bug und blickte geradeaus. Was für ein Unterschied zur letzten Bootstour. Kein Nebel, kaum Seegang, es hätte idyllischer nicht sein können.

Dennoch wollte sich keine gute Laune einstellen. Wieder war er unterwegs, um eine Leiche zu bergen. Wieder war ein Mensch unter mysteriösen Umständen zu Tode gekommen. Was ging hier bloß vor? Was für ein düsteres Geheimnis lag über diesem Teil der Welt?

Und dann dieser Brief, den er bei seiner Heimkehr im Briefkasten vorgefunden hatte. Luise hatte eine richterliche Verfügung erwirkt. Sie verbot ihm, Annie und Tommy zu sehen. Typisch, dass man solche Hiobsbotschaften immer am Wochenende bekam. Wenn man dann etwas unternehmen wollte, war niemand mehr zu erreichen. Alle waren im vorgezogenen Feierabend. *Verdammte Bürokraten!*

Jetzt wurde ihm also untersagt, seine beiden Kinder zu sehen. Tommy war gerade in die Schule gekommen, Annie würde bald anfangen zu laufen. Bedeutende Ereignisse, und er durfte sie nicht miterleben. Musste draußen bleiben wie ein Hund vor dem Wurstladen.

Sie schrieben irgend so einen Wisch und raubten ihm wichtige Erfahrungen. Schlimmer noch, sie raubten den Kindern ihren Vater. Und Kinder brauchten doch einen Vater. Wenn er die Hand gegen sie erhoben hätte, gut, dann hätte er diese Pille schlucken müssen. Väter, die ihre Kinder schlugen, waren das

Letzte. Aber er? Er hatte nichts dergleichen getan. Was hatte das alles mit ihm und seinen Kindern zu tun?

Wütend trat er gegen die Bordwand. Er zog eine Zigarette heraus und zündete sie an. Er überlegte kurz, ob er Atherton eine anbieten sollte, verwarf den Gedanken aber wieder. Diesem Typen die Freundschaft anbieten? Bloß nicht!

Der erste Zug fuhr ihm durch die Lunge und beruhigte ihn ein wenig. Jonathan spürte, wie das Nikotin seine Wirkung tat. Er durfte jetzt nicht den Kopf verlieren. Denn das war genau, was sie wollten. Dann konnten sie sagen: *Seht ihr, wir haben es immer gesagt. Der Typ hat seine Aggressionen nicht unter Kontrolle. Rastet sofort aus. Es war richtig, ihm den Umgang mit seinen Kindern zu verbieten.* O ja, das würden sie tun.

Aber nicht mit ihm. Er würde cool bleiben. Besonnen. Selbst der schlimmste Schmerz ging vorüber, wenn man sich kopfüber in die Arbeit stürzte. Irgendwann verschwand er und verwandelte sich in etwas anderes. In Selbstbewusstsein und Energie. Pure, zielgerichtete Energie. *Ich, kein guter Vater? Sehen Sie doch, wie ich diesen Fall gelöst habe. Mit Ruhe und Disziplin. Ich hatte eine Unglückssträhne, aber das kann jedem mal passieren. Jetzt bin ich ein neuer Mensch.*

So würde er es machen, und er würde Erfolg damit haben. Worte zählten nicht, nur Taten. Und er würde ihnen Taten liefern, o ja.

Wobei das keine einfache Sache werden würde. Dass Squires ihn zwar mit Informationen fütterte, ihn aber gleichzeitig auf Distanz hielt, zehrte an seinen Nerven. Auch wenn er nicht wusste, wie er es hinbekommen sollte, er hatte geschworen, diesem Unheil auf die Spur zu kommen. Und wenn es das Letzte war, was er tat.

Der Wheel Rock lag jetzt steuerbord voraus. Jonathan graute vor dem, was er zu sehen bekommen würde. Er drehte sich um.

»In welchem Zustand ist sie?«

»Was denn?«

»Na, die Leiche.«

»Warten Sie's ab.«

»Ist der Mann jung oder eher älter?«

»So genau hab ich ihn mir nich' angesehen.«

»Aber Sie waren doch vor Ort, oder?«

»Der Superintendent hat ihn sich angeschaut, ich steuere nur das Boot.«

Meine Güte, dachte Jonathan. War dieser Typ wirklich von der Wasserschutzpolizei? Er besaß den IQ einer Energiesparlampe. Wie war der nur durch die Examensprüfungen gekommen? Muskeln bis zum Abwinken, aber nicht ein Funken Grips im Hirn. Er wandte sich wieder nach vorn, als er spürte, wie das Boot heftig ins Schaukeln geriet.

»He«, rief Jonathan und hielt sich erschrocken fest. »Hören Sie auf, so herumzu…«, *…wackeln*, wollte er sagen, aber dazu kam es nicht mehr.

Etwas legte sich von hinten um seinen Hals. Er bekam keinen Laut mehr heraus. Seine Kehle fühlte sich an wie zugeschnürt. Nein, stellte er mit einsetzender Panik fest, sie *war* zugeschnürt.

Dann setzte der Schmerz ein. Heftiger als alles, was er bisher erlebt hatte. Er fühlte sich emporgehoben und nach hinten gerissen. Jonathans Hände fuhren an seine Kehle. Irgendetwas war dort, was da nicht hingehörte. Ein Seil? Neben seinem Ohr erklang gepresstes Schnaufen.

Atherton!

Sterne flimmerten über Jonathans Netzhaut. Der Kerl wollte ihn erwürgen. Aber warum? Die Erkenntnis traf ihn wie ein linker Haken. Es gab keine Leiche drüben auf den Felsen. *Er* würde die Leiche sein. Er wusste zu viel, also wollten sie ihn aus dem Weg schaffen.

Die Atemnot ließ ihn beinahe ohnmächtig werden. In Ermangelung einer besseren Idee ließ Jonathan sich erst nach vorn sacken, nur um dann mächtig mit seinem Kopf nach hinten auszuschlagen. Irgendetwas traf er.

Ein Geräusch, als würde man Reisig zerbrechen, erklang, gefolgt von einem schmerzerfüllten Jaulen. Für einen Moment ließ der entsetzliche Druck um seinen Hals nach. Er war frei und konnte Luft in seine gepeinigten Lungen saugen. Es gelang ihm gerade noch, seine Finger unter die Schlaufe zu schieben, als er wieder nach hinten gerissen wurde. Er konnte sich nicht länger auf den Füßen halten, bekam Übergewicht und prallte gegen seinen Widersacher. Der bekam ebenfalls Übergewicht und fiel um. Jonathan krachte mit dem Kopf gegen den Handlauf des Motors. Ein stechender Schmerz zuckte ihm durch den Schädel. Das Aggregat schaltete auf Vollgas und katapultierte das Schlauchboot mit unfassbarer Gewalt nach vorn.

Jonathan wurde nach hinten gerissen, sah rotes PVC unter sich hindurchflitzen, dann schossen blaue Fluten um ihn herum in die Höhe. Was für ein Glück, dass er die Finger zwischen Hals und Seil gesteckt hatte, der Ruck hätte ihm womöglich das Genick gebrochen.

In seinen Ohren donnerte und rauschte es. Kälte hüllte ihn ein, während er in den Fluten versank. Sie waren über Bord gegangen – er und Atherton, der immer noch dieses Scheißseil um seinen Hals geschlungen hatte.

Wie wild schlug er mit den Beinen. Strampelnd und prustend kam er wieder hoch. Jonathan wusste, dass er etwas unternehmen musste. Jetzt. Noch einmal versuchte er den Trick mit dem Hinterkopf, und wieder hatte er Erfolg. Athertons Schreie klangen wie die eines heiseren Elches.

Der Kerl war einfach zu dumm. Wobei Jonathan bezweifelte, dass der Trick noch ein drittes Mal funktionieren würde. Selbst ein Einzeller lernte irgendwann seine Lektion, besonders wenn sie mit Schmerz verbunden war.

Während er noch versuchte, seinen Kopf über Wasser zu halten und Luft in seine gequälten Lungen zu saugen, bemerkte er, wie das Schlauchboot mit Vollgas auf die Felsen zusteuerte. In der Erwartung eines Totalschadens oder einer Explosion sah er, wie das Boot mit lautem Krachen in die Luft katapultiert wurde. Es segelte mehrere Meter in die Höhe, wirbelte herum und landete in umgekehrter Richtung auf dem Wasser. Mit Vollgas steuerte es wieder auf sie zu.

Es kam zurück!

Jonathan versank. Atherton hatte zu seiner alten Bosheit zurückgefunden und setzte nun alles daran, seinen Kontrahenten endgültig fertigzumachen. Wenn schon nicht mit dem Seil, so doch wenigstens, indem er sein Opfer ersäufte.

Jonathan strampelte wie ein Wilder, schaffte es jedoch nicht, zurück an die Oberfläche zu gelangen. Sein Gegner drückte ihn unbarmherzig nach unten. Und er war schwer.

Die Optionen gingen Jonathan schneller aus als sein Luftvorrat. Schon flackerten Erinnerungsfragmente vor seinem geistigen Auge auf. Er sah sich selbst in Zeitlupe vom Pier in Brighton fallen. Sechs Jahre alt war er damals gewesen. Er spürte den Fall, dann den Aufschlag. Das Wasser war hart wie ein Brett. Die Wucht presste ihm die Luft aus den Lungen. Dann sank er. Wie ein Stein.

Am schlimmsten war, nicht zu wissen, wo oben und unten war. Dass er überhaupt nach oben gelangt war, hatte er seinem Kinderrucksack zu verdanken, der wie eine Schwimmweste wirkte. Wo war jetzt sein Rucksack? Stattdessen hockte Atherton wie eine Kröte auf seinem Rücken.

Ein hässliches Surren drang an seine Ohren. Er konnte das Schlauchboot sehen. Da kam es, raste mit Vollgas auf sie zu.

Zwanzig Meter.

Fünfzehn …

Das Jaulen ging in ein markerschütterndes Kreischen über. Jonathan hörte auf zu strampeln. Atherton war über ihm, konnte das Boot nicht sehen. Vielleicht hörte er es, aber er war viel zu versessen darauf, Jonathan das Lebenslicht auszupusten. Dunkelheit senkte sich über die kämpfenden Männer.

Von der einen auf die andere Sekunde war die Sonne ausgelöscht. Jonathan spannte seine Muskeln an. Keinen Moment zu früh. Das Kreischen ging in ein hässliches Knirschen über. Heftige Stöße durchzuckten Athertons Körper. Er wurde hin und her geschleudert wie eine Puppe unter Starkstrom. Nadelspitze Geschosse zischten durch das Wasser. Teile von Schrauben, Metallblättern und etwas, das wie weißes Plastik aussah. Dann wurden sie von dunkelroten Wolken eingehüllt.

Schlagartig ließ der Druck um Jonathans Hals nach. Es wurde wieder hell. Das Schlauchboot fegte über sie hinweg und zog dabei eine dunkelrote Schleppe hinter sich her.

Jonathan war frei! Prustend durchbrach er die Wasseroberfläche. Mit letzter Kraft saugte er die Leben spendende Luft in seine Lungen.

Grundgütiger, er lebte noch!

Er fuhr herum und blickte in Athertons verzerrtes Gesicht. Die Augen des Sergeants waren starr, der Mund vor Entsetzen weit aufgerissen. Sein Körper zuckte immer noch, wenn auch nicht mehr ganz so hektisch. Rote Wolken ausstoßend, versank er in der Tiefe. Jonathan sah seinen aufgerissenen Rücken, die zerschmetterte Wirbelsäule, die weißen Knochensplitter.

Er wandte sich ab und schwamm in Richtung Land.

48

Der Abend senkte sich über Redcliffe Castle, als Ambrose van Tyne hinauf in den Turm stieg. Es galt, dem schwindenden Tag einen Abschiedsgruß zu entbieten, außerdem hatte er ein wichtiges Gespräch zu führen.

Der Ausblick von hier oben war atemberaubend. Die Landschaft erglühte im Licht von Helios' flammendem Streitwagen. Ambrose blickte in die Richtung, in die vor wenigen Stunden der rote Mini davongefahren war. Rhiannon war bei ihm, den Blick ebenfalls in die Ferne gerichtet. Beide waren sich klar darüber, dass es eine folgenschwere Begegnung gewesen war, die sie dort unten im Garten erlebt hatten.

Ambrose hatte seine Entscheidung bereits getroffen, er wusste nur nicht, wie Rhiannon darauf reagieren würde. Innerlich machte er sich auf das Schlimmste gefasst.

»Sie ist es«, sagte er leise. »Sie ist die Auserwählte, ich kann es spüren.«

»Ja, ich habe es auch gespürt«, erwiderte Rhiannon. »Yaras Instinkt sei gepriesen. Dass sie Hannah zu uns geführt hat, kann man ihr gar nicht hoch genug anrechnen. Findest du nicht auch, dass sie es verdient hat, in den Stand einer Druidin erhoben zu werden?«

»Yara? Ja, das hat sie. Und es käme bei unserer Gemeinschaft gut an, wenn wieder einmal einer Frau diese Ehre zuteilwürde.«

»Schön. Dann ist es also beschlossen. Ist es das, worüber du mit mir reden wolltest?«

»Nein.« Wie sollte er es ihr nur sagen? Am besten direkt und ohne Umschweife. Er räusperte sich. »Sie ist noch nicht zu alt, um Kinder zu empfangen, wusstest du das?«

Rhiannon sah ihn überrascht an. »Yara?«

»Ich spreche von Hannah.«

Der Hieb saß, das konnte er erkennen. Rhiannon hatte sich gut unter Kontrolle, trotzdem blitzte Überraschung in ihren Augen auf. »Mag sein«, sagte sie vorsichtig. »Aber was hat das mit uns zu tun?«

Er senkte seine Stimme. »Du weißt, wie lange ich mir ein Kind wünsche. Eines, das der schweren Bürde unseres Standes gewachsen ist. Hannah ist etwas Besonderes, wir beide fühlen es. Die Kinder, die aus dieser Verbindung entstünden, wären geborene Führer. Sie könnten unsere Bewegung in ein neues Zeitalter führen.«

»Du willst ein Kind mit ihr zeugen?«

»Und sie heiraten, ja.«

Jetzt war Rhiannon sprachlos. So viele Jahre war sie seine Vertraute gewesen. Seine engste Beraterin, seine Geliebte und oberste Hüterin. Sie kannte ihn besser als jeder andere Mensch auf der Welt. Aber diese Entwicklung schien selbst sie nicht vorausgesehen zu haben.

»Aber warum?«, platzte sie heraus. »Reicht es nicht, sie zu schwängern?«

»Vor den Göttern reicht das nicht. Du weißt das, Rhiannon. Ich muss Hannah zur Frau nehmen, um den Bund zu schließen.«

»Und mich ersetzen?«

»Davon kann keine Rede sein. Niemand kann dich ersetzen.« Er wollte ihr übers Haar streichen, doch sie entzog sich ihm. Seufzend fuhr er fort: »Es stehen wichtige Entscheidungen auf dem Spiel. Wir befinden uns an einem Scheideweg. Alles hängt davon ab, ob es uns gelingt, unsere Bewegung erfolgreich in die Zukunft zu führen. Mit einer Frau wie Hannah könnte es gelingen.«

»Sie ist bereits verheiratet, vergiss das nicht. Sie hat ein Kind.«

Er winkte ab. »Unerheblich. Sie mag nach den Gesetzen der Menschen verheiratet sein, nach unseren ist sie es nicht. Das Kind können wir zu uns nehmen. So, wie Hannah über ihre

Tochter gesprochen hat, scheint sie ebenfalls eine Sehende zu sein. Ich werde das überprüfen. Ein junges Mädchen mit solchen Fähigkeiten könnte von großem Nutzen für uns sein.«

»Aber …«

»Bitte diskutiere nicht mit mir, Rhiannon. Mein Plan steht fest. Nichts kann mich jetzt noch davon abbringen.«

»Und wenn sie nicht kommt?«

»Sie wird kommen. Ich habe den Köder ausgelegt, und sie hat ihn geschluckt.«

Sie runzelte die Stirn. »Was denn für einen Köder?«

Er lächelte. »Erinnerst du dich an die Mappe mit den Fotos? Was sie dort findet, wird sie hierherführen.«

Rhiannon war nicht überzeugt, das spürte er. Aber es war ihm egal. Diesen Weg würde er notfalls auch allein gehen. Es war ohnehin fraglich, ob dieses Bündnis bestehen bleiben würde, wenn er erst Hannah an seiner Seite hatte. Rhiannon konnte ziemlich besitzergreifend sein. Gut möglich, dass er sich dauerhaft von ihr trennen musste.

»Ich hoffe, dass du dich irrst«, sagte Rhiannon. »Ich halte es für ein großes Risiko, diesen Fremden Zutritt zu unserem Allerheiligsten zu gewähren. Diese Dreistigkeit, mit der Leslie Rickert ihren angeblichen Geliebten bei uns einschleusen will. Ich musste mich sehr beherrschen, nicht laut loszulachen. Welchen Namen hat sie ihm doch gleich gegeben: *Benjamin Hutton?* Als wüssten wir nicht, dass es sich bei ihm um Detective Sergeant Jonathan Carver handelt.«

»Carver sollte dir kein Kopfzerbrechen bereiten«, sagte Ambrose. »Der dürfte inzwischen längst am Grunde des Meeres liegen, als Festessen für die Fische. Aber du hast natürlich recht, es ist ein Risiko. Doch wann hätten wir jemals ein risikoloses Leben geführt? Ich vertraue auf die Götter. Sie haben uns bislang immer geleitet.« Er griff nach ihrer Hand. Diesmal ließ sie ihn gewähren.

Ihr Blick war immer noch in die Ferne gerichtet. »Eine erfolgreiche Opferzeremonie könnte ausschlaggebend sein«, sagte sie. »Keine halben Sachen, so wie die letzten Male. Es muss etwas sein, wovon noch Generationen nach uns sprechen werden. Keine Fehler diesmal.«

Er lächelte kalt. »Da vertraue ich ganz auf dich, meine Geliebte. Tu, was dir beliebt. Ich weiß, es wird das Richtige sein.«

49

Draußen war es dunkel geworden. Hannah hatte sich in Leslies Wohnung zurückgezogen und studierte van Tynes Fotos. In einem der Regale hatte sie eine Leselupe gefunden, die ihr gute Dienste leistete. Irgendwann musste sie sich tatsächlich mal eine Gleitsichtbrille zulegen.

Die Bilder waren in Schwarz-Weiß, auf der Basis von Silberbromid. Die Beschichtung war dauerhaft und feinkörnig und tausendmal besser als moderne Fotodrucke. Selbst feinste Details waren unter der Lupe erkennbar.

Ein leichter Schauer lief ihr über den Rücken, als sie verschiedene Aufnahmen miteinander verglich. Sie war da einer seltsamen Sache auf der Spur. So seltsam, dass sie sogar die Meinungsverschiedenheit mit Leslie für den Moment vergessen konnte.

Irgendetwas stimmte hier nicht.

Die Aufnahmen zeigten unterschiedliche Ansichten der Grabungsstätte. Damals waren große Abschnitte von Sektion 23 noch gar nicht freigelegt gewesen, doch Hannah fiel die räumliche Zuordnung nicht schwer. Sie hatte genügend Zeit in Petra verbracht, um sich dort mit verbundenen Augen zurechtzufinden. Es war weniger die Fundstätte, die sie interessierte, als vielmehr die Personen. Vor allem van Tynes Vater. Ihm galt ihre gesamte Aufmerksamkeit.

Der hochgewachsene Mann war auf beinahe allen Aufnahmen zu sehen. Mit seinem Körperbau und seiner Attraktivität beherrschte er die Szenerie. Wie ein Feldherr stand er vor Steinmetzarbeiten, vor Grabnischen und Wandreliefs. Dabei trug er stets die gleiche Kleidung. Khakihosen, weit geschnittene Hemden und Reitstiefel. Sein markantes Gesicht blickte mal ernst, mal freundlich, dann wieder nachdenklich. Fast nie sah man ihn lächeln. Es war verblüffend, wie sehr er seinem Sohn ähnelte. *Wenn es denn überhaupt sein Sohn war.*

Hannah hielt die Lupe vor die Augen.

Auf einer der Aufnahmen sah man ihn in der Sonne sitzen. Er hatte auf einem Klappstuhl Platz genommen, die Beine auf einen benachbarten Tisch gelegt. Den Hut in den Nacken geschoben, ließ er sich mit geschlossenen Augen die Sonne ins Gesicht scheinen. Unter seinen Achseln waren dunkle Flecken zu sehen. Hannah justierte die Schreibtischlampe und beugte sich näher heran. In diesem Moment klopfte es. *»Hannah?«* Die Tür ging einen Spalt auf. Leslie steckte ihren Kopf hindurch. »Darf ich stören?«

»Ungern.«

Hannah war immer noch wütend auf Leslie. Sie verstand nicht, wieso ihre Freundin die Aktion vorhin nicht vorher mit ihr abgesprochen hatte. Doch Leslie gehörte nicht zu den Menschen, die sich leicht abwimmeln ließen.

»Komm schon«, sagte sie. »Ich möchte mit dir über mein Verhalten reden. Ich möchte mich entschuldigen.« Sie schlüpfte hinein, zwei Tassen in der Hand. Der Tee verströmte einen wohltuenden Duft. Neugierig blickte sie auf die Fotos.

»Hast du etwas Interessantes entdeckt?«

»Möglicherweise. Hast du jemals davon gehört, dass Narben erblich sein können?«

»Narben? Das ist doch absurd …«

»Sieh es dir an.« Sie hielt Leslie die Aufnahme hin und rutschte etwas zur Seite, damit ihre Freundin mehr Licht abbekam. Es dauerte einen Moment, bis Leslie begriff, worauf Hannah hinauswollte. »Das ist doch …«

»Verblüffend, oder?«

Die Reporterin runzelte die Stirn. »Bist du sicher, dass das keine Macke auf der Fotografie ist?«

»Hundertprozentig. Auf den anderen Aufnahmen ist es auch

zu sehen, nur nicht ganz so deutlich. Dieselbe halbmondförmige Narbe.«

»Das ist ja unglaublich …«, sagte Leslie. »Zeig mal die anderen Bilder.« Sie griff danach, betrachtete sie ausgiebig und schüttelte dabei den Kopf. »Du hast recht«, sagte sie. »Der Typ auf den Fotos hat exakt dieselbe Narbe.«

»Dieselbe Narbe, derselbe Typ.«

Leslie legte Foto und Vergrößerungsglas zur Seite und sah Hannah an. »Wie meinst du das?«

»Wenn Narben nicht erblich sind und es nicht irgendein rituelles Ding ist, bleibt nur eine Erklärung: dass es Ambrose selbst ist, den wir hier auf den Aufnahmen sehen. Und dass er uns einen Bären aufgebunden hat.«

»Du spinnst …«

»Ach ja? Es ist nicht nur die Narbe, weißt du? Es gibt jede Menge andere kleine Details, die denselben Schluss zulassen. Der Mann hier auf den Fotos ist derselbe, dem wir heute Nachmittag gegenübergesessen haben, dafür lege ich meine Hand ins Feuer.«

»Aber diese Aufnahmen sind über fünfzig Jahre alt.«

»Und?«

»Er ist seither um keinen Tag gealtert.«

Hannah grinste schief. »Gute Gene, würde ich sagen.«

»Unfug. An niemandem gehen fünfzig Jahre einfach so unbemerkt vorüber. Irgendwo muss sich ein Fehler in deine Überlegungen eingeschlichen haben.«

»Möglich«, räumte Hannah ein. »Ich wüsste aber nicht, wo. Und da gibt es noch etwas. Sieh dir mal dieses Foto an.« Sie schob Leslie einen Zeitungsartikel herüber. »Der Bericht wurde anlässlich der Fertigstellung der Renovierungsarbeiten an Redcliffe Castle veröffentlicht. Er stammt aus dem Jahr 1936. Ein Feuer hatte damals große Teile des Schlosses verwüstet.«

»Hannah, eigentlich wollte ich mit dir über heute Nachmittag reden …«

»Sieh es dir an.«

Leslie seufzte. Sie wollte noch etwas sagen, aber die Worte blieben ihr im Halse stecken. *»What the …?«*

»Lies die Bildunterschrift.«

»Ambrose van Tyne und seine Mutter Rhiannon bei der feierlichen Neueröffnung von Redcliffe Castle.« Leslie stutzte. Sie prüfte das Bild, verglich es mit dem Text darunter und hob verwirrt den Kopf. »Die Frau auf dieser Aufnahme sieht aus wie eine exakte Kopie von van Tynes Schwester.«

»Und heißt ebenfalls Rhiannon. Ist das nicht erstaunlich?«

»Wieder die halbmondförmige Narbe …«

Hannah neigte den Kopf. »Vielleicht sollten wir uns mit dem Gedanken vertraut machen, dass es sich bei Ambrose und Rhiannon nicht um Bruder und Schwester handelt, sondern um Mutter und Sohn. Ich weiß, wie seltsam das klingt, aber ich beschäftige mich bereits seit Stunden mit diesen Aufzeichnungen. Und immer wieder komme ich zu demselben Schluss.«

Leslie zog die Brauen zusammen. »Also noch mal ganz langsam. Du bist der Meinung, dass Lady und Lord van Tyne in Wirklichkeit Mutter und Sohn und dass die beiden weit über hundert Jahre alt sind? Habe ich dich da richtig verstanden?«

»Ja …«

»Und dass sie in einer eheähnlichen Gemeinschaft zusammenleben und eine Art Lebensbaumkult praktizieren?«

»Ich weiß, wie verrückt das klingt …«

Leslie grinste. »Nein, Hannah, ich glaube nicht, dass du eine Vorstellung davon hast, wie das klingt. Jedem anderen hätte ich für so etwas einen Vogel gezeigt, bei dir aber mache ich mal eine Ausnahme. Ich nehme an, du willst mir eins auswischen wegen heute Nachmittag. Dafür habe ich volles Verständnis. Was ich getan habe, war nicht korrekt, das weiß ich. Aber es geschah aus gutem Grund und mit bester Absicht. Ich wollte sie vor den Kopf stoßen.«

»Das ist dir gelungen«, sagte Hannah. »Und mich gleich mit.«

»Bitte entschuldige, dass ich dich nicht in meinen Plan einweihen konnte. Meine Sorge war, dass es dann zu einstudiert wirkt. Deine Reaktion hat einen großen Teil zur Glaubwürdigkeit beigetragen.«

»Und dass du für uns eine Zusage für das Fest erteilt und zudem auch noch Jonathan mit eingeladen hast, war das auch von langer Hand geplant?«

Leslie lächelte entschuldigend. »Nein, das ist mir spontan eingefallen.«

Hannah atmete tief durch. »Das nächste Mal, wenn dir etwas spontan einfällt, lass mich bitte aus dem Spiel. Ich kann Überraschungen nicht ausstehen.«

»Aber irgendwie mussten wir doch in dieser Sache weiterkommen«, sagte Leslie. »Dieses Fest ist die beste Chance, die wir kriegen können. Sie bietet uns die Gelegenheit, uns unauffällig umzuschauen. Abgesehen davon können wir immer noch absagen, wenn uns die Sache zu heiß wird. Wir erscheinen einfach nicht, und gut ist.«

Hannah wiegte den Kopf. Leslie hatte nicht ganz unrecht mit dem, was sie sagte. »Ich gebe zu, der Gedanke, uns in dem Schloss frei zu bewegen, hat etwas Verlockendes«, sagte sie. »Aber du irrst dich, wenn du glaubst, ich hätte das eben nur gesagt, um es dir heimzuzahlen.« Sie legte die Hand auf die Dokumente. »Edwards Film, das Felsengrab in Petra, diese Aufnahmen – es hängt alles zusammen. Alles kreist um ein bestimmtes Thema.«

»Den Baum des Lebens …«

»Und die Wicca, ganz genau.« Hannah sog tief die Luft ein und ließ sie durch ihre Nase entweichen. »Leslie, wir haben es hier mit einer gewaltigen Macht zu tun. Mit einem uralten Kult, der seine Wurzeln bereits in der Römerzeit hat und dem es irgendwie gelungen ist, zweitausend Jahre lang ungestört zu überleben und seine Fäden zu spinnen. Frag mich nicht, wie so etwas möglich ist. Angesichts der dichten Besiedelung und des rasanten technischen Fortschritts ist es fast eine Unmöglichkeit. Aber irgendwie scheint es ihnen gelungen zu sein.« Sie senkte ihre Stimme. »Der Wald, in dem wir waren. Ich konnte da etwas spüren. Eine Präsenz. Hohes Alter und große Bosheit. Die van Tynes hüten dieses Geheimnis wie ihren Augapfel. Ich könnte darauf wetten, dass es etwas mit *The Wicker Man* und dem Lebensbaum zu tun hat.«

Leslie massierte nachdenklich ihre Schläfen. »Die Artikel, die ich versprengt im Internet über die van Tynes gefunden habe, gehen in eine ähnliche Richtung. Sie sprechen von Vertuschung, von Geheimhaltung und Manipulation. Die Geschäfte, in denen diese Familie ihre Finger hat, stinken zum Himmel. Von ihrem Reichtum will ich gar nicht erst reden ...«

»Reichtum ist oft nur das äußere Kennzeichen von Macht. Und zwar weit über alle Ländergrenzen hinaus.«

»Der Anschlag in Jordanien ...«

»... war nur ein kleiner Vorgeschmack dessen, was noch kommen könnte«, sagte Hannah. »Wir sollten uns gut überlegen, ob wir bei solchen Leuten wirklich eine Party feiern wollen.«

»Eine andere Chance werden wir kaum bekommen ...«

»Das stimmt leider.« Hannah seufzte. »Trotzdem denke ich, wir sollten ...«

Sie unterbrach den Satz. Aus Richtung der Wohnungstür ertönte lautstarkes Poltern. Jemand hämmerte wie wild an die Tür.

Hannah sah Leslie alarmiert an. »Erwartest du Besuch?«

Leslies Lippen formten ein Wort. *Nein.*

Die Reporterin legte einen Finger auf die Lippen, dann schlich sie in die Küche und kam mit einem Messer wieder. Das Ohr an die Tür gelegt, rief sie: »Hallo?«

»Ich bin's«, ertönte eine heisere Stimme.
»Wer ist ich?«
»Jonathan.« Ein Räuspern. »Jonathan Carver.«

50

Leslie riss die Tür auf. Jonathan wirkte ziemlich ramponiert. In seinen Augen lag ein fiebriger Glanz. Klatschnass war er. Seine Kleidung war an manchen Stellen eingerissen. Sein Hals war flammend rot.

»Du meine Güte«, entfuhr es ihr. »Wie siehst du denn aus?«

Hannah war aufgestanden und hatte sich ebenfalls zu ihnen gesellt. Ihre Augen weit aufgerissen. »Was ist passiert?«

Statt zu antworten, taumelte Jonathan durch die Tür, griff nach einem Stuhl und sackte zusammen. Er war kurzatmig. Wortlos ergriff er Hannahs Teetasse und trank sie leer. Seine Arme waren mit Blessuren bedeckt.

»Mehr«, röchelte er.

»Ich hole die Kanne aus der Küche«, sagte Hannah.

»Was ist passiert?«, fragte Leslie erschrocken. »Hattest du einen Autounfall?«

Er schüttelte den Kopf. Seine Stimmbänder schienen etwas abbekommen zu haben. »Auf mich wurde ein Anschlag verübt«, krächzte er.

»Was?«

»Man hat versucht, mich umzubringen. Man wollte mich erwürgen.« Er hustete.

»Wer hat versucht, dich umzubringen?«

Hannah kam zurück und schenkte die Tasse voll. Er trank in gierigen Schlucken. »Ich war draußen auf dem Meer. Es kam zu einem Kampf. Ich hatte unglaubliches Glück, dass ich da wieder rausgekommen bin. Dem Drecksack habe ich es heimgezahlt, der wird niemandem mehr sein Scheißseil um den Hals legen.«

»Langsam, langsam«, sagte Leslie. »Erzähl uns, wer das getan hat.«

»Den Typen kannte ich nicht«, lautete die Antwort. »Ich hab

ihn zum ersten Mal in meinem Leben gesehen. Sein Name war Atherton, aber der könnte auch falsch sein. Er war im Auftrag von Squires unterwegs.«

»Deinem Vorgesetzten?« Leslie ahnte Schlimmes.

Ein Nicken. »Um ein Haar hätte er mich erwischt. Aber ich habe ihn in die Schiffsschraube gedrückt. Junge, den hat's ganz schön zerfetzt.« Er hustete wieder. »Hättet ihr wohl ein paar Eiswürfel für meinen Hals? Am besten in einem feuchten Tuch.«

»Ich habe eine Kältekompresse.«

»Noch besser.«

Leslie rannte zum Eisfach. Als sie zurückkam, sprach Jonathan mit Hannah.

»... weiß nicht genau, ob die unter einer Decke stecken, aber ich denke, davon müssen wir ausgehen. Mir kam das gleich komisch vor, dass er persönlich nach Sidmouth gefahren ist. Normalerweise lässt er mich immer in der Dienstzentrale antanzen. Und dann diese übertriebene Freundlichkeit ...«

»Aber warum sollte er so etwas tun?«

»Keine Ahnung. Vielleicht hat er herausgefunden, dass ich privat ermittele, und wollte mich aus dem Weg räumen. Anders kann ich mir das nicht erklären.«

»Hier.« Leslie hielt ihm die Kompresse hin. »Ich habe ein Stofftuch darumgewickelt, damit es nicht zu kalt ist.«

»Danke.« Er legte es auf seinen Hals. »Ich bin ziemlich sicher, dass es Squires war, der mir diesen Typen auf den Hals gehetzt hat. Auch wenn ich es nicht beweisen kann. Noch nicht.«

»Er ist tot?«

»Atherton? Mausetot. Wenn ihr wollt, erzähle ich euch die ganze Geschichte. Aber zuerst würde ich gerne etwas trinken. Habt ihr noch mehr von diesem Tee?«

*

In nicht allzu großer Entfernung lief eine Reihe Erschütterungen durch die Erdschichten. Feinste Stöße, minimale Kräuselungen des Erdmantels, die zu tief wurzelten, als dass jemand sie bemerkte. Nur für Eingeweihte waren diese Schwingungen zu erkennen. Doch für jene, die sie zu deuten vermochten, war es das lang ersehnte Zeichen.

Der Alte war erwacht.

Lange Zeit hatte er in seiner Halle aus Stein geschlafen, hatte von blauem Himmel geträumt, von Wolken und Wind, von Erde und Wasser. Sein Schlaf hatte Jahrzehnte gedauert, Menschenleben überdauert und Entwicklungen übersprungen.

Zeit bedeutete nichts. Seine Erinnerungen reichten zurück bis zu den Anfängen. Er hatte hier gewurzelt, ehe die ersten Maschinen gebaut und die ersten Fabriken errichtet worden waren. Noch ehe die Siedler anfingen, Palisaden um ihre Dörfer zu ziehen und sie mit Straßennetzen zu verbinden, war sein Leib bereits grau und mächtig gewesen.

Von seinem Thron auf der Spitze des Hügels aus hatte er beobachtet, wie das Land sich veränderte. Wälder wurden gerodet und Felder angelegt. Straßen und Wege zernarbten die Landschaft, und Häuser schossen empor.

Zuerst hatte alles ganz langsam begonnen. Hier und da ein Bauernhof, da und dort eine Straße. Dann wurden es mehr. Gehöfte, Dörfer, Siedlungen. Wie Pilze schossen sie aus dem Boden. Es war, als habe eine Krankheit das Land heimgesucht, als wäre es von einem Geschwür befallen, das sich langsam in alle Richtungen ausbreitete. Erdacht und erbaut von Menschen, die stolz auf ihren Wohlstand und ihren Fortschritt waren. So stolz und eingebildet, dass sie vergessen hatten, wem sie ihr Glück verdankten. Ihren Besitz hatten sie mit dem Leid der fruchtbaren Erde erkauft. Es würde nicht mehr lange dauern, dann war es für eine Umkehr zu spät.

Wie lange hatte er geschlafen, fünfzig Jahre, sechzig? Langsam streckte er seine Arme aus. Erdreich und Gestein rieselten aus seinem Haar. Alt war er geworden. Alt, grau und erfüllt von Müdigkeit. Der Traum hatte ihm neues Leben eingehaucht. Wenn es denn überhaupt ein Traum gewesen war. Schlaf, ewiger Schlaf. Das war es, wonach er sich sehnte. Die Erschütterungen waren noch immer spürbar. War dies das Zeichen, das prophezeit worden war? Das Ende des Martyriums?

Nachdenklich kratzte er mit seinen Fingernägeln über die steinernen Armlehnen seines Throns. Abwarten. Die Zeichen waren nicht eindeutig genug, die Farbe des Schicksals weder Rot noch Grün. Das Ritual warf bereits seine Schatten voraus. Wenn er gekonnt hätte, würde er die Zeit vorspulen, doch dies war keine Fähigkeit, über die er verfügte. Ihm blieb nichts anderes übrig, als sie zu verkürzen. Schlafen konnte er, darin war er geübt. Schlafend konnte er jeden noch so langen Zeitraum in etwas Erträgliches verwandeln.

51

Ihr wollt auf dieses Schloss? *Auf diese Veranstaltung?*« Jonathan schüttelte den Kopf. »Ihr seid wahnsinnig, wisst ihr das? Vollkommen verrückt.«

»Wir haben eine Einladung erhalten, und Leslie hat zugesagt«, erwiderte Hannah. Sie konnte Jonathans Einwände nur allzu gut verstehen. Sie fand es ja selbst in höchstem Maße riskant, wusste aber, dass sie wohl keine andere Gelegenheit haben würden, diesen Fall aufzuklären.

»Dich habe ich übrigens als meinen Lebensgefährten ausgegeben«, sagte Leslie schmunzelnd. »Du bist mit an Bord.«

»Ich …?«

Sie grinste. »Das war die einzige Chance, dich da einzuschleusen.«

»Ohne mich zu fragen?«

»Dafür blieb keine Zeit. Du kannst natürlich aussteigen, wenn du Bedenken hast, Hannah und ich aber werden die Sache durchziehen.«

»Hm.« Er dachte nach. »Nein, ihr habt recht. Es war vorausschauend, so zu handeln. Wir haben alle drei ein Interesse daran, dass diese Vorkommnisse aufgeklärt werden. Ich nach meinem letzten Erlebnis genauso wie ihr.« Er strich seinen Hals. »Obwohl ich nicht besonders erpicht darauf bin, meinen Hals gleich in die nächste Schlinge zu stecken.«

Leslie nahm seine Hand. »Wir mussten schnell handeln, alles andere hätte Verdacht erregt. Uns zu verstecken oder abzutauchen, haben wir inzwischen verworfen. Wir halten es für besser, den Stier bei den Hörnern zu packen.«

»Und was ist das für eine Veranstaltung?«

»Irgendetwas Esoterisches«, sagte Leslie. »Eine Sonnenwendfeier. Götteranbetung, heidnische Kulte.«

»Wir hoffen, dass wir bessere Chancen haben, wenn wir aufeinander aufpassen«, sagte Hannah. »Aber um mal bei deinem Bild zu bleiben: Ich denke nicht, dass dein Hals jemals aus der Schlinge rausgekommen ist. Das Seil liegt immer noch um deinen Hals, ebenso wie um meinen und den von Leslie. Deswegen sollten wir alles daransetzen, diesen Leuten auf den Zahn zu fühlen.«

»Du steckst in der Sache genauso tief drin wie wir«, sagte Leslie. »Nur gemeinsam werden wir dieses Rätsel lösen. Und für den Fall, dass es unangenehm wird, wüsste ich dich wirklich gerne an unserer Seite.« Sie warf ihm einen Blick zu, der für Hannah mehr auszudrücken schien als rein berufliches Interesse.

Jonathan dachte lange nach. Immer wieder nippte er an seinem Tee und hielt dabei die Kompresse an seinen Hals gedrückt. Irgendwann schien er sich zu einer Entscheidung durchgerungen zu haben. »Ein schöner Mist ist das«, murmelte er. »Wie man es auch dreht und wendet, es läuft alles auf Redcliffe Castle hinaus. Dort führen die Fäden zusammen. Ihr spürt das, und ich spüre das auch. In einer Beziehung gebe ich euch recht: Es hat keinen Sinn, abzuhauen. Vermutlich ist nicht mal das Ausland eine Option, dafür sind diese Leute zu gut vernetzt. Wer immer euch diese Frau auf den Hals gehetzt hat oder mir diesen Atherton, über kurz oder lang wird er Erfolg haben. Das ist nur eine Frage der Statistik. Zweimal hat man Glück und dann: *Peng!* Finito.« Er hob seinen Kopf und sah sie an. »Ihr wollt den Stier bei den Hörnern packen? Gut, ich bin dabei. Aber nicht ohne gründliche Vorbereitung.«

Um Leslies Mund zuckte ein Lächeln. »Heißt das, du kommst mit?«

»Das sagte ich, glaube ich, gerade.« Er grinste schief. »Auch wenn ich das Gefühl nicht loswerde, dass wir da einen riesengroßen Fehler begehen. Aber manchmal gibt es kein Richtig oder Falsch, sondern nur eine Abwägen unterschiedlich großer Risiken.«

»Also darüber freue ich mich«, sagte Leslie. »Ehrlich. An was für eine Art Vorbereitung hast du gedacht?« Sie ließ ihn nicht aus den Augen. Es war offensichtlich, dass er ihr gefiel. Und warum auch nicht? Er war intelligent, besaß einen gesunden schwarzen Humor und war auch nicht ganz unattraktiv. Zumindest, soweit Hannah das beurteilen konnte. Nicht ganz ihr Typ, aber doch irgendwie sexy.

»Waffen«, sagte er. »Ich will Waffen in meiner Reichweite haben. So eine Scheiße wie heute Nachmittag passiert mir nicht noch mal.«

»Gute Idee«, sagte Hannah. »Besitzt du denn welche?«

Er zwinkerte ihr zu. »Ich bin Polizeibeamter. Ob du es glaubst oder nicht, ich habe nicht immer nur Falschparker aufgeschrieben. Zu Hause warten zwei Pistolen, etwas Tränengas und ein schweres Messer auf uns. Die sollten wir aufs Anwesen schmuggeln. Wir verstecken sie und holen sie uns, sollten die Dinge aus dem Ruder laufen.«

Leslie blickte skeptisch. »Aber wie wollen wir sie dort hineinbekommen? Der Eingang ist schwer gesichert. Kameras, Wachtposten, das ganze Programm. Sie durch den Haupteingang schmuggeln zu wollen, ist Wahnsinn. Wir würden sofort auffliegen.«

»Erinnert ihr euch an die Mauer?«, sagte Jonathan. »Vorausgesetzt, sie haben den Schaden noch nicht repariert, werden wir mit einer Leiter hochklettern und über den umgestürzten Baum auf die andere Seite gelangen. Dann suchen wir uns einen markanten Punkt und deponieren die Waffen dort.«

»Heute Nacht?« Hannah riss die Augen auf.

»Natürlich heute Nacht«, sagte Jonathan. »Morgen beginnt doch bereits das Fest. Dann müssen die Dinger griffbereit sein. Ich würde vorschlagen, wir brechen sofort auf und erledigen das.«

Leslie wiegte ihren Kopf. »Bist du denn schon fit genug für

eine solche Aktion? Ich will dir ja nicht zu nahe treten, aber du siehst ganz schön ramponiert aus.«

»Das ist nichts Ernstes«, sagte er. »Ein paar Spritzer Wasser, ein wenig Salbe, und ich bin einsatzbereit.«

»Wo bewahrst du die Waffen auf?«, erkundigte sich Hannah.

»Bei mir zu Hause. Ich habe sie an verschiedenen Orten in der Wohnung verteilt. Für den Fall, dass das Haus beobachtet wird, solltet ihr euch sicherheitshalber etwas Unauffälliges überziehen. Kapuzenshirts, Jacken, irgendwas. Ich gebe euch den Schlüssel und sage euch, wo ihr suchen müsst. Sobald wir alles verladen haben, fahren wir zu der Stelle, an der wir uns zum ersten Mal begegnet sind. Wir steigen über die Mauer, verstecken unseren Kram und machen, dass wir da wegkommen.«

»Klingt, als sollten wir uns direkt auf den Weg machen«, sagte Leslie. »Es könnte eine lange Nacht werden.«

52

Sie mussten ein Stück gehen, weil Jonathan seinen Wagen aus Sicherheitsgründen ein paar Hundert Meter von seiner Wohnung entfernt geparkt hatte. Praktischerweise besaß sein Wagen einen Dachgepäckträger, und den brauchten sie, wenn sie die Gartenleiter transportieren wollten.

Sidmouth wirkte verschlafen an diesem Abend. In den wenigsten Häusern brannte noch Licht. Überall waren die Bürgersteige hochgeklappt, und dabei war es noch nicht mal zehn. Sosehr Jonathan dieses Spießbürgertum auch verabscheute, heute kam es ihm sehr gelegen. Die gewundene Straße mit den Einfamilienhäusern wirkte ruhig. Hinter der nächsten Biegung wendete er, stellte den Wagen ab und blickte zu seinem Haus hinüber. Hinter den Dächern schimmerte das Meer.

Sie warteten eine Weile und beobachteten. Jonathan merkte, wie sein Puls runterging. »Ich denke, die Luft ist rein«, sagte er. »Hier ist der Schlüssel. Und hier der Zettel mit den eingetragenen Verstecken und der Schließfachkombination. Vergesst nicht, die Patronen mitzunehmen. Ohne sie nutzen die Pistolen nicht viel. Leiter und Spanngurte findet ihr in der Garage. Viel Glück.«

Die beiden Frauen stiegen aus. Sie hatten Kapuzenshirts übergezogen, trugen Jeans und Chucks. Aus der Entfernung betrachtet, wirkten sie wie zwei Teenager auf dem Weg nach Hause.

Sobald er allein war, kroch wieder die Kälte in ihm hoch. Er spürte das Seil um seinen Hals. Himmel, das war knapp gewesen. Nur einem Zufall hatte er es zu verdanken, dass er noch am Leben war. Die Wahrscheinlichkeit, dass ein Boot exakt denselben Weg zurückkam, den es gefahren war, lag vermutlich bei neunundneunzig zu eins. Ihn schauderte.

Vom Meer her kam Wind auf. Frisch war es geworden. Jonathan kurbelte das Fenster hoch und blickte auf die Uhr. Eine Viertelstunde schon. Was trieben die zwei bloß so lange?

Ruhig, ermahnte er sich. Es wird schon alles gut gehen.

Wenige Minuten später sah er sie. Hannah hatte eine Umhängetasche geschultert, während Leslie die Gartenleiter trug. Als sie bei ihm eintrafen, stieg Jonathan aus und half ihnen. »Alles okay bei euch? Habt ihr alles?«

»Alles bestens«, sagte Leslie. »Die Spanngurte sind in Hannahs Tasche. Draußen bei der Garage war eine Katze, die uns nicht in Ruhe lassen wollte. Sie schnurrte die ganze Zeit um unsere Beine herum und machte einen mordsmäßigen Radau. Wir haben versucht, sie zu verscheuchen, aber sie ließ sich nicht abwimmeln.«

»Toni«, sagte Jonathan. »Der rollige Nachbarskater.«

»Ich habe ihm einen kleinen Tritt verpasst, damit er abschwirrt«, sagte Hannah. »Tat mir in der Seele weh, denn eigentlich mag ich Katzen.«

»Er hat's verdient, glaub mir«, sagte Jonathan. »Wie oft dieses Vieh mich nachts schon wach gehalten hat. Um diese Jahreszeit ist es besonders schlimm.«

Sie verstauten die Tasche mit den Waffen im Kofferraum und schnallten dann die Leiter auf den Dachgepäckträger. Dank der Spanngurte war das eine Sache von wenigen Minuten.

Jonathan sah sich noch einmal aufmerksam um. Nichts. Es war still wie am Neujahrsmorgen. »Alles klar, Ladys. Schnallt euch an, stellt das Rauchen ein und die Sitzlehnen aufrecht. Unser nächster Halt heißt Redcliffe Castle.«

53

Es war kurz nach Mitternacht, als Pravin Singh von einem leisen Piepton geweckt wurde. Zwar konnte er immer und überall schlafen, doch es genügte das kleinste Geräusch, um ihn zu wecken. In dieser Beziehung war er wie eine Katze. Wenn es nötig war, konnte er sogar mit offenen Augen schlafen.

So kurz vor den Feierlichkeiten übernahm er so viele Schichten wie möglich. Nichts gegen seine Untergebenen, es war eine Gruppe handverlesener Männer, doch er wollte sichergehen, dass nichts schiefging.

Ein Licht blinkte. Südmonitor, da, wo kürzlich der umgestürzte Baum Mauer und Stacheldraht niedergedrückt hatte. Sobald die Feierlichkeiten vorüber waren, würde er den Waldarbeitern gehörig Feuer unterm Hintern machen. Sie sollten endlich diesen Baum entfernen.

Während er nach dem Grund für die Störung suchte, griff er in eine Schublade und holte eine Tüte mit gesalzenen Erdnüssen heraus. Das Piepen hielt an. Musste ein größeres Tier sein, ein Hirsch möglicherweise.

Pravin stopfte sich noch ein paar Nüsse in den Mund, während er das Geschehen im Auge behielt. Und dann bewegte sich etwas. Ziemlich heftig.

Was zum Teufel …?

Er rückte näher an den Monitor. Das waren keine Hirsche, das waren Menschen. Mehrere Individuen bewegten sich da unten. Pravin justierte die Kameras und drückte ein paar Knöpfe. Dank moderner Filtereinstellungen ließ sich das Bild der Wärmekameras noch verbessern. Drei Personen waren zu erkennen. Sie schienen sich an der Mauer zu schaffen zu machen. Eine von ihnen hatte sogar eine Leiter dabei.

Der Sicherheitschef zögerte keinen Moment. Diesmal ging er

nicht ins Haupthaus hinüber, sondern griff gleich zum Hörer. Dreimal ertönte das Freizeichen, dann hob Lord van Tyne ab.

»Ja?«

»Eure Lordschaft, Pravin hier. Eindringlinge versuchen, sich Zutritt an der Südmauer zu verschaffen. Sie haben eine Leiter und eine schwer aussehende Tasche dabei. Ich vermute, es sind die drei von neulich. Soll ich die Hunde rauslassen?«

Ein kurzes Zögern.

»Sir?«

»Nein.«

»Ein paar Sicherheitsleute dann? Wir könnten uns von hinten nähern und ihnen den Weg abschneiden.«

»Auch das nicht. Geben Sie sich auf keinen Fall zu erkennen.«

»Aber Sir …«

»Unternehmen Sie nichts, bis ich bei Ihnen bin. Ich will sehen, was sie vorhaben.«

»Verstanden, Sir. Aber beeilen Sie sich. Ich werde versuchen, sie nicht aus den Augen zu lassen.«

»Machen Sie das. Bis gleich.«

Pravin legte auf. Er schob den Stuhl ein Stück zurück und beobachtete, wie die drei die Leiter gegen die Mauer lehnten und einer nach dem anderen hochstiegen.

Was hatten sie vor? Und was war in der Tasche, die sie da bei sich trugen?

Sein Jagdinstinkt erwachte. Er konnte sich dafür auf die Schulter klopfen, so aufmerksam gewesen zu sein. Niemand drang hier ein, ohne dass er davon erfuhr. Sein Herr konnte zufrieden sein.

Er fischte eine weitere Nuss aus der Tüte und zerknackte sie genüsslich mit den Zähnen. Ein schmales Lächeln umspielte seine Lippen.

Teil 3

Das Geschenk des Todes

54

Redcliffe Castle war alt. Um das Jahr 1575 von Randolph van Tyne auf der Klippe errichtet, nach dessen Tod an dessen Sohn Wilbur vererbt und dann weitergegeben an Ambrose van Tyne, stand es in der Tradition der größten und berühmtesten Adelshäuser Englands. Aber so betagt es auch sein mochte, verglichen mit den Fundamenten, auf denen es ruhte, war es jung.

Seit nunmehr zweitausend Jahren lebten hier Menschen. Arbeiteten, bauten Feldfrüchte an und beteten zu ihren Göttern. Stets hatte der Wald seine schützende Hand über sie gehalten, hatte dafür gesorgt, dass ihnen das Schicksal gewogen blieb, dass die Ernten ertragreich ausfielen und die Menschen ein langes und zufriedenes Leben führen konnten. Dafür revanchierten sie sich mit Opfern und Gebeten sowie einem Leben in Demut und Bescheidenheit.

Doch die letzten Dekaden hatten das Ende eingeläutet. Eine neue Zeit war angebrochen, eine Zeit der Wissenschaft und Technik. Die Menschen waren aufgebrochen, die Sterne zu erobern. Sie hatten sich eine Welt geschaffen, die ohne Religion funktionierte und in der nur noch Fakten und Zahlen herrschten. Börsenkurse diktierten das tägliche Leben, materieller Wohlstand galt als oberstes Ziel. Je mehr Bildung und Aufklärung in den Familien Einzug hielten, desto weniger Platz war da für Glaube und Wunder. Ein Prozess, der nicht mal vor Redcliffe Castle haltmachte und der spürbar an dessen Grundmauern nagte. Den drei Besuchern kam es so vor, als würde das Gebäude finstere Blicke aussenden, während sich der rote Mini langsam von Nordosten näherte.

Jeder der drei Insassen hatte seine eigenen Gründe herzukommen. Hannahs Ziel war es, das letzte ungelöste Rätsel ihrer

Vergangenheit aufzuklären. Den letzten weißen Fleck auf ihrer Landkarte. Sie würde nicht gehen, ehe sie nicht in Erfahrung gebracht hatte, was da in römischer Zeit im Hafen von Gaza verschifft und nach England gebracht worden war. Vor allem aber ging es ihr darum, in Erfahrung zu bringen, was dieses Erlebnis in Jordanien zu bedeuten hatte.

Jonathans Ziel war es, die Verbrechen in dieser Region aufzuklären, vor allem den Anschlag auf ihn selbst. Er hatte einen Eid abgelegt. *»Ich erkläre und versichere feierlich und aufrichtig, dass ich der Königin mit Fairness, Integrität, Fleiß und Unparteilichkeit, unter Wahrung der grundlegenden Menschenrechte und gleichberechtigtem Respekt für alle Menschen dienen werde; und dass ich nach bestem Wissen und Gewissen dafür sorgen werde, dass der Frieden gewahrt und bewahrt wird und alle Verstöße gegen Menschen und Eigentum verhindert werden; und dass ich, während ich dieses Amt weiterhin ausübe, alle meine Pflichten nach bestem Wissen und Gewissen erfüllen werde.«* Diese Worte waren nicht nur eine leere Hülle, sie bedeuteten etwas für ihn. Unter seiner rauen Schale verbarg sich ein aufrichtiger und ehrenhafter Charakter.

Leslies Ziele waren vielleicht die bodenständigsten von allen dreien. Ihr ging es vor allem um Edward. Sie wollte herausfinden, was ihm zugestoßen war, und nebenher vielleicht noch ein paar Vermisstenfälle aufklären. Sie war begierig, etwas über diesen Kult zu erfahren, der so viele Jahrhunderte in diesem Teil der Welt überlebt hatte. Drei Personen, drei Schicksale, ein Ziel.

Und Redcliffe Castle erwartete sie.

Hannah fühlte die Anspannung mit jedem zurückgelegten Kilometer größer werden. Als säßen sie in einer Falle, die immer weiter zuging. Irgendwann wurde der Druck übermächtig. »Noch haben wir Zeit, umzukehren«, sagte sie. »Wir müssen das nicht tun, wisst ihr?«

»Nein, das müssen wir nicht.« Leslie steuerte den Mini mit gleichmäßigem Tempo durch die heckengesäumten Straßen. Weder wurde sie langsamer, noch beschleunigte sie – als würde sie zu einer Gartenparty fahren. Hatte sie denn überhaupt keine Angst? »Wenn ihr möchtet, kann ich jederzeit anhalten und umkehren.«

»Nein …«

»Beruhige dich, Hannah.« Jonathan legte von hinten seine Hand auf ihre Schulter. »Es wird schon alles gut gehen. Das Wichtigste ist, dass wir nicht getrennt werden. Wir müssen zusammenhalten und aufeinander achtgeben, dann haben wir eine Chance.«

Hannah nickte. Es war ein zögerliches Nicken.

Das Schlimme war, dass sie so unvorbereitet waren. Hannah war sicher, die Bedrohung würde aus einer Richtung kommen, mit der sie am wenigsten rechneten. Und sie würde völlig unvermittelt zuschlagen.

Hinter der nächsten Biegung tauchte das Schloss auf. Hannah blickte auf die Uhr. Kurz nach elf. Spätestens zwölf Uhr, hatte van Tyne gesagt. Jenseits der Hecke bemerkte Hannah ein Schimmern. Das Schloss war von einem Meer aus Lack, Chrom und Glas umgeben. Die Sonne blitzte auf unzähligen Autodächern.

»Himmel«, murmelte Jonathan. »Das ist ja ein Andrang wie beim Pferderennen von Ascot. Habt ihr gewusst, dass da so viele Leute kommen würden?«

»Nicht wirklich«, bemerkte Leslie. »Ich dachte, das wäre eine private Veranstaltung. Ich muss gestehen, dass ich die Situation falsch eingeschätzt habe.«

»Großevent statt Gartenparty«, murmelte Leslie. »Aber das könnte ganz hilfreich sein.«

»Inwiefern?«, fragte Jonathan.

»Weil wir in der Menge untertauchen können. Bei so vielen

Menschen fällt es nicht so auf, wenn wir uns ein bisschen genauer umsehen.«

»Vorausgesetzt, wir verlieren einander nicht aus den Augen«, ermahnte Jonathan sie noch einmal und lehnte sich zurück. »Aber bisher sind das alles noch ungelegte Eier. Warten wir erst mal ab, was uns erwartet.«

Leslie setzte den Blinker und bog auf die Zufahrtsstraße ab.

Auf dem Vorplatz wurden sie von festlich gekleideten Wächtern empfangen. Sie trugen rote Uniformen mit goldenen Epauletten auf den Schultern und Barett.

Hannah war beeindruckt. Sie meinte, sich zu erinnern, solche Wächter schon einmal in einem Film gesehen zu haben. Ein paar von ihnen flankierten den Haupteingang, andere patrouillierten über das Gelände. Ein riesiger Kerl mit dichtem Bart und Schwert an der Seite deutete auf sie und winkte sie zu sich herüber. Leslie fuhr hinter ihm her und ließ sich zu einer Lücke zwischen einem silbernen Rolls-Royce Phantom und einem schwarzen Bentley leiten. Wie es schien, einer der letzten freien Plätze auf dem Gelände.

Zwischen den Protzkarren nahm sich der rote Mini aus wie ein Clownfisch unter lauter Haien. Leslie schaltete den Motor ab. »So, Freunde«, sagte sie. »Jetzt gibt es kein Zurück mehr. Alle bereit?«

»Ja.«

»Machen wir uns an die Arbeit.«

Ihr Gepäck brauchten sie nicht selbst zu tragen. Kaum waren sie ausgestiegen, als auch schon ein paar Diener aus dem Haus gewuselt kamen und ihnen die Koffer abnahmen. Das makellose und gepflegte Auftreten des Personals wirkte eher einschüchternd als ermutigend. Hannah kam sich klein und unbedeutend vor.

Sie hatte noch überlegt, ob sie sich etwas Schickes zum Anziehen kaufen sollte, hatte den Gedanken aber wieder verworfen. Wenn sie van Tyne richtig verstanden hatte, würde man ihnen ohnehin passende Kleidung zur Verfügung stellen. Es bestand keine Notwendigkeit, sich festlich herauszuputzen.

Van Tyne empfing sie unten in der Eingangshalle. Hannah musste zweimal hinsehen, um ihn wiederzuerkennen, so sehr hatte er sich verändert. Er trug ein helles Gewand mit geflochtenen Sandalen, die ihn wie einen indischen Guru aussehen ließen. Eine Lederkette mit Amulett sowie ein silberner Armreif komplettierten den Eindruck. Er stand im Kreise einiger international aussehender Gäste und unterhielt sich angeregt mit ihnen. Japaner, Inder, Afrikaner, die Klientel war recht vielfältig.

Als er sie eintreten sah, winkte er ihnen zu und gab ihnen mit Handzeichen zu verstehen, sich kurz zu gedulden. Champagner und kleine Häppchen wurden gereicht. Hannah, die noch nicht gefrühstückt hatte, griff dankbar zu.

Redcliffe Castle war herausgeputzt wie für einen Staatsempfang. Blumengestecke säumten die Eingangshalle, die Teppiche waren zusammengerollt worden und die Holzmöbel poliert. Es duftete nach Rosen und Lavendel, und leise Klaviermusik schwebte über dem Saal. Gesprächsfetzen drangen an Hannahs Ohr. Das Summen und Vibrieren eines Bienenstocks.

Dieses Event war groß, keine Frage. Allerdings war es nicht so voll, dass man sich gegenseitig auf die Füße trat.

Hannah dachte gerade darüber nach, ob diese Menschen tatsächlich alle Wicca waren, als van Tyne neben ihnen auftauchte. Um seinen Hals hing ein Amulett. Etwa vier Zentimeter groß, stellte es einen Baum dar, der seine Äste in alle Himmelsrichtungen spreizte.

»Ich grüße euch, liebe Freunde«, sagte van Tyne mit einem strahlenden Lächeln. »Danke, dass ihr meiner Einladung gefolgt seid. Um ehrlich zu sein, ich hatte schon fast nicht mehr mit euch gerechnet.«

»Entschuldigen Sie, wenn wir etwas zu spät gekommen sind«, sagte Hannah. »Wir mussten noch einiges erledigen. Ihre Einladung kam doch recht kurzfristig.«

»Aber dafür habe ich doch volles Verständnis«, sagte ihr Gastgeber. »Umso erfreuter bin ich, dass ihr es einrichten konntet. Nun ist meine Gästeliste komplett. Oh, und ehe ich's vergesse: Bei diesem Event nennen wir uns alle beim Vornamen.« Sein Lächeln war wie ein warmer Sonnenstrahl.

Hannah betrachtete ihn aufmerksam. Er wirkte heute ganz anders als beim letzten Mal. Weniger steif und zugeknöpft. Sie musste zugeben, der neue Lord gefiel ihr besser, auch wenn der Wechsel zum Du doch recht überraschend kam.

Leslie, die anscheinend nichts aus dem Konzept bringen konnte, ergriff die dargebotene Hand und schüttelte sie herzlich. »Danke, Ambrose. Danke herzlichst für die Einladung. Darf ich dir meinen Freund vorstellen? Das ist Benjamin. Ben, das ist unser Gastgeber.«

»Hallo, Ben, schön, dass du es einrichten konntest.« Van Tyne schüttelte Jonathan ebenfalls die Hand. »Leslie hat mir schon viel von dir erzählt. Sie sagte, du wärest ebenfalls Adept?«

»Auf dem Weg dorthin, Lord van Tyne … äh, Ambrose«, sagte Jonathan mit einstudierter Schüchternheit. »Ich habe nach längerer Pause damit angefangen, mich wieder etwas intensiver mit der Materie zu befassen. Ich kann Ihnen gar nicht sagen, wie beeindruckt ich bin und wie sehr mich Ihre … äh, deine Einladung ehrt.«

Van Tyne lachte. »Kein Grund, in Ehrfurcht zu versinken. Wir sind hier ganz unter uns. Für euch die beste Gelegenheit, euer Wissen zu erweitern und zu vertiefen.«

»Auch von meiner Seite ein Dankeschön für die Einladung«, sagte Hannah. »Ich konnte meine Rückreise tatsächlich noch um ein paar Tage verschieben.«

»Du wirst es nicht bereuen, Hannah, das verspreche ich dir. Und nun kommt mit. Ich zeige euch eure Quartiere.«

Die Zimmer waren von erlesener Schönheit. Gelegen im ersten Stock des Südflügels, boten sie einen atemberaubenden Blick über die Küste und das dahinterliegende Meer. Möwen kreisten darüber und erfüllten die Luft mit ihren Schreien. Man hatte die Fenster leicht geöffnet, sodass der seeseitige Wind hereinwehte.

»Ich dachte, ihr freut euch vielleicht über angrenzende Zimmer«, sagte Ambrose. »Es gibt eine Durchgangstür, die aber verschlossen werden kann, wenn euch nach Privatsphäre ist. Die passende Kleidung für die Tages- und Abendveranstaltungen findet ihr hier.« Er öffnete einen Schrank. Hannah sah helle und dunkle Gewänder, die am Kragen und an den Ärmeln mit aufwendigen Stickereien verziert waren. Sie waren etwa knöchellang und schienen allesamt aus Leinen zu bestehen.

»Im unteren Fach stehen Sandalen, etwas weiter oben ist Schmuck. Alles ist nach Belieben kombinierbar. Nehmt einfach, was ihr mögt, es gibt hier keine Regeln.«

Hannah betrachtete eine Halskette. Sie bestand aus geflochtenen Silberfäden mit einem orangefarbenen Karneol in der Mitte. Diverse Armreifen lagen daneben. Manche von ihnen waren abstrakt und ornamental, andere stellten Tiere dar. Ineinander verwobene Schlangen und Eidechsen. Alles wunderschön verarbeitet und sehr geschmackvoll. Sie deutete auf das oberste Fach. »Was ist das?«

Ambrose griff nach dem Gegenstand, holte ihn heraus und hielt ihn gegen das Licht. Er bestand aus Holz und stellte das Gesicht einer überdimensionierten Maus dar.

»Eine Maske?«

»Eine rituelle Tiermaske, ja«, sagte Ambrose. »Wir möchten allen Anwesenden die Möglichkeit geben, ihr Gesicht während der Feierlichkeiten zu verhüllen. Eine Frage der Diskretion.

Auch dies ist rein freiwillig. Ihr werdet feststellen, dass recht viele davon Gebrauch machen werden, vor allem morgen Abend, anlässlich der Sonnenwendfeierlichkeiten.«

Hannah nahm die Maske und setzte sie auf.

Van Tyne lächelte. »Das mutigste aller Geschöpfe. Du darfst dir aber auch gerne eine andere Maske aussuchen, wenn du sie nicht magst.«

»Die Maus ist okay«, sagte Hannah. Die Augenschlitze waren an der richtigen Stelle angebracht und erlaubten ihr einen freien Blick in alle Richtungen. Eigenartig, wie eine Maske die Art, wie man die Dinge betrachtete, veränderte. Sie kam sich plötzlich vor wie ein kleiner Spion.

»Werden wir alle eine Maske bekommen?«, fragte Leslie.

»Natürlich. Jeder eine andere. Betrachtet es einfach als zusätzliches Ornament und als Gelegenheit, eure Identität zu wechseln. Was mitunter eine sehr interessante Erfahrung sein kann. Ich kenne Menschen, die sich dermaßen mit ihrem Tier identifiziert haben, dass sie glaubten, einen Gestaltwandel vollzogen zu haben.« Als er ihre verblüfften Gesichter sah, lachte er. »Was habt ihr erwartet? Wir sind Wicca. Hier wird euch manches seltsam vorkommen. Ihr braucht deswegen nicht beunruhigt zu sein. Wir sind vielleicht ein bisschen verrückt, aber im Grunde völlig harmlos. Genießt die Ruhe und den Frieden, und ihr werdet eine wundervolle Zeit haben.«

Hannah legte die Mausmaske zurück. Nicht für einen Moment glaubte sie die Mär von den friedlichen und harmlosen Wicca. Dies war ein Clan von Reichen und Mächtigen. Wenn die sich angegriffen fühlten, zeigten sie ihre Krallen.

Sie schloss den Schrank. »Wo ist eigentlich Rhiannon? Ich habe sie noch gar nicht entdeckt.«

»Sie dürfte draußen bei unseren Gästen sein. Viele von ihnen sind gute Freunde des Hauses, die wir schon lange nicht mehr gesehen haben. Wenn ihr mögt, könnt ihr euch gleich umziehen und dann zu uns in den Garten kommen. Musik, Tanz und ein großes Büfett erwarten euch. Bitte entschuldigt mich jetzt. Ich lasse euch allein, damit ihr eure Zimmer einrichten könnt. Nehmt euch Zeit und genießt es. Ich freue mich, euch bald wiederzusehen.« Er schenkte Hannah noch ein strahlendes Lächeln, dann war er verschwunden. Er hinterließ einen zarten Geruch von Sandelholz.

55

Jonathan kam sich vor wie ein Idiot. Dieses Beinkleid – Hose konnte man das Teil kaum nennen – bot Platz für zwei. Zumal es nicht mal vorgesehen war, Unterwäsche zu tragen. Es war untenherum alles verdammt luftig.

Das hüftlange Hemd besaß den Charme eines Jutesacks. Weich zwar, aber unförmig. Und erst diese Jesuslatschen. Er hatte diese Dinger noch nie leiden können. Nie fand man richtigen Halt, dann taten einem bei längerer Benutzung die Zehen weh. Zugegeben, diese hier schienen wenigstens handgeflochten zu sein und saßen halbwegs bequem am Fuß, aber es ging um das Prinzip. Er war kein Yogi. Mit Sekten, Esoterikern und Heil Suchenden hatte er nichts am Hut, und er hatte nicht vor, das zu ändern.

Wenn es denn einen Trost gab, dann den, dass hier alle so rumliefen. Um nicht aufzufallen, musste er wohl oder übel in den sauren Apfel beißen. Aber er freute sich jetzt schon darauf, endlich wieder normale Kleidung anziehen zu dürfen.

Den Frauen schien die seltsame Kleidung nichts auszumachen. Sie bewegten sich mit einer Selbstverständlichkeit, als hätten sie nie etwas anderes getragen. Dass ihre Gewänder im hellen Sonnenlicht leicht durchscheinend wirkten, machte die Sache reizvoll. Man musste den Dingen stets etwas Gutes abgewinnen können, dann wurde das Leben leichter.

Hannah und Leslie hatten ihre Sandalen ausgezogen und liefen barfuß. Leslie spielte die Rolle seiner Geliebten mit ziemlicher Perfektion. Das ging so weit, dass er sich fragte, ob sie schauspielerte oder vielleicht doch etwas für ihn empfand. Immerhin hatte sie ihn schon zweimal geküsst. Einmal sogar, als sie nur zu zweit gewesen waren.

Eine halbe Stunde später verließen sie das Haus und betraten den rückwärtigen Teil der Anlage. Ambrose nahm sich ihrer an und zeigte ihnen den Garten. Er war freundlich, aber Jonathan merkte, wie ihm der Typ zunehmend auf die Nerven ging. Ein eitler Fatzke, der unentwegt mit allen möglichen Frauen flirtete und nicht müde wurde, mit seinem Geld und seinen Erfolgen zu prahlen. Leslie und Hannah taten so, als wären sie davon beeindruckt, Jonathan aber konnte nicht glauben, dass sie das ernst nahmen.

Der Garten war wunderschön. Wobei es genau genommen mehr war als ein einfacher Garten. Vielmehr hatten sie es mit einer Mischung aus englischem Landschaftspark und keltischer Kultstätte zu tun. Da gab es lauschige Wiesen mit kleinen Springbrunnen, schattige Lichtungen, stille Weiher, sprudelnde Bäche und steinerne Skulpturen, die Götter und Fabelwesen darstellten. Vermutlich hätte man Tage gebraucht, um alles zu erkunden. Hecken und Blumenbeete trennten die kleinen Oasen voneinander und boten ein Maximum an Privatsphäre. Was die geladenen Gäste offenbar sehr zu schätzen wussten, denn sie benahmen sich äußerst ungezwungen. Überall sah man kleine Gruppen, die ihren eigenen Aktivitäten nachgingen. Manche standen beisammen und sprachen miteinander, andere meditierten, wiederum andere tanzten zu keltischen Klängen. Nicht wenige waren gänzlich unbekleidet, und fast alle trugen Masken.

»Seht ihr?«, sagte Ambrose. »Die Menschen verabschieden sich vom aufsteigenden Sonnenzyklus und bereiten sich auf den absteigenden vor. Die Vorbereitungen laufen seit Monaten. Euch dürfte aufgefallen sein, dass wir Gäste aus aller Welt beherbergen. Dort drüben beispielsweise ist eine Gruppe aus Indien. Sie werden während der Feierlichkeiten ihre Kleidung nicht ablegen, da dies in Indien als unschicklich gilt. Unsere Freunde aus den USA hingegen waren die Ersten, die komplett auf Kleidung verzichtet haben.« Er deutete auf eine Gruppe von Nackten, die fröhlich um ein Feuer tanzten.

Mit einem Anflug von Belustigung stellte Jonathan fest, dass die wenigsten von ihnen eine attraktive Figur besaßen. Da gab es jede Menge faltiger Ärsche, schlaffer Brüste, dicker Bäuche und Orangenhaut. Fast wie auf einem FKK-Campingplatz.

»Dann wiederum haben wir reine Frauengruppen, die das Event für ihren ganz eigenen Fruchtbarkeitsritus nutzen.« Van Tyne deutete auf eine Gruppe von Frauen, die auf einer Wiese saßen und ihre Gesichter der Sonne zuwandten. Die Arme hielten sie ausgebreitet und machten dabei wiegende Bewegungen. Ambrose lächelte. »Sie können es gar nicht erwarten, den Moment der Sonnenwende mitzuerleben. Wenn die untergehende Sonne der alten Jahreshälfte auf den ersten Vollmond der neuen Jahreshälfte trifft, wenn Gott und Göttin sich am Himmel begegnen, ist die Magie am stärksten. Nirgendwo ist die zweifache Gestaltung des Göttlichen intensiver und unmittelbarer zu spüren als bei diesem Ereignis.«

»Schade, dass das nur so selten der Fall ist«, sagte Leslie. »Es gäbe sonst viel öfter die Gelegenheit für solche Feste.«

»Normalerweise bedürfen wir Wiccaner keiner solchen Zeremonie, um die Gegenwart des Göttlichen zu spüren«, sagte van Tyne. »Der Anblick einer perfekt geformten Blüte kann mitunter intensiver sein als jeder formelle Ritus. Aber hier liegt der Fall anders. Ein kosmisches Ereignis wie dieses hat Einfluss auf die Natur selbst. Pflanzen spüren, dass etwas Besonderes vorgeht, und reagieren darauf.« Er strich über ein paar Blumen, die ihre Köpfe in die Sonne reckten. »Im Gegensatz zu uns beginnt die Wissenschaft erst langsam zu verstehen, wie empfindsam Pflanzen wirklich sind. Da sie kein Nervensystem besitzen, hat man ihnen lange Zeit Empfindungen und Gefühle abgesprochen. Doch inzwischen weiß man, dass das Unsinn ist. Pflanzen sind empathische Lebewesen. Sie können Freude empfinden, Trauer, Furcht – und Wut. Sie reagieren auf ihre Umwelt und stehen in Kontakt mit ihren Artgenossen. Der Mond und die

Sonne üben einen besonderen Einfluss auf sie aus. Tiere und Menschen wiederum reagieren auf Pflanzen. Nicht nur, weil sie eine wichtige Nahrungsquelle sind, sondern im emotionalen Sinn. Sowohl Tiere wie auch sensible Menschen spüren, wenn es einer Pflanze gut geht. Letztlich ist die Trennung zwischen Mensch, Tier und Pflanze ohnehin nur akademischer Natur. Wir sind alle beseelte Geschöpfe.«

»Erzähl das mal der christlichen Kirche«, sagte Jonathan. »Die macht ja schon einen Aufstand, wenn jemand sich nicht taufen lässt.«

Ambrose nickte. »Eine Weltanschauung wie die unsere ist den Dogmatikern der christlichen Kirchen ein Dorn im Auge. Sie sehen den Menschen gerne losgelöst von der Natur. In ihrer Lehre sind wir Herrenwesen, die sich die Natur untertan machen. Aber mal im Ernst, der Unterschied zwischen dem Erbgut eines Menschen und eines Schimpansen beträgt gerade mal ein Prozent. Nur ein völliger Ignorant käme auf die Idee, da eine Grenze ziehen zu wollen.«

Jonathan musste sich eingestehen, dass van Tyne zwar ein arroganter Schnösel sein mochte, aber zweifelsfrei ein intelligenter. Er verstand es, komplexe philosophische Gedanken verständlich und unterhaltsam zu verpacken. Und die Richtung, in die er dachte, war gar nicht mal die schlechteste.

»Die Meditationen dienen dazu, Seele und Körper zu reinigen«, sagte van Tyne, während er sie weiterführte. »Wir versetzen uns in einen Zustand der Ruhe, die uns zum Gefäß göttlicher Segnungen macht. Die Meditation ist ein innerer Prozess. Er vertieft die Verbindung zur Göttin, zu Gott und der Erde, denn im Gegensatz zu den Naturwissenschaftlern sind wir durchaus der Meinung, dass das Leben mehr ist als nur rohe Materie.«

»Tatsächlich?« In Hannahs Stimme schwang ein wenig Spott mit. Allerdings konnte sie sich so eine Haltung leisten, sie hatte sich von Anfang an als Skeptikerin ausgegeben.

»Aber ja«, erwiderte Ambrose. »Jedes Lebewesen ist erfüllt von Energie. Nenne es Seele oder Geist, Hannah, Tatsache ist, dass wir etwas abstrahlen. Wärme, Kraft, Schwingung. Das gesamte Universum ist Energie. Auch unbelebte Materie ist erfüllt davon. Steine schwingen ebenfalls – nur anders als Lebewesen. Wenn man das einmal verstanden hat, ist der nächste Schritt ganz einfach.«

»Und was wäre der nächste Schritt?«, fragte Hannah.

»Verbindung.« Van Tyne breitete die Arme aus. »Im Moment der Geburt kommen wir isoliert auf die Welt. Eben noch verbunden mit der Mutter, stehen wir plötzlich allein da. Nackt, wehrlos, voller Angst. Es ist, als würde man einen Stecker herausziehen, als würden wir nur noch über Akku laufen. Auf Dauer entleert sich dieser Akku. Wir müssen lernen, uns jemandem anzuvertrauen, Geborgenheit zu finden. Manche Menschen haben ein Leben lang Probleme damit. Unsere Lehre beruht darauf, zu versuchen, die Verbindung wiederherzustellen.«

»Ein Mensch ist doch kein Toaster«, sagte Hannah. »Mich muss man nirgendwo anschließen. Ich habe immer gewusst, wer ich bin und wo mein Platz ist.«

»Dir sollte aber bewusst sein, dass du damit eine absolute Ausnahme darstellst. Den meisten ist das, was du als selbstverständlich erachtest, nicht vergönnt. Sie sind Suchende. Manche ein Leben lang ...« Er sah sie an mit einer Mischung aus Faszination und Begehren. Da war etwas Wölfisches in seinem Blick. Selbst Jonathan, der so was normalerweise als Letzter bemerkte, spürte es.

»Oh, ich sehe gerade Rhiannon dort drüben. Kommt, lasst uns zu ihr gehen, ich möchte euch vorstellen.«

Gemeinsam machten sie sich auf den Weg. Schon sehr bald sahen sie, dass die Frau nackt war. Alles, was sie trug, war eine Maske in Form eines Fuchsgesichtes. Das Tier war gut gewählt, passte es doch zu der natürlichen Haarfarbe der Frau.

Jonathan kniff die Augen zusammen. Lag das an der Sonne, oder war es die Schönheit dieser Frau, die ihn so blendete? Sie war so eine natürliche Erscheinung, dass Kleidung an ihr wie ein Fremdkörper gewirkt hätte.

In ihrem Schlepptau war der Wachtposten, den Jonathan bereits am Eingang gesehen hatte. Der Große mit dem schwarzen Bart und den blitzenden Augen.

Ein Sikh, wie Jonathan mit fachkundigem Blick feststellte. In der Armee und in englischen Adelshäusern fand man manchmal noch welche. Sie verströmten diesen Hauch von Kolonialzeit, den die Engländer so schätzten und von dem sie sich anscheinend nur schwer trennen konnten.

Eine nackte Frau und ein bis zur Halskrause uniformierter Mann – der Unterschied hätte kaum größer sein können. Und doch schien es eine Selbstverständlichkeit zu sein, an diesem aus der Zeit gefallenen Ort.

Der Sikh hielt ein Tablett in den Händen. Darauf etliche Gläser und ein irdener Krug. Der Krummsäbel an seiner Seite sah nicht aus, als würde er lediglich zur Zierde dort baumeln.

»Rhiannon!« Van Tyne hob die Hand zum Gruß. »Ich möchte, dass du unsere Gäste willkommen heißt. Hannah und Leslie kennst du ja bereits. Das hier ist Benjamin, Leslies Freund. Ich mag mich täuschen, aber ich habe das Gefühl, dass ihn die vielen Eindrücke ein wenig überfordern.« Er lachte.

Die Frau nahm ihre Maske ab. Das Gesicht, das darunter auftauchte, verschlug Jonathan die Sprache. Hohe Wangenknochen, seelenvolle Augen und ein Mund, der zum Küssen förmlich einlud. Irgendwo hatte sich da ein Fehler eingeschlichen. Hannah und Leslie mussten sich irren. Hatten sie nicht behauptet, es wäre van Tynes Mutter? Das konnte nie und nimmer stimmen. Bestenfalls seine Schwester, aber selbst das kam ihm unwahrscheinlich vor.

Sie war eine Göttin.

Mit einer Stimme, die wie der Sommerwind klang, sagte sie: »Überfordern? Na, dann müssen wir ihm seine Scheu nehmen.« Sie reichte ihm ihre Hand. Weil er nicht wusste, wie man sich in so einer Situation verhielt, ergriff er sie und hauchte einen Kuss darauf. Offensichtlich hatte er damit ins Schwarze getroffen.

»Sieh dir das an, Ambrose«, rief sie entzückt. »Endlich mal ein Mann mit Manieren. Und gut aussehend dazu. Wo findet man heute noch so etwas?« Sie zwinkerte Leslie zu. »Als du sagtest, du würdest deinen Freund mitbringen, war ich anfangs etwas enttäuscht. Menschen neigen zur Fantasielosigkeit, wenn sie im Doppelpack auftreten. Allerdings war ich neugierig zu erfahren, mit wem eine solch starke Frau das Bett teilt. Nun muss ich sagen, dass ich ein wenig eifersüchtig bin.«

»Vielen Dank.« Jonathan senkte verlegen den Kopf. Er versuchte, diese göttliche Erscheinung auszublenden. Trotzdem spürte er, wie ihm das Blut ins Gesicht schoss.

»O nein, und schüchtern dazu.« Rhiannons Lachen perlte wie Champagner. »Leslie, Sie sind zu beneiden. Wer von euch hätte Lust auf eine kleine Meditation? Ich leite nachher noch eine kurze Zeremonie dort drüben im Schatten der Bäume. Wenn ihr mögt, seid ihr herzlich eingeladen. Sie beginnt in etwa einer halben Stunde und ist auch für Neulinge geeignet.«

»Sehr gerne«, sagte Leslie. »Höchste Zeit, dass wir uns ins Treiben stürzen, findest du nicht, Hannah?«

»O ja, unbedingt.«

Rhiannon nahm drei Gläser von dem Tablett und reichte jedem von ihnen eines. »Die Sonne ist heute besonders heiß«, sagte sie. »Hier ist kühles, klares Bergwasser. Direkt aus unserer Quelle. Trinkt reichlich, sonst bekommt ihr noch einen Sonnenstich. Ich werde schon mal rübergehen, damit die anderen sehen, dass die Meditation auch wirklich stattfindet. Ich freue mich auf euch.« Mit einem verheißungsvollen Augenaufschlag in Jonathans Richtung verabschiedete sie sich. Er konnte seine

Augen nicht von ihr lassen. Ein Stoß von Leslie brachte ihn wieder zur Besinnung.

»'tschuldigung.« Er grinste.

»Die Quelle entspringt übrigens am Fuße des Hügels«, sagte van Tyne, »gleich dort drüben. Manche sagen dem Wasser heilende Kräfte nach.«

Jonathan setzte das Glas an und ließ einen kühlen Schluck seine Kehle hinunterrinnen. Es war herrlich erfrischend.

»Noch eines?«

»Gerne. Ich bin tatsächlich ziemlich durstig.«

Das zweite Glas schmeckte sogar noch besser. Sehnsüchtig blickte er Rhiannon hinterher, die bei einem Steinkreis Platz genommen hatte. Ihre Bewegungen ähnelten denen einer indischen Schlangentänzerin. Dieser Ort begann, ihn mehr und mehr zu faszinieren. Vielleicht war es doch keine so schlechte Idee gewesen, herzukommen.

56

Hannah nahm das Glas von ihren Lippen und betrachtete den Inhalt voller Verwunderung. Das Wasser schmeckte irgendwie eigenartig. Noch einmal nippte sie daran.

Ambrose sah sie erwartungsvoll an. »Stimmt etwas nicht?«

»Das Wasser …«

»Ja?«

»Ich weiß nicht … es schmeckt irgendwie seltsam.«

»Es ist einfaches, klares Wasser.«

»Tatsächlich?«

»Natürlich.« Er sagte nicht die Wahrheit, das spürte sie. Sie wusste nur nicht, warum. Aber wieso merkten ihre Freunde nichts? Weder Leslie noch Jonathan schien etwas aufgefallen zu sein.

Skeptisch nahm Hannah noch einen Schluck. Doch, es war ganz eindeutig. Das Wasser hatte irgendeine seltsame Wirkung auf sie.

Das Forschende in van Tynes Augen wurde intensiver. »Und?«

Sie hielt das Glas gegen das Licht. »Alles normal«, log sie. »Klares Wasser, mehr nicht.«

»Die Quelle liegt auf unserem Grundstück, gleich da drüben.« Er deutete auf die andere Seite einer großen Brombeerhecke. Sie zog sich quer durch den Garten und war hoch wie eine Mauer. Ein einziger Durchgang war dort, und der wurde bewacht. Zwei Wachtposten standen davor.

»Das Wasser entspringt am Fuße dieses Hügels. Es wird durch Niederschläge gespeist, die über dem Hügel abregnen. Das Wasser sickert über einen langen Zeitraum hinweg durch den Boden, an Wurzeln vorbei und durch uralte Erdschichten bis hin zu einer leicht abschüssigen, wasserundurchlässigen Tonschicht. An ihr sammelt es sich und tritt dann aus. Die

Quelle existiert seit über tausend Jahren. Sie ist bisher noch nie versiegt, nicht einmal in den heißesten Sommermonaten.«

Hannah leerte ihr Glas und schüttelte den Kopf. »Ich muss mich wohl geirrt haben.«

»Vielleicht ja, vielleicht nein.«

»Wie meinst du das?«

Van Tyne zwinkerte ihr zu. »Hast du je das Buch *Der Herr der Ringe* gelesen?«

»Das von J. R. R. Tolkien? Wer nicht?«

»Ich kenne nur die Filme«, sagte Jonathan.

»Ich habe in der Schule an einem Theaterstück mitgewirkt, das auf der Geschichte basierte«, sagte Leslie. »Ich muss vierzehn oder fünfzehn gewesen sein. Die ausführlichen Landschaftsbeschreibungen hatten es mir angetan. Die vielen Völker und ihre Sprachen. Ich finde, man merkt den Büchern an, dass Tolkien Professor für englische Sprache war.«

Van Tyne nickte. »Vielleicht erinnert ihr euch an die Stelle, an der die Hobbits Meriadoc Brandybock und Peregrin Tuk zu Gast beim Anführer der Ents sind. *Baumbart* lautet sein Name, und sein Wohnort ist *Quellhall.*«

»Stimmt«, sagte Hannah. »Die Hobbits bekommen doch von ihm einen Trunk gereicht, der sie in einen tiefen Schlaf fallen lässt.«

»In dem Buch wird beschrieben, dass das Wasser sie wachsen lässt«, sagte van Tyne. »Es ist dort zwar von Größenwachstum die Rede, doch das entspricht nicht der ersten Fassung.«

»Nicht?« Hannah hatte keine Ahnung, worauf ihr Gastgeber hinauswollte. Es war schon sehr merkwürdig, dass sie hier standen und über Hobbits redeten.

»In der Urversion des Textes ist von einer lebensverlängernden Wirkung die Rede. Tolkien wurde jedoch von Verlegerseite gezwungen, den Text umzuändern. Der Roman erschien bei George Allen & Unwin, einem Verlag, der 1914 von Sir Stanley

Unwin gegründet wurde. Unwin war überzeugter Christ und störte sich an manchen Bezügen, die Tolkien in sein Werk hatte einfließen lassen. Vor allem Bezüge, die in Richtung Keltentum und heidnische Mythologie deuteten. Er wünschte sich, dass diese Teile entfernt würden, worauf es zwischen den beiden zu erbitterten Disputen kam. Letztlich setzte Unwin sich durch, was zu vielen weiteren Änderungen führte. Zunächst einmal ist nur wichtig zu wissen, dass Tolkien sich die Geschichte um Baumbart und die Ents nicht gänzlich ausgedacht hat. Er hat sich inspirieren lassen, und zwar von diesem Ort hier.« Er deutete auf den Hügel und den alten Wald.

»Moment mal«, sagte Hannah belustigt. »Willst du damit andeuten, das dort drüben sei Fangorn? Das ist doch Unsinn.«

Ambrose lächelte vergnügt. »Wusstet ihr, dass Tolkien eine Zeit lang Mitglied einer Wicca-Vereinigung war? Er musste die Gemeinschaft allerdings frühzeitig wieder verlassen. Fangorn ist natürlich ein fiktiver Ort, aber wie bei allen Geschichten liegt auch dieser ein Fünkchen Wahrheit zugrunde.«

»Ich meine, gelesen zu haben, Tolkien wäre überzeugter Christ gewesen«, warf Leslie ein.

»Er war beides«, sagte van Tyne. »Christ und Wicca. Was genau genommen auf sehr viele Menschen in diesem Land zutrifft. Wenn man christlich erzogen wurde und sich nebenher mit den Mythen und Erzählungen dieses Landes auseinandersetzt, kommt man irgendwann an den Punkt, wo sich das eine vom anderen nicht mehr trennen lässt. Auch das Christentum ist ja nicht aus dem Nichts heraus entstanden. Es entwickelte sich aus dem römischen Mithraskult.«

»Stimmt, davon habe ich gelesen«, sagte Jonathan.

»Der Begriff *Wicca* erscheint offiziell zum allerersten Mal in Gerald Gardners Buch *Witchcraft Today* aus dem Jahr 1954«, fuhr Ambrose fort. »Gardner, übrigens ein guter Bekannter Tolkiens, verwendete den Begriff allerdings nicht als Erster. Inoffiziell erschien er bereits zwölf Jahre vorher in *Der Herr der Ringe*. Die beiden Zauberer Gandalf und Saruman werden in der Urversion als Wicca bezeichnet, und zwar in der ersten Fassung der Erzählung *Die zwei Türme*. Es gibt da eine Fußnote in Kapitel 20 des siebten Bandes der Dokumentation *The History of Middle-earth*, die das belegt.«

»Ist das dein Ernst?« Hannah runzelte die Stirn. Davon hörte sie zum ersten Mal.

»Das zwölfbändige Werk wurde von Tolkiens Sohn Christopher herausgebracht«, sagte Ambrose. »Erst in der 1969 erschienenen Ausgabe von *Der Herr der Ringe* wurde der Begriff dann durch *Wizard* ersetzt. Auch hier wieder auf Bestreben der Verleger.«

»Faszinierend. Tolkien ein Wiccarianer, wer hätte das gedacht?«

»Oh, er war nicht der Einzige«, sagte Ambrose. »Viele seiner Zeitgenossen beschäftigten sich mit Okkultismus, Keltentum und Neopaganismus. Arthur Conan Doyle zum Beispiel, der Erfinder von Sherlock Holmes. Er war zeit seines Lebens vom Okkulten fasziniert. Er glaubte fest an Geister, Flüche und Wahrsagerei und betrieb einen entsprechenden Buchladen. Männer wie er wollten die Menschen auf die neue Weltordnung vorbereiten.«

Hannah hob den Kopf. »Was denn für eine Weltordnung?«

»Die Weltordnung der Geheimgesellschaften. Der Freimaurer, Illuminaten, Templer, Rosenkreuzer und so weiter. Sie alle träumten davon, die Menschheit in ein neues Zeitalter zu führen. Wie wir heute wissen, sind alle gescheitert.«

»Auch die Wicca?«

»Wer kann das schon wissen?« Ambrose zwinkerte ihr zu. »Um das herauszufinden, seid ihr doch hier, oder? Tolkiens Werk liefert in dieser Hinsicht viel Bemerkenswertes. Das Auge Saurons zum Beispiel. Ist euch nie die Ähnlichkeit zu dem allsehenden Auge der Illuminaten aufgefallen? Oder dem der Freimaurer? Ihr kennt das Bild von jedem Dollarschein.«

»Die Pyramide, der Zirkel, das allsehende Auge«, murmelte Jonathan. »Es stimmt, sieht wirklich aus wie das Auge Saurons.«

Van Tyne nickte. »Es gibt Leute, die fest davon überzeugt sind, dass Gandalf niemand anderer ist als der britische Okkultist Aleister Crowley. Die Ringgeister wiederum würden die Schwarze Bruderschaft darstellen.« Er lächelte geheimnisvoll. »Absurd, ich weiß. Denn Tolkien war ein ausgemachter Gegner der Okkultisten. Allerdings fühlte er sich sehr zur nordischen Mythologie hingezogen. Und er kopierte hemmungslos bei den Wicca, vor allem aus ihrem *Book of Shadows.* Dieser und andere Umstände führten schließlich zu seinem Ausschluss aus dem Orden.«

»Das *Book of Shadows?*«, hakte Hannah nach. »Was ist das?«

»Das Buch enthält religiöse Texte und Anweisungen für Wicca-Rituale. Die Runen, die Tolkien zum Teil als Illustrationen für *Der Herr der Ringe* verwendet hat. Sie sind in Wirklichkeit Buchstaben des Hexen-Alphabets. Wenn man dann noch bedenkt, dass die Illuminaten Ringe benutzten, um Menschen zu versklaven, bekommt die Geschichte vom Ring gleich eine tiefere Bedeutung, nicht wahr?«

»Ein Ring, sie zu knechten, sie alle zu finden, ins Dunkel zu treiben und ewig zu binden«, murmelte Leslie. »Ich musste das Gedicht für unsere Schulveranstaltung auswendig lernen. Manche Dinge vergisst man nie.«

Van Tyne nickte. »Tolkien lehrte in Oxford, einem College, das bekanntermaßen von Illuminaten geleitet wurde. Manche vermuten, dass er mit seinen Schriften den Widerstand der Leser gegen das Okkulte mildern und sie auf das kommende Königreich vorbereiten wollte. Wie gesagt, es sind Theorien, aber viele sind überzeugt davon, dass sie auf einem wahren Kern beruhen.«

Hannah war schweigsam geworden. Die Unterhaltung war interessant, zugegeben, aber es fiel ihr zunehmend schwerer, dem Gespräch zu folgen. Ihr war heiß, die Sonne stach, und sie merkte, wie sie immer unkonzentrierter und fahriger wurde. Was vielleicht mit diesem seltsamen Wasser zusammenhing. Es machte sie beschwipst wie Wein. Sie versuchte, sich zusammenzureißen, sie durfte jetzt nicht nachlässig werden. Dafür war das Thema zu wichtig.

»Tolkien war nicht der einzige berühmte Schriftsteller unter den Wicca«, fuhr Ambrose fort. »Auch sein Freund C. S. Lewis, der Verfasser von *Die Chroniken von Narnia*, zählt dazu. Wenn man seine Bücher gewissenhaft studiert, wird man neben christlichen Bezügen auch viele heidnische Metaphern finden. Im Roman *Der Löwe, die Hexe und die Garderobe* zum Beispiel wird ein Land beschrieben, das in ewigem Winter versunken ist. Der Fluch wird durch die Rückkehr von Aslan, dem Löwen mit dem goldenen Fell, gebrochen. Mit seinem goldenen Gesicht und den goldenen Augen ist er eindeutig als Sonnengott zu erkennen. Die Vertreibung des ewigen Winters stellt die Sonnenwende dar.

In den *Chroniken* werden zahlreiche okkulte Praktiken beschrieben, die aufzuzählen aber hier den Rahmen sprengen würde. Denn ich sehe gerade, dass Rhiannon mit ihrer Meditation beginnen möchte. Bitte verzeiht mir meinen Redefluss, ihr hättet mich wirklich bremsen müssen.«

»Ich fand es in höchstem Maße erhellend«, entgegnete Leslie.

»Ich auch.« Hannah lächelte. »Ich fürchte jedoch, ich habe ein bisschen zu viel Sonne abbekommen. Ich hoffe, ihr habt nichts dagegen, wenn ich mir ein kühles Plätzchen im Schatten suche.«

»Wir kommen mit«, sagte Leslie. »Gibt es eine Möglichkeit, die Quelle und den Wald dort drüben zu besichtigen?«

»Leider nein.« Ambrose lächelte entschuldigend. »Der Zutritt zum alten Wald ist nur langjährigen Mitgliedern sowie Druiden und Druidinnen vorbehalten. Ihr müsst das verstehen, es ist der heiligste Bereich unseres Ordens. Das Zentrum unseres Glaubens.«

»Natürlich verstehen wir das«, sagte Leslie. »Vielleicht ein andermal.«

»Ja, vielleicht. Ich sehe gerade, dass Rhiannon uns zuwinkt. Wir sollten sie nicht warten lassen.«

Hannah presste die Lippen zusammen. Der Gedanke, dass sie gestern Nacht beim Übersteigen der Mauer unabsichtlich das Allerheiligste betreten hatten, bereitete ihr Sorge. Was, wenn das herauskam? Ganz bestimmt gab es dafür irgendwelche Strafen. Ob van Tyne etwas bemerkt hatte? War er fähig, in ihren Gedanken zu lesen? Sie glaubte es eigentlich nicht, aber bei ihm konnte man nie sicher sein.

Noch immer war es ihr nicht gelungen, ihn einzuschätzen. Da war etwas in seinen Augen, das tieferes Wissen vermuten ließ, aber solange er es vor ihnen geheim hielt, war Hannah auf Mutmaßungen angewiesen.

Und sie hasste es, mutmaßen zu müssen.

57

Redcliffe Castle. Nacht …

Hannah wurde vom leisen Klingeln ihres Weckers geweckt. Sie musste sich kurz sortieren, dann setzte sie sich aufrecht hin. Der Mond stand als leuchtendes Auge über der Welt. Still war es geworden. Durch das geöffnete Fenster wehte ein kühler Wind. Die Vorhänge bewegten sich wie die Geister Verstorbener. Der Moment war gekommen.

Rasch stand sie auf, schlüpfte in Jeans und Hemd und zog ihre Turnschuhe an. Für das, was sie vorhatte, wäre die Kleidung der Wicca nur hinderlich. Das Handy steckte sie in die Hosentasche, dann schlich sie auf Zehenspitzen zur Nachbartür. Sie öffnete sie einen Spalt, schlüpfte hindurch und durchquerte das Zimmer ihrer Freunde. Leslie und Jonathan schliefen nebeneinander, die Gesichter einander zugewandt. Sie hatte ihren Arm über ihn gelegt, und ihre Füße berührten einander. Ob sie miteinander geschlafen hatten? Der Gedanke zauberte Hannah ein Lächeln aufs Gesicht. Sie gönnte Leslie ein bisschen Glück. Warum nicht mit Jonathan? Er war nicht die schlechteste Wahl.

Sie musste ihr Schlafquartier durch das Zimmer ihrer Freunde verlassen, weil ihre eigene Tür erbärmlich quietschte. Das ganze Haus gab Geräusche von sich. Es war wie ein lebendes, atmendes Wesen. Die Tür von Leslie und Jonathan ließ sich jedoch einigermaßen leise öffnen und schließen. Hannah durchquerte den Raum auf Zehenspitzen.

»Schlaft schön, ihr beiden«, flüsterte sie mit einem letzten Blick zurück. Dann ging sie hindurch und schloss die Tür.

Es war kurz vor halb drei. Die dunkelste Stunde.

Redcliffe Castle lag in tiefem Schlummer. Die Zeremonien

und Veranstaltungen, aber auch die Sonne und das Essen hatten die Gäste ins Koma versetzt. Aus den Fluren und jenseits der Türen drangen Schlafgeräusche. Hannah spitzte die Ohren. Es war hier wie in einem Dornröschenschloss.

Im Erdgeschoss angelangt, wandte sie sich nach Süden. Den Garten erreichte man am besten durch den Wintergarten. Hier bestand die geringste Gefahr, erwischt zu werden. Die Wachen waren nur in der Nähe des Haupteingangs postiert. In der Küche nahm sie noch rasch einen Schluck Wasser, dann verließ sie das Haus durch die Hintertür.

Der Garten war in magisches Licht getaucht. Der Vollmond hatte bereits einen rötlichen Rand. Ein kleiner Vorgeschmack auf das, was morgen folgen würde.

Obwohl die Sonne jetzt ihren tiefsten Punkt erreicht hatte, stand sie so flach unter dem Horizont, dass ihr Licht ausreichte, die Umrisse der alten Bäume wie Scherenschnitte vor dem sternenübersäten Nachthimmel abzuzeichnen.

Hannah vermied den kiesbestreuten Weg und wählte das taunasse Gras. Leise wie eine Katze bewegte sie sich vorwärts. Sie lief geduckt, nach allen Seiten Ausschau haltend. Eine innere Unruhe trieb sie an. Die Wirkung des Wassers war immer noch spürbar. Sie musste herausfinden, was es damit auf sich hatte. Und das ging nur, indem sie zur Quelle vordrang.

Sie strich über ihre Arme. Die fehlende Wolkendecke hatte die Luft merklich abgekühlt. Hannah war so fasziniert vom kalten Funkeln der Sterne, dass sie um ein Haar den kleinen Hügel übersehen hätte, der da mitten vor ihr aus dem Gras ragte. Fast hätte sie ihn als einfachen Erdhaufen abgetan, als sie ein leises Stöhnen vernahm. Wie angewurzelt blieb sie stehen.

Das war kein Erdhaufen, *das waren Menschen!* Sie lagen zusammengekuschelt unter einer Decke. Den Geräuschen nach zu urteilen, waren sie gerade mit irgendwelchen privaten Dingen beschäftigt.

Verdammt, das war knapp gewesen!

Noch schienen die beiden sie nicht entdeckt zu haben. Hannah sah sich um, dann wich sie auf Zehenspitzen hinter ein paar Rosenbüsche aus. Dort konnte sie erst mal wieder durchatmen. Sie musste viel aufmerksamer sein. Es war damit zu rechnen, auf weitere Liebespaare zu stoßen. So ganz überraschend kam das nicht. Während des Nachmittags, vor allem aber in den Abendstunden, war eine vermehrte sexuelle Aktivität festzustellen gewesen. Kein Wunder, immerhin diente das Fest ja dazu, das Leben zu feiern und die Götter zu ehren. Der Liebesakt war ein essenzieller Bestandteil dieser Zeremonie. Auch Hannah hatte bereits einige eindeutige Angebote erhalten, war ihnen aber bisher erfolgreich ausgewichen.

Vorsichtig setzte sie ihren Weg fort.

Gleich hinter der Biegung tauchte das nächste Liebespaar auf. Und das nächste. Manche schliefen bereits, andere taten, womit zu rechnen war, und das nicht nur zu zweit. An einer Stelle zählte Hannah fünf Personen, die sich gegenseitig Aufmerksamkeit schenkten. Hannahs nächtliche Wanderung glich mehr und mehr einem Hindernisparcours. Nach ein paar Umwegen und Verzögerungen jedoch erreichte sie die Hecke. Sie blieb stehen, gönnte sich einen kurzen Moment der Ruhe und nahm das Hindernis unter die Lupe.

Die Hecke war undurchdringlich. Das Brombeergestrüpp war so unglaublich alt und verwuchert, dass es an manchen Stellen bereits wie versteinert wirkte. Wie lange diese Hecke hier wohl schon stand? Sie untersuchte ein paar bodennahe Stellen, musste aber einräumen, dass sie da unmöglich durchkommen konnte. Nicht, wenn sie nicht riskieren wollte, bei lebendigem Leib zerfetzt zu werden. In Ermangelung einer besseren Idee fing sie an, die Hecke entlangzuschleichen. Nirgendwo war auch nur die geringste Lücke zu finden.

Auf der anderen Seite kamen die Bäume recht dicht an das

Gestrüpp heran, aber von dieser Seite gab es nichts, woran man sich hinüberhangeln konnte.

Ratlos blickte Hannah sich um. Blieb nur der Durchgang.

Leise ging sie darauf zu.

Die Öffnung gähnte wie ein Maul in der Dunkelheit. Für einen kurzen Moment glaubte sie, das Glück auf ihrer Seite zu haben, als ihr der Wind plötzlich einen zarten Geruch entgegentrug. *Zigarettenrauch!* In der Dunkelheit sah sie das Aufleuchten einer kleinen Glutspitze.

Da war jemand!

Hannah presste die Lippen zusammen. So nah am Ziel und doch so weit entfernt. Warum verriegelten sie den Zugang nicht gleich mit einem Tor, anstatt ihn rund um die Uhr bewachen zu lassen? Das wäre doch bestimmt günstiger und weniger aufwendig. Fluchend musste sie sich eingestehen, dass sich ihr gesamter Plan gerade in Rauch auflöste. Sie wartete, unschlüssig, was zu tun war.

Irgendwann gelangte sie zu der Entscheidung, umzukehren, als ihr der Zufall eine glückliche Karte in die Hände spielte. Sie vernahm das leise Klingeln eines Telefons, gefolgt von einer männlichen Stimme.

»Ja?«

Undeutliche Sprachfetzen waren zu hören.

»Jetzt? Aber …« Eine kurze Pause. Dann: »Zu Befehl. Ich komme.« Die Glutspitze flammte auf, dann fiel die Zigarette zu Boden. Eine Gestalt trat aus der Dunkelheit. Die Umrisse eines Sikh wurden sichtbar. Hannah verschwand blitzartig hinter einem Busch. Der Mann sah sich um, dann trat er die Glut aus. Hatte er sie gesehen? Die Lippen zusammenpressend, zählte sie im Geiste bis zehn. Als nichts geschah, hob sie den Kopf und sah noch, wie er in Richtung Schloss davonging. Seine Waffe blitzte im Mondlicht.

Hannah war verblüfft über die glückliche Fügung. So viel

Glück musste man erst mal haben. Trotzdem hieß es, jetzt nicht die Kontrolle zu verlieren. Es bestand die Möglichkeit, dass er nicht allein gewesen war. In geduckter Haltung verließ sie ihr Versteck und eilte zum Durchgang. Dort angelangt, ging sie in die Hocke und lauschte. Nichts zu hören. Wenn dort ein zweiter Wachtposten war, verhielt er sich still. Sie lauschte, bis sie das Blut in ihren Ohren pochen hörte. Sie trat näher, blickte um die Ecke.

Niemand da. Der Weg war frei. Ein letztes Mal sah sie sich noch um, dann huschte sie wie ein Schatten auf die andere Seite.

58

Hinter dem Tor war die Welt eine andere. Hannah spürte die Veränderung augenblicklich. Als hätte sie ein fremdes Land betreten. Als wäre die Hecke eine Barriere zwischen Realität und Fiktion.

Die Luft war aufgeladen mit Energie. Sie durchdrang Hannahs Haut, strömte durch ihre Zellen und brachte sie innerlich zum Leuchten. Sie glaubte, Stimmen zu hören. Verhaltenes Rascheln, Tuscheln. Wie das Flüstern von Feen, Elfen oder auch Geistern. Etwas Vergleichbares hatte sie noch nie zuvor erlebt.

Ruhig, Hannah, ermahnte sie sich. *Hier ist niemand. Nur du und der Wald.* Sie rieb mit beiden Händen über ihre Arme. Ihre Haut fühlte sich klamm an. Kalt. *»Schluss jetzt«*, flüsterte sie. *»Hör auf, dich verrückt zu machen, du dumme Gans. Das ist alles nur Einbildung. Konzentrier dich auf deine Aufgabe. Die Quelle. Wo ist die Quelle?«*

Unter den Ästen der Bäume führte ein schmaler Pfad hinauf in den Wald. Der Boden war uneben und zwischen den Tümpeln und den Flecken aus Mondlicht nur schwer zu erkennen. Für einen kurzen Moment war sie geneigt, die Handylampe einzuschalten, entschied sich aber dagegen. Der Wald lag vis-à-vis dem Schloss. Sollte dort jemand gerade in diesem Moment herüberschauen, würde er sie entdecken.

Langsam ging sie weiter. Und die Bäume hatten ein Einsehen. Das Geäst wurde lockerer, das Licht heller, der Weg klarer.

Der Pfad vor ihr stieg steil an. Über Treppenstufen und ebene Abschnitte mäanderte er hinauf ins Herz des Waldes. Zwanzig Meter entfernt tauchte eine Gabelung auf. Hannah blieb stehen. Die Nachtluft roch nach Feuchtigkeit. Moose, Farne und Erde umgaben sie. Ein zartes Plätschern drang an ihr Ohr. Es kam von rechts.

Sie folgte dem Geräusch und landete auf einer kleinen Lichtung. Da war die Quelle! Ein steinerner Kopf überragte das Bauwerk. Silbriges Wasser plätscherte aus dem geöffneten Mund, lief über unregelmäßig geformte Natursteine und sammelte sich in einem halbrunden Becken. Das Mondlicht warf verwirrende Reflexe auf die umliegenden Bäume. In die Steilwand hineingebaut und vom Mond beleuchtet, wirkte das Bauwerk wie das verwunschene Gemälde eines romantischen Künstlers. Flankiert wurde es von zwei Menhiren mit menschlicher Form. Die Kolosse wirkten roh und unbehauen. Wie die Götter einer längst vergessenen Epoche. In Hannah beschworen sie tiefe Erinnerungen herauf. Sie hatte solche Menhire schon einmal gesehen. Auf Korsika, in einem kleinen Ort namens Filitosa. Dort waren einige der ältesten Zeugnisse menschlicher Kultur im Mittelmeerraum zu bestaunen. Steinmetzarbeiten, die zurückreichten bis in die achttausend Jahre alte Jungsteinzeit. Mannsgroße steinerne Stelen standen dort, die mit Gesichtern, Schilden und Waffen verziert waren. Filitosa war weltberühmt, doch von diesem Ort hier hatte Hannah noch nie etwas gehört. Dabei war der Süden Englands voll frühgeschichtlicher Zeugnisse. Sollten die Relikte wirklich echt sein, wären sie mit Sicherheit archäologisch bedeutsam.

Aber Hannah war nicht hier, um alte Steine zu bewundern.

Plätschernd und singend strömte das Wasser in einem nicht enden wollenden Strom aus dem steinernen Mund. Fast glaubte man, Worte zu hören, so lieblich war der Gesang.

Im Mondschein wirkte die Oberfläche des Tümpels wie flüssiges Silber. Hannah widerstrebte es, die reine Oberfläche mit ihrer Hand zu durchstoßen, aber es führte kein Weg daran vorbei. Sie musste Gewissheit erlangen. Kurz entschlossen tauchte sie ihre Hand ins Wasser, formte eine Kelle und trank einen Schluck. Mit geschlossenen Augen stand sie da und wartete auf die Wirkung.

59

Ein Schrei riss Leslie aus dem Schlaf. Sie fuhr auf und lauschte. Eine Frauenstimme! Der Schrei kam von weit her, doch Leslie war es, als wäre sie gemeint gewesen. Für einen Moment war sie geneigt zu glauben, Hannah hätte sie gerufen. Aber das war unmöglich. Die schlief doch nebenan. Oder?

Leslie rieb ihre Augen. Durch das geöffnete Fenster drang der Ruf eines Käuzchens. Grillen zirpten, doch ansonsten war alles still. Kein Schreien.

War das nur ein Traum gewesen?

Sie blickte zur Seite.

Jonathan hatte seinen Arm über ihre Taille gelegt. Sein Mund war leicht geöffnet, und er gab leise Schnarchlaute von sich.

Sie betrachtete seinen Körper und fühlte Wärme in sich aufsteigen. Sie schlug die Bettdecke zur Seite. Du meine Güte, dachte sie. *Was haben wir getan?*

Sie lächelte.

Keine Ahnung, wie es dazu gekommen war. Musste wohl an der aufgeladenen Atmosphäre gelegen haben, an dem Wein und dem Tanz. Vielleicht an beidem.

Ihr Gastgeber hatte im Laufe des Abends ein paar erstklassige Flaschen kredenzt. Petrus, Margaux, Chateau d'Yquem. Erst zum Essen, anschließend dann bei dem Mondscheinfest auf der Terrasse. Leslie hatte sie alle probiert und dabei zwangsläufig viel zu viel getrunken. An das, was danach geschehen war, konnte sie sich nur vage erinnern. Bilder huschten vor ihrem geistigen Auge vorbei, wechselten in schneller Folge. Bilder von Tänzen im Fackelschein, von Gesängen, von Zärtlichkeiten und Liebkosungen. Sie bildete sich ein, von vielen Händen gestreichelt worden zu sein, konnte aber nicht mit Bestimmtheit sagen, wessen Hände das gewesen waren. Männerhände, Frauenhände? Was machte das für einen Unterschied? Sie hatte sich den Liebkosungen hingegeben und dabei offensichtlich vollkommen die Kontrolle verloren. Es war, als wäre ihr Verstand nicht länger Herr im eigenen Hause. Das Unterbewusstsein hatte die Kontrolle übernommen und sie an Orte geführt, an denen sie noch nie zuvor gewesen war. Sie erinnerte sich noch, dass sie ihr Kleid ausgezogen hatte und mit anderen Frauen über das Feuer gesprungen war. Eine berauschende und sinnliche Erfahrung, die letztlich in dies hier gemündet hatte.

Sie wusste noch, dass sie Jonathan einfach gepackt und ihn mit nach oben genommen hatte. Ganz so freizügig wie andere Teilnehmer, die ihren Leidenschaften gleich an Ort und Stelle freien Lauf ließen, war sie dann doch nicht gewesen. Aber es hätte nicht viel gefehlt.

Das Mondlicht erzeugte ein helles Streiflicht auf Jonathans Schulter. War es verwerflich, die Kontrolle zu verlieren? Vielleicht. Aber auch wunderschön.

Sie meinte, ihn noch immer in sich zu spüren. Sie griff zwischen ihre Beine, roch an den Fingerspitzen und lächelte. Himmel, wie sie das vermisst hatte! Jonathan war in ihrem Alter, ungebunden und ein verdammt guter Liebhaber. Mehr musste sie im Moment nicht wissen.

Dann fiel ihr der Traum wieder ein. Dieser Schrei.

Wohin war Hannah gestern Abend so schnell verschwunden? Leslie konnte sich nicht erinnern, sie später noch auf der Terrasse gesehen zu haben. Sie hatte etwas von Unwohlsein gesagt, Kopfschmerzen oder so. Vermutlich wollte sie einfach kein Risiko eingehen. Die Gefahr, mit jemandem im Bett zu landen, war an diesem Ort verdammt groß. Man durfte das Kind ruhig beim Namen nennen: Redcliffe Castle war ein Swingerklub, allerdings für eine gehobene Klientel. Catherine Holloway und Beatrix Cantrell waren Mitarbeiterinnen eines

Escortservice gewesen, und sie waren beileibe nicht die Einzigen. Dutzende von jungen hübschen Frauen hatten gestern das Bild aufgelockert. Leslie schätzte, dass knapp ein Drittel der Gäste nicht das waren, was sie zu sein vorgaben. An sich nichts Verwerfliches. Dies war das 21. Jahrhundert, jeder konnte das ausleben, was er wollte, solange er damit nicht das Leben anderer beeinträchtigte. Was war also geschehen, dass Catherine solch eine Nacht nicht überlebt hatte? Leslie spähte zur anderen Seite des Raumes und rief leise: »Hannah?«

Irrte sie sich, oder stand die Zimmertür einen Spalt weit offen? Rasch schlüpfte sie aus dem Bett, huschte durch den Raum und drückte die Tür auf. Sie hielt den Atem an.

Hannahs Bett war leer. Die Decke war zur Seite geschlagen, das Fenster stand offen.

Einem Instinkt folgend, ging Leslie zum Schrank. Jeans, Schuhe und Bluse fehlten. Damit war die Sache klar: Ihre Freundin hatte das Gebäude verlassen. War auf eigene Faust unterwegs. *Ohne ihnen Bescheid zu sagen!*

O nein, Hannah, nein. Das war doch Irrsinn.

Rasch eilte sie ans Fenster. Leslie fiel Hannahs seltsames Verhalten vom Nachmittag wieder ein. Es hatte begonnen, nachdem sie von dem Wasser getrunken hatte. Danach war sie eigenartig still gewesen, bedrückt und verschlossen.

Die Quelle!

Leslie erinnerte sich an Hannahs Interesse, an ihre Fragen. Immer wieder hatte sie das Gespräch auf den Wald jenseits der Hecke gelenkt. Leslie trat ans Fenster und blickte hinaus. Wie ein dunkler Riese erhob sich der Wald auf der gegenüberliegenden Seite des Gartens. Groß und majestätisch. Auf halber Strecke dorthin war die Hecke zu sehen. Ein unüberwindlicher Wall, der die äußere Begrenzung des offiziellen Teils bildete. Die Seite dahinter war nur durch eine einzelne Öffnung erreichbar. Leslie konnte sich nicht erinnern, dass dieses Tor jemals unbewacht gewesen wäre, weder am Nachmittag noch am Abend oder in der Nacht.

Und jetzt? Sie kniff die Augen zusammen.

Das Mondlicht schien klar und hell. Wie eigenartig er aussah, mit diesem rötlichen Vorhof. So hell schien er, dass Leslie ihre Augen beschirmen musste. Sie sah die Hecke, sie sah den Durchgang. Was sie nicht sah, waren die Wachtposten.

Sie wartete, aber nichts rührte sich. Der Durchgang war unbesetzt. Leslies schlimmste Befürchtungen schienen sich zu bestätigen. Hannah war dort drüben. Leslie spürte es. Ihre Freundin hatte die Schwachstelle bemerkt und sie ausgenutzt. Doch was hoffte sie dort zu finden?

Wenn Leslie doch nur den Mut aufbrächte, ihr zu folgen. Sie musste es tun. Es ging darum, größeren Schaden zu verhindern.

Himmel!

Sie stand tatsächlich im Begriff, die Dummheit ihrer Freundin zu wiederholen. Aber untätig konnte sie auch nicht bleiben, sie musste etwas unternehmen.

Rasch machte sie kehrt, ging zurück in ihr Zimmer und weckte Jonathan.

»He, aufwachen, du Schlafmütze.«

Er rekelte sich. Als er sie sah, lächelte er. »Was machst du denn? Komm zurück ins Bett.« Er streckte die Arme nach ihr aus. Sie widerstand der Versuchung und zog ihm die Decke weg. »Zieh dich an«, sagte sie. »Wir haben zu tun.«

60

Hannah hörte den Wald. Er war überall.

Es waren mehr als nur die üblichen Nachtgeräusche, es war der Wald selbst. Ein vielstimmiges Flüstern, das nicht leiser wurde, selbst wenn sie die Hände auf die Ohren presste. Die Stimmen schienen aus ihrem Inneren zu kommen.

Verlor sie gerade den Verstand?

Das Wasser bewirkte etwas in ihr. Mit jedem Schluck war es stärker geworden. Sie konnte es weder kontrollieren noch erklären, und doch enthielt es sämtliche Antworten. Es gab nur einen Weg, dem Geheimnis auf die Spur zu kommen. Sie musste tiefer in den Wald hinein. Dorthin, wo das Wasser herkam.

Sie ging zurück zum Hauptpfad, wandte sich dann nach rechts und erklomm eine Flucht von Treppenstufen, die steil hinaufführte. Von Unruhe getrieben, lief sie schneller, als gut für sie war. Irgendwann zwang die Anstrengung sie, kleinere Schritte zu machen.

Das Mondlicht wurde von den tief hängenden Zweigen verschluckt. Noch immer vermied sie, das Handylicht einzuschalten. Nicht nur, weil sie befürchtete, beobachtet zu werden, sondern weil sie spürte, dass der Wald etwas dagegen hatte. Es mochte paradox klingen, aber die Bäume besaßen eine Aura. Nicht wie Menschen oder Tiere, aber doch wahrnehmbar. Hannah konnte sich nicht erinnern, schon jemals so etwas erlebt zu haben. Und es wurde stärker, je tiefer sie eindrang.

Fangorn.

Der Name ging ihr nicht mehr aus dem Sinn. Es war lange her, dass sie den Roman gelesen hatte, aber die Passagen mit den Baummenschen waren ihr noch gut in Erinnerung. Die Vorstellung, es könne tatsächlich solche Wesen geben, war zugleich wundervoll und erschreckend. Vor allem vor dem Hintergrund der neuesten Forschungsergebnisse. Die Theorie, dass auch Bäume eine Form von Intelligenz besaßen, war längst nicht mehr nur das Hirngespinst einiger weniger Baumfreaks. Wie Millionen anderer Leser war Hannah damals davon ausgegangen, es mit reiner Fantasy zu tun zu haben. Doch die moderne Forschung wies in eine andere Richtung. Wenn sie heil hier herauskam, würde sie diesem Thema mehr Aufmerksamkeit schenken, das schwor sie sich.

Die Stufen endeten an einem kleinen Aussichtspunkt, der waldseitig von zwei Menhiren und einer alten Steinskulptur flankiert wurde. Die Skulpturen wurden teilweise von Baumwurzeln und Efeu überrankt und wirkten unglaublich alt. Auch eine Bank stand dort, von der aus man einen wunderbaren Blick ins Land genoss. Rechts war im Anschnitt noch das Schloss zu erkennen, links das Meer. Voraus schimmerten die Lichter von Exeter.

Nachdem sie wieder Atem geschöpft hatte, wandte sie sich dem Wald zu. Bis zu diesem Moment hatte sie noch nichts wirklich Kriminelles getan. Gut, sie hatte ein Verbot missachtet und die Pforte in der Hecke durchquert. Aber erstens war diese unbewacht gewesen, und zweitens war ihr das Wasser aus der Quelle bereits am Tag zuvor angeboten worden. Ihr Verhalten ließ sich mit etwas Wohlwollen erklären und verzeihen. Doch was sie nun zu tun gedachte, brach alle Regeln. Es war ein klarer Verstoß und würde mit Sicherheit Konsequenzen nach sich ziehen, sollte sie erwischt werden. Aber ihr blieb gar nichts anderes übrig, als den Wald zu betreten und nachzusehen, was dort hinten war. Wenn sie je wieder ruhig schlafen wollte, musste sie dieses Geheimnis lüften. Und was die Risiken betraf – nun, sie durfte sich eben nicht erwischen lassen.

Hannah holte tief Luft, zog den Kopf ein und tauchte ein in das dunkle Blattgrün.

61

Nein, Leslie, ich bitte dich. Das ist doch Irrsinn. Wenn Hannah so verrückt ist, lass sie. Sie ist eine erwachsene Frau. Sie wird wissen, was sie tut.«

»Und wenn nicht?«

»Dann wäre es wenig vernünftig, eine Dummheit dadurch ausbügeln zu wollen, dass man eine zweite begeht. Du hast selbst gesagt, dass es viel zu riskant ist. Vor allem um diese Uhrzeit.« Jonathan hoffte auf Leslies Einsehen, doch er spürte, dass sie ihre Entscheidung längst getroffen hatte. Auf diese beiden Frauen aufzupassen war schlimmer, als einen Sack Flöhe zu hüten. »Bitte«, flüsterte er. »Sei doch vernünftig.«

»Wann würde es dir denn besser passen?«, erwiderte sie schnippisch. »Morgen früh, wenn alle wieder auf den Beinen sind? Du hast doch selbst gesagt, dass wir uns auf keinen Fall trennen dürfen: ›*Unternehmt nichts auf eigene Faust!*‹«

»Das stimmt, aber …«

»Hannah war schon den ganzen Nachmittag so seltsam. Irgendwie abwesend. Ich ärgere mich, dass ich ihr nicht mehr Beachtung geschenkt habe. Ist dir aufgefallen, wie sie dieses Wasser angestarrt hat? Immer und immer wieder. Sie hat uns etwas mitzuteilen versucht, und wir haben ihr nicht zugehört. Ich habe ein schlechtes Gewissen, verstehst du?«

»Ich fand nichts seltsam an dem Wasser. Es war köstlich und erfrischend. Ich habe mich schon lange nicht mehr so lebendig gefühlt.« Er lächelte und hoffte, dass sie die Anspielung verstand, aber sie war in Gedanken ganz woanders.

»Hannah ist anders«, sagte sie leise. »Sie ist etwas Besonderes. Dir fällt es schwer, das zu erkennen, aber du warst auch nicht mit dabei in Jordanien. Wenn sie sagt, dass etwas nicht stimmt, dann stimmt etwas nicht. Und jetzt ist sie fort.«

Jonathan presste die Lippen aufeinander. Es hatte keinen Sinn, mit Leslie zu streiten. Sie schien in jeder Hinsicht dickköpfiger zu sein als er.

»Also gut«, murmelte er zerknirscht. »Suchen wir sie eben. Du gehst voran. Und mach um Gottes willen keinen Lärm. Dieses Haus knarrt wie ein alter Schaukelstuhl.«

»Ich kann mich leiser fortbewegen als du, wetten?« Sie gab ihm einen Kuss und huschte barfuß die Treppen hinunter.

Er spürte, wie sein Herz schlug. Leslie war eine aufregende Frau. Die aufregendste, der er je begegnet war. Wenn ihm jemand erzählt hätte, dass ihm mal so eine Frau über den Weg laufen würde, nur ein halbes Jahr nach seiner Trennung, er hätte ihn für verrückt erklärt. Vor allem vor dem Hintergrund, wie mies er sich die letzten Wochen und Monate gefühlt hatte. So etwas strahlte ja bekanntlich aus. Und doch hatte er vor wenigen Stunden Sex mit dieser Frau gehabt. Das Leben steckte voller Überraschungen.

Unten angelangt, wandten sie sich nach Süden. Der Weg führte durch die Bibliothek, vorbei an endlosen Bücherregalen und klimatisierten Vitrinen. Jonathan hatte nur einen knappen Blick darauf erhaschen können, aber es schien alles vertreten zu sein, was Rang und Namen hatte. Shakespeare, Morus, Raleigh, Milton, Pope und Montague. In einem anderen Regal standen Dickens, Swift, Defoe und Brontë. Alles Erstausgaben, wie es schien. Jonathan war kein großer Leser, aber er hatte eine Ahnung davon, wie wertvoll diese Bücher sein mussten.

Die Tür hinter der Bibliothek führte in einen Flur, der wiederum in den Salon mündete. Von dort aus gelangte man in den Garten. Sie hatten gerade den Flur betreten, als sie Schritte hörten. Sie klangen leise und verhalten und schienen von jenseits der Holzvertäfelung zu kommen. Jonathan packte Leslie und zog sie in eine Nische neben einer mannsgroßen chinesischen Vase. Leslie stand so nah bei ihm, dass er ihre Hitze spüren konnte. Ihre Blicke trafen sich. Er legte seinen Finger auf ihre Lippen.

Ein paar Meter weiter vorn war eine Tür aufgegangen. Sie war in die Holzvertäfelung eingelassen und relativ schmal. Jonathan erinnerte sich, gestern ein paarmal daran vorbeigegangen zu sein, ohne sie bemerkt zu haben.

Eine Geheimtür!

Ein hochgewachsener Mann trat heraus. Seine Haare waren lang und grau und am Hinterkopf zu einem Pferdeschwanz zusammengebunden. Jonathan hielt den Atem an. Der Kerl war so nah, dass er sie eigentlich sehen müsste. Einen bangen Moment lang glaubte Jonathan, der Fremde habe sie entdeckt, doch dann schlug er die entgegengesetzte Richtung ein.

Jonathan atmete erleichtert auf. Er wollte gerade Leslie zuflüstern, sich noch ein paar Sekunden zu gedulden, als sie ihr Versteck verließ und hinter dem Mann herging. Er wollte sie noch zurückhalten, doch es war zu spät.

Jonathan stand da wie zur Salzsäule erstarrt.

»Leslie, komm zurück«, flüsterte er, doch sie konnte ihn nicht mehr hören. War sie denn von allen guten Geistern verlassen?

Innerlich fluchend, eilte er hinter ihr her.

Mit Entsetzen sah er, dass sie den Fremden fast erreicht hatte. Schon streckte sie den Arm aus, um ihn zu berühren, da wandte der Kerl sich nach rechts und verschwand durch eine weitere Tür. Leslie blieb stehen. Gerade lang genug, um Jonathan die Chance zu geben, aufzuholen.

»Was tust du denn da?«, zischte er. »Bist du wahnsinnig geworden?«

»Das … das war Edward«, stieß sie hervor.

»Wer?«

»Edward Moore. Der Filmprofessor, von dem ich dir erzählt habe.«

»Der, der entführt wurde?«

Sie nickte heftig.

»Bist du sicher?«

»Irrtum ausgeschlossen. Er war es. *Er ist hier!*«

»Das hieße ja, er wäre gar nicht entführt worden.« Jonathan runzelte die Stirn. »Nun, in dem Fall hätten wir ein Problem weniger. Nicht schlecht. Dann können wir uns jetzt auf Hannah konzentrieren.«

Sie schüttelte vehement den Kopf. »Ich kann doch jetzt nicht weg«, sagte sie. »Nicht, ehe ich mit ihm geredet habe. Hast du vergessen, was wir in seiner Wohnung gefunden haben? Da waren eindeutig Spuren eines Kampfes. Da war seine Waffe, *da war Blut.*« Sie legte ihre Hand auf die Klinke. »Um Hannah kümmern wir uns gleich, erst muss ich mit Edward reden.«

Er betrachtete das Schild über der Tür. »An deiner Stelle würde ich mir überlegen, ob du da wirklich reinwillst.«

»Wieso?«

Er deutete darauf. Es zeigte einen kleinen Goldjungen, der in einen Nachttopf pinkelte. Darunter stand das Wort *Toilette.*

Leslie zuckte zurück. »Oh …«

»Ein Vorschlag«, sagte Jonathan. »Um auszuschließen, dass du dich getäuscht hast, verstecken wir uns dort drüben.« Er deutete auf die dunkle Nische gegenüber. Ein gewaltiger Lehnstuhl stand dort, der ihnen Schutz bieten würde.

»Von dort aus hast du die Tür gut im Blick. Wenn du dir hundertprozentig sicher bist, geben wir uns zu erkennen, einverstanden? Aber keinen Moment früher.«

»Na gut …«

Er legte seinen Arm um sie und führte sie in Richtung des Verstecks. »Versuch, dich zu beruhigen. Du zitterst ja.«

Kaum hatten sie ihre Position bezogen, als die Tür aufging. Der grauhaarige Mann kam heraus, sah kurz nach links und rechts und ging dann den Weg zurück, den er gekommen war.

»Ist er es?«

Leslie nickte.

»Also gut, dann geben wir uns ihm zu erkennen.«

»Warte …«

»Was ist los? Ich dachte, du wolltest mit ihm reden.«

»Da stimmt was nicht.«

»Was denn?«

»Irgendetwas mit seinem Gesicht …« Sie schien nach den richtigen Worten zu suchen. »Ich habe ihn gesehen, als er unter der Lampe stand.«

»Und?«

»Da war etwas mit seinen Augen. Ich kann es nicht genau beschreiben …«

»Mit seinen Augen?« Er hatte keine Ahnung, was sie meinte. Der Mann hatte auf Jonathan relativ normal gewirkt.

»Ich weiß nicht genau«, flüsterte sie. »Es ist nur so ein Gefühl.«

Jonathan war ratlos. »Willst du jetzt, dass wir uns zu erkennen geben, oder nicht?«

»Ja, schon. Aber zuerst will ich sehen, wohin er geht und was er macht. Sobald das erledigt ist, kümmern wir uns um Hannah, einverstanden?«

Jonathan lächelte gequält. Er hatte aufgegeben, sie überzeugen zu wollen. Das war Leslies Show, sein Job war es, einfach bei ihr zu sein.

»Nach dir …«, murmelte er.

62

Hannahs Augen hatten sich schnell an die Dunkelheit gewöhnt. Es war erstaunlich, wie leistungsfähig das menschliche Auge war. Inzwischen konnte sie beinahe genauso gut sehen wie am Tag. Und was sie sah, war faszinierend.

Da waren Ruinen. Aus römischer Zeit, wie es schien. Klar, die Details würde man nur am Tag genauer erkennen, aber der Grundriss ließ keine andere Deutung zu.

Die Überreste ragten etwa einen Meter über den Waldboden. Hannah erkannte eine Doppelreihe von Säulen, neben der rechts und links zwei Gebäudeteile mit quadratischem Grundriss standen. Die Säulen wiesen in Nordrichtung, was auf einen Portikus hindeutete. Diese überdachten Säulengänge dienten in römischer Zeit dazu, dass die Menschen trockenen Fußes von einer Gebäudeseite zur anderen gelangten. Römische Villen wiesen eine offene Struktur auf und waren in ihrer Bauweise einander ziemlich ähnlich. Meist waren es Langhäuser mit einem abgeschlossenen Innenhof.

Hannah schritt die Grundrisse ab und stellte fest, dass die Anlage eine beträchtliche Größe aufwies. Das war nicht einfach ein kleines Landhaus. Dieses Gebäude war für eine hochgestellte Persönlichkeit errichtet worden. Ein General vielleicht oder ein Präfekt. Jemand, der dem Kaiser nahegestanden hatte.

Römische Geschichte war nicht gerade Hannahs Fachgebiet, aber ihr Basiswissen reichte aus, um das Objekt einzuordnen. Wieder fragte sie sich, wieso darüber nichts bekannt war. Wie viel Einfluss war nötig, um solche Dinge geheim zu halten? Der Gedanke, dass sie die Macht der van Tynes unterschätzt haben könnte, lastete schwer auf ihrem Gewissen.

Sie wollte gerade ihren Weg fortsetzen, als sie ein Geräusch hörte. Ein Rascheln, gefolgt von etwas, das wie das Schnippen eines Feuerzeugs klang.

Flammen loderten auf.

Vier, fünf, sechs …

Im Nu war sie von Fackeln umringt.

Aus ihrem Schein trat ein Mann heraus. Hochgewachsen, schlank, sportlich. Er war in einen roten Umhang gekleidet und trug eine Kapuze auf dem Kopf. Wie ein Mönch sah er aus, aber doch irgendwie anders. Keltische Symbole befanden sich auf seinem Umhang.

Als er die Kapuze nach hinten strich, krampfte sich Hannahs Magen zusammen. Wie eine silberne Tätowierung schimmerte die halbmondförmige Narbe auf seiner linken Wange.

Van Tyne!

Ein süffisantes Lächeln umspielte seine Lippen. »Hallo Hannah. Wolltest du schon gehen? Du hast dich doch noch gar nicht richtig umgeschaut.«

»Ambrose …«

»Ich freue mich, dass du dich an meinen Namen erinnerst. Du scheinst ja ein paar Probleme mit deinem Gedächtnis zu haben.«

»Weil ich …? Oh, das tut mir leid«, brach es aus ihr heraus. In ihrem Kopf ratterte es wie in einer Zahnradfabrik. »Ich konnte nicht schlafen, weißt du. Als ich in den Garten ging und sah, dass niemand am Tor stand, bin ich hindurchgegangen. Ich weiß, dass ich einen Fehler gemacht habe. Ich entschuldige mich in aller Form und werde sofort von hier verschwinden.«

»Es gibt nichts, wofür du dich entschuldigen müsstest, Hannah.«

»…?«

»Es hat alles seine Richtigkeit. Ich war es, der den Posten fortgelockt hat. Ich wollte, dass du hierherkommst.«

Hannah hatte vor, etwas zu sagen, bekam aber den Mund nicht auf.

Er breitete seine Arme aus. »Ich wollte, dass du das hier siehst – die Quelle, die Ruinen und unseren Versammlungsplatz. Ich hätte dich gerne selbst hierherbegleitet, aber dann wäre die Wirkung nur halb so intensiv gewesen, nicht wahr? Außerdem hätte es seltsam ausgesehen, dich hierher einzuladen und deine Freunde nicht.«

Hannahs Mund war trocken wie Sandpapier. Ihre Gedanken kullerten ziellos hin und her. »Ich dachte, dieser Ort wäre für Nicht-Druiden verboten«, stammelte sie. »Du hast es mir doch gestern selbst gesagt.«

»Ach, weißt du, es ist so eine Sache mit den Verboten. Für die einen gelten sie, andere wiederum lassen sich davon nicht abschrecken. Ich wäre enttäuscht gewesen, wenn du zur ersten Gruppe gehörtest.«

»Ich verstehe nicht ...«

Van Tyne grinste. »Verbote sind für Menschen, die ohne Führung und Anleitung hilflos wären. Menschen, die sich nach einer strengen Hand sehnen und denen das Gesetz wichtiger ist als die persönliche Entfaltung. Für uns, die wir es gewohnt sind, die Welt nach unseren eigenen Regeln zu gestalten, sind Verbote nur ein Anreiz.« Er gab einen Befehl mit der Hand, woraufhin die Männer und Frauen im Umkreis ihre Fackeln senkten. Sie alle trugen Kapuzenmäntel.

Kälte stahl sich in Hannahs Herz.

Es behagte ihr nicht, dass jeder ihrer Schritte im Voraus von van Tyne geplant zu sein schien. »Was hast du vor?«, fragte sie zaghaft.

»Was ich vorhabe? Die Frage sollte eher lauten: Was hast *du* vor? Bist du nicht gekommen, um Antworten zu finden? Nun, hier sind sie. Frag mich einfach.«

Hannah versuchte, den Wahrheitsgehalt seiner Worte auszuloten. Machte er sich über sie lustig, oder war es ihm ernst? Sie hatte fest damit gerechnet, bestraft zu werden, doch nun schien er ihr sogar eine persönliche Führung anzubieten.

Er wirkte so anders. Sie wurde nicht schlau aus ihm. Bei ihrer ersten Begegnung war er zugeknöpft gewesen, bei der zweiten offen und freundlich. Was war er, Freund oder Feind? Es machte sie wahnsinnig, dass sie ihn nicht einschätzen konnte. Van Tyne war ein Enigma, ein menschliches Chamäleon.

»Der Name des Erbauers lautet übrigens Claudius Metellus.« Seine Stimme riss Hannah aus ihren Gedanken. »Besser gesagt, *Präfekt* Claudius Metellus. Dies war sein Haus.«

»Diese Ruinen hier?«

Er nickte. »Versuche, dich ins Jahr 117 nach Christus zurückzuversetzen. Das Römische Reich erreichte unter Kaiser Trajan seine größte Ausdehnung. Der Kaiser starb im August und wurde durch seinen Adoptivsohn Hadrian ersetzt, der als Prototyp eines Intellektuellen gelten könnte. Er reiste gerne, besaß Bildung, war vielseitig interessiert und talentiert. Ihm gelang das, woran so viele vor ihm gescheitert waren – die Provinzen zu stabilisieren und den Menschen Bildung und Wohlstand zu bringen. Dass Hadrian Metellus nach Britannien beorderte, erwies sich als kluger Schachzug. Der Präfekt war mit einer keltischen Prinzessin verheiratet und bewandert in den Riten und Traditionen der ortsansässigen Bevölkerung. Metellus gelang es, den Süden zu befrieden und die fortwährenden Angriffe auf römische Siedlungen und Stellungen zu unterbinden. Hadrian war zufrieden mit der Arbeit seines Präfekten. Um dem Land endgültige Stabilität zu bringen, ließ er seinen berühmten Wall zwischen Newcastle und dem *Firth of Solway* bauen. Dort, wo heute Dumfries und Galloway liegen. Namen, die dir bekannt sein dürften.«

Mein Gott, dachte Hannah. *Er weiß es. Er weiß alles.*

Dumfries und Galloway waren die Hauptdrehorte von *The*

Wicker Man gewesen. Das konnte unmöglich ein Zufall sein. Nichts an diesem Treffen war ein Zufall. Das feinmaschige Netz, das man um sie herum gesponnen hatte, wurde langsam sichtbar. Die Fäden schimmerten wie Rasierklingen im Mondlicht.

In diesem Moment wurde Hannah klar, welch schweren Fehler sie begangen hatte. Sie hatte ihren Gegner unterschätzt, und so etwas ging immer übel aus.

*

Die Treppe führte steil nach unten. Das Mauerwerk war alt. 15. Jahrhundert, möglicherweise älter. Die massiven Quader wirkten wie die eines ägyptischen Tempels. Moderne Filter- und Belüftungssysteme sorgten für eine gleichbleibend kühle Raumtemperatur.

Leslie spürte eine Gänsehaut ihren Rücken hochkriechen. Der Mann, mit dem sie das letzte halbe Jahr intensiv zusammengearbeitet und geforscht hatte, er war hier – und doch wieder nicht. Irgendetwas stimmte nicht, das spürte sie. Seine Augen, die Art, wie er sich bewegte. Als wäre er eine Nachahmung, eine hohle Imitation.

Sie legte ihren Finger auf die Lippen und flüsterte Jonathan zu: »Pst. Da drüben ist er. Ich kann ihn sehen.«

»Was tut er?«

Leslie kniff die Augen zusammen. Die Treppe mündete in einen Gang, von dem mehrere Räume abzweigten. Edward war in einem davon verschwunden, hatte aber versäumt, die Tür ganz zu schließen. Der Spalt war zu schmal, um Genaueres zu erkennen.

»Warte hier«, flüsterte sie. »Ich muss mir das ansehen.« Sie huschte über den Gang in Richtung Tür, trat nahe heran und drückte die Tür ein kleines bisschen weiter auf.

Vor ihr erstreckte sich ein quadratischer Saal von zwanzig Metern Länge, der von zahlreichen Lampen erhellt wurde. Die Decke war gewölbt und mit Kreuzgraten versehen. Sie wurde von steinernen Säulen getragen, die den Raum in regelmäßige Abstände untergliederten. Die rundbogigen Nischen entlang der Wände ließen den Eindruck entstehen, dass sie sich in einer alten Kapelle befanden. Überall waren Tische und Ablagen, auf denen seltsame Apparaturen standen. Filmprojektoren, Schneidegeräte, Lichttische und so weiter.

Edward ging zu einem der Tische hinüber, schnitt einen Streifen Film ab, kehrte zurück zu seinem Arbeitsplatz und legte ihn in die Maschine ein. Dann drehte er an einer Kurbel, zog an einem Hebel und legte sein Auge auf das Okular.

Da er allein war, fasste Leslie sich ein Herz, drückte die Tür auf und betrat den Raum. »Hallo, Edward.«

Er fuhr herum und starrte sie an. In seinen Augen lag ein gelblicher Schimmer.

»Wer sind Sie? Was tun Sie hier?«

63

Ein römischer Präfekt, der eine keltische Prinzessin geheiratet hat?« Hannah spielte auf Zeit. Sie musste herausfinden, was van Tyne vorhatte. Ihn in ein Gespräch zu verwickeln, erschien ihr als die beste Vorgehensweise.

»Ja …«

Hannah nickte. »Das erklärt zumindest die Ruinen. Aber ist dies auch euer heiliger Versammlungsplatz?«

»Dies hier?« Ambrose sah sie überrascht an. »O nein. Gewiss, dies ist ein historischer Ort, und er ist von immenser Bedeutung. Was uns aber tatsächlich interessiert, ist das, was Metellus damals von seiner Reise mitgebracht hat. Das, was hier oben auf dem Hügel wächst.«

»Keine Ahnung, wovon du sprichst …«

Er neigte den Kopf. »Komm schon, Hannah. Tu nicht so, als hättest du es nicht längst erraten. Es war ein kluger Schachzug von dir, Leslie mit nach Jordanien zu nehmen. Ich hielt die Spur dort für längst erkaltet. Mein Fehler, dass ich dich unterschätzt habe. Natürlich war auch das Glück auf deiner Seite, aber etwas Glück gehört ja immer dazu, nicht wahr?« Er zwinkerte ihr zu. »Dass ihr ausgerechnet über Petra und *The Wicker Man* auf unsere Spur gekommen seid, ist schon abenteuerlich. Eine solche Verknüpfung war für uns unmöglich vorherzusehen. Ich ziehe meinen Hut.« Er deutete eine Verbeugung an.

Eine einzelne Person löste sich aus dem Kreis und kam auf sie zu. Dem Gang und der Statur nach war es eine Frau. Klein, dunkelhaarig und mit geschmeidigem Gang. Das vage Gefühl, diese Person schon einmal gesehen zu haben, überfiel Hannah. Sie kannte diese Frau, aber woher?

Als sie die Kapuze zurückschlug, wurde es offenbar. Hannah musste sich zusammenreißen, keinen Schrei auszustoßen. Diese

Augen waren unverwechselbar. In dem Moment, als Hannah die Frau, die in Petra auf sie geschossen hatte, erkannte, ahnte sie, dass sie diesen Ort vermutlich nicht lebend verlassen würde.

Van Tyne weidete sich sichtlich an ihrem Schock. »Darf ich vorstellen? Yara Khazali. Ihr seid euch schon einmal begegnet. Yara ist eine langjährige Vertraute von Rhiannon. Sie ist Beraterin der jordanischen Königin und ihres Gemahls. Die beiden stehen unserer Sache wohlwollend gegenüber. Es war ungeheures Glück, dass ihr beide euch begegnet seid. Ohne sie hätten wir niemals erfahren, welche Kräfte in dir stecken.«

Die dunkelhaarige Schönheit verbeugte sich.

Hannah versuchte immer noch zu verstehen, was hier gespielt wurde.

»Kräfte?«, fragte Hannah. »Wovon zum Teufel reden Sie, van Tyne?« Die distanziertere Anrede erschien ihr in dieser Situation passender.

»Versuche es erst gar nicht«, sagte der Lord mit abwertender Geste. »Beleidige nicht unser beider Intellekt, indem du die Unwissende spielst. Wir wissen beide, dass du ein besonderer Mensch bist. Du verfügst über *die Gabe*. Ich habe es gespürt, Yara hat es gespürt, und auch Rhiannon ist dieser Meinung. Wir alle drei wissen, dass du eine Sehende bist – so wie deine Tochter. Jetzt schau mich nicht so entgeistert an. Ja, wir wissen von Leni, wir haben unsere Hausaufgaben gemacht. Aber sei ganz unbesorgt. Wenn jemand deine Fähigkeiten zu würdigen weiß, dann sind wir das. Du siehst die Dinge mit unseren Augen.« Sein Blick war starr wie der einer Katze. Und es war ziemlich klar, wer in diesem Moment die Maus war. Vielleicht hatte er ihr deswegen die Maske vorgeschlagen.

»Du spürst, wie sich das Universum um dich herum bewegt, nicht wahr?«, fuhr er fort. »Ich würde sogar so weit gehen, zu behaupten, dass du stärker mit der Natur verbunden bist als jeder andere der hier Anwesenden.«

»Lord van Tyne, ich …«

»Ich brauche deine Hilfe, Hannah. *Wir* brauchen deine Hilfe. Es ist kein Zufall, dass du hier bist. Ich hätte die Zeichen früher erkennen müssen, aber mein Blick war zu sehr von anderen Dingen verstellt. Komm, ich will dir zeigen, wovon ich rede, dann siehst du klarer.« Er streckte die Hand aus.

Hannah überlegte kurz, verwarf den Gedanken an Widerstand aber sofort wieder. Es war sinnlos.

Vor ihnen öffnete sich der Kreis. Sie traten hinaus und verließen das Ruinenfeld. Die Fackelträger formten hinter ihnen eine Prozession, die beinahe an eine Hochzeitsgesellschaft erinnerte. Die Situation war so befremdlich, dass Hannah nicht an Flucht denken konnte. »Es war gar nicht Ihr Vater, der seinerzeit in Jordanien gegraben hat, nicht wahr?«, sagte sie. »*Sie* waren das.«

Er schmunzelte. »Was hat mich verraten?«

»Die Unterlagen, die Sie mir gegeben haben. Darin befand sich ein Zeitungsausschnitt. Ihr vermeintlicher Vater war zu sehen, wie er inmitten ortsansässiger Arbeiter vor dem Dushara-Tempel stand. Als ich das Foto mit einer Lupe untersuchte, entdeckte ich die Narbe. Sie …« Sie stutzte. »Sie wollten, dass ich das herausfinde, oder? Sie wollten, dass ich dadurch neugierig genug wurde, um Ihre Einladung anzunehmen.«

Er lächelte. »So langsam verstehen wir einander.«

Hannahs Überraschung hielt sich in Grenzen. Van Tyne war ein Manipulator. Nichts überließ er dem Zufall.

Sie deutete auf seine Wange. »Woher stammt sie?«

»Ein Schrapnell auf den Schlachtfeldern von Verdun. Leider verfügten die Ärzte damals noch nicht über die Fähigkeiten, das Gewebe narbenfrei wiederherzustellen. Damals konnte man froh sein, wenn man die Prozedur überlebte. Ich habe mit dem Gedanken gespielt, sie mittels eines Lasers entfernen zu lassen, bin dann aber zu dem Schluss gekommen, dass das unpassend wäre. Die Narbe ist ein Teil von mir, so wie die Spur, die eine Axt an einem Baum hinterlässt.«

Hannah hob verblüfft die Brauen. »Verdun? Sprechen Sie vom Ersten Weltkrieg?«

Sie schluckte. Ihr Hals war plötzlich furchtbar trocken. Zahlen wirbelten durch ihren Kopf. »Wie alt sind Sie?«

»Wie alt ich bin?« Er lachte. »Ist das nicht unerheblich? Älter als du, Hannah, belassen wir es dabei. Du hast natürlich recht, ich war es, der damals in Jordanien gegraben hat. Ausschlaggebend dafür war mein Interesse an Geschichte. Ich bin der Spur von Präfekt Claudius Metellus bis nach Vorderasien gefolgt. Das klingt einfacher, als es war. Tatsächlich hat es mich Jahre gekostet, die wenigen Mosaiksteine zusammenzutragen.« Er hob sein Kinn. »Der Mann stammte aus Genua, hat aber etliche Jahre in Jerusalem verbracht. Dieser Knotenpunkt zwischen Orient und Okzident ist deswegen so interessant, weil sich dort wichtige Handelsstraßen kreuzen. Aus den spärlichen Berichten erfuhr ich, dass Metellus mit Leuten in Kontakt kam, die ihm von einem Kult in Petra berichteten. Die Nabatäer waren seit jeher ein rätselhaftes Volk. Metellus kam zu Ohren, dass sie mit Waren handelten, die von weit her aus dem Osten stammten. Mesopotamien vielleicht oder Indien. Möglicherweise sogar aus dem fernen China. Diese Güter hatten einen so ungeheuren Wert, dass sie mit dem Hundertfachen an Gold aufgewogen wurden. Metellus war ein wohlhabender Mann, aber auch er stieß dabei offensichtlich an seine finanziellen Grenzen.«

»Lassen Sie mich raten«, sagte Hannah. »Baumsamen.«

Van Tyne lächelte anerkennend. »Du bist eine kluge Frau, Hannah. Der Baum des Lebens, *ez ha-chajjîm*, vermehrt sich höchst selten. Es benötigt Dutzende von Jahren, bis ein Baum einen einzelnen Samen hervorbringt. Es erfordert große Sachkenntnis, ihn anzubauen und lebensfähig zu halten.

Im Alten Testament steht zu lesen, dass Gott zwei Bäume in

der Mitte des Gartens in Eden wachsen ließ. Den Baum des Lebens und den Baum der Erkenntnis. Er verbot den Menschen, von den Früchten des Baums der Erkenntnis zu essen, da dies den Verlust des ewigen Lebens zur Folge hätte. Adam und Eva übertraten das göttliche Gebot und wurden daraufhin aus dem Garten Eden vertrieben.«

»Womit das Elend seinen Lauf nahm«, sagte Hannah.

»Das kann man so sagen. Um sicherzustellen, dass die beiden nicht zurückkommen, stellte Gott die Kerubim als Wächter auf. Er gab ihnen lodernde Flammenschwerter in die Hand und beauftragte sie, den Weg zum Baum des Lebens zu bewachen.« Van Tyne lächelte grimmig. »Mal im Ernst, er ist schon ein engstirniger Kleingeist, dieser Gott des Alten Testaments, oder? Wer einmal verschissen hat, darf auf keine zweite Chance hoffen. Interessanterweise liest sich die Schöpfungsgeschichte im jüdischen Talmud ein bisschen anders. Zumindest in der Ursprungsversion. Später wurde auch dort daran herumgefeilt.«

Hannah beobachtete ihn aus dem Augenwinkel. Sie hatte das Gefühl, dass sie nun zum Kern seiner Geschichte kamen. »Worauf wollen Sie hinaus?«, fragte sie. »Geht es um Lilith, die erste Frau Adams?«

Er hob erstaunt die Brauen. »War das so offensichtlich? Die meisten kennen nur den Namen, wissen aber nicht, wer sich dahinter verbirgt. In der christlichen Bibel findet sie keine Erwähnung. Dabei ist sie eine höchst interessante Persönlichkeit. Eine Frau mit Bildung, die ihrem Mann Widerworte gibt und ihn anschließend sogar verlässt, so etwas findet man nicht oft in alten Schriften. Vermutlich war ihr Verhalten der Grund, warum sie in den darauffolgenden Jahrhunderten wieder aus den Büchern getilgt wurde. Sie passte wohl nicht in das Konzept der patriarchischen Autoren, weswegen sie kurzerhand entfernt wurde. Aber sie ist immer noch da. In unseren Köpfen. Vor allem in denen von selbstbewussten, emanzipierten Frauen.«

»Ich muss gestehen, dass ich die Geschichte nicht wirklich gut kenne«, sagte Hannah. »Ich weiß nur, dass sie von vielen als die Schlange gedeutet wird, die Adam in Versuchung führt.«

Er lachte. »Ja, so wurde sie später umgedeutet. Aber ihr Ursprung ist ein ganz anderer. Interessiert es dich?«

»Ja …« Hannah versuchte, Zeit zu schinden. Sie brauchte einen Plan. Dringend. Was allerdings schwierig war, solange sie nicht wusste, was van Tyne vorhatte.

»Der Name Lilith leitet sich von dem babylonischen Wort *Lilitu* ab«, sagte er. »Das heißt übersetzt so viel wie *Windgeist*. Wie du schon richtig sagtest, war sie die erste Frau Adams. Gott schuf die beiden aus dem Staub der Erde und blies ihnen den Lebensatem ein. Gleich erschaffen, waren sie einander gleichgestellt, und zwar in jeder Hinsicht. Gleiche Rechte, gleiche Pflichten.«

»Klingt sehr modern.«

»Nicht wahr? Aber Adam passte das nicht. Er verlangte von Lilith, sie solle sich ihm unterordnen, immerhin sei er der Kräftigere der beiden. Muskeln über Hirn, wir kennen das ja. Als sie ablehnte, wurde er handgreiflich. Lilith verließ ihn daraufhin.«

»Richtig so …«

»Ja, aber jetzt kommt's. Adam, gekränkt wie ein kleines Kind, rannte zu Gott und beklagte sich. Der war anfangs etwas unschlüssig, ließ sich dann aber von dem Jammerlappen bequatschen und schickte drei Engel. Sanvi, Sansanvi und Semangelaf. Sie sollten Lilith überreden, zurückzukommen. Die lehnte jedoch ab. Erst wenn Adam ihre Forderung nach Gleichberechtigung akzeptierte, würde sie zurückkommen. Was aber – wie du weißt – nie geschehen ist. Also erschuf Gott eine zweite Frau: Eva. Aus Adams Rippe geformt und deswegen folgsamer als Lilith.«

»Die gute Eva«, sagte Hannah.

»Die gute Eva. Mit ihr nahm das Verhängnis seinen Lauf.«

Van Tyne schüttelte betrübt den Kopf. »Adam und Eva waren zunächst glücklich miteinander. Sie tat, was er sagte, und gab keine Widerworte. Doch nach einer Weile begann Adam, sich mit ihr zu langweilen. Brav, folgsam und angepasst ist halt auf Dauer zu eintönig. Immer häufiger dachte er an Lilith. In seinen Träumen erschien sie ihm als verführerisches Weib. Als Frau, die imstande war, seine geheimen Wünsche und Bedürfnisse zu befriedigen. Eines Tages, nachdem er wieder einmal von Lilith geträumt hatte, überstieg Adam die Mauer des Gartens Eden, um nach ihr zu suchen. Sein Plan war, sie zu seiner Nebenfrau zu machen.«

»Wie schmeichelhaft«, sagte Hannah ironisch.

Van Tyne zwinkerte ihr zu. »Nicht wahr? Als er sie findet, ist sie gerade mit dem Studium der Tora beschäftigt. Nicht die jetzige Tora aus Tinte und Pergament, sondern die Ur-Tora, geschrieben mit schwarzem Feuer auf weißem Feuer. Lilith freut sich über Adams Besuch und hofft, mit ihm zusammen alte Schriften studieren zu können. Doch es stört Adam, dass sie viel mehr weiß als er, und er weigert sich, mit ihr zu lernen. Mitkommen will sie auch nicht, also muss er unverrichteter Dinge wieder heimkehren. In seiner Wut erzählt er Eva, Lilith sei nachts zu ihm geflogen, um ihn zu verführen. Sie sei eine Dämonin und mit dem Satan liiert. Eva glaubt Adams verdrehter Version von der Wahrheit und entwickelt einen inbrünstigen Hass auf Lilith. Sie fängt an, ihr alle möglichen Bösartigkeiten anzudichten.«

»O Mann …« Hannah schüttelte den Kopf. »Eine Geschichte, die sich in zweitausend Jahren nicht geändert hat. Man meint, jemanden zu kennen, bei dem sich genau das abgespielt hat.«

»Eine Geschichte, wie man sie Tag für Tag im Fernsehen in billigen Soap-Operas sehen kann«, sagte van Tyne mit schiefem Lächeln. »Aber höre, wie es weitergeht. Eines Tages spaziert Eva an der Gartenmauer entlang. Sie sieht einen jungen Apfelbaum, klettert hinauf und schaut über die Mauer. Auf der anderen Seite ist zufälligerweise Lilith, die sich darüber freut, Eva endlich kennenzulernen. Die beiden sind sich ja noch nie begegnet. Aber ihre Hoffnung auf Freundschaft wird bitter enttäuscht. Eva fängt umgehend damit an, ihr alle möglichen Vorwürfe und Verleumdungen an den Kopf zu werfen. Sie beschimpft Lilith als ehrgeizige Egoistin, die nicht bereit sei, sich Adam unterzuordnen. Sie bezeichnet sie als Hure und Ehebrecherin und will nichts mit ihr zu tun haben. Da das Gekeife nicht endet, dreht Lilith sich frustriert um und geht. Sie verlässt das Land und kommt nie wieder zurück. An ihrem neuen Wohnort wartet sie jedes Jahr zu *Rosch Haschana*, dem Geburtstag der Schöpfung, und *Jom Kippur*, dem Versöhnungstag, darauf, dass Adam und Eva zu ihr kommen, um endlich Frieden zu schließen. Was aber, wie du weißt, bis heute nicht geschehen ist. Und so tragen die Söhne Adams und die Töchter von Eva und Lilith den Zwiespalt der ersten Menschen bis in unsere Zeit weiter.«

»Wobei Lilith die tragischere Figur ist«, sagte Hannah. »Sie trifft eigentlich keine Schuld.«

»Und doch werden die Töchter der Lilith bis zum heutigen Tag ausgegrenzt. Der Kampf der Frauen um Gleichberechtigung ist noch lange nicht gewonnen. Nicht zuletzt deswegen, weil die Kirchenschreiber Lilith in der Bibel zur Schlange umgemünzt haben – mithin also zu Satan, dem Bösen selbst.«

»Es gibt da ein Gemälde in der Sixtinischen Kapelle«, sagte Hannah. »Es stammt von Michelangelo und heißt *Verführung und Fall Adams und Evas.* Dort ist Lilith als Mischwesen zwischen Frau und Schlange abgebildet.«

»Ganz recht«, sagte van Tyne. »Vielleicht verstehst du jetzt die Bedeutung dieser Geschichte für den Ursprung unseres Ordens.« Sie schritten eine Allee entlang, die mit steinernen Menhiren gesäumt war. Vor ihnen öffnete sich ein weites Rund im Wald, möglicherweise ihr Zielort.

»Wir, die wir hier versammelt stehen, sind die Nachkommen der Lilith. Wir versuchen, einen Gegenentwurf zur christlich-patriarchalischen Gesellschaft zu etablieren. Letztlich geht es uns um nichts weniger als um eine Revolution.«

»Indem Sie sich hier im Wald verstecken und in Kutten gehüllt um alte Steine herumtanzen?«

Er lächelte mitleidig. »Oh, Hannah, wie wenig du doch begreifst. Aber das wird sich ändern, das verspreche ich dir. Ehe diese Nacht zu Ende geht, wirst du verstehen. Dann wirst du einsehen, dass wir am Beginn einer neuen Zeitrechnung stehen. Wir werden die Welt, wie wir sie kennen, aus den Angeln heben. Nicht, indem wir Regierungen destabilisieren und bestehende Systeme umorganisieren. Das auch, aber das ist nur der Anfang. Nein, unsere Ziele sind weiter gesteckt und kühner.«

»Und was für Ziele wären das?« Hannah hatte beinahe Angst, danach zu fragen. Sein Lächeln verhieß nichts Gutes.

64

Leslie trat auf Edward zu. Ihr war klar, welches Risiko sie damit einging, aber es gab keine andere Möglichkeit. Edward war hier! Und augenscheinlich bei bester Gesundheit.

»Hallo, Edward«, sagte sie und zwang sich ein Lächeln aufs Gesicht. »Du ahnst gar nicht, wie sehr ich mich freue, dich zu sehen. Wir haben uns solche Sorgen gemacht. Aber nun weiß ich, dass du hier bist, und alles ist gut.«

Noch immer starrte er sie an. Sein Blick wanderte zur Tür und wieder zurück. Seine ausdruckslosen Augen bereiteten ihr Unbehagen.

»Kennen wir uns?«

»Was soll das heißen, ob wir uns kennen? Ich bin's, Leslie.«

»Welche Leslie?«

»Moment mal ...«

Sie wollte sich ihm nähern, doch er wich zurück. Er hob die Hand. »Keinen Schritt näher, oder ich alarmiere die Wachen.« Seine Hand wanderte in Richtung eines Schalters an der Wand. Augenblicklich blieb sie stehen. Irgendetwas stimmte nicht. Irgendetwas lief hier total aus dem Ruder.

Hatte Edward einen Zwillingsbruder, vom dem sie nichts wusste?

Sie versuchte es mit einer anderen Strategie. »Sie sind doch Edward, nicht wahr? Edward Moore, der bekannte Filmhistoriker.«

»Ja. Ich denke schon.«

»Sie *denken*? Wissen Sie es denn nicht?«

Er hob sein Kinn. »Ich bin es.«

»Edward Moore. Wohnhaft in der Rushington Avenue 25, SL6 Maidenhead?«

»Ja. Woher wissen Sie das ...?«

»Weil ich oft dort war. Wir haben zusammen an dem Film gearbeitet. Ich bin's, Leslie.«

»Ich kenne keine Leslie.« Er klang wie ein kaputter Plattenspieler. Hilfe suchend blickte sie zu Jonathan. Der zuckte nur die Schultern. Er war draußen geblieben, um ihnen den Rücken freizuhalten.

»Was ist los, Edward? Wieso erkennst du mich nicht?«

»Sie dürften gar nicht hier sein«, kam die Antwort. »Sie hat gesagt, dass niemand mich stören darf. Nur Leute, die etwas mit dem Film zu tun haben, haben hier Zutritt. Für alle anderen ist es verboten.«

»*Sie?* Wer hat das gesagt? Wie bist du überhaupt hierhergekommen, und warum hast du dich nicht bei mir gemeldet?«

»Ich hatte viel zu tun …«

Leslie stand vor einem Rätsel. Das war Edward – und auch wieder nicht. Da war etwas in seinen Augen, was sie nicht zu deuten vermochte. Einen Glanz wie diesen kannte sie nur von Drogensüchtigen. Hatten sie ihn etwa unter Drogen gesetzt? »Seit wann bist du hier?«, drang sie weiter auf ihn ein. »Was ist geschehen?«

»Sie müssen jetzt gehen. Sofort.« Er wirkte sichtlich ungehalten. Doch so schnell gab sie nicht auf. *»The Wicker Man*, die verlorenen Filmrollen. Du erzähltest uns davon, erinnerst du dich? Hannah ist auch hier. Sie wird sich freuen zu hören, dass es dir gut geht.«

»The Wicker Man …« In seinen Augen glomm etwas auf. Es war das erste Mal, dass etwas zu ihm durchzudringen schien. Immerhin ein Anfang.

Sie deutete auf das Schneidegerät. »Du arbeitest gerade daran, nicht wahr? Darf ich mal sehen?« Sie wollte darauf zugehen, doch er trat blitzschnell dazwischen. Panik lag in seinen Augen. »Weg da«, stieß er aus. »Niemand darf ihn sehen. Nicht, ehe er fertiggestellt ist. Sie hat es befohlen.«

»Schon gut, schon gut.« Sie hob die Hände. »Wer ist *sie?* Rhiannon?«

»Die Herrin.«

Sie erforschte seine Reaktion. Dass er nicht freiwillig hier war, war mehr als deutlich. Sie mussten ihm irgendetwas verabreicht haben. Er war völlig neben der Spur.

»Weißt du, wo du hier bist?«, hakte sie nach. »Kennst du dieses Schloss?«

»Die Herrin hat's verboten«, murmelte er. »Ich muss jetzt weiterarbeiten ...«

Ihre Gedanken verliefen im Kreis. Ob eine Chance bestand, dass sie ihn hier wegbekamen? Das erschien ihr im Moment aussichtslos. Und dann war da ja auch noch Hannah. Die Zeit lief ihnen davon.

»Vorsicht, Leslie!« Jonathans Schrei riss sie aus ihren Gedanken. Ihr Blick zuckte empor. Sie war so versunken gewesen, dass sie nicht mitbekommen hatte, wie Edward langsam zurück zur Wand geschlichen war. Jetzt stand er da und starrte sie unter gesenkten Augenbrauen finster an. Seine Hand lag auf dem Warnschalter.

Er hatte ihn soeben betätigt.

65

Hannah war von Anfang an klar gewesen, dass man van Tyne nicht trauen konnte, dass er vermutlich sogar eine Gefahr darstellte. Nun aber wurde ihr mit schmerzhafter Deutlichkeit bewusst, dass er vollkommen wahnsinnig war. Er musste wahnsinnig sein. Kein Mensch, der halbwegs bei Verstand war, konnte so einen Müll von sich geben und dabei ernst bleiben. Doch bei van Tyne zuckte kein Lachfältchen.

»Der Beginn einer neuen Zeitrechnung?«, zitierte Hannah seine letzten Worte. *»Die Erschaffung eines neuen Menschen?«*

»Was kommt dir daran seltsam vor? Ist es nicht längst Zeit dafür?« Als er sprach, klang seine Stimme dunkler. Wie ein nächtlicher Wind in den Zweigen. »Nur weil du es selbst noch nicht erlebt hast, bedeutet es nicht, dass es unmöglich ist.« Sie starrte ihn fassungslos an. Nun war klar, dass er das wirklich ernst meinte.

Worte wie diese führten nur egomanische Machthaber im Munde. Und zwar immer dann, wenn sie planten, ihre eigene Bevölkerung zu unterdrücken, zu missbrauchen oder auf die Schlachtbank zu führen.

»Gut, ich gebe zu, für jemanden, der nicht eingeweiht ist, mag das absurd klingen«, sagte er, »aber ich versichere dir, dass ich es absolut ernst meine. Nimm zum Beispiel Yara.« Er nickte in Richtung der dunkelhaarigen Schönheit. »Sie ist nur ein kleines Rädchen, aber ein wichtiges. Eine enge Vertraute des Königshauses, bestens vernetzt, hübsch, engagiert und ehrgeizig. Heute bezeichnen wir so jemanden als *Influencer.*« Er malte zwei Häkchen in die Luft. »Auch Religionen müssen sich anpassen. Die Zeiten, in denen Kirchenfürsten in ihren steinernen Burgen auf Bergen von Gold sitzend darauf warten konnten, dass die Schäfchen von allein durch die Türen strömten und ihr

Erspartes daließen, sind vorbei. Heute muss man zu anderen Mitteln greifen. Soziale Medien sind unsere neuen Werkzeuge, öffentlichkeitswirksame Veranstaltungen und Nachrichtenportale. Man muss auf Leute aus Film und Fernsehen setzen, auf Popstars, YouTuber – die Möglichkeiten sind unbegrenzt. Wobei man tunlichst Begriffe wie *Religion* oder *Glaube* vermeiden sollte. Gerade bei jungen Menschen sind das absolute Tabuwörter. Stattdessen sprechen wir von Lifestyle, Wellness, Beauty, Balance, Faith und Harmony.«

»Wir …?«

»Unsere Organisation. Der Kreis der Unsterblichen. Es ist uns gelungen, ein breit aufgestelltes, weltweit operierendes Netzwerk von Vertrauenspersonen zu etablieren, die in unserem Interesse die Stellschrauben des Weltgeschehens justieren. Und sie tun es mit außerordentlicher Effizienz.«

Hannah hörte nur noch mit halbem Ohr zu. Das größenwahnsinnige Geschwätz dieses Mannes interessierte sie viel weniger als die Frage, was zum Teufel hier an diesem Ort geschehen sollte. Warum führte er sie an diesen vorsintflutlichen Versammlungsplatz?

»Was denn für Stellschrauben?«

»Nun, ein paar Dinge dürftest selbst du mitbekommen haben«, fuhr van Tyne fort, der gar nicht zu bemerken schien, wie wenig sich Hannah für sein Gefasel interessierte. Viel zu selbstverliebt war er in seinen eigenen Vortrag. Nun, sollte er. Eitelkeit war die Schwäche vieler Mächtiger.

»Entwicklungen, die selbst Kenner und Spezialisten überrascht haben«, sagte er mit stolzgeschwellter Brust. »Die Wahl des Präsidenten der Vereinigten Staaten zum Beispiel oder der Zerfall Europas. Aber das ist nur die Spitze des Eisbergs. Von den meisten Dingen wirst du erst im Laufe der nächsten Jahre und Jahrzehnte erfahren.«

Hannah schüttelte im Geiste den Kopf. Van Tynes Gebrabbel

trug eindeutig manische Züge. »Wollen Sie mir weismachen, die Wahl des amerikanischen Präsidenten wäre Ihr Verdienst?«

»Verblüffend, nicht wahr?« Van Tyne schenkte ihr ein Lächeln. »Glaubst du, ein Mann wie er hätte das im Alleingang geschafft? Um das zu bewerkstelligen, muss man den gesamten Machtapparat und das politische Establishment Washingtons aushebeln und unterlaufen. Ein genialer Schachzug, wie ich ganz ohne Bescheidenheit sagen darf. Doch dies stellt erst den Beginn einer ganzen Reihe einschneidender Veränderungen dar. Leider können wir zurzeit noch nicht mit vollem Potenzial agieren. Wir feuern nicht auf allen Zylindern, wie man umgangssprachlich sagt. Aber das wird sich ändern.«

»Was hindert Sie?« Hannah musste zugestehen, dass er mit seinem Gerede nun doch ihre Aufmerksamkeit erregte. Entweder war er der größte Spinner und Aufschneider, den sie je kennengelernt hatte, oder aber er stellte eine Gefahr in einer Größenordnung dar, die weit über das hinausging, was sie bislang vermutet hatte.

»Das hat verschiedene Gründe«, sagte er. »Der Einfluss der etablierten Religionen auf das Weltgeschehen schwindet zwar, ist aber immer noch spürbar – vor allem in den muslimischen Ländern. Ein lästiges Problem, das sich aber auf Dauer von allein lösen wird. Die Zeit spielt uns in die Hände.«

»Wie das?«

»Nun, Religion ist vor allem eine Generationenfrage. Je älter die Menschen werden, desto stärker klammern sie sich an die Hoffnung vom Jenseits. Einen alten Baum kannst du nicht verpflanzen. Du musst warten, bis er stirbt. Sobald er den Weg alles Irdischen gegangen ist, erledigt sich das Problem von selbst. Unser Augenmerk richtet sich daher auf die nachwachsende Generation. Sie trägt die Saat der Erneuerung in sich.« Er blieb stehen. Sie waren auf einer Lichtung angelangt. Ein beeindruckender Ort, wie Hannah sofort feststellte.

»Willkommen im Hain der Hesperiden, unserem heiligsten Versammlungsort«, sagte van Tyne. »Du darfst dich glücklich schätzen, ihn zu sehen. Seit über zweihundert Jahren bist du die erste Außenstehende, die den innersten Zirkel betreten darf. Ein besonderer Moment und eine besondere Ehre.«

Hannah versuchte, sich ein Bild von der Anlage zu machen.

Vor ihr erstreckte sich eine konzentrische Anlage, die in den Wald hineingebaut worden war. Dutzende von Fackeln erhellten einen prähistorischen Steinkreis, der etwa fünfzig Meter im Durchmesser hatte und in dessen Achse ein gewaltiger Baum wuchs. Vier weitere, nicht minder beeindruckende Bäume markierten Norden, Süden, Osten und Westen des Kreises. Hannah hatte ähnliche Anlagen gesehen, wenn auch nicht in solcher Perfektion.

»Du hast eine bessere Sicht, wenn du auf den Felsen dort steigst«, sagte van Tyne. »Klettere auf den Findling, dann wirst du ihn in seiner vollen Pracht sehen können.«

Hannah tat es. Tatsächlich war der Ausblick von hier oben besser. Der Kreis befand sich ganz offensichtlich auf dem höchsten Punkt der Erhebung. Er bildete also gleichsam die Spitze und den Abschluss des bewaldeten Hügels.

Der spektakulärste Teil der Anlage aber war der Baum in der Mitte. Er zog alle Blicke auf sich.

Hannah wusste nicht, was sie dazu sagen sollte. Sie starrte auf das Ding, scheiterte aber bei dem Versuch, dessen Größe abzuschätzen. Dieser Methusalem sprengte jeden Vergleich. Erst als sie eine Priesterin neben dem Stamm auftauchen sah, konnte sie einen Größenvergleich anstellen.

Und es verschlug ihr die Sprache. Die Frau nahm sich neben dem hölzernen Riesen aus wie eine Ameise.

Dies war es also. Das leuchtende, spirituelle Zentrum dieses merkwürdigen Glaubens. Keine abstrakte Heiligenstatue, keine Reliquie oder anderer religiöser Schnickschnack, sondern ein ungeheuer alter und fremdartiger Baum, dessen Aura für Hannah spürbar war. Über eine Distanz von zwanzig Metern hinweg sprach dieses Geschöpf zu ihr. Älter und weiser als alles, was sie je in ihrem Leben erfahren hatte.

Dies war keine Überlieferung, keine Erzählung oder Legende, dies war die Wirklichkeit. Sie hatte den Baum gefunden.

Die Weltesche.

Den Baum des Lebens.

Den Mittelpunkt der Welt.

Es war alles wahr.

66

Jonathan hörte sie kommen. Das Geräusch schwerer Füße auf kalten Steinfliesen. *Verdammt seiest du, Edward Moore!* Leslies Freund hatte sie tatsächlich verraten. Und er hatte nicht mal ein schlechtes Gewissen. Sein triumphierendes Lächeln wirkte wie reingeschnitzt.

Leslie war ebenso fassungslos. Und dabei hatte er sie noch ermahnt, vorsichtig zu sein. Aber jetzt war keine Zeit zum Lamentieren. Sie mussten handeln. An beiden Enden des Gangs zuckten bereits die ersten Lichter.

Die Wachen waren keine Dummköpfe. Sie schnitten ihnen den Fluchtweg ab. Die Idee, zum Hinterausgang zu entwischen, konnten sie also knicken. Blieb nur, sich zu verbarrikadieren.

Jonathan schlug die Tür zu und wollte abschließen. Aber es steckte kein Schlüssel im Schloss. Konnte denn nicht einmal irgendetwas funktionieren? *So eine verdammte Scheiße!*

Panisch sah er sich um. Unter all den Gerätschaften fand er etwas, das brauchbar aussah. »Schnell, Leslie, das Stativ dort drüben. Bring es her!«

Sein Ruf schien sie aus ihrer Schockstarre zu befreien. Bis jetzt hatte sie dagestanden und Edward angestarrt. Ihren Freund und Kollegen, der sie so kaltschnäuzig verraten hatte. Wobei es vermutlich nicht seine Schuld war. Es war offensichtlich, dass der Mann unter Drogen stand.

Mit hektischen Bewegungen rannte sie hinüber und packte das Stativ. Dabei fiel die alte und vermutlich recht wertvolle Kamera, die darauf befestigt war, herunter und landete mit scheppperndem Krachen auf dem Boden.

»Neiiin!« Ein Schrei stieg aus Edwards Kehle. Er ging dazwischen und versuchte, Leslie das Stativ zu entreißen.

Inzwischen waren die Wachen an der Tür angelangt. Wütende Rufe drangen von der anderen Seite herüber. Jonathan spürte, wie versucht wurde, die Klinke nach unten zu drücken.

»Beeil dich, Leslie!«, stieß er aus.

Die Reporterin zerrte an dem Stativ, konnte sich aber gegen den größeren und stärkeren Edward kaum durchsetzen. Kurz entschlossen ließ sie los und rammte ihm ihre Faust ins Gesicht. Es klang, als würde ein Zweig brechen. Edward kippte um und schlug hart mit dem Kopf auf dem Boden auf. Reglos blieb er liegen. Himmelherrgott, wo hatte Leslie gelernt, so hart zuzuschlagen?

Die Klinke sackte ein Stück herab. Jonathan war kaum noch in der Lage, sie nach oben zu drücken. »Schnell, schieb es darunter!«

Leslie klemmte den Kopf des Stativs unter die Türklinke, passte mit präzisen Bewegungen die Länge der Beine an und fixierte sie mit den entsprechenden Stellschrauben. Die Tür war blockiert.

Jonathan prüfte die Festigkeit, dann nickte er grimmig. Die Konstruktion hielt. Jedenfalls für den Moment.

»Aufmachen!«, brüllte jemand von der anderen Seite. »Sofort aufmachen!«

»Leck mich«, zischte Jonathan. Er gab Leslie ein Zeichen, zur hinteren Seite des Gewölbes zu laufen. Dort befand sich ein schmales Oberlicht, das man eventuell erreichen konnte. Dazu mussten sie einen der Tische freiräumen und nach hinten schieben. Leslie verstand, was Jonathan vorhatte, und packte mit an. Sie kippten den Tisch um, wobei alles, was sich darauf befand – Schneidegerät, Lichttisch und Projektionsapparat –, polternd zu Boden fiel.

»Unter das Fenster damit.«

Gemeinsam schoben sie das schwere Teil darunter. Leslie sprang hinauf und versuchte, das schmale Oberlicht zu erreichen. Doch erstens war es zu hoch, und zweitens entpuppte sich der Öffnungsmechanismus als weiteres Hindernis. »Das ist nur zum Kippen«, stieß sie verzweifelt aus.

»Lass mich mal versuchen.«

Die Geräusche, die von der anderen Seite des Kellergewölbes zu ihnen herüberschallten, klangen wenig hoffnungsvoll. Offenbar rückten jetzt mehrere Personen gleichzeitig der Tür zu Leibe. Sie mochte zwar recht stabil sein, aber es war nur noch eine Frage der Zeit, bis entweder das Schloss, die Türfüllung oder das Stativ nachgeben würde.

Jonathan prüfte die Aufhängung am Fenster. Man musste nur den seitlichen Bügel aushängen, dann konnte man es nach unten klappen. Der Schlitz war gut einen Meter breit, allerdings nur etwa fünfzig Zentimeter hoch. Ob er mit seinen Schultern da hindurchpassen würde, war fraglich. Leslie hingegen konnte es schaffen.

»Komm, ich helfe dir«, sagte er zu ihr und machte eine Räuberleiter. »Du kletterst zuerst durch, ich komme dann nach.«

Sie sah ihn skeptisch an. »Passt du da durch?«

»Das werden wir dann sehen …«

»Ich gehe nicht ohne dich.«

»Jetzt mach. Wir haben keine Zeit für Diskussionen.«

»Nicht. Ohne. Dich.«

»Und wenn es nicht klappt?«

»Versuch's, ansonsten finden wir einen anderen Weg.«

Himmelherrgott, war diese Frau stur. Es gab keinen anderen Weg, das wusste sie genauso gut wie er. Ihm lagen einige unschöne Flüche auf den Lippen, aber er biss die Zähne zusammen, stieg auf ihre zusammengefalteten Hände, zog sich hoch und schob seinen Kopf durch den schmalen Spalt. Es war die verdammte Hölle. Der Kopf passte gerade so hindurch. Danach wurde es schwieriger. Das Fenster führte nicht etwa in den Garten hinaus, sondern mündete in einen betonierten, zwei Meter hohen Lichtschacht, der steil nach oben führte. Um dort hineinzugelangen, musste man biegsam wie ein Schlangenmensch sein.

»Und?«

»Abwarten.« Ächzend versuchte er, sich durchzuquetschen, aber es war mühsam. Als Leslie seine Beine stützte, ging es besser. Jetzt konnte er sich wenigstens auf seinen Kopf und die Schultern konzentrieren. Trotzdem spürte er, dass es zu eng war. Der unmögliche Winkel zwang ihn in eine derart unnatürliche Kopfposition, dass er sich fast eine Zerrung zuzog. Der Angstschweiß brach ihm aus.

»Es ... geht ... nicht ...«, stieß er aus, »... ist einfach zu schmal.« Vielleicht schaffte es ja Leslie, sie war kleiner und gelenkiger. Aber wie konnte er sie davon überzeugen?

In diesem Moment ließ sie seine Beine los. Er sackte nach unten. Für einen bangen Moment glaubte er, sein Genick würde brechen, dann konnte er den Sturz verhindern. Keinen Augenblick zu früh. Ein Schrei ertönte.

Was zum Geier ...?

Er hörte dumpfes Poltern, Schreie und Flüche. Dann spürte er, wie jemand an ihm zog. Panisch krallte er seine Finger in die Fugen, doch es war zu spät. »Leslie!«

Er fiel.

Krachend schlug er auf dem Tisch auf, der unter ihm zusammenbrach. Die Wucht des Aufpralls presste ihm die Luft aus der Lunge. Wie ein gestrandeter Fisch lag er auf dem Bauch, schnappte nach Luft und versuchte herauszufinden, was er sich wohl alles gebrochen hatte. Dann wurde er emporgehoben und auf die Füße gestellt.

Ein gewaltiger Mann ragte vor ihm auf. Turban, Schärpe, rote Uniform. Aus einem wie Unkraut wuchernden Bart blitzten braune Augen hervor. Der Chef der Wachen. Wie war doch gleich sein Name? Van Tyne hatte ihn einmal erwähnt. Ah, richtig, Pravin Singh. Jonathan hatte ihn bislang nur aus der Ferne gesehen und kein Verlangen gespürt, ihn näher kennenzulernen.

Nebenan wurde Leslie von zwei Wachen festgehalten. Sie versuchte, sich aus dem Würgegriff zu lösen, hatte jedoch gegen die beiden keine Chance. Ein schmerzerfüllter Schrei entrang sich ihrer Kehle.

»Lasst sie los, ihr Schweine!« Jonathan wollte ihr zu Hilfe eilen, doch eine riesige Hand legte sich schraubstockartig um seinen Hals. Jonathan hatte das Gefühl, in den Würgegriff einer Boa Constrictor geraten zu sein. Er versuchte, nach dem Mann zu schlagen und zu treten, doch der Sikh ließ ihn am ausgestreckten Arm verhungern. Jonathan kam nicht mal dazu, seinen gefürchteten linken Haken zum Einsatz zu bringen.

Aus dem Augenwinkel sah er, wie zwei Personen den Raum betraten. Die eine war Lady Rhiannon persönlich. Den Mann an ihrer Seite konnte Jonathan nicht richtig erkennen. Zum einen, weil er recht klein war und im Windschatten der Lady lief, zum Zweiten, weil er eine Kutte trug. Es war jedenfalls nicht der Lord, so viel stand fest.

Doch dann streifte der Kerl die Kapuze zurück, und Jonathan meinte, sein Herz müsse stehen bleiben. Tief in seinem Inneren wünschte er, er würde träumen, denn je länger er diesen Typen beobachtete, desto klarer wurde ihm, dass er einen Riesenfehler begangen hatte. Wieso hatte er nur geglaubt, er könne diesen Leuten etwas vormachen, sie täuschen und ihnen Theater vorspielen?

Der da gerade den Raum betreten hatte, war niemand Geringerer als sein Vorgesetzter aus Exeter.

Superintendent Squires höchstpersönlich.

67

Der Baum zog Hannah magisch an. Er schien mit ihr zu sprechen, ihre Gedanken zu lenken, sie zu prüfen. Angezogen wie die Motte vom Licht, ging sie auf ihn zu. Van Tyne ließ sie keinen Moment aus den Augen.

»Du kannst ihn spüren, nicht wahr? Du hörst seine Worte.«

»Ja …«

»Ich habe mich nicht in dir getäuscht.«

»Wer ist er? Was ist er?«

»Er ist der Letzte seiner Art. Er und seine vier Geschwister, die ich im Laufe der Jahrzehnte aus den entlegensten Winkeln der Welt zusammengetragen habe.«

»Aus Petra?«

»Aus Venezuela, Myanmar, dem Punjab und aus Bhutan. Nur der Altvordere stammt aus Petra. Wobei das nicht hundertprozentig stimmt. Er kam ursprünglich von einem anderen Ort, war also nur auf der Durchreise. Präfekt Claudius Metellus erwarb ihn, als er noch ein junges Bäumchen war. Er lud ihn auf sein Schiff und brachte ihn hierher, nach Britannien.«

»Warum?«

»Um seine Kräfte zu nutzen. Metellus war Römer, seine Frau Keltin. Er gehörte dem Hesperidenkult an, sie war eine Druidin. Gemeinsam erschufen sie etwas Wundervolles. Trotz aller kulturellen Unterschiede gab es wichtige Gemeinsamkeiten. Die Menschen hier waren seit jeher für Wunder empfänglich. Sie wussten um die magischen Kräfte dieser Wesen.«

»Und der Sarkophag, warum haben Sie ihn aus Petra geraubt?«

»Weil es das ursprüngliche Behältnis war. Allerdings besaß es ein zu hohes Gewicht für Metellus. Er musste es zurücklassen. Ich habe den Fehler später korrigiert. Nenne mich einen Besessenen, aber ich mag es, wenn die Dinge ihre Ordnung haben.«

Hannah war wie betäubt. Hilflos musste sie mit ansehen, wie die Informationen gleich Mosaiksteinchen an ihren Platz fielen. Das Einzige, was ihr jetzt noch Rätsel aufgab, war der Baum selbst. Würde er sein Geheimnis preisgeben? Wie ein uralter Patriarch senkte er seine massigen Äste über ihren Häuptern.

»Wenn er nicht aus Petra stammte, woher dann?«

Van Tyne zuckte die Schultern. »Vermutlich aus China. Ein Ableger von einem Exemplar, das inzwischen gefällt wurde. Die Spur verlief im Sand. Die Lebensbäume werden nicht überall als Freunde betrachtet.«

»Nicht?« Hannah war nur noch zwei Armlängen von dem Baum entfernt.

»Neue Religionen waren entstanden, die in den mächtigen Wesen eine Bedrohung sahen. Dass der Mensch länger lebe, als ihm zugedacht war, galt damals wie heute als Sünde. Auch heute noch wird darüber hitzig diskutiert. Denke nur an die Empörung, wenn es um einen Eingriff ins Erbgut geht. Und wer sind die Wortführer? Die Kirchen. Natürlich. *Es sei wider die Natur* heißt es. *Wider Gottes Plan.* Als wären diese kleinen Lichter in der Lage, Gottes Plan zu erfassen.« Ein bitteres Lachen stieg aus seiner Kehle. »Nein, die Menschen sollen bitte schön arbeiten, sterben und ihr Vermögen der Kirche stiften, so haben sie sich das vorgestellt. Und möglichst viele Nachkommen sollen sie in die Welt setzen, damit die Kirche sie dann ebenfalls zu Sklaven ihres Glaubens machen kann. So sorgt die Kirche seit Jahrhunderten für sich selbst. Ein wahrhaftiges Wunder, so wie dieses, wird als Bedrohung wahrgenommen.« Er seufzte. »Wie gesagt, dies sind die Letzten ihrer Art. Trotz aller Bemühungen konnte ich keine weiteren Exemplare finden. Um sie zu schützen, habe ich sie zusammengetragen.«

»Dass der Mensch länger lebe?« Hannah runzelte die Stirn. Ihr fiel diese Episode aus dem Herrn der Ringe wieder ein. »Das ist doch nicht wörtlich gemeint, oder?«

Statt zu antworten, legte van Tyne seine Hand an den Stamm.
»Komm her«, flüsterte er. »Stell dich neben mich.«

Sie warf einen kurzen Blick in die Runde. Van Tynes Gefolgschaft war enger zusammengerückt. Sie bildete einen Kreis, aus dem es kein Entkommen gab. Die Gesichter leuchteten vor religiöser Ekstase.

»Berühr ihn.«

Widerstrebend streckte sie die Hand nach der Rinde aus. Sie war hell und schuppig und wirkte wie trockene Haut. Ein paar rote Stellen unter der Oberfläche schimmerten im Schein der Fackeln wie Blut.

Hannah war keine Baumexpertin, aber sie vermutete, dass es sich bei dem Ungetüm um eine Eibe handelte. Was wiederum zu der Legende vom Weltenbaum passen würde. Entgegen den meisten Quellen war Yggdrasil in der Urversion der Edda keine Esche, sondern eine Eibe. Allerdings trug diese Eibe hier keine roten Giftbeeren. Sie schien gar keine Früchte zu tragen.

»Hannah?«

Sie zuckte zusammen.

»Du sollst ihn berühren.«

Sie presste die Lippen zusammen und legte ihre Hand an den Stamm. Grundgütiger, was tat sie hier nur?

Sie schloss die Augen.

Das Erste, was sie spürte, war Wärme. Sanfte, wohltuende Wärme. Als hätte sie ihre Hand auf die Haut eines Elefanten gelegt. Ziemlich erstaunlich für einen Baum. Doch vermutlich gab es eine natürliche Erklärung. Die vielen Feuer in der Umgebung mochten das Holz erwärmt haben. Möglicherweise waren es auch die Nachwirkungen des sonnigen Tages. Wobei Holz kein besonders guter Wärmespeicher war.

Wärme stieg aus der Rinde, strömte in ihre Finger und durch ihren Arm. Von dort aus verteilte sie sich in ihrem gesamten Körper. Hannah spürte einen zarten Geruch nach Weihrauch in der Nase. Auch meinte sie, entferntes Glockenläuten zu hören.

Und dann passierte es.

Es war ein Gedanke. Er kam nicht von ihr, sondern stieg direkt aus dem Holz. Ein starker Gedanke, voller Zorn und Wehmut. Sie fühlte Schwäche, Alter. Und Tod.

Noch immer meinte sie, den Weihrauchduft in der Nase zu haben, doch er veränderte sich, bekam etwas Süßliches und Fauliges. Wie ein Stück Fleisch, das zu lange in der Sonne gelegen hatte. Angewidert wollte sie ihre Hand zurückziehen, doch van Tyne presste sie gegen das Holz.

»Du spürst es auch, nicht wahr? Seine Gedanken und Gefühle.«

»Er … er ist krank«, entfuhr es ihr. »Er hat Angst zu sterben.«

»Er ist geschwächt, ja. So wie wir alle.«

»Was ist geschehen?«

»Es ist das Ende seiner Lebensspanne. Alle tausend Jahre endet ein Zyklus, und ein neuer beginnt. Die Zeit der Erneuerung und Wiedergeburt beginnt. Die gefährlichste Epoche von allen.«

»Gefährlich … für ihn?«

»Für ihn, für uns. Was macht das für einen Unterschied? Unsere Kräfte sind an ihn gebunden.« Van Tyne sah sie durchdringend an. »Während der letzten dreihundert Jahre ist er immer schwächer geworden. Es muss etwas mit der Sonne zu tun haben, genau konnten wir das noch nicht feststellen. Seine Kräfte versiegen, und mit ihnen auch seine lebensverlängernde Wirkung. Er verliert Blätter und trägt nur noch eine einzige Frucht. Er ist jetzt auf unseren Beistand angewiesen. Wir werden alles in unserer Macht Stehende tun, um ihm zu helfen.«

»Helfen? Wie …?«

Van Tyne hob den Kopf. »Indem wir tun, was getan werden muss.«

Hannah wusste, was er meinte. Sie hatte die Bilder aus dem Film nicht vergessen. Dies war nicht einfach nur ein fröhliches Wochenende von ein paar sonnenverliebten Esoterikern. Hier würde etwas stattfinden, das unendlich düster und grausam war.

Aber was war ihre Rolle bei diesem Ritual?

Van Tyne schien ihre Frage vorausgeahnt zu haben. »Dass du hier bist, ist kein Zufall, Hannah«, sagte er. »Unsere Wege haben sich bereits vor langer Zeit gekreuzt. Es war vorherbestimmt. So, wie es vorherbestimmt war, dass du meine Frau wirst.«

»Was?«

»Iss das.« Er brach ein Stück von der Rinde ab und reichte es ihr. »Kau darauf herum, und du wirst wissen, wovon ich rede.«

Misstrauisch beäugte Hannah das Rindenstück. Es sah aus wie eine schuppige Hautflechte. Sie schüttelte den Kopf. »Das werde ich bestimmt nicht tun.«

»Du hast keine Wahl. Du und ich, wir sind dazu bestimmt, die Blutlinie fortzuführen. Ich habe es gespürt, in dem Moment, in dem wir uns zum ersten Mal begegnet sind. Du wirst die Mutter meiner Kinder werden, Hannah.«

Sie sah ihn entsetzt an. »Aber … ich bin verheiratet. Ich habe eine Tochter. Ihr Name ist Leni. Sie wartet auf mich …«

»Dieser Teil deiner Geschichte ist abgeschlossen. Du wirst sie vergessen, genau wie deinen Mann. Iss!« Die Rinde schien ihre Form zu verändern, wurde weich und ledrig.

Hannah spürte Übelkeit in sich aufsteigen. »Sie sind wahnsinnig«, stieß sie aus. »Ihr alle seid wahnsinnig. Wenn Sie unbedingt Kinder zeugen wollen, warum dann nicht mit Ihrer Mutter? Anscheinend sind Sie beide ja ohnehin ein Liebespaar.«

Seine Augen waren kalt. Ausdruckslos.

Er packte sie am Hals und zwang sie mit einem schmerzhaften Druck auf den Kieferknochen, den Mund zu öffnen. Als sie sich wehrte, waren da plötzlich Hände, die an ihr zerrten und sie festhielten. Wütendes Gemurmel stieg aus vielen Kehlen. Hannahs Arme wurden nach hinten gebogen, ihr Kopf in den Nacken gezwungen. Van Tyne stopfte ihr das Rindenstück in den Mund und zwang sie zu kauen. Es schmeckte widerlich. Bitter und süßlich zugleich. Wie eine faulige alte Schuhsohle. Als sie sich weigerte zu schlucken, winkte van Tyne eine Druidin herbei. Sie hielt einen Kelch in der Hand, in dem eine rote Flüssigkeit schwappte. Die Augen der Frau waren weit aufgerissen. Augen, in denen Besessenheit leuchtete. Ein wahnsinniges Lächeln lag auf ihrem Gesicht. Um ein Haar hätte Hannah sie nicht wiedererkannt. Es war Yara.

Van Tyne hielt Hannah die Nase zu und presste weiter seine Finger gegen ihren Kieferknochen. Der Schmerz war unvorstellbar. Für einen kurzen Moment verlor sie die Kontrolle und schluckte.

Ihr wurde übel. Ein würgender Laut stieg aus ihrer Kehle empor. Es klang wie der Ruf eines verendenden Tieres. Ehe sie sich übergeben konnte, setzte Yara ihr schnell den Kelch an den Mund und schüttete den blutroten Inhalt hinein. Der Würgereiz setzte aus. Van Tyne verschloss ihren Mund und strich mit dem Daumen über ihre Kehle. Hannah musste schlucken, ob sie wollte oder nicht.

Dann ließ man sie los.

Keuchend taumelte sie zur Seite. Ihre Beine versagten den Dienst. Sie stützte sich ab, um nicht den Halt zu verlieren, dabei berührten ihre Finger wieder den Baum.

Dumpfes Lachen hallte in ihren Ohren. Sie wusste nicht, ob es von Menschen stammte oder von dem Baum. Doch es machte sie wütend. Sie wurde misshandelt, gedemütigt und jetzt auch noch ausgelacht. Das waren keine Menschen, das waren Ungeheuer.

»Beruhige dich«, hörte sie eine Stimme sagen. »Es geht bald vorbei. Das erste Mal ist immer das schlimmste. *The first cut is the deepest.*«

Hannah rang nach Atem. Der bittere Geschmack trieb ihr die Tränen in die Augen. In ihrem Bauch rumpelte und rumorte es. Sie versuchte, sich den Finger in den Hals zu stecken, bekam aber den Mund nicht auf. Es fühlte sich an, als hätte jemand anders die Kontrolle über ihren Körper übernommen. Was für eine verdammte Scheiße lief hier ab? Was hatten sie ihr da zu trinken gegeben?

»Wehr dich nicht«, erklang die verhasste Stimme. »Es wird nur noch schlimmer, je mehr du dich wehrst. Lass es einfach geschehen, du bist jetzt eine von uns.«

»Ich … will … keine … von euch … sein«, presste sie hervor. »Ihr seid wahnsinnig. Vollkommen irre.«

Der Lord lachte. »Abwarten«, sagte er. »Anfangs habe ich gedacht wie du, doch dann habe ich das Licht gesehen. Auch du wirst es sehen, und dann wirst du anders denken. Dies ist keine Strafe, sondern ein Geschenk.«

»Schwachsinn …!« Noch immer hatte sie die Hände an den Baum gepresst, als wäre sie mit ihm verwachsen.

»Für deinen Körper ist es noch ungewohnt, aber schon bald wirst du die Wirkung spüren. Es ist atemberaubend. Versuche, dich zu entspannen. Leere deinen Kopf, befreie dich von deiner Wut und deinem Kummer, und denk an etwas Schönes.« Er strich über ihren Rücken.

Hannah presste die Lippen zusammen. Sie wollte von ihm weg, ihn anschreien, ihn schlagen, aber es ging nicht. So widerwärtig die Berührung auch war, sie konnte nichts dagegen unternehmen. Weder war sie fähig, ihren Magen zu entleeren, noch, ihrer Wut und Enttäuschung eine Stimme zu geben. Mehr als ein Stöhnen brachte sie nicht hervor. Es kam ihr vor, als hätte sie keinerlei Kontrolle mehr über sich selbst. Eine beängstigende Erfahrung, die dadurch verstärkt wurde, dass die Mixtur in ihrem Magen zu brodeln anfing.

Hitze stieg in ihr auf, durchströmte sie mit flüssigem Feuer.

Sie atmete Rauch, spie Flammen. Elektrische Entladungen züngelten über ihre Haut, und ihre Augen versprühten Blitze. Ihr Herz gebar eine Sonne. Thermonukleare Reaktionen brachten jede einzelne Zelle zum Glühen. Pure, ungezügelte Lebenskraft durchströmte ihren Körper. Obwohl sie wusste, dass dies nur Einbildung sein konnte, schien der Moment echter und wirklicher als alles andere. Ein Ereignis, das nur mit Begriffen wie Reinkarnation und Wiedergeburt umschrieben werden konnte. Eine Taufe aus Licht und reinster Energie.

Gleißende Helligkeit zuckte auf, dann wurde es dunkel. Ruhig.

Die Flammen, die Blitze, das Licht – Vergangenheit. Was blieb, war Ruhe und Stille. Und eine Stimme, die sanfte Worte sprach. »Willkommen, Hannah. Willkommen bei den Unsterblichen.«

*

Superintendent Squires lächelte kalt, als er Jonathan am Arm des Wachtpostens zappeln sah. Der Einsatz schien ihm sichtlich Vergnügen zu bereiten.

Jonathan verfluchte sich für seinen Leichtsinn. Squires war also auch Mitglied dieses Clubs. Er hatte es fast schon vermutet, nur hätte er nie damit gerechnet, ihm hier auf dieser Party zu begegnen.

Die Vorzeichen wurden zunehmend düsterer.

Der mächtige Sikh hielt ihn immer noch gepackt, war aber durch das Eintreten der beiden für einen Moment abgelenkt. Als er seinen Kopf nach hinten drehte, winkelte er seinen Arm ein wenig an. Gerade so viel, dass Jonathan ihn erreichen konnte. Zeit für ein bisschen Gegenwehr.

Jonathan holte tief Luft, ballte seine Hand zur Faust und legte seine ganze Kraft in den Hieb. Dann schlug er seinem Peiniger in den Magen.

Der Schlag war gut gezielt und gekonnt ausgeführt. Normalerweise hätte man damit einen Ochsen zu Fall gebracht. Doch in diesem Albtraum war nichts normal. Einen Moment lang gab Jonathan sich der Illusion hin, seinen Gegner schwanken zu sehen, doch das Gegenteil geschah. Die Hand drückte nur noch unerbittlicher zu. Gleichzeitig fühlte Jonathan, wie er vom Boden gehoben wurde. *An nur einem Arm!*

Der Schmerz in seinem Genick wurde unerträglich. Er bekam keine Luft mehr und zappelte herum wie ein Singvogel in einer Schlinge. Würgend und nach Atem ringend, versuchte er, festen Boden unter die Füße zu bekommen. Lady Rhiannon trat vor und legte dem Sikh ihre Hand auf den Arm. »Lass gut sein, Pravin. Ich denke, er hat verstanden.«

Der Mann warf ihm einen vernichtenden Blick zu, dann stellte er ihn wieder auf die Füße. Jonathan hustete und versuchte, etwas Speichel zu sammeln. Als er schluckte, brannte sein Hals wie Feuer.

»Aber, aber«, sagte Rhiannon. »So viel Wut, so viel Zorn. Wo kommt das nur alles her?« Sie berührte ihn mit ihren Fingerspitzen und ließ sie unter seinem Hemd sanft nach oben gleiten. Ein Schauer jagte ihm über den Rücken. Er konnte ihren Atem spüren, roch ihren Körper.

»Was hattet ihr denn vor? Seht nur, was ihr angerichtet habt.«

Der Raum sah aus, als wäre ein Tornado hindurchgefegt.

»So viel Wut, so viel Zerstörung …«, sie wandte sich den Wachen zu. »Räumt das hier auf, und dann lasst Edward seine Arbeit beenden. Der Film muss wie geplant fertiggestellt werden. Was euch betrifft, ihr wisst bestimmt, dass ihr einen großen Fehler begangen habt. Ich fürchte, so kann ich euch nicht frei herumlaufen lassen. Bis zur Urteilsverkündung werden wir euch in Gewahrsam nehmen. Nutzt die Zeit, um euch über eure Vergehen Gedanken zu machen.« Sie vollführte eine kleine Handbewegung. »Abführen.«

Jonathan und Leslie wurden gepackt und zur Tür geschleift. Ehe sie hindurchgezerrt wurden, drehte sich Rhiannon noch einmal um. »Hast du wirklich geglaubt, uns mit einem falschen Namen in die Irre führen zu können, Jonathan? Du musst uns wohl für sehr dumm halten. Aber ich bin sicher, schon heute Nacht wirst du anders darüber denken. Wenn ER dein Fleisch verzehrt.« Ihr Lachen klang wie das der irren Hexe aus einem Disneyfilm.

68

The Wicker Man. Szene 138 – Abend

Der Sandstrand ist mindestens eineinhalb Kilometer lang und ungefähr fünfzig Meter breit. Sergeant Howie, als Narr verkleidet, steht im oberen Strandabschnitt und beobachtet, wie die Inselbewohner eine Reihe bilden, Männer und Frauen abwechselnd zueinander, ihre Arme auf die Schulter des Nachbarn gelegt. Andächtig gehen sie hinunter zum Wasser. Ein Pferdefuhrwerk steht dort. Auf dem Wagen befindet sich ein großes Fass mit Bier, auf dessen Oberseite eine Axt liegt. Eine hölzerne Rampe führt vom Wagen ins Meer. Die Bewohner knien nieder. Lord Summerisle erklimmt den Wagen, nimmt die Axt und schwingt sie durch die Luft. Das Signal zum Stillschweigen.

Lord Summerisle: »Shoney, Herr des Meeres, ich überreiche dir dieses Bier als Trankopfer, auf dass du uns in den kommenden Jahren mit reichen Früchten deines Königreichs segnest.« Mit einem gewaltigen Hieb schlägt er das Fass ein, und Bier spritzt heraus. Einen kurzen Moment später stößt er das Fass die Rampe hinunter ins Meer. »Shoney of the Lews, gegrüßt seiest du! Empfange unser Opfer!«

Die Inselbewohner stehen auf und jubeln.

*

Ein heftiger Schlag riss Leslie auf die linke Seite und schleuderte sie mit dem Kopf gegen die Wand. Blendender Schmerz flammte auf, trieb ihr die Tränen in die Augen. Ein Schrei entstieg ihrer Kehle. War diese heisere Stimme wirklich ihre?

Es gab ein paar weitere Rüttler, dann wurde es ruhig.

Wo war sie hier gelandet? Sah aus wie eine Zelle. Eine winzige Abstellkammer. Vier Seiten, Boden, Dach. Zwei Kubikmeter, mehr nicht. Im oberen Teil des quaderförmigen Behältnisses war ein kleiner Sichtschlitz mit Gitterstäben. Sie mochte sich täuschen, aber das Ding wirkte wie eine Gefängniszelle.

An die vergangenen Ereignisse konnte sie sich nur nebelhaft erinnern. Das Erste, was ihr einfiel, war, dass man sie in ein stinkendes, dunkles Verlies tief unterhalb der Burg geworfen hatte. Ein echtes Rattenloch wie aus einem schlechten Mittelalterfilm. Sie erinnerte sich noch, wie sie gelacht hatte. Aber nicht lange, denn sie musste dann wohl schnell ohnmächtig geworden sein. Danach kam der absolute Filmriss. Sie erinnerte sich an gar nichts mehr. Wie viele Stunden waren seither vergangen? Acht, zehn? Sie hatte nicht die geringste Ahnung. Was auch daran lag, dass sie keinerlei Orientierung besaß.

Wieder kippte der Raum, unvermittelt und mit voller Wucht. Um ein Haar hätte sie sich wieder den Kopf angeschlagen, doch ihre Reflexe bewahrten sie vor Schlimmerem. Mit den Händen fing sie einen Teil des Stoßes ab. Trotzdem war es nicht angenehm, sich mit den Händen an dieser Eisenwand abstützen zu müssen.

»*Aua!* Himmel noch mal …!«

Moment mal, Eisen? Der Raum, in dem man sie in der Nacht eingesperrt hatte, bestand aus feuchten Steinquadern. Anscheinend war sie verlegt worden.

Der Raum blieb in der Schräglage und wurde nicht wieder aufgerichtet. Ein dumpfes Dröhnen wie bei einer schlecht gestimmten Glocke erklang. »Ruhe da drinnen!«

Eine Männerstimme. Rau und hart.

Leslie versuchte, sich zu orientieren. Außer einem schmalen Quersteg, der anscheinend als Sitzfläche diente, und dem Sichtschlitz mit den Gitterstäben gab es nichts hier drinnen, nicht mal eine Toilette. Und wenn sie mal musste?

»He«, brüllte sie. »Was soll der Scheiß? Wo bin ich hier?«

Erneut erklang Rumpeln und Poltern. »Schnauze, habe ich gesagt.«

Wieso lag das Ding auf der Seite? Warum schlingerte es wie ein Schiff auf hoher See? Der schmale Sichtschlitz lieferte keine befriedigenden Antworten. Alles, was sie sah, war heller Kies, gesäumt wurde er von einem schmalen Streifen Gras. Beides bewegte sich in gemächlichem Tempo unter ihr vorbei.

Es dämmerte ihr, dass sie in einem eisernen Behältnis steckte, das gerade abtransportiert wurde. Ein Container oder so. So, wie das Ding hin und her schwankte, waren sie auf schlecht gefederten Rädern unterwegs.

»Wo bin ich?«, rief sie. »Lasst mich raus!« Sie hämmerte mit den Fäusten gegen die Eisenwände. »Habt ihr gehört? Anhalten!«

Ruckartig hielten sie an. Sie spürte, wie ihre Zelle aufgerichtet wurde.

Immerhin.

Vor dem Guckloch erschien ein Paar Augen. Sie blickten ziemlich finster drein. »Wirst du wohl endlich Ruhe geben?« Der da sprach, tat es mit schwerem Akzent. Ganz offensichtlich einer der Sikhs.

Und wennschon. So ließ sie sich nicht behandeln. »Und was, wenn ich nicht den Mund halte?«, rief sie. »Kommst du dann rein und verabreichst mir eine Tracht Prügel?«

Statt einer Antwort hob der Mann einen Gegenstand vor ihr Sichtfenster. Sie musste die Augen zusammenkneifen, um zu erkennen, was das war. Um ein Haar hätte sie laut aufgelacht. Ein Hammer?

»Wer bist du?«, rief sie. »Bob der Baumeister?«

Doch schon im nächsten Moment bereute sie ihre flapsigen Worte. Ein Donnern wie von tausend Höllenglocken brandete über sie hinweg. Ihre Hände flogen auf die Ohren, aber der

Lärm überwand die Barriere mühelos. Der Krach drang durch Mark und Bein. Leslie stieß einen Schrei aus. Sie glaubte, ihr Kopf müsse explodieren. Dreimal schlug der Typ mit dem Hammer gegen ihr eisernes Gefängnis, dann tauchten seine Augen wieder auf. Leslie sah, wie sich seine Lippen bewegten, verstand ihn aber nicht. Sie war wie betäubt. Allerdings musste man kein Spezialist im Lippenlesen sein, um zu wissen, was er sagte. »Genug?«

Sie nickte heftig. »Ja!«

Er verschwand. Der Wagen kippte wieder in Transportposition. Leslie stützte sich ab. Den Rest des Martyriums ertrug sie ohne weitere Proteste. Wenn sie nur wüsste, was hier gespielt wurde. Es war ein gottverdammter Albtraum.

69

Das Fass sinkt langsam in die Tiefe. Lord Summerisle sieht zu, wie es verschwindet, dann dreht er sich um und deutet den Strand hinauf zu einer Höhle in der Felswand. »Und jetzt zu unserem schrecklichen Opfer. An all jene, die die Früchte des Landes befehligen.« In einer herrischen Geste streckt er seine Hand aus.

In diesem Moment erklingt ein Horn. Es kommt aus der Höhle, bricht sich in wiederkehrenden Wellen und wirft Echos gegen die Felsen. Sergeant Howie, als Narr verkleidet, dreht sich um. Er erblickt die Höhle. Die Kamera zoomt heran, um seinen Blickwinkel einzunehmen. Wir sehen die Gestalt des vermissten Mädchens Rowan Morrison. Sie ist mit Frühlingsblumen geschmückt. Ihr Kleid ist immer noch dasselbe wie auf der Fotografie mit dem anonymen Brief. Um ihren Hals hängt eine Blumengirlande. Um ihre Hüfte ist ein weißes Seil geschlungen, mit dem sie an einen riesigen Stalagmiten gefesselt ist. Neben ihr steht ein junger Mann und bläst das Horn.

Howie: »Jesus Christus!«

Er blickt zurück zum Strand. Die Inselbewohner haben sich umgedreht und starren in Richtung Höhle. Als sie sich in Bewegung setzen, beginnt Howie zu rennen. Er stolpert über den weichen Sand. Nach ein paar Metern hält er an. Er will das Narrenkostüm ausziehen, besinnt sich dann aber anders.

Howie, innerer Monolog: »Vielleicht ist es einfacher, wenn sie mich für McGregor hält.«

Er rennt hinüber zur Höhle. Hinter ihm gehen die Inselbewohner in dieselbe Richtung. Das klobige Kostüm und der weiche Sand behindern seine Bemühungen. Schließlich erreicht er die Höhle und stolpert ins Innere.

*

Jonathan kauerte in einer Art Schonhaltung am Boden seiner Zelle. So konnte er die ständigen Lageveränderungen, Stöße und Unebenheiten am besten ausgleichen. Zeit und Raum hatten in diesem Behälter keine Bedeutung. Im Halbschlaf versuchte er, das Beste aus der Situation zu machen. Er meinte, sich zu erinnern, Leslies Stimme gehört zu haben. Ein paar unfreundliche Worte waren gefallen, daraufhin war ein Scheppern und Donnern zu hören gewesen. Als würde jemand einen Container mit einem Vorschlaghammer bearbeiten. Danach ging es weiter.

Keine Frage, sie wurden abtransportiert. Warum und wohin, war unklar, doch er hatte keinen Zweifel, dass es eine unangenehme Erfahrung werden würde.

Wie vermessen zu glauben, sie könnten diese Sache erfolgreich durchziehen. Sie waren von Anfang an manipuliert worden. Wie Marionetten, die an unsichtbaren Fäden hingen und genau das taten, was ihre Herren von ihnen verlangten.

Hatte es je einen Augenblick gegeben, an dem sie wirklich frei entscheiden konnten? Seine Zweifel wuchsen mit jeder Minute. Rückblickend betrachtet, erschien ihm nicht mal die Begegnung mit dem Filmprofessor als purer Zufall. Vermutlich hatte er absichtlich sein Versteck verlassen, um sie zu zwingen, ihm zu folgen. Die Einladung, das Fest, ihre nächtlichen Aktivitäten – all das zeichnete ein erschreckendes Bild von Intrigen, geheimen Machenschaften und finsteren Absichten.

Irgendwas mussten sie ihm ins Essen gemischt haben, denn er war nach dem Verzehr in einen tiefen, komaähnlichen Schlaf gefallen. Vermutlich hatten sie mit Leslie dasselbe gemacht, auch wenn er das nicht mit Bestimmtheit sagen konnte. Er hatte sie nach ihrer Gefangennahme nicht mehr gesehen, geschweige denn mit ihr reden können.

Als er das Bewusstsein wiedererlangt hatte, war es bereits früher Abend gewesen. Was bedeutete, dass mehr als zwölf Stunden vergangen sein mussten. Beim Blick aus dem Guckloch sah er die Sonne hinter dem Hügel untergehen. *Mittsommernacht.*

Der Tag des großen Events.

Ambrose hatte es ihnen erklärt. In dem Moment, wenn die letzten Sonnenstrahlen des vergangenen Halbjahres auf den Vollmond des neuen Halbjahres trafen, sollten angeblich besondere Kräfte freigesetzt werden.

Für Jonathan hörte sich das an wie ein schlechter Scherz. Er hatte die Schnauze voll von diesem esoterischen Schwachsinn. Ihm tat alles weh, er hatte Hunger und wollte nur noch weg von hier. *Besondere Kräfte*, dass er nicht lachte. Das einzig Besondere hier waren die hübschen Frauen, und die kamen nur des Geldes wegen.

Während er so dahockte und sein Schicksal bedauerte, merkte er, dass es draußen heller wurde. Licht schien durch das Guckloch. Er hatte das Gefühl, Stimmen zu hören.

Neugierig schob er sein Gesicht an die Öffnung. Noch immer rumpelte der Wagen über unebenen Grund, doch langsam wurde klar, dass sie sich ihrem Zielort näherten. Das Licht stammte nicht von der Sonne, sondern war eindeutig künstlichen Ursprungs. Das unterdrückte Stimmengemurmel deutete auf eine größere Menschenansammlung hin. Scheinwerfer erhellten die Umgebung, warfen harte Schatten und erzeugten grelle Kontraste. Ein Ruck ging durch seine Zelle, dann wurde er aufgerichtet.

Jetzt konnte er besser sehen.

Sie standen am Rande einer großen Wiese. Klappstühle waren aufgebaut worden, auf denen bereits Hunderte von Zuschauern Platz genommen hatten. Eine riesige Leinwand erhob sich am Ende des Areals. Das Ganze wirkte wie ein Open-Air-Festival, auch wenn Jonathan nicht glauben konnte, dass hier ein Rockkonzert stattfinden sollte. Eine Filmvorführung vielleicht?

Ein blechernes Poltern erklang. Neben ihm wurde eine weitere Gefängniszelle aufgestellt. Unzweifelhaft die von Leslie. Wie zwei Dixi-Klos standen sie am Rande des weitläufigen Veranstaltungsortes. Er versuchte, einen Blick auf Leslie zu erhaschen, doch der Winkel war zu ungünstig. Er konnte sie nicht sehen, nur hören. Blieb also nur die verbale Kommunikation. Er wartete, bis sich die Wachen ein paar Schritte entfernt hatten, dann startete er einen zaghaften Versuch.

»Leslie?«

Keine Antwort. Gleich noch mal und etwas lauter.

»Leslie?«

Eine hohle Stimme erklang. »Ja?«

Sein Herz klopfte vor Aufregung. Er hatte sich nicht geirrt, sie war es tatsächlich!

»Wie geht es dir?«, platzte er heraus. »Ist alles in Ordnung?«

»Ging mir schon mal besser«, hörte er sie sagen. »Mir brummt der Schädel, und halb taub bin ich auch. Ansonsten alles top. Und bei dir?«

Er musste grinsen. Sie hatte ihren Humor nicht verloren.

»Ebenso. Wenn ich nur wüsste, was hier gespielt wird. Was war denn das für ein Lärm vorhin? Es klang, als wäre ein Auto in eine Schrottpresse geraten.«

»So ähnlich hat es sich auch angefühlt«, sagte Leslie. »Ich fürchte, ich war mal wieder unartig. Zur Strafe haben sie mich so blöd hingestellt, dass ich jetzt auf einen ihrer dämlichen Rosenbüsche glotze. Ich kann nicht mal sehen, wo wir hier sind, geschweige denn, was gespielt wird. Aber vielleicht siehst du ja mehr. Was ist da draußen los?«

»Wir sind am Rand einer großen Wiese mit lauter Stühlen und einer Leinwand«, versuchte Jonathan, die Szenerie zu beschreiben. »Eine kleine Tribüne ist dort aufgebaut. Wenn du mich fragst, sieht das aus, als fände hier gleich eine Veranstaltung statt. Eine Filmvorführung vielleicht. Wobei das doch überhaupt keinen Sinn ergibt.«

»Das ergibt absolut Sinn«, kam die Antwort. »Ich kann mir schon denken, welcher Film das ist – das heißt, wenn sie ihn wirklich fertiggestellt haben.«

»Warte mal …«, er kniff die Augen zusammen. »Ich glaube, ich sehe Hannah.«

»Im Ernst, was tut sie?«

»Sie ist bei van Tyne. Die beiden betreten gerade die Bühne.«

»Ist sie seine Gefangene?«

»Ich denke schon, wobei …«, er versuchte, mehr Details zu erkennen, aber sie waren zu weit entfernt. »Schwer zu sagen. Ich habe nicht das Gefühl, dass sie seine Gefangene ist. Sie wehrt sich nicht, und gefesselt ist sie auch nicht.«

»Das muss nichts heißen. Es gibt andere Mittel, einen Menschen gefügig zu machen. Denk nur an Edward.«

»Ja, vermutlich.«

Jonathan beobachtete das Geschehen auf der Bühne mit wachsender Besorgnis. Hände wurden geschüttelt, Schultern geklopft. Es wirkte nicht so, als wäre Hannah gegen ihren Willen dort, im Gegenteil. Sie scherzte und lachte. Bei einer Gelegenheit strich sie van Tyne sogar sanft über die Wange. Das sah alles überhaupt nicht gut aus. Doch er verschwieg es Leslie gegenüber, er wollte sie nicht noch mehr aufregen.

Jetzt betrat eine weitere Person die Bühne. Es war der Filmprofessor. Jonathan erkannte ihn an den langen grauen Haaren und dem Pferdeschwanz. Er war also auch mit von der Partie.

»Komm schon, erzähl mir, was du siehst«, drängelte Leslie.

»Edward ist auch da. Ich denke, du könntest recht haben mit dem Film.« Er schüttelte den Kopf. »Ich will dich ja nicht beunruhigen«, sagte er, »aber ich habe da ein ganz mieses Gefühl.«

»Inwiefern?«

»So allgemein. Vor allem, was Hannah betrifft. Sie scheint uns nicht sonderlich zu vermissen. Ihr Umgang mit van Tyne ist … na, sagen wir mal, *vertraulich*. Fast als wären die beiden …«

»Was?«

Ein Liebespaar, wollte er sagen, doch er brachte es nicht heraus. Die Konsequenzen wären zu schrecklich.

70

Szene 139, Höhle – Tag

Die Höhle ist dunkel und durchzogen von Sonnenstrahlen. Der junge Mann mit dem Horn tritt Howie entgegen, um ihn zu begrüßen.

»Was ist los, Mr McGregor? Warum rennen Sie fort?«

Mit einem heftigen Faustschlag schlägt Howie den lächelnden Jugendlichen zu Boden. Dann dreht er sich um und bricht einen Stalagmiten ab. Die scharfe Spitze soll das Seil durchtrennen, mit dem Rowan Morrison gefesselt ist. Im Hintergrund sieht man die Inselbewohner, die sich in einer lang gezogenen Reihe nähern.

Howie: »Hab keine Angst, Kleine, ich bin Police Officer. Ich komme vom Festland, um dich in Sicherheit zu bringen.«

Rowan: »Sind Sie denn nicht Mr McGregor?«

»Nein.«

»Aber Sie sehen aus wie er. Er ist immer der Narr.«

»Ich weiß. Ich habe McGregor das Kostüm abgenommen. Auf diese Weise konnte ich mich tarnen und dir zu Hilfe eilen.«

Rowan: »Wie ist Ihr Name?«

»Howie. Neil Howie. Und nun hilf mir, dieses Seil zu zerschneiden. Sitz still.«

»Schnell, Mister, bitte. Mir gefällt es hier nicht. Sie wollen … sie werden …«

»Ich weiß Bescheid. Bleib einfach ruhig.«

Howie arbeitet wie besessen mit der Spitze des Stalagmiten. Er zerteilt das Seil in einzelne Fasern, die er dann zerreißt. Die Inselbewohner kommen näher.

Rowan: »Ich habe meine Mutter schon lange nicht mehr gesehen. Ich war die Königin. Ich hatte meinen eigenen Hofstaat, wissen Sie? Anfangs war es schön, aber jetzt habe ich Angst. Der erste Mai ist fast zu Ende.«

Das Seil reißt. Howie zieht Rowan auf die Füße. Sie blicken zurück zum Höhleneingang. Die Inselbewohner blockieren den Eingang.

Rowan: »Wir können nicht durch die Höhle entkommen, aber ich kenne einen anderen Weg.«

»Dann komm.« Howie ergreift die Hand des Kindes und rennt in den hinteren Teil der Höhle. Die beiden verschwinden in der Dunkelheit.

Die Kamera schwenkt zu Lord Summerisle. Mit finsterem Gesichtsausdruck erteilt er vier seiner Männer den Befehl, die Verfolgung aufzunehmen.

Leslie hörte ein Geräusch des Entsetzens aus der anderen Gefängniszelle. Jonathan schien nicht zu gefallen, was er sah. Kein Wunder, er sah den Film zum ersten Mal. Es war zum Verrücktwerden, dass Leslie nur auf ihr Gehör angewiesen war. *Verdammte Wachen!*

Ihn solche Laute ausstoßen zu hören, erfüllte sie trotzdem mit Entsetzen. Jonathan war ein ausgebildeter Kriminalbeamter, er hatte bestimmt einschlägige Erfahrungen.

»O Gott, das ist …« Seine Stimme klang belegt, als würde er nicht wagen, auszusprechen, was ihm auf der Zunge lag. »Ehrlich«, sagte er nach einer Weile, »ich habe so etwas noch nicht gesehen. Diese Menschen … meinst du, die haben das wirklich so gedreht?«

Leslie wusste, was er meinte. Sie hatte die Filmszenen in der Rohfassung gesehen und mochte sich gar nicht ausmalen, wie sie im fertigen Schnitt zusammen mit den Geräuschen und der Musik wirkten.

»Ja, ich denke schon«, erwiderte sie. »Edward und ich haben lange darüber diskutiert. Eine Frage, die wir nicht befriedigend beantworten konnten, war, ob dort wohl Spezialeffekte zum Einsatz gekommen sind oder ob das tatsächlich so gedreht wurde. Wir gehen von Letzterem aus …«

»Willst du damit sagen, das hat wirklich so stattgefunden? Das ist doch unmöglich. Ich meine … wie sollen die das gedreht haben?«

»Die Frage haben wir uns auch gestellt. Aber es ist, wie es ist.« Leslie war froh, sich diesen kranken Scheiß nicht noch einmal ansehen zu müssen. Der Mensch gewöhnte sich an vieles, doch es gab für alles eine Grenze.

Zu Beginn des Films hatte Ambrose van Tyne eine kleine Rede gehalten, in der er auf die besondere Geschichte dieses Films einging. Er wies darauf hin, dass es das erste Mal sei, dass *The Wicker Man* vollständig gezeigt werden könne. In seiner Rede ergötzte er sich an der Vorstellung, welchen Wirbel das Werk wohl auslösen würde, sollte es einer breiten Öffentlichkeit zugänglich gemacht werden. Und er ließ keinen Zweifel daran, dass dies bald geschehen würde. Zuerst sollte der Film auf diversen kleineren Festivals gezeigt werden, später dann in London, Paris, Berlin und New York. Van Tyne schien sich seiner Sache sehr sicher zu sein. Er prophezeite *The Wicker Man* ein großes Comeback, und Leslie war bereit, ihm dies zu glauben. Jonathans Reaktion war ein guter Indikator. Wenn selbst abgebrühte Zeitgenossen wie er erschüttert waren, wie würde es da wohl den normalen Kinozuschauern ergehen?

Sie kratzte mit den Fingernägeln über das angelaufene Metall. Die rostige Oberfläche gab ein schabendes Geräusch von sich.

»Hast du noch mal etwas von Hannah gesehen?«, fragte sie. »Ist sie noch da?«

»Und ob sie da ist, o ja. Sie steht dort vorn und schaut sich das Spektakel vom Bühnenrand aus an. Van Tyne hat seinen Arm um sie gelegt.« Eine längere Pause entstand, dann sagte Jonathan mit dunkler Stimme: »Ich fürchte, sie ist für uns verloren, Leslie. Sie hat die Seiten gewechselt und wird nicht wieder zu uns zurückkommen.«

Leslie nickte. Sie hatte so etwas befürchtet. Aber es war vernichtend, es aus seinem Munde bestätigt zu bekommen. Wie sollten sie ohne ihre Hilfe hier herauskommen? Gab es überhaupt eine Chance?

Draußen applaudierten die Menschen. Der Film schien zu Ende zu sein.

71

Szene 140

Der Zuschauer hört Keuchen, schweres Atmen, dann Schritte auf feuchtem Gestein. Wasser tropft von der Decke. Flammende Farbreflexionen durchbrechen die Dunkelheit. Sergeant Howie und das Mädchen taumeln ins Bild.

Die Kamera schwenkt herum und enthüllt das kathedralenähnliche Innere einer Höhle. Merkwürdig gefärbte Felsen und Moose schimmern inmitten glitzernder Stalaktiten.

Rowan hat die Führung übernommen. Sie zieht den Polizisten mit einer Hand, während sie mit der anderen nach vorn deutet. »Dort ist ein Felsvorsprung, auf dem wir uns verstecken können. Er ist aber recht hoch.«

Howie hebt das Mädchen hinauf. Mit großer Anstrengung zieht er sich selbst hoch und verschwindet aus dem Sichtfeld. In diesem Moment erscheinen vier Männer mit Fackeln. Sie halten ihr Licht in die Höhe und beginnen, die Höhle abzusuchen.

Howie befiehlt dem Mädchen, unten zu bleiben. Kurze Zeit später hebt er den Kopf, um nachzusehen, ob die Luft rein ist. Seine Narrenkappe wirft einen verzerrten Schatten an die Höhlenwand.

Rowan warnt ihn. In allerletzter Sekunde gelingt es ihm, in Deckung zu gehen.

Unter ihnen versammeln sich die Männer. Sie beraten kurz, dann teilen sie sich auf und verschwinden. Rowan und Sergeant Howie tauchen wieder auf.

Howie: »Und nun?«

Rowan: »Weiter hinten gibt es einen Tunnel, der an die Spitze der Klippe führt. Er ist recht steil, aber ich denke, es könnte klappen. Meine Freundinnen und ich haben ihn entdeckt, als wir die Höhle erforscht haben.«

Howie: »Worauf warten wir dann noch? Geh du voran.«

*

Ambrose van Tyne betrat die Bühne. Er genoss jeden Augenblick, war geradezu elektrisiert. Die Last, die so lange auf seinen Schultern gelegen hatte, war von ihm abgefallen. Er kam sich vor wie ein Phönix aus der Asche.

Der Moment, den er herbeigesehnt und vor dem er sich gleichzeitig am meisten gefürchtet hatte, war gekommen. Die Weichen waren gestellt. Alles strebte nun dem Höhepunkt entgegen. Fehlte nur noch die Krönungszeremonie, dann konnte der neue Zyklus beginnen.

Die Menschen blickten zu ihm auf, hingen an seinen Lippen. Wie Dürstende waren sie gekommen. Jedes seiner Worte war wie kostbarer Nektar für sie, wie Wasser in der Wüste. Und er war das Gefäß. Durch ihn wurden die Energieströme gebündelt und fokussiert. Er war das Licht, das gleichsam die materielle wie die spirituelle Welt mit Helligkeit erfüllte.

Alle Blicke waren auf ihn gerichtet. Der Abspann des Films ging im tosenden Applaus unter. Keiner saß mehr auf seinem Stuhl. Ambrose schaute in ein Meer strahlender Gesichter. Sie waren Zeuge von etwas geworden, das ihr Leben verändert hatte. Niemand konnte jetzt noch teilnahmslos danebensitzen. In diesem Moment hätte er jede Frau in der Menge besitzen können. Zwei, drei – alle. Gefügig wie Ton wären sie in seinen Händen gewesen, bereit, geformt, gebrannt und zu neuem Leben erweckt zu werden. Wenn es sein Wunsch gewesen wäre, hätte er mit diesen Frauen Dutzende von Nachkommen zeugen können. Aber ihn verlangte nur nach einer.

Hannah stand schräg hinter ihm, die Hände gefaltet. Ihren

Kopf hielt sie gesenkt. Eine junge Frau an der Schwelle zur Weihe.

Er streckte seine Hand aus. »Komm, tritt vor. Dein Platz ist hier, an meiner Seite.«

»Ja, Meister.«

Er lächelte. »Du sollst mich doch nicht so nennen. Du bist Hannah, ich bin Ambrose. Weder werde ich dein Gebieter sein noch du meine Sklavin. Wir sind gleichberechtigt, und so sollten wir uns vor den anderen zeigen. Komm, nimm meine Hand.«

Sie tat es. Zaghaft. Ein roter Schimmer huschte über ihre Wangen.

Er lächelte. Wenn diese Nacht zu Ende war, würde sie schwanger sein. Er freute sich darauf, das Zepter weitergeben zu können.

Der einzige Mensch, der sich nicht über ihr Glück zu freuen schien, war Rhiannon. Sie stand zu seinen Füßen. Ein düsterer Glanz umwölkte ihre Augen. Das Lächeln wirkte aufgesetzt. Künstlich.

Er hoffte, dass es mit ihr nicht noch Probleme geben würde. Es war von größter Wichtigkeit, dass sie jetzt Ruhe bewahrte. Zumindest bis zum Höhepunkt der Zeremonie, danach war sie entbehrlich. Danach war jeder entbehrlich.

Er hob die Arme. »Freunde! Darf ich um eure Aufmerksamkeit bitten?«

Die Menge beruhigte sich langsam. Zu aufgewühlt waren sie alle von dem Erlebnis. Oder war es Vorfreude? Sie wussten, was kommen würde, fieberten dem Ereignis entgegen. Er spürte die Energie, die über dem Ort lag. Der Mond stand als blutrote Scheibe im Osten, während im Westen die Sonne versank.

»Freunde, bitte!« Seine Stimme war kraftvoll und Ehrfurcht gebietend.

Jetzt wurden die Menschen ruhiger. Die Rufe und Gesänge

erstarben. Arme sanken nach unten. Die letzten Köpfe wandten sich ihm zu. Schweiß glänzte auf nackter Haut. Es wurde still.

»Ich danke euch für diesen überschwänglichen Applaus. Eine solche Begeisterung hätte ich mir in meinen kühnsten Träumen nicht ausgemalt. Doch es zeigt mir, dass es richtig war, alle Anstrengungen zu unternehmen, dieses filmische Meisterwerk rechtzeitig zur Sonnwendfeier fertigzustellen. Mein Dank dafür gebührt einer einzigen Person. Meiner Lebensgefährtin, meiner engsten Beraterin und Geliebten, Rhiannon. Ich bitte um einen recht herzlichen Applaus.«

Tosender Beifall brandete auf. Es klang wie das Rauschen des Meeres.

»Sie war es, die die verschwundenen Teile ausfindig gemacht und das Mosaik zusammengesetzt hat«, rief Ambrose. »Zusammen mit Professor Moore, den wir ebenfalls zu unseren Gästen zählen dürfen, ist es ihr gelungen, was fast schon aussichtslos erschien. Komm herauf zu mir, Rhiannon. Dies ist auch dein Abend.« Er beugte sich vor und half ihr, die Bühne zu betreten. »Liebe Freunde, einen herzlichen Applaus für diese wunderbare Frau.«

Hochrufe ertönten und Segenswünsche. Viele schwenkten Tücher und Kleidungsstücke. Um den Moment noch dramatischer zu gestalten, kniete er nieder und küsste ihre Hände. Besonders die weiblichen Zuhörer wussten diese Geste zu schätzen.

Er erhob sich wieder. »Danke, liebe Freunde. Ein würdiger Tribut für die Gefährtin, die mich in die Mysterien der Schöpfung einwies und die letztlich dafür verantwortlich ist, dass ich meine zukünftige Frau kennenlernen durfte. Teuerste Rhiannon, keiner Frau fällt es leicht, ihren Platz an eine andere abzutreten. Am wenigsten einer Mutter. Doch ich weiß, wie klug du bist. Du wirst einsehen, dass dieser Schritt unvermeidbar ist. Er ist von größter Wichtigkeit für mich, für uns und den Fortbestand unseres Ordens. Lass dich feiern, genieße den Abend, und tu, was du willst. In meinem Herzen besitzt du auf ewig einen Ehrenplatz.«

Sie lächelte. Sie war immer noch verstimmt, aber seine Worte schienen das Eis zu brechen. Mehr wollte er nicht. Hauptsache, sie verhielt sich bis zum Ende des Abends ruhig. Dann würde sie ihren letzten großen Auftritt haben. Ein Opfer, größer als alle anderen. Drei Liebende, drei Gaben, drei Segnungen. Die Harmonie der Dreifaltigkeit. Pure Perfektion, mehr konnte man nicht verlangen.

Nun, da alles bedacht war, wurde es Zeit, zum Hauptteil des Abends überzugehen: der großen Zeremonie. Ein Schauer lief Ambrose bei dem Gedanken an das bevorstehende Ereignis über den Rücken.

This will be a night to remember.

*

Szene 141, Tunnel – Tag

Der Tunnel windet sich stetig hinauf. Er folgt dem Wasser, das von oben kommt. Es macht die Steine glatt und rutschig. Am anderen Ende ist Tageslicht zu sehen.

Rowan geht voran. Sie ist viel beweglicher als Howie, der immer noch durch sein Narrenkostüm behindert wird. Von Zeit zu Zeit hält das Kind an, damit er aufschließen kann. »Komm schon, du Schnecke«, ruft sie lachend. »Es ist nicht mehr weit.«

Es geht immer steiler hinauf. »Es tut mir leid, aber es ist schlimmer, als ich es in Erinnerung hatte.«

Howie erwidert: »Mach dir nichts draus. Ich denke, wir haben unsere Freunde mit den Fackeln abgeschüttelt.« Mit letzter Anstrengung verlassen sie den Tunnel und treten hinaus an die frische Luft.

72

Ein weiterer Ruck fuhr durch ihr eisernes Behältnis. Nahm das denn nie ein Ende?

Leslie hob den Kopf und lauschte. Das Geruckel hatte aufgehört. Bedeutete das, dass sie endlich am Ziel ihres beschwerlichen Weges angekommen waren? Sie konnte es nur hoffen, denn sie war am Ende ihrer Kräfte. Ihr Martyrium schien nun schon eine halbe Ewigkeit zu dauern. Wie oft hatte sie sich den Kopf angeschlagen und war mit Knien oder Schultern gegen die Eisenwände gerempelt?

Ihr Körper fühlte sich an, als wäre er grün und blau geschlagen. Eingerollt und zusammengesunken war sie in ihre eigene Welt abgetaucht. Eine Art Halbschlaf, irgendwo zwischen Bewusstsein und Vergessen, in dem die Zeit keine Rolle mehr spielte. Stillhalten lautete die Devise. Ruhig den geeigneten Moment zum Gegenschlag abwarten.

Gegenschlag.

Dieses Wort klang geradezu zynisch, angesichts der Möglichkeiten, die ihnen blieben. Welche Chancen hatten sie denn? Gewiss, irgendwo lagen noch ihre Waffen versteckt, aber die schienen weiter weg denn je. Man würde sie wohl kaum lange genug aus den Augen lassen, um danach zu suchen.

Das Schlimmste aber war, dass Hannah ganz offensichtlich ihren Verstand verloren hatte. Leslie war es gelungen, die Archäologin bei ihrem Weitertransport eine Weile zu beobachten. Keine ihrer Reaktionen ergab einen Sinn. Ganz offensichtlich hatte man sie umgekrempelt, ihr das Gehirn gewaschen, sie gefügig gemacht.

So wie Edward.

Damit hatten sie ihren wichtigsten Verbündeten verloren. Und das in einer Situation, in der es um Leben und Tod ging.

Verhaltene Stimmen waren zu hören. Ein Klappern erklang, gefolgt von einem Quietschen. Leslie hörte, wie ein Schlüssel im rostigen Schloss herumgedreht wurde. Dann ging die Eisentür auf.

Leslie wurde gepackt und ins Licht gezerrt. Sie strauchelte, wurde gestützt und wieder hingestellt. Arme und Beine kribbelten wie von lauter Ameisen. Die lange Zeit in dieser abgeknickten Position hatte die Blutzufuhr unterbrochen.

Jonathan wurde ebenfalls herausgeführt. Er stand da, den Kopf gesenkt, das Gesicht bleich vor Furcht. Hatte er aufgegeben?

Das durfte nicht sein. *Noch waren sie beide am Leben!*

Aus einer Intuition heraus riss Leslie sich frei, stürzte zu ihm hinüber und küsste ihn. Hinter ihr ertönten Flüche. Einen Moment lang berührten sich ihre Lippen, dann packte man sie und zerrte sie nach hinten. Immerhin blickte er ihr wieder in die Augen.

Schläge prasselten auf sie ein, sie wurde zu Boden gestoßen.

»Lasst sie gefälligst in Ruhe, ihr Mistkerle!«, hörte Leslie ihn schreien. »Sie hat doch nichts getan.«

Doch, geküsst habe ich dich, du dummer Kerl, dachte sie. *Und es hat sich gelohnt.*

Die Schläge hörten auf. Sie wurde wieder aufgerichtet. Die Schmerzen waren nicht so schlimm wie befürchtet. Jonathan warf ihr erst einen tadelnden Blick zu, doch er lächelte. *Na, siehst du*, dachte sie. *Geht doch.*

Sie blickte sich um.

Die Szenerie hatte etwas Gespenstisches. Wie die Kulisse eines Horrorfilms. Sie standen unter den weit ausladenden Ästen eines Baumes, der rundherum von Menhiren flankiert wurde. Fackeln spendeten prasselndes Licht. Hunderte von vermummten und maskierten Menschen säumten den Ort, bei dem es sich offenbar um einen rituellen Versammlungsplatz handelte. War das die Stelle, von der van Tyne gesprochen hatte?

Der Baum war schon etwas Besonderes. Ein solch mächtiges Exemplar hatte sie das letzte Mal in Südafrika gesehen. Damals war es ein Affenbrotbaum gewesen, ein Baobab. Dreitausend Jahre alt und mächtig wie ein Fabrikschlot. Dieser hier war mindestens genauso groß, jedoch von einer anderen Sorte. Eibe vielleicht oder Esche. War das der Lebensbaum, von dem sie die ganze Zeit gesprochen hatten?

Die Versammelten redeten kein Wort, standen nur stumm da und glotzten.

Trotzig erhob Leslie ihr Kinn. »Also gut«, rief sie in die knisternde Stille. »Da sind wir. Passiert hier noch irgendetwas, oder war's das schon?«

Keiner antwortete. Wie teilnahmslose Wachsfiguren in einem gruseligen Varieté.

»Wenn das die ganze Vorführung ist, so habe ich nur eine Frage: Bei wem darf ich meine Karte zurückgeben? Ich muss nämlich gestehen, dass ich diese Zirkusnummer ziemlich öde finde.«

Ein schmerzhafter Hieb in die Kniekehlen schickte sie zurück auf den Boden. Blutroter Schmerz durchströmte sie, ließ sie nach Luft schnappen. Sie brauchte ein paar Sekunden, um wieder zu Atem zu kommen. Dann stand sie auf und drehte sich wutentbrannt zu ihrem Peiniger um.

Pravin, der Oberwachhund, stand hinter ihr und grinste hämisch. Leslie hätte ihm am liebsten eine verpasst, aber ihre Hände waren gefesselt. Mit einem vernichtenden Blick ging sie auf Abstand. Ihr linkes Knie fühlte sich taub an, dennoch war sie weit davon entfernt, klein beizugeben. Dafür spürte sie noch zu viel Feuer in sich.

»Okay, ich hab's kapiert«, sagte sie. »Zurückgeben kann ich meine Karte wohl nicht. Aber vielleicht passiert ja hier noch etwas. Etwas, das ich verstehe. Ich habe nämlich nicht den geringsten Schimmer, was hier gespielt wird.«

Ein hohles Lachen ertönte. Ein Mann trat vor. Blutrotes Gewand, volles Haar, markantes Kinn. Es war ihr Gastgeber, Ambrose van Tyne, auch wenn er irgendwie verwandelt aussah. Weder war er der schnöselige Lord noch der sanftmütige Guru. Vielmehr sah er aus wie ein Großinquisitor, und genau so verhielt er sich auch.

»Leslie, Leslie, eines muss ich dir lassen«, sagte er. »Du hast wirklich Mut. Ich glaube, niemand sonst hätte es gewagt, solche blasphemischen Worte im Angesicht des Altvorderen zu sprechen. Nicht in zweitausend Jahren.«

»Besser spät als nie«, entgegnete Leslie.

»Du wunderst dich vielleicht, dass ich das durchgehen lasse, aber schließlich bist du neu hier und obendrein ein Narr.« Er deutete auf ihre Kleidung. Erst jetzt merkte sie, dass man ihr das Gewand ausgezogen und sie stattdessen in ein Narrenkostüm gesteckt hatte. Genau wie Jonathan.

»Eine gute Geschichte kommt nie ohne einen Narren aus, würdest du mir da zustimmen?«

»Oh, absolut, Lord van Tyne. In letzter Zeit schon mal in den Spiegel geschaut?«

Van Tyne zuckte zusammen, gewann dann aber rasch wieder seine Fassung. »Wie hat dir der Film gefallen?«

Leslie zuckte die Schultern. »Keine Ahnung. Ich konnte ihn leider nicht sehen.«

»Was, warum nicht?«

»Vermutlich, weil Ihre idiotischen Gehilfen meinen Käfig auf einen Rosenbusch gerichtet haben. Jonathan musste mir das Geschehen auf der Leinwand beschreiben, was das Filmvergnügen sehr eingeschränkt hat.« Sie lachte. »Nicht mal das können Ihre Leute richtig machen. Eine ganz schöne Gurkentruppe, die Sie da versammelt haben, van Tyne.«

Der Lord fuhr herum. »Ist das wahr?«

Pravin senkte schuldbewusst den Kopf. »Sie war aufsässig, Mylord. Wir mussten sie disziplinieren.«

»Idiot!« Van Tyne schlug ihm ins Gesicht. »Es war mir wichtig, dass sie den Film sieht. Ihr haben wir es zu verdanken, dass er existiert. Hätte sie nicht Hannah und Edward zusammengebracht, der Film läge immer noch verstaubt in irgendwelchen Dosen.«

»Verzeihen Sie, Mylord.« Pravin lief rot an unter seinem Bart.

»Ist doch nicht so schlimm, Eure Lordschaft«, sagte Leslie mit ironischem Tonfall. »Ein schlechter Film wird nicht dadurch besser, dass man ihn mit langweiligen Szenen endlos in die Länge zieht. Dass Sie Gefallen an diesem Quatsch finden, ist Ihre Sache, aber bitte verschonen Sie uns mit diesem Mist. Der Film ist das Material nicht wert, auf dem er gedreht wurde.«

Leslie vernahm, wie ringsherum die Luft eingesogen wurde. Als würden die Menschen nicht glauben, was sie da soeben gehört hatten. Es war Teil ihres Plans, die Situation eskalieren zu lassen. Solange alles unter Kontrolle war, konnte sie sich nur passiv ihrem Schicksal ergeben. Jetzt war sie diejenige, die das Programm bestimmte.

»Wie kannst du es wagen?«, zischte van Tyne. »Gerade du müsstest doch wissen, welche Bedeutung dieser Film für uns hat. Er ist das Manifest unseres Glaubens. Ein geschundenes Meisterwerk, das unseren immerwährenden Kampf gegen das Christentum dokumentiert. *The Wicker Man* wird immer brennen.«

»Lassen Sie ihn brennen, aber bitte hören Sie auf, mir die Ohren vollzuheulen. Viel lieber würde ich mit meiner Freundin Hannah sprechen. Bist du hier, Hannah? Wenn ja, gib dich zu erkennen.« Sie blickte in die Runde. Die Menge schien von ihren Worten noch immer schockiert zu sein. Nur eine einzige Gestalt bewegte sich. Sie trug das Antlitz einer Maus. Leslie richtete ihren Blick auf sie.

»Bist du das, Hannah? Nimm diese dämliche Maske ab. *Bitte*.«

Die Frau löste das Band hinter ihrem Kopf und ließ die Maske sinken. Die Person, die dahinter auftauchte, sah Leslie mit ausdrucksloser Miene an. Diese Frau sah aus wie Hannah, aber sie war es nicht. In ihren Augen lagen weder Freude noch Wiedererkennen, weder Mitleid noch Verständnis. Es war der Blick einer Fremden.

»Was ist los mit dir?«, fragte Leslie. »Bitte sag doch was.«

»Was soll ich denn sagen?«

»Nun, zum Beispiel könntest du mir erklären, was du hier tust und warum du neuerdings mit diesen Freaks herumhängst. Wir hatten ein gemeinsames Ziel, schon vergessen? Wir wollten diesen Säcken das Handwerk legen. Diese Leute stellen eine Bedrohung dar.«

»Nur für die, die nicht willens oder fähig sind, zu sehen«, sagte Hannah mit teilnahmsloser Miene. »Wer seine Augen vor den Möglichkeiten des ewigen Lebens verschließt und jede Hoffnung auf eine bessere Welt aufgegeben hat, auf den muss das so wirken. Ich aber besitze jetzt ein tieferes Verständnis. Ich habe es gesehen. Dies ist der Beginn von etwas Großem. Und ihr werdet uns dabei helfen.«

»Du solltest dich mal hören«, stieß Leslie aus. *»Der Beginn von etwas Großem*, dass ich nicht lache. Klingt wie das Gelaber eines gehirngewaschenen Scientologen. Komm schon, Hannah, ich bin es, Leslie. Erinnerst du dich nicht an mich?«

Ihr beißender Sarkasmus sollte nur verschleiern, wie verzweifelt sie in Wirklichkeit war. Es stand noch viel schlimmer als befürchtet. Bis zu diesem Moment hatte sie gehofft, Hannah würde vielleicht nur simulieren. Eine Rolle spielen, um sie zu retten. Doch das war ein Irrtum. Niemand konnte so in seiner Rolle aufgehen, dass er vergaß, was echt war und was nicht. Nicht mal der beste Schauspieler war dazu in der Lage. Hannah war in ihrer innersten Seele überzeugt von dem, was sie sagte. Und Jonathan war in diesem Moment auch nicht gerade eine

Hilfe. Er stand da wie ein Lamm, das auf die Schlachtbank wartete. Gab es überhaupt noch Hoffnung für sie?

Kummer und Verzweiflung machten sich in Leslie breit, schnürten ihr die Kehle zu. Sie war normalerweise nicht der Typ, der gleich losheulte, aber jetzt fühlte sie, wie heiße Tränen in ihr aufstiegen.

»Was haben sie dir gegeben?«, flüsterte Leslie. »Was haben sie nur mit dir gemacht?«

»Nichts, was ich nicht gewollt hätte«, sagte Hannah lächelnd. »Eine Erweckung ist ein schmerzhafter Prozess, das wirst du selbst erleben. Sie ist wie eine Geburt, nur bei vollem Bewusstsein. Man tritt als normaler Mensch durch das Tor und kommt als ein anderer wieder hervor. Das Ritual führt die Verwandlung herbei.« Sie setzte ihre Maske wieder auf.

Van Tyne schien sich wieder gefangen zu haben. Sosehr Leslie ihn eben aus der Fassung gebracht hatte, so sehr schien ihm das Zusammentreffen der beiden Frauen zu gefallen. Sein Lächeln war widerwärtig. »Da hörst du es«, sagte er selbstverliebt. »Hannah ist jetzt eine von uns. Und du wirst es auch bald sein – wenn auch auf andere Art. Aber die Zeit schreitet voran, und die Sterne warten nicht. Bereitet euch darauf vor, dem Altvorderen zu begegnen. Er wird dir den Weg ins Paradies weisen.«

73

Szene 142, Klippe – Sonnenuntergang

Sergeant Howie und Rowan treten an den Rand der Klippe und blicken auf den Strand hinunter. Abgesehen von dem Pferdewagen, der immer noch an der Wasserkante steht, ist er verlassen. Als Howie sich umdreht, erstarrt er.

Neben ihnen ragt ein riesiger neolithischer Steinkreis in die Höhe. Die Inselbewohner haben sich kreisförmig um sie herum gruppiert. Stumm und maskiert stehen sie dort und sorgen dafür, dass niemand entkommt. Ein schrecklicher, zwanzig Meter hoher Opferaltar ragt in der Mitte des Steinkreises auf. Der Wicker Man. Er besteht aus einzelnen Weidenkäfigen, die miteinander verbunden sind, um die Form eines Mannes nachzubilden. Alle sind sie mit Opfertieren gefüllt – Ziegen, Schweine, Schafe, Hühner und Kälber. Einzig der Käfig im Brustbereich ist leer. Seine Tür steht weit offen. Eine Leiter führt dort hinauf.

*

Jonathan wurde brutal die glatten Stufen des Tempels hinabgestoßen. Er glitt aus und wäre mit Sicherheit gestürzt, hätten ihn seine schnellen Reflexe nicht gerettet. Er fing den Stoß im letzten Moment mit der Schulter ab und stützte sich gegen die Wand. Keuchend blieb er stehen, das Gesicht gegen das raue Felsgestein gepresst. Sein Herz schlug wie ein Dampfhammer. Ganz offensichtlich hatte man nicht vor, sie an der Oberfläche zu massakrieren, sondern unter der Erde.

»Vorwärts, los!«

Der Wachtposten rempelte ihn an, wollte ihn weitertreiben,

doch Jonathan hatte jetzt endgültig genug. Seit er ihn aus dem Käfig gezerrt hatte, drangsalierte ihn dieser Typ, und immer dann, wenn niemand hinsah.

Damit war jetzt Schluss.

»Wenn du mich noch einmal anfasst, bringe ich dich um«, fauchte Jonathan. »Ich schwöre es dir. Ich schleife dich nach oben und breche dir vor allen Leuten das Genick. Und wenn es das Letzte ist, was ich tue. Sollen sie mit mir machen, was sie wollen, ich werde Genugtuung daraus ziehen, dass du es nicht mehr erleben wirst. Hast du mich verstanden?« Sein Gesicht war nur wenige Zentimeter von seinem Gegner entfernt.

Seine zornsprühenden Augen waren so eindringlich, dass der Sikh vor ihm zurückwich. Erschrocken zuckte die Hand zum Säbel. Er hatte den Knauf bereits gepackt, als van Tyne hinter ihnen die Treppe herunterkam. Verwundert sah er die beiden Kontrahenten an.

»Was ist denn hier los? Ruhig und gesittet, habe ich gesagt. Was gibt es daran nicht zu verstehen?«

»Pfeifen Sie Ihren Bluthund zurück, Mister, oder ich garantiere für nichts«, platzte Jonathan heraus. »Ich bin es leid, schikaniert, geschlagen und gedemütigt zu werden. Wenn Sie mich umbringen wollen, dann tun Sie es verdammt noch mal, aber hören Sie auf, Ihre Spielchen zu spielen.«

Van Tyne blickte zwischen den beiden hin und her, dann machte er eine ruckartige Handbewegung. *»Amarjit, chale jao!«*

Der Sikh nahm seine Hand vom Schwert, senkte ergeben den Kopf und trat zurück. Das Funkeln in seinen Augen sagte Jonathan, dass dieser Kampf noch nicht ausgestanden war.

»Fesseln abnehmen.«

»Aber Herr …«

»Du hast mich gehört.« Die Stimme schnitt wie ein Diamant.

Der Sikh presste die Lippen zusammen. Er trat hinter Jonathan und fummelte an seinen Händen herum. Endlich frei.

Jonathan nahm die Hände nach vorn und massierte seine Gelenke. Er widerstand dem Wunsch, sich umzudrehen und dem Kerl eine zu verpassen. Das wäre ihm mit Sicherheit schlecht bekommen.

»Ich muss mich bei dir entschuldigen, Jonathan«, sagte van Tyne, während er Jonathan in den hinteren Teil des unterirdischen Bauwerks begleitete. »Es ist sonst nicht unsere Art, Gefangene schlecht zu behandeln. Liegt sicher an der Aufregung. Für uns steht einiges auf dem Spiel.«

»Was Sie nicht sagen ...«

»Doch, doch. Es ist wirklich unverzeihlich. Schließlich seid ihr unsere Hauptattraktion. Da ist es doch unsere Pflicht, sicherzustellen, dass ihr wohlauf und bei bester Gesundheit seid.«

»Lecken Sie mich, van Tyne.«

Der Lord lachte herzlich. »Nimm es nicht so schwer. Du hast hoch gepokert und verloren. So ist das nun mal im Leben. Ihr wart uns verdammt dicht auf den Fersen, das muss ich euch lassen. Ich bewundere eure Hartnäckigkeit. Schade, dass wir euch nicht auf unsere Seite ziehen konnten, aber so habt ihr uns die Arbeit erspart, nach neuen Opfern Ausschau zu halten.«

»Nicht nur kriminell, sondern auch noch faul. Das wird ja immer besser.«

»Ich bin Pragmatiker. Ich wähle immer den Weg des geringsten Widerstands.«

»Indem Sie unschuldige Mädchen opfern? Ich habe Ihre Spur bis ins Jahr 2000 zurückverfolgt. Zur Jahrtausendwende haben Sie es richtig krachen lassen, oder? Fünf junge Mädchen. Sie widern mich an, van Tyne.«

»Ich habe nur so viele geopfert, wie notwendig waren. Nicht mehr und nicht weniger. Ich bin Geschäftsmann, Jonathan, kein Psychopath. Blut ist mir auf Dauer zu kostspielig. Aber mit den Mädchen hast du recht. Es war womöglich ein Fehler. Vielleicht hätte ich früher auf gefestigte Persönlichkeiten zurückgreifen sollen. Persönlichkeiten wie dich und Leslie. Das Problem liegt darin, dass wir uns zu sehr an die alten Überlieferungen geklammert haben. Die beschriebenen Rituale sind leider etwas ungenau. Jedenfalls werden wir diesmal auf Opiate und sonstige Schmerz unterdrückende Substanzen verzichten.« Ein dämonisches Grinsen zerschnitt sein Gesicht. »Ihr werdet das alles bei vollem Bewusstsein miterleben. Das wird atemberaubend, glaube mir.«

»Dann sind wir also eine Art Versuchskaninchen für Sie?«

»Versuchskaninchen klingt so banal. *Vorreiter* ist besser. *Kundschafter!* Euch gebührt die Ehre, dorthin zu gehen, wo noch niemand zuvor gewesen ist. Das sollte euch mit Stolz erfüllen.«

»Drauf geschissen. Wieso machen Sie es nicht selbst, wenn Sie so scharf darauf sind? Wieso überhaupt Menschenopfer, tun es nicht auch ein paar Enten oder Ziegen?«

Van Tyne schüttelte den Kopf. »Nicht wirksam genug. Wie dir von Hannah vielleicht berichtet wurde, habe ich mich im vergangenen Jahr verstärkt mit den Opferritualen südamerikanischer Hochkulturen beschäftigt. Mit den Maya, den Azteken, den Inka, auch mit dem verschwundenen Volk von Hueitapalan.«

»Das hat sie mir erzählt, ja. Ihr Amulett …«

»Das Amulett, genau.« Van Tyne lächelte. »Ich bin zu dem Schluss gekommen, dass uns ein Fehler unterlaufen sein könnte. In den alten Kulturen lief die Opferzeremonie gänzlich anders ab. Es war ein wichtiges öffentliches Ereignis. Oft meldeten sich die Kandidaten freiwillig oder wurden in sportlichen Wettkämpfen zum Sieger gekürt. Es war eine Ehre, sich zu opfern. Die Kandidaten waren erwachsen und seelisch gefestigt. Und sie gingen freiwillig in den Tod. Zum Wohl der Gemeinschaft und um die Götter zu ehren.« Er führte Jonathan immer weiter. Die Wachen waren direkt hinter ihnen.

»Ein Ritual, egal welcher Art, lebt von starker Emotionalität«, sagte van Tyne. »Ein Tier versteht nicht, was mit ihm geschieht, es kann nur dumm dastehen und glotzen. Deswegen sind menschliche Opfer seit jeher wirkungsvoller als Tiere. Menschen haben ein Bewusstsein, sie wissen um ihre Vergänglichkeit. Sie wissen, was auf sie zukommt und was es bedeutet, zu sterben. Wenn wir junge unschuldige Opfer mittels sedativer Substanzen willen- und gefühllos machen, rauben wir dem Ritual seine Kraft. Wir schwächen den Vorgang und machen die Magie wirkungslos.«

Jonathan schüttelte grimmig den Kopf. »Um ehrlich zu sein, ich habe bis heute nicht kapiert, was ihr Typen eigentlich wollt. Die Weltherrschaft? Das ist doch absurd.«

»Weltherrschaft?« Van Tyne sprach das Wort aus, als hätte es einen bitteren Beigeschmack. »Doch nicht so etwas Banales. Es geht um den Menschen. Der Homo sapiens ist ein biologisches Fehlkonstrukt. Der Kreis der Unsterblichen ist angetreten, der Natur in dieser Frage etwas nachzuhelfen.«

»Und wie?« Es interessierte ihn nicht wirklich, aber van Tyne war gerade so schön in Fahrt, und Jonathan gewann etwas Zeit, um seine Fluchtgedanken zu vertiefen. Nicht, dass er wirklich eine Chance sah, aber vielleicht entdeckte er irgendwo eine Schwachstelle in van Tynes Plan.

»Indem wir die Weltordnung verändern«, sagte der Lord. »Und den Menschen das geben, wonach sie sich am meisten sehnen.«

»Geld?«

Van Tyne lachte. »Wir handeln mit etwas, das jeder Mensch begehrt, möge er noch so reich und mächtig sein.«

»Helfen Sie mir auf die Sprünge. Rohstoffe, Wasser, Diamanten?«

»Eigentlich solltest du inzwischen selbst darauf gekommen sein. Leben, Jonathan. *Ewiges Leben.* Weder Siechtum noch

Krankheit, stattdessen Gesundheit und Vitalität bis ins hohe Alter. Versprich einem alternden Menschen das, und er wird bereit sein, alles dafür zu tun.«

»Auf was sind Sie gestoßen, den Jungbrunnen?«

Van Tyne zwinkerte ihm zu. »Was genau haben dir deine beiden Freundinnen erzählt über das, was sie da drüben in Jordanien getan haben, hm?«

Jonathan geriet ins Grübeln. Die Infos, die Leslie und Hannah ihm gegeben hatten, waren tatsächlich ziemlich spärlich. Sie hatten sich vornehmlich auf das Attentat beschränkt. Aber er hatte auch so herausbekommen, dass es um den Baum des Lebens ging. War es das, wovon van Tyne sprach?

»Und?«

»Also gut, Sie haben mich«, sagte Jonathan. »Ein bisschen Unsterblichkeit würde auch mir recht gut gefallen. Ich habe es mir anders überlegt. Was muss ich tun, um bei Ihrem Club mitzumachen?«

Der oberste der Druiden fiel auf die Ironie nicht herein. »Dafür ist es nun zu spät«, sagte er. »Dir ist eine andere Aufgabe zugedacht.« Er wies Jonathan den Weg. Vor ihnen öffnete sich eine riesige Halle. Dutzende von Fackeln beleuchteten die Szenerie.

»Wir sind da. Dies ist der große Tempel. Wenn du deinen Blick nach vorn richtest, wirst du etwas sehen, was dir bestimmt gefallen wird.«

Jonathan tat es. Doch was er sah, gefiel ihm gar nicht. Im Gegenteil. Es bestätigte seine schlimmsten Befürchtungen.

74

Szene 142, Finale. Klippe – Sonnenuntergang

Howie bemerkt vier Männer, die mit Fackeln zu Füßen der Statue stehen. Sie kommen zu ihm herüber, packen ihn und eskortieren ihn zu ihrem Anführer. Rowan löst ihre Hand und stürzt Lord Summerisle in die Arme. Der hebt sie hoch und küsst sie.

»Habe ich alles richtig gemacht?«

»Bestens, liebste kleine Rowan. Du hast es perfekt gemacht!« Er stellt sie wieder auf die Füße.

Ms Rose mit ihrer goldenen Katzenmaske tritt vor und begleitet Rowan zurück zu ihrer Mutter. Howie beobachtet das alles mit Entsetzen.

Lord Summerisle: »Willkommen, Sergeant Howie. Sie sind auf eigenen Wunsch zu Ihrer Verabredung mit dem Wicker Man gekommen. Das Spiel ist vorbei.«

»Was meinen Sie? Welches Spiel?«

»Das Spiel der Beute, die den Jäger führt. Sind Sie nicht gekommen, um Rowan Morrison zu finden? Nun, hier ist sie. Sie hat Sie direkt zu uns geführt. Nun sind wir es, die Sie gefunden haben. Genau wie beabsichtigt.«

»Ich verstehe nicht … Rowan wurde doch vermisst. Ich musste doch herkommen und sie suchen. Ich hatte den Brief …«

»Ja, ich weiß«, sagt Lord Summerisle lachend. »Der Brief stammt von uns allen. Eine Einladung, die Sie nicht ablehnen konnten, nicht wahr?« Er zwinkert ihm zu. »Als Erstes machten wir Sie glauben, dass Rowan Morrison nicht existiert. Dann, dass sie gestorben sei. Dann, dass sie ermordet wurde. Am Schluss ließen wir Sie annehmen, Rowan würde gefangen gehalten, als Opfer für die Missernte.«

»Aber es gab doch eine Missernte«, erwidert Howie verwirrt. »Letztes Jahr. Ich habe das Foto gesehen.«

»O ja, das war ein schlimmes Jahr.« Lord Summerisle nickt bekümmert. »Die schlimmste Missernte, seit mein Großvater hierhergekommen ist. Die Blütezeit kam, doch die Früchte verfaulten und starben ab. Das darf in diesem Jahr nicht noch einmal passieren. Deswegen brauchen wir ein wirkungsvolles Opfer, um es zu verhindern.«

Howie starrt zum Wicker Man hinauf.

Summerisle bemerkt seinen Blick. »Tiere sind gut, natürlich. Aber ihre Wirksamkeit ist eingeschränkt. Nur ein Menschenopfer ist noch mächtiger. Die Inselbewohner wünschten es, und ich als ihr Führer kann es ihnen nicht verwehren. Sie werden verstehen, dass wir niemanden aus unseren eigenen Reihen opfern können. Ich gebe zu, die Auswahlkriterien sind kompliziert. Wir benötigen einen Fremden, der auf eigenen Wunsch herkommt. Er muss mit der Macht des Königs ausgestattet sein, gleichzeitig aber unschuldig wie eine Jungfrau. Kurz, wir benötigen einen Narren.« Er deutet auf Howies Kostüm.

»Der Narr …« Howie blickt an sich herab.

Ms Rose und Willow treten vor, um ihm aus seinem Kostüm zu helfen. Sie ziehen ihn aus, bis er nackt vor ihnen steht. Howie ist viel zu schockiert, um sich dagegen zu wehren.

Während Lord Summerisle weiterspricht, waschen sie Howie mit klarem Wasser und trocknen ihn anschließend mit weichen Tüchern. Danach reiben sie ihn mit rituellem Öl ein.

»Nun schauen Sie doch nicht so traurig, Sergeant. Als bekennender Christ muss Ihnen bewusst sein, dass dem Narren eine besondere Funktion in der Geschichte von Tod und Wiedergeburt gebührt.« Summerisle legt ihm die Hand auf die nackte Schulter. »Sie sehen immer noch verwirrt aus, Sergeant. Das ist ein Jammer. Sie sollten die Reise bei klarem Verstand und in froher Erwartung antreten. Mit dem Wissen, dass Sie

zwar als Narr gekommen sind, jedoch als König sterben werden.«

»Dann war alles geplant, von Anfang an …?«

»Gewiss doch. Und nun gehen Sie mit Würde.«

Eine der Wachen, ein mächtiger Kerl, packt Howie, wirft ihn über seine Schulter und beginnt, die Leiter hinaufzusteigen. Der Riese erreicht den Käfig und schleudert den Sergeant hinein. Dann schließt er die Tür und bindet sie zu.

Howie packt die Stangen seines Gefängnisses und brüllt hinab: »Männer und Frauen von Summerisle, bedenkt, was ihr tut. Ihr begeht einen Mord. Ihr alle seid schuldig. Und das wegen nichts. Dies ist ein völlig unnützes Opfer. Es gibt keinen Sonnengott. Es gibt keine Göttin der Gärten. Eure Ernte misslang, weil es ein schwieriges Klima ist. Früchte gedeihen nicht auf diesen Inseln. Das ist gegen die Natur. Nur durch stetige Handarbeit und ausgiebige Düngung habt ihr Erfolge erzielen können. Ihr benötigt anderes Saatgut und kein Opfer. Mich zu verbrennen, wird euch die Äpfel nicht wiederbringen. Weder die Birnen noch die Aprikosen. Summerisle, sagen Sie ihnen, dass ich recht habe!«

Summerisle: »Falsch! Ich weiß, dass es funktionieren wird. Dies ist der einzige Weg.« Er gibt das Signal an die Fackelträger, die daraufhin die Flammen in den Scheiterhaufen senken.

Rauch steigt auf. Wir sehen Howie, der weiter schreit: »Wenn eure Ernte dieses Jahr wieder ausfällt, was tut ihr dann? Ein neues Blutopfer? Und es muss noch wirkungsvoller sein. Niemand anderer als der König von Summerisle selbst. Hörst du mich, Summerisle? Wenn die Ernte ausbleibt, wirst du das nächste Opfer werden. Bist du bereit dafür?«

Doch niemand hört ihn.

Die Kamera fährt zurück. Wir sehen die Opferstätte, die in Rauch und Flammen gehüllt ist. Über das Knacken und Bren-

nen der Scheite hören wir die panischen Schreie der Tiere. Langsam fährt die Kamera hinauf und zeigt den brennenden Kopf des Wicker Man. Der Kopf fällt in sich zusammen und sackt zur Seite. Im Hintergrund versinkt die Sonne im Meer.

75

Der Tempel war aufgeladen mit magischer Energie. Er glühte, waberte, löste sich auf. An den Rändern war ein Flimmern zu sehen, das stärker wurde, wenn man versuchte, daraufzustarren. Hannah konnte die Magie sehen, hören, *spüren.* Sie war um sie herum und in ihr drin. Allgegenwärtig. Im Licht, aber mehr noch in den Schatten. Dort, wo keine Helligkeit hingelangte, waren Bewegungen zu erkennen. Umrisse, kaum sichtbar. Sie verschwanden, kamen wieder zum Vorschein, atmeten und pulsierten. Als befände man sich im Inneren eines gewaltigen Herzens.

Ihr Blickfeld war verschoben, leicht entrückt. Als habe sie jemand aus der realen Welt gerissen und in eine magische Zwischenwelt gestellt. Es fiel ihr schwer, die Dinge scharf zu sehen. Wenn sie etwas fokussierte, schien alles normal. Oberflächen, Kanten, Licht, Struktur – die komplette physische Beschaffenheit. Wandte sie sich jedoch nur ein kleines Stück ab, verschwamm alles wieder. Es wurde transluzid und halluzinogen. Als wäre die Welt eine Illusion, als läge die wahre Realität hinter den Dingen.

Hannah spürte, wie sie sich veränderte. Sie wuchs, reifte. Von einem schwächlichen Samen zu einer Pflanze, deren Wurzeln tief in den Boden reichten. Noch niemals zuvor in ihrem Leben hatte sie so etwas gefühlt. Kein Glauben, keine Philosophie oder Psychologie hätten ihr das bieten können.

Gewiss, die Metamorphose war alles andere als angenehm gewesen. Körperliche Schmerzen, Magenkrämpfe, schädelspaltender Kopfschmerz. Fieber, Schüttelfrost und Gliederschmerzen. Und das waren nur die ersten Symptome. Danach wurde es schlimmer. Der Moment der Transformation war etwas, das sie nie wieder durchstehen wollte. Als müsste man die eigene Geburt noch einmal bei vollem Bewusstsein miterleben. Ein brutaler Vorgang, eine Vergewaltigung an Leib und Seele.

Doch das lag in der Vergangenheit. Es bereitete ihr kein Kopfzerbrechen mehr. Was ihr viel mehr zu schaffen machte, war der Gefühlsverlust, die Gleichgültigkeit. Alles, woran sie geglaubt, worauf sie vertraut hatte, war verschwunden. Wo war ihre innere Landkarte? Wo ihr moralischer Kompass, der sie all die Jahre hindurch begleitet hatte?

Sie hatte fast die Hälfte ihres Lebens benötigt, um herauszufinden, wer sie war, wohin sie gehörte, was sie wollte. Sie hatte die wichtigen Personen in ihrem Leben gefunden. Ihre Tochter Leni. Ihren Mann John. Ihre Eltern. Ihre Schwester.

Und Freunde wie Leslie.

Sie erinnerte sich, dass sie für diese Menschen einst etwas empfunden hatte, doch nun waren sie nur noch Fußnoten. Belanglose kleine Dinge, die man ansah und wegwarf. Sie fühlte, dass es falsch war, doch sie konnte nichts dagegen tun. Irgendetwas zwang sie dazu, diesen dicken Stapel Akten aus ihrem Regal zu ziehen und in den Abfall zu geben. Das Loch, das dort entstand, sehnte sich danach, gefüllt zu werden. Doch mit was?

Ambrose hatte ihr versichert, dieser Zustand sei nur vorübergehend, der Schmerz würde bald nachlassen. So wie auf Regen immer Sonne folgt, würde die Leere bald kaum noch spürbar sein. »Lass Gras darüber wachsen«, hatte er gesagt. »Säe etwas, und sieh zu, wie es wächst.«

Wenn das so einfach wäre.

Diese eisige Leere tat verdammt weh. Doch nun waren sie hier, im Tempel der Altvorderen. Dem Ort, an dem alle Wege zusammenliefen. Hier, so hoffte sie, würde sie Antworten auf ihre Fragen finden. Mit langsamen Schritten folgte sie der Prozession.

Keltische Klänge wehten durch die Luft. Der Tempel wurde von Dutzenden von Ölfeuern erhellt, die das massive Mauerwerk leicht und transparent werden ließen. Das Zucken der Lichter hatte etwas Lebendiges.

Es war anders, als sie es sich vorgestellt hatte. In den Filmausschnitten war der Tempel kurz zu sehen gewesen, hatte dort aber düster und bedrohlich gewirkt. Zwischen den Aufnahmen aus den Siebzigerjahren und denen vom heutigen Tag waren erhebliche bauliche Veränderungen vorgenommen worden. Der Raum hatte ursprünglich einen höhlenartigen Charakter besessen, mit einem unebenen, gestampften Lehmboden und roh behauenen Seitenwänden. Jetzt wirkte er luftiger und moderner. Mehr wie eine Kathedrale. Ein paar Elemente waren immer noch dort, wo sie schon in *The Wicker Man* gestanden hatten; der Sarkophag, die Götterstandbilder in den Wandnischen sowie der Sternenhimmel, der sie so an Südamerika erinnert hatte. Aber da hörten die Gemeinsamkeiten auch schon auf.

Das hölzerne Deckengewölbe war angehoben und mit Kreuzverstrebungen abgesichert worden. Fünf Säulen trugen das gewaltige Dach. Vier in jede Himmelsrichtung und eine zentral in der Mitte. Sie waren aus mächtigen Baumstämmen gefertigt worden und sahen echten Bäumen täuschend ähnlich. Hannah begriff, dass dies eine spiegelbildliche Entsprechung der Erdoberfläche darstellen sollte.

Höhepunkt der Anlage aber war die dramatisch beleuchtete Rückwand. Dort befand sich ein steinernes Relief. Ein Kunstwerk von biblischen Proportionen. Zehn Meter breit und schätzungsweise vier Meter hoch, stellte es wichtige Stationen im Leben des Altvorderen dar. Eine Abfolge von Bildern, die irgendwo im fernen Asien ihren Anfang nahmen, anschließend eine Reise durch die Wüste beschrieben, die Fahrt über das Meer, und die schließlich mit der Ankunft in der neuen Welt endeten. Ahnen, Götter und unzählige historische Persönlichkeiten flankierten das Geschehen. Die Wurzeln des Lebensbaumes drangen an einem bestimmten Punkt aus der Decke und fluteten mit ihren Trieben, Verzweigungen und Verästelungen über das Relief. Es war schwer auszumachen, wo der Stein endete und das Holz begann, sodass das Geflecht zu einem festen Bestandteil des Kunstwerkes wurde. Eine erstaunliche architektonische und bildhauerische Leistung.

Hannah presste die Hände gegen die Schläfen. Wieder wurde sie von schweren Halluzinationen überrollt. Dieses Relief hielt sie gefangen, als besäße es einen eigenen Willen. Ein seltsames Gefühl kroch mit Spinnenbeinen ihren Rücken hinauf. Wenn man die Augen zusammenkniff und das Bild unscharf werden ließ, zogen sich die vielen Wurzeln und kleinen Einzeldarstellungen zu etwas Größerem zusammen. Das Antlitz eines Gottes.

Sie schnappte nach Luft.

Statt eines Mundes war dort eine schmale Linie, die an eine Bärenfalle oder ein Haifischmaul erinnerte. Den Augen wohnte etwas Wölfisches inne, während die Nase an das platt gedrückte Riechorgan einer Fledermaus erinnerte. Die zwei Öffnungen schienen gierig Witterung aufzunehmen. Die Wurzeln, das erkannte sie jetzt, bildeten Haare und Bart dieses ungeheuren Wesens.

Wehe dir, schien der Gott zu sagen. *Wage es nicht, näher zu kommen, oder du bist des Todes.*

Instinktiv trat sie einen Schritt zurück. Etwas Dunkles lauerte in diesem Bildnis, das weder etwas mit den bewusstseinsverändernden Substanzen noch mit dieser gespenstischen Umgebung zu tun hatte. Hannah rieb ihre Augen und versuchte, sich zu konzentrieren. Ihr musste wohl ein Ausruf des Erstaunens entfahren sein, denn Ambrose, der die Prozession anführte, war stehen geblieben und drehte sich zu ihr um. »Was ist mit dir?« Er beobachtete sie aufmerksam. »Sag bloß, du kannst IHN sehen.«

Sie wollte etwas erwidern, doch ihre Kehle war wie zugeschnürt. Ihr blieb nichts anderes übrig, als zu nicken.

Seine Brauen wanderten in die Höhe. »Oh«, murmelte er überrascht. »Das beeindruckt mich.«

»Ist das … gut?« Es klang irgendwie fremd. War das wirklich ihre Stimme?

»Gut?« Er strahlte. »Es ist weit mehr als das. Es sagt mir, dass ich die richtige Wahl getroffen habe. Nur sehr wenige Personen sind dazu in der Lage. Die meisten verstricken sich in Details und übersehen dabei das große Ganze – selbst wenn man sie darauf hinweist. Dass du IHN erkannt hast, und das gleich bei deinem ersten Besuch, beweist, dass Yara recht hatte. Du bist etwas Besonderes.« Er zögerte einen Moment, dann sagte er: »Komm näher. Sieh ihn dir aus der Nähe an. So viel Zeit muss sein.«

Auf ein Zeichen von ihm blieb die Gesellschaft stehen. Ambrose ergriff Hannahs Hand und führte sie bis nach vorn zu dem Relief. Hannah spürte Rhiannons Blicke in ihrem Rücken. Blicke voller Eifersucht.

Ambrose wirkte zufrieden. »Schön, nicht wahr?« Er streckte seine Hand aus. »Gehen wir ein paar Schritte zusammen.«

Hannah ließ sich führen. »Was ist das für ein Relief?«

»Wir ließen es zur Jahrtausendwende anfertigen. Die Arbeit eines bedeutenden britischen Künstlers. Anselm Hart, ist er dir ein Begriff?«

Sie schüttelte nur den Kopf. Seine Worte drangen kaum zu ihr durch. Erneut rollte eine Woge aus Flammen über sie hinweg. Sie musste den Atem anhalten. Sie spürte den Wind in ihrem Haar, das Brausen des aufkommenden Sturms. Links sah sie den blutgetränkten Mond, rechts die Sonne, die gerade hinter den Hügeln versank. Über ihr rollten Gewitterwolken, die von innen heraus leuchteten. Sie selbst stand auf einem Berg, umringt von einem neolithischen Steinkreis, während sie Worte der Macht und Magie sprach. Die Wolken formten sich zu einem gewaltigen Gesicht.

»Hannah?« Ambrose stand vor ihr und sah sie erwartungsvoll an.

Sie erschrak. Was machte dieser Ort mit ihr?

»Magst du ihn berühren?«

Sie blickte auf die Wurzeln. Sie waren hell, feingliedrig und augenscheinlich recht geschmeidig. Ihre Enden zerfaserten in unendlich feine Fäden. Nach oben hin wurden sie dicker und dunkler. Im Film hatten sie rot gewirkt, doch nun sahen sie irgendwie rostig aus. Wie uralte Rohrleitungen.

»Nun?«

»Ich weiß nicht ...«

»Was heißt das, du weißt nicht?« Er rückte näher und sprach so leise, dass nur sie es verstehen konnte. »Du bist dir doch hoffentlich im Klaren darüber, welche Ehre dies für dich ist, oder? Es gibt nur wenige, die stehen dürfen, wo du jetzt stehst. Er hat dich auserwählt, also erweise ihm Respekt. Oder willst du, dass ich meine Meinung ändere?« In seinen Augen lag eine Kälte, die sie erstarren ließ.

»Was heißt das?«, murmelte sie. »Bin ich denn nicht schon längst eine von euch ...?«

»Noch nicht. Du hast nur den ersten Schritt getan. Vergiss nicht, solange wir nicht die körperliche Vereinigung vollzogen haben, sind wir nicht verheiratet. Ich will wissen, was ER über dich denkt. Also streck deine Hand aus!«

Je mehr er sie drängte, desto mehr wich sie zurück. Sie wagte es nicht, dieses seltsame Pflanzengeflecht zu berühren. Aber hatte sie überhaupt eine Wahl? Sie musste es tun.

Doch was würde es mit ihr machen? Sie hatte nur eine Möglichkeit, das herauszufinden. Sie gab sich einen Ruck, legte ihre Hand auf die Wurzeln und schloss die Augen.

76

WER BIST DU?
Mein Name ist Hannah.
WER HAT DIR ERLAUBT, MEINE RUHE ZU STÖREN?
Der oberste Hüter.
HAT ER GESAGT, WARUM?
Er möchte wissen, was du denkst.
WORÜBER?
Über mich. Er hält mich für eine Sehende.
BIST DU ES?
Wie kann ich das beurteilen? Ich besitze kein Wissen.
DANN SOLL ICH DICH ALSO PRÜFEN?
So habe ich ihn verstanden.
...
Hallo?
STÖR MICH NICHT, ICH DENKE NACH.
...
IHR MENSCHEN SEID SO UNGEDULDIG. IHR BESITZT KEINERLEI ACHTUNG. STÄNDIG SOLL SICH ALLES NUR UM EUCH DREHEN. ICH BIN ES SO LEID.
ALSO GUT, LASS DICH ANSEHEN.
...

Helligkeit zuckte auf.

Hannah stand auf einer kreisförmigen Lichtung, umgeben von grünen, kraftstrotzenden Bäumen. Sie wusste, dass sie die Augen immer noch geschlossen hielt, es konnte also nur ein Suggestivbild sein. Sie blickte an sich hinab und stellte fest, dass sie nur ein einfaches Gewand trug. Weder Schuhe noch Unterwäsche oder Schmuck. Wie bei einer Taufe. Ihr gegenüber stand ein Mann. Groß, gebeugt und vom Alter gezeichnet.

Der Mann trug ein grünes Gewand, das um die Leibesmitte mit einer Kordel zusammengehalten wurde. Die Ärmel waren verziert mit roten Symbolen, die einem Wurzelgeflecht ähnelten. Aus seinen Schläfen wuchs ein Hirschgeweih, was ihn aus der Ferne wie einen Baum aussehen ließ.

Er war auf einen Stock gestützt, der mit kunstvollen Verzierungen bedeckt war. Die Haut des Mannes wirkte grünlich, so wie auch der ganze Rest. Seine gebeugte Haltung ließ auf eine schwere Krankheit schließen.

Der *Green Man*.

Unter den buschigen Brauen schimmerten müde Augen wie glasige Zwiebeln in einer Suppe. Augen, die Hannah unwillkürlich zurückweichen ließen.

Ein trockenes Lachen ertönte. »Wo willst du denn hin?«

»Ich …« Sie blieb stehen. Das war nicht real. Eine Halluzination. Kein Grund, besorgt zu sein.

»Du wolltest mich sprechen. Hier bin ich.« Er breitete seine Arme aus, was irgendwie unnatürlich aussah. Als würde er an unsichtbaren Fäden hängen.

Hannah räusperte sich. »Wer sind Sie, wie darf ich Sie anreden?«

»Ich habe viele Namen. Je nachdem, an welchem Ort du nach mir fragst, werde ich Isched genannt oder Kiškanu, Irminsul oder Wacah Chan, Bajterek oder Ṭūbā. Ich bin der Älteste.«

Sie nickte. Ein Teil von ihr hatte diese Antwort erwartet.

Sie betrachtete ihn eingehend. Wuchs dieses Geweih wirklich aus seiner Stirn, oder gab es da einen raffinierten Befestigungsmechanismus?

»Was starrst du denn so?«

Sie räusperte sich. »Bitte entschuldigen Sie, ich wollte nicht starren. Ich war nur fasziniert von Ihrem Äußeren.«

In seinen Augen glommen grüne Funken auf. »Ich weiß, dass ich nicht mehr der bin, der ich einst war. Wir leben in Zeiten des schwindenden Lichts. Ich bin nicht mehr gesund, die Jahre haben mich aufgezehrt. Früher gab es Unzählige von meiner Art, doch jetzt leben kaum noch welche. Eine sterbende Gattung in einem sterbenden Land.«

»Klingt düster ...«

»Was hast du erwartet? Dies ist eine Geschichte von Aufstieg und Fall. Und der Niedergang ist niemals schön.«

»Klingt, als hätten Sie Ihren Lebenswillen verloren.«

»Maße dir kein Urteil über mich an, unwürdige Kreatur«, donnerte der Gehörnte. Er schien zu wachsen. Sein Gesicht ähnelte mit einem Mal auf unheimliche Art dem steinernen Relief im Tempel. Er streckte seine knorrige Hand nach ihr aus. »Wenn ich es wollte, könnte ich dich verdorren lassen wie Steppengras. Du würdest vertrocknen wie die Frucht am Baum. Nur weil du von meinem Blut getrunken hast, macht dich das noch nicht zu einer von uns.«

Hannah senkte den Kopf. »Entschuldigen Sie ...«

»Ich habe lange gekämpft, doch inzwischen sind meine Kräfte versiegt. Meine und die meiner Mitstreiter.« Er deutete hinter seinen Rücken. Hannah sah, dass dort weitere Gestalten standen. Vier an der Zahl. Doch sie waren zu weit entfernt, um sie genauer in Augenschein zu nehmen.

»Die Menschen haben sich von uns abgewandt, haben anderes gefunden, das sie anbeten. Götzen, Besitztümer, GELD. Ich habe die Hoffnung aufgegeben. Ihr seid es einfach nicht wert.«

Hannah senkte den Kopf. Sie fühlte sich klein und unbedeutend in seiner Gegenwart. »Ich weiß nicht, was ich tun soll ...«

»Es gibt nichts zu tun. Lass mich in Ruhe. Lass mich sterben.«

»Das wird den Hüter nicht zufriedenstellen.«

»Den Hüter.« Ein schales Lachen drang aus der Kehle des

Green Man. »Er ist der Grund allen Übels. Ich sehe Pläne und Pläne hinter Plänen. Mit Blut will er uns am Leben halten, auf dass er unsere Macht für seine Zwecke nutzen kann. Er nährt uns, lässt uns Pflege angedeihen und bewahrt uns vor Feuer, unserem größten Feind. Doch es ist, als würde er unser Leben künstlich in die Länge ziehen.«

Er schüttelte betrübt den Kopf. »Ich habe schon viel zu lange gelebt.«

»Aber Sie sind unsterblich …«

»Ja …« Ein tiefer Seufzer drang aus seiner Kehle. Es klang wie der Wind, der nachts durch die Äste fuhr. »Ich will nicht länger kämpfen, doch sterben kann ich auch nicht. Verdammt zu ewigem Leben. Dabei sehne ich mich nach Schlaf …«

Hannah hob ihr Kinn. »Der Hüter sagte, es gäbe Hoffnung. Er sagte, es wäre nur das Ende eines Zyklus und dass ein Neubeginn bevorstünde.«

»Die Hoffnung eines machtbesessenen Narren.« Ein trockenes Husten erklang. »Ich habe es ihm bereits zu erklären versucht, aber er hört nicht zu. Er glaubt, was er glauben will. Seine Opfer zögern das Unvermeidliche nur hinaus. Langfristig werden sie den Untergang nicht aufhalten. Aber es ist sinnlos, mit Menschen zu reden …«

»Wollen Sie damit andeuten, dass …«

»Nichts will ich andeuten. Jetzt werde ich gehen. Ich habe dir schon viel zu viel Aufmerksamkeit gewidmet. Du bist doch auch nur eine von denen.«

»Aber ich habe noch Fragen …«

»Die Audienz ist beendet.« Er drehte sich um und humpelte davon. Mit dem Geweih auf der Stirn sah er aus wie ein vom Wind gebeugter Baum. Vorhin noch groß, war er jetzt klein und eingefallen. Als könnte ihn ein einzelner Windstoß umwerfen.

Der Letzte seiner Art, dachte Hannah.

…

Sie schlug die Augen auf. Sie stand wieder im Tempel. Van Tyne sah sie an. Neugierig. Fragend. Begierig nach Informationen. In seinen Augen spiegelte sich das Licht der Ölfeuer.

»Und?«

Ihr fehlten die Worte.

Feuer ist unser größter Feind. Ich habe schon viel zu lange gelebt.

»Sag schon, bist du IHM begegnet?«

Hannah nickte. Ihr war schwindelig. Übelkeit rumorte in ihrem Magen. Rasch zog sie ihre Finger zurück vom Wurzelgeflecht.

»Was hat er gesagt? Ist er bereit für das Ritual?«

Sie nickte erneut. Doch es war nur eine mechanische Bewegung. Ohne Überzeugung.

»Ausgezeichnet«, sagte van Tyne und klatschte in die Hände. »Das bedeutet, wir können anfangen. Also, Freunde, lasst uns beginnen!«

»Ja«, riefen die Adepten. »Lasst uns beginnen.«

77

Bleib stehen!«

Leslie hielt an. Keine Provokationen mehr, kein Widerstand. Sie hatte es versucht, und es hatte ihr nur Schläge, Demütigungen und Hohn eingebracht. Niemand interessierte sich für das, was sie dachte oder fühlte. Niemand gab einen Dreck, ob sie lebendig war oder tot.

Die Adepten warteten auf den obersten Hüter und seine Auserwählte. Ambrose und Hannah waren zum Relief hinübergegangen und unterhielten sich dort. Für Leslie die Gelegenheit, unauffällig ihre Umgebung in Augenschein zu nehmen. Unauffällig deswegen, weil diese verfluchten Wachen direkt hinter ihr standen.

Im entfernten Teil der Höhle, dort, wo das Relief begann, waren drei wannenförmige Vertiefungen in den Boden eingelassen. Sie schienen mit einer seltsamen dunklen Flüssigkeit gefüllt zu sein, und Kerzen standen darum herum. Dutzende von Ölfeuern tauchten die Halle in ein dämonisches Licht. In die Bodenplatten waren magische Zeichen geritzt. Darstellungen des Sonnensystems, Tierkreiszeichen sowie alchemistische Symbole. An der Ostseite brannte Räucherwerk, das die Luft mit schweren Düften sättigte. Der Osten, das wusste Leslie noch aus ihren Seminaren, war die Heimat des Geistes und der Spiritualität.

Der Süden gehörte dem Feuer, dem Element der Verwandlung. Ein riesiger Scheiterhaufen loderte dort, die Äste und Holzscheite rußgeschwärzt.

Der Westen war der Ort des Wassers. Zeichen der Liebe, Emotion und Heilkraft.

Im Norden – und hier wurde es wahrlich beklemmend – befand sich ein neolithisches Steintor. Zwei hochkant aufgestellte

Steinquader, die nach oben hin von einem Schlussstein abgedeckt wurden. Sie beschatteten ein am Boden eingeritztes Pentagramm, das dunkel und fleckig wirkte, als wäre dort eine dunkle Flüssigkeit verschüttet worden. Vielleicht Wein, vielleicht aber auch …

Leslie presste die Lippen zusammen. Das Portal war schätzungsweise vier Meter hoch und mit unterschiedlichen Symbolen verziert. Auf dem linken Sockel sah man den Mond in all seinen Phasen, rechts die auf- und untergehende Sonne. Der Schlussstein war schmucklos und unverziert. Das Symbol des gestaltlosen All-Einen. Des Ursprungs. Dies war die Kraft, die noch vor Gott und Göttin kam und die die Quelle jedweder Magie darstellte. Von hier aus ging die Reise direkt ins Reich der Erdelemente, vertreten durch die uralten Wurzeln und das gewaltige Relief dahinter. Über allem thronte das hölzerne Deckengewölbe in Form des Nachthimmels. Durch irgendeinen optischen Trick war es den Erbauern gelungen, einen Vollmond unter die Kuppel zu projizieren, der zusammen mit winzigen Sternen den Eindruck erweckte, als würde sich der Versammlungsort unter freiem Himmel befinden.

Trotz der tropischen Temperaturen lief es Leslie kalt den Rücken herunter. Furcht presste ihr Herz zusammen. Dieser Ort war schlimmer als alles, was sie kannte. *El mundo infierno*, so hatte Hannah es genannt. Die Unterwelt. Heimstatt der Toten.

Eine beeindruckende architektonische Leistung, die Leslie jedoch nicht darüber hinwegtäuschen konnte, welch schrecklichem Zweck sie diente. Niemals, nicht mal in ihrer kühnsten Vorstellung, hätte sie geahnt, dass es noch so etwas geben konnte. Nicht im Herzen eines der zivilisiertesten Teile der Welt.

In London befand sich eines der weltgrößten Bankenzentren. Von dort wurden sämtliche Geldströme gelenkt. Hunderttausende Menschen gingen täglich zur Arbeit, fuhren mit der Tube oder ließen sich mit Taxis zu ihren Büros fahren. Über ihre

Smartphones streamten sie die neuesten Hits auf ihr Ohr oder lasen E-Books. Börsenwerte wurden verglichen, Handel getrieben und Bilanzen erstellt. Es wurde Technologie entwickelt, die uns in ein neues Jahrtausend katapultierte und dafür sorgte, dass der Mensch in ein paar Jahrzehnten dauerhaft seinen Heimatplaneten verlassen würde.

Dass man hier, an einem Ort, der nur hundert Kilometer von diesem leuchtenden Zentrum entfernt war, längst vergessen geglaubten Göttern und magischen Fähigkeiten huldigte, war ein Anachronismus, der jede Vorstellungskraft sprengte.

Dieser Tempel war nur aus einem Grund errichtet worden. Um Menschen hinzurichten. In aller Stille und unter Ausschluss der Öffentlichkeit. Mochten die Motive auch religiöser Natur sein, unter dem Strich blieben es abscheuliche Verbrechen. Dutzende Unschuldiger waren hier getötet worden, und nun würde die Reihe an ihnen sein.

Leslie wurde es flau im Magen. Der ekelhafte Weihrauch, die brennenden Ölfeuer und flackernden Kerzen erzeugten einen widerlichen Geschmack auf ihrer Zunge. Sie hatte Durst und fühlte sich elend. Die Wachen schienen abgelenkt, sodass sie einen kleinen Vorstoß wagen konnte. »Was nun?«, flüsterte sie Jonathan zu. »Wie sieht unser nächster Schachzug aus?«

Er sah sie an, als verstünde er nicht, wovon sie sprach. »Was denn für ein Schachzug?«

»Na, unser Fluchtplan.«

»Der hat sich da unten im Filmlabor in Rauch aufgelöst. Ich sage es nur ungern, aber ich fürchte, wir kommen hier nicht wieder lebend raus.«

Sie nickte. So schien es ihr auch. Der Versuch, ein paar der Wachen niederzuschlagen und sich den Weg freizukämpfen, war genauso absurd wie die Vorstellung, rauszurennen und nach ihren Waffen zu suchen. Die Sikh-Wachen standen überall. Nicht mal eine Maus kam hier raus.

»Sorry, wenn ich dir keine Hilfe bin.« Er schüttelte traurig den Kopf. Genau wie sie wusste er, dass nur noch ein Wunder sie retten konnte.

»Diese Becken dort drüben …«, sie deutete in Richtung des Altars, »was glaubst du, wozu sie dienen?«

»Keine Ahnung. Rituelle Waschungen vielleicht?«

»In dem Fall sollte man wohl davon ausgehen, dass sie sauberes Wasser verwenden. Die Brühe sieht aber ziemlich trübe aus.«

»Und ich verstehe nicht, wieso es drei Becken sind«, sagte Jonathan. »Wir sind doch nur zu zweit. Ob es wohl noch jemand Dritten gibt?«

»Ehrlich gesagt, ist mir das völlig schnuppe«, erwiderte sie. »Am liebsten wäre mir ja, sie würden nicht lange warten, sondern die Sache endlich über die Bühne bringen. Kurz und schmerzlos. Ich bin es leid, weiter diesen Gestank einatmen zu müssen.«

»Dein Wunsch könnte eher in Erfüllung gehen, als dir lieb ist«, murmelte Jonathan. »Hannah und Ambrose kommen zurück. Das heißt, das Ritual dürfte jeden Moment beginnen.«

Leslie musterte die beiden argwöhnisch. Van Tyne war ein Arschloch, aber das war er schon von Anfang an gewesen. Es war Hannah, auf die sich gerade Leslies gesamte Aufmerksamkeit richtete. Was hatten sie nur mit ihr angestellt, dass sie so dermaßen unbeteiligt war? Sie sagte nichts, tat nichts, starrte nur geradeaus. Wenn überhaupt ein Wunder zu erwarten war, dann aus dieser Richtung, aber danach sah es im Moment nicht aus. Leslie spannte die Kiefermuskeln an. Wie es schien, näherten sie sich der Zielgeraden.

Ambrose hatte die Arme erhoben. Seine Stimme war laut und volltönend. »Liebe Freunde, hört mir zu. Ich habe gerade eine wundervolle Nachricht erhalten. Der Altvordere hat gesprochen.«

Ein Raunen ging durch die Menge. Die Menschen hingen an

van Tynes Lippen. »Er hat uns ein Zeichen gesandt. Hannah hat mit ihm gesprochen, er hat geantwortet. Er ist bereit für die Zeremonie.« Die letzten seiner Worte gingen im tosenden Applaus und dem Jubel der Menge unter. Manche der Anwesenden fielen zu Boden und richteten ihre betenden Hände in Richtung des steinernen Tors und Reliefs.

Ambrose griff nach einem Kelch, nahm einen Schluck und ließ das Gefäß dann herumgehen. Priesterinnen reichten weitere Kelche herum. Aus Krügen wurde weiter nachgeschenkt. Ambrose stimmte einen rituellen Gesang an. *»Mögen die Mächte des All-Einen, des Ursprungs aller Schöpfung, alldurchdringend, allmächtig, ewig sein. Mögen Göttin und Gott, Herrscherin des Mondes und gehörnter Jäger der Sonne, mögen die mächtigen Steingeister, Herrscher über die Elemente, die Sterne dort oben und die Erde unter mir, diesen Ort und diese Stunde segnen und mich, der ich mit ihnen bin.«*

Die Menschen stimmten mit ein, und bald war die Halle erfüllt von Gesang. Leslie erschauderte bei dem Gleichklang.

Rituelle Worte und Gesänge waren ihr bereits als Kind zuwider gewesen. Diese Gleichschaltung vernunftbegabter Wesen hatte etwas Bedrohliches. Der individuelle Mensch ging verloren, wurde aufgesogen von der Menge und dabei gesichtslos und uniform. Wie ein Klumpen Ton, den man beliebig formen und benutzen konnte.

Kein Wunder, dass die Propaganda der Nationalsozialisten so effektiv gewesen war. Sie hatte auf die Dynamik der Massen gesetzt. Wehe, wenn sich Menschen im Rausch der Menge mitreißen ließen, dann gab es kein Halten mehr, keine Grenzen. Nur noch eine nach oben offene Eskalationsskala. Wenn derart manipulierte Menschen wie die Lemminge einem Führer hinterherliefen, machte sie das zu den gefährlichsten Lebewesen auf diesem Planeten. Zu lebenden Zeitbomben. Zu biologischen Waffen.

Dieser Moment war jetzt gekommen, das spürte Leslie.

Ambrose hatte sie alle im Griff. Er war der Töpfer. Hätte er von ihnen verlangt, in den Abgrund zu springen, sie hätten es getan, ohne mit der Wimper zu zucken. Und Ambrose genoss diese Macht. Sie erregte ihn förmlich. Auf ein Zeichen von ihm wurden Leslie und Jonathan nach vorn gebracht. Leslie spürte brutale Hände, die sie vorwärtsstießen.

Je näher sie den Becken kam, desto mehr Widerwillen empfand Leslie beim Anblick dieses Wassers. Die dunkle Farbe, der speckige Glanz, die Art, wie die Brühe gegen die Ränder des Behältnisses schwappte. Sie wusste, dass sie alles daransetzen würde, um nicht dort hineinsteigen zu müssen.

Rhiannon trat vor und hob ihre Arme. »*Wundervolle Herrin des Mondes, die du den Abend mit silbernen Küssen begrüßt. Herrin der Nacht und Magie, die du durch den schwarzen Wolkenhimmel reitest und Licht auf die kalte Erde wirfst. O Mondgöttin, Sichelfrau, Schattenmacherin und Schattenbrecherin, Entdeckerin vergangener und heutiger Mysterien, Herrin der Meere und Führerin der Frauen, allwissende Mondgöttin, ich grüße dein himmlisches Juwel in seiner zunehmenden Kraft mit dem Ritus zu deinen Ehren.*

Ich bete mit dem Mond.

Ich bete mit dem Mond.

Ich bete mit dem Mond.«

Hände zerrten an Leslie. Sie wollte sich wehren, wurde aber festgehalten. Man zog ihr das Kleid über den Kopf und zwang sie, nackt vor der Versammlung zu stehen. Eine Demütigung, schlimmer als alle anderen.

Jonathan erging es nicht besser. Sikh-Wachen packten ihn, richteten ihn auf und zwangen ihn, aus dem Kelch zu trinken. Hustend und nach Atem ringend, würgte er das Zeug herunter. Hannah, die die ganze Zeit danebenstand, tat nichts, um das zu verhindern. Sie war nur eine weitere Marionette in diesem Schmierentheater.

Leslie wurde von einer solchen Wut erfüllt, wie sie es selbst nicht für möglich gehalten hatte. »Was ist mit dir?«, schrie sie ihre ehemalige Freundin an. »Gefällt dir das? Hast du erreicht, was du wolltest? Du könntest wenigstens so viel Anstand besitzen und dich nach hinten verziehen. Ich kann dein Gesicht nicht mehr ertragen.« Doch Hannah reagierte nicht. Ausdruckslos sah sie dem Martyrium der beiden zu.

Jetzt war es an Leslie, den Kelch an die Lippen gesetzt zu bekommen. Sie presste den Mund zusammen, aber als man sie am Hals packte und ihr die Nase zuhielt, musste sie doch einen Teil der Flüssigkeit herunterwürgen. Ein kleiner Schluck landete in ihrem Magen, den Rest konnte sie ausspucken.

Es schmeckte widerlich. Wie eine kalte Pilzsuppe, die man mit ranziger Butter versetzt hatte. Ein bitteres Aroma stieg ihre Kehle empor. Um ein Haar hätte sie sich übergeben, doch schon wurde sie wieder gepackt und in Richtung des dunklen Beckens gezwungen. »Nein!«, schrie sie. »Nein, lasst mich. Ich will da nicht rein. Hört auf, ich …«

Sie erhielt einen Schlag. Mitten ins Gesicht und mit voller Wucht. Sternchen zerplatzten vor ihren Augen. Kaskaden weißer Funken rieselten auf sie herab. Ein glühender Windhauch strich über ihre Haut. Ihre Beine knickten weg.

Das Nächste, was sie mitbekam, war, wie sie klatschend und spritzend im Becken landete. Die Kälte raubte ihr den Atem. Hände kamen auf sie zu und drückten sie nach unten, bis nur noch ihr Kopf aus dem Wasser schaute.

Jonathan wurde ebenfalls gezwungen, hineinzusteigen. Er leistete keinen Widerstand. Mit blassen Lippen ließ er willenlos alles mit sich geschehen.

Die Kälte lähmte Leslies Glieder. Sie versuchte, aus dem Becken zu kriechen, wurde aber von Männern mit Holzstangen hinuntergedrückt. Sie spürte, wie ihre Muskeln erschlafften. Als wäre sie eine Batterie, die man kurzgeschlossen hatte. Ihre

Kraft wurde von Minute zu Minute schwächer. Was auch an dem Trank liegen konnte. Er ließ sie fahrig werden, schummerig. Irgendetwas Weiches, Glitschiges befand sich am Grund dieser Wanne. Es fühlte sich an wie Algen oder so. Das Wasser war zu trübe, um hindurchsehen zu können.

Voller Ekel zog Leslie die Beine heran.

Van Tyne hatte währenddessen einen Beutel mit Kräutern gefüllt, einige Zauberformeln darüber gesprochen und ihn mit einem roten Faden zugebunden. Dann hielt er ihn über eine Flamme. Beißender Qualm stieg auf.

»*Ich feiere den Mittag des Sommers mit mystischen Riten*«, rief er.

»*O Große Göttin, Großer Gott, die Natur vibriert mit eurer Energie. Wärme und Leben baden die Erde. Jetzt ist die Zeit, Sorgen und Kummer zu vergessen. Jetzt ist die Zeit für die Reinigung. O feurige Sonne, verbrenne alles Störende, alles Schmerzliche, alle Plagen und Sorgen mit deiner unendlichen Macht.*

Reinige mich.

Reinige mich.

Reinige mich.«

Er schwenkte den Beutel ein paarmal hin und her, dann warf er ihn ins Feuer. Helle Flammen loderten empor. Es wurde so hell, als wäre die Sonne aufgegangen.

»*Ich verbanne euch mit der Macht von Göttin und Gott!*

Ich verbanne euch mit der Macht von Sonne, Mond und Sternen!

Ich verbanne euch mit der Macht von Erde, Luft, Feuer und Wasser.«

Van Tyne hob die Arme und trat vor die Menge. »Freunde, Gläubige und Gleichgesinnte, die rituellen Worte sind gesprochen. Das Ritual nähert sich nun seinem Höhepunkt. Drei Opfer habe ich euch versprochen, drei Opfer sollt ihr bekommen.

Leslie Rickert und Jonathan Carver wurden bereits vorbereitet. Fehlt noch die dritte Person. Als Zeichen meiner tief empfundenen Dankbarkeit, meiner Demut und meiner Hoffnung auf Erneuerung bin ich bereit, das größte Opfer zu entbieten, das ein Mann nur bringen kann.« Er wandte sich an Rhiannon. »Mutter, der Moment des Abschieds ist gekommen. Ich danke dir für alles, was du für mich getan hast. Gehe ein in die Allmacht des Baumes, und werde Teil von ihm.«

Auf sein Zeichen hin traten die Wachen neben Rhiannon und packten sie. Ein Raunen ging durch die Menge.

Die Frau war wie zur Salzsäule erstarrt. Ganz offensichtlich hatte sie keine Ahnung, was ihr bevorstand. Dass ihr geliebter Sohn zu so etwas imstande sein würde, schien ihre Vorstellungskraft zu sprengen.

Fassungslos und ohne Widerstand zu leisten, ließ sie sich von den Priesterinnen entkleiden. Als die jungen Frauen ihre Arbeit beendet hatten, stand Rhiannon bleich vor ihnen. Nackt und dünn sah sie aus. Beinahe durchscheinend.

Die Wachen führten sie zum Bassin, um sie einzutauchen, und sie wehrte sich nicht. Erst als ihre Füße das Wasser berührten, fing sie an zu schreien.

Es war ein dünner, heller Ton, nicht unähnlich einem Teekessel.

Männer kamen und tauchten mit ihren Holzstangen die zappelnde, strampelnde Frau unter. Das Geschrei brach ab.

Derweil setzte van Tyne seine Beschwörung fort.

»O gnädige Göttin, o gnädiger Gott, in dieser Nacht voller Mittsommermagie bitte ich euch, unserem Leben Wunder und Freude zu schenken. Helft uns, uns mit der Energie der verzauberten Nachtluft zu verbinden. Nehmt unseren Dank und unser Opfer!«

Leslie war von der Kaltblütigkeit dieser Tat schockiert. Das war nicht irgendeine Frau, die er da opferte, es war *seine Mut-*

ter. Die Frau, die ihn zur Welt gebracht hatte, die ihn aufgezogen, unterrichtet und ihm all dies beigebracht hatte. Engste Vertraute, Lebensgefährtin, Geliebte – fallen gelassen wie einen faulen Apfel. Ersetzt durch eine andere binnen eines Wimpernschlags. Jetzt erst zeigte van Tyne sein wahres Gesicht. Und es war das Antlitz eines Monsters.

Der oberste Hüter ging hinüber zu dem Altarstein und zog einen schweren, steinernen Hebel. Ein Rumpeln ertönte. Das Gemurmel erstarb. Atemlose Stille setzte ein.

Leslie spürte, wie sich etwas zu ihren Füßen bewegte. Zuerst dachte sie, es wäre ein Wasserstrudel, doch dann merkte sie, dass es etwas Lebendiges war. Ein Tier oder so. Sie riss die Augen auf und schnappte in Panik nach Luft. Blitzschnell versuchte sie, ihre Beine noch weiter an den Leib zu ziehen, als sie auch schon von etwas gestochen wurde. Was immer dort am Boden dieses Beckens war, es trachtete ihr nach dem Leben.

78

Der Schrei riss Hannah aus ihrer geistigen Umnachtung. Es war ein Schrei, der tief in ihr Inneres vordrang und der ihr gleichzeitig mitten ins Gesicht strahlte. Wie ein Licht in einem dunklen Tunnel.

Leslie!

Jetzt sah Hannah es. Irgendetwas kam von unten das Bassin herauf und kroch seitlich über die Wände. *Was zum Himmel war das?* Waren das Wurzeln?

Mit Entsetzen starrte sie auf die bleichen Triebe, die aus tiefer gelegenen Öffnungen am Grund der Bassins kamen und jetzt auf die wehrlosen Opfer zukrochen. Bleichen Würmern gleich, krümmten sie sich, verließen das Wasser und tasteten nach ihrer Beute. Hannahs Blick zuckte hinüber zum Relief. Bildete sie sich das ein? Die dicken Wurzeln lagen nicht länger still auf dem Stein, sondern pulsierten wie fette Schlangen. Das konnte doch unmöglich echt sein. Bestimmt war es eine Folge der halluzinogenen Substanzen, die sie zu trinken bekommen hatte. Oder?

Hannah rieb sich die Augen, doch das Bild wollte nicht weichen. Immer mehr der dünnen, feinen Enden des Geflechts kamen aus der Nährflüssigkeit gekrochen. Wie grauenerregend, sich vorzustellen, man säße jetzt in einem dieser Bassins und müsste hilflos mit ansehen, wie diese Dinger einen umspannten und aussaugten. Denn genau das war auch im Film zu sehen gewesen. Nur längst nicht so real wie hier.

»Nun, meine Liebste, erfreut dich der Anblick?« Van Tyne war neben sie getreten und legte seine Hand auf ihre Taille. »Schon bald ist das Ritual vollendet, dann können wir endlich beisammen sein.«

»Ja, oberster Hüter.«

»Du sollst mich doch nicht so nennen. Du weißt, warum ich Rhiannon ausgewählt habe, oder? Sie hätte niemals eine andere Frau an ihrer Seite geduldet. So lange, wie wir beisammen gewesen wären, hätte sie uns das Leben schwer gemacht. Und sag selbst, gibt sie nicht ein wunderbares Opfer ab?«

Hannah nickte. Sie war wie gelähmt. Die Wurzeln spannen Lady van Tyne mehr und mehr ein. Ihr Bassin stand am nächsten zum Relief, deswegen war sie das erste Opfer. Zappelnd wie ein Fisch im Netz wurde sie unter Wasser gezogen. Gischt spritzte auf. Hände und Füße zuckten durch die Luft. Es war dieses stumme Ringen, das alles so grässlich machte. Nur das Plätschern des Wassers und das Knacken brennender Holzscheite waren zu hören.

»Es ist ein Fehler«, murmelte Hannah und machte einen Schritt fort von van Tyne. »Ein großer Fehler. Die Unsterblichkeit … ist eine Sackgasse.«

»Was …?«

»Er hat es mir gesagt … der Altvordere.«

»Halt jetzt den Mund und störe mich nicht«, erwiderte er barsch. »Ich will die Zeremonie verfolgen.«

»Unsterblichkeit ist das Ende, nicht der Anfang«, fuhr sie fort. »Die Konsequenzen sind furchtbar. Wenn Unsterblichkeit herrschte, wären die Mächtigen dieser Welt nicht länger ethischen oder moralischen Schranken unterworfen. Sie könnten tun, was sie wollten, ohne Konsequenzen zu befürchten.«

»Und wennschon«, stieß van Tyne aus. »Moral und Ethik sind Hilfskonstruktionen. In der freien Natur gibt es sie gar nicht. Wir sind die Herren der Welt. Nichts kann uns jetzt noch gefährlich werden.«

»Doch«, murmelte Hannah. »Wir uns selbst. Der Mensch ist des Menschen ärgster Feind. Nur wenn etwas stirbt, kann etwas Besseres nachkommen.«

Sie spürte, wie das Leben zurückkehrte. Die Wirkung des

Trankes ließ nach. Ihr Körper gewann Oberhand über das Gift in ihren Adern. Die lähmende Teilnahmslosigkeit verschwand.

Ihre Freunde. Sie musste ihnen helfen. Sie war die Einzige, die dazu in der Lage war.

Feuer ist unser größter Feind.

Ich habe schon viel zu lange gelebt.

Mit einer Schnelligkeit, die selbst van Tyne nicht voraussehen konnte, verließ Hannah den Platz an seiner Seite und ging auf das Relief zu. Sie hörte seine Stimme.

»Hannah!«

Doch sie reagierte nicht. Stattdessen packte sie ein Behältnis mit brennbarem Öl und schleuderte es auf die Wurzeln. Mit einem Knall ergoss sich der fettglänzende Inhalt über die Ranken. Doch das war noch nicht genug. Sie schleuderte einen weiteren Krug auf die Ranken, dann noch einen und noch einen. Getränkt vom süßlich riechenden Öl, färbte sich das Relief dunkel. Die pulsierenden Wurzeln zuckten zusammen. Von Lady Rhiannon war inzwischen nichts mehr zu sehen. Stattdessen gingen die Wurzeln jetzt auf Leslie los. Hannah spürte, dass die Zeit drängte.

Der Rest der Anwesenden schien von dem Streit nichts mitbekommen zu haben. Viel zu sehr waren sie auf die Opferungen fixiert. Doch van Tynes Gesicht war zu einer Maske des Entsetzens verzerrt. Erst jetzt schien er zu begreifen, was sie vorhatte. Er reckte die Arme in die Höhe und brüllte Befehle. »Ergreift sie!«

Die Wachen reagierten augenblicklich. Aufgeschreckt durch den Befehl des obersten Hüters, rückten sie gegen die renitente Archäologin vor. Hannah sah sie aus den Augenwinkeln kommen. Es war ein Netz, aus dem es kein Entrinnen gab. Doch ihren letzten Trumpf hatte sie noch nicht gespielt. Sie zog ein brennendes Scheit aus dem Feuer und schleuderte es auf die ölgetränkten Wurzeln.

Eine Stichflamme von enormer Hitze und Intensität zuckte empor. Flüssiges Feuer ergoss sich über die Wurzeln, verbrannte die feinen Spitzen und fraß sich durch das Holz. Heiße Luft schlug Hannah ins Gesicht, riss an ihren Haaren, versengte ihre Haut.

Ein animalischer Schrei drang aus van Tynes Mund. Er klang wie ein wildes Tier, dem man eine tödliche Wunde zugefügt hatte.

Im Nu stand die ganze Wand in Flammen. So geblendet war Hannah von der Helligkeit, dass sie den Mann erst bemerkte, als er unmittelbar vor ihr stand. Es war Edward, der Filmprofessor. Hannah hatte ihn vorhin kurz in der Menge gesehen, ihn dann aber aus den Augen verloren. Jetzt stand er neben ihr und hielt ihre Hände gepackt. In seinen weit aufgerissenen Augen spiegelte sich das Licht der Flammen. »Was tust du denn da?«, schrie er. Dann ließ er sie los und stürmte auf die brennende Wand zu.

Die Wachen packten Hannah und wollten sie von den Flammen zurückreißen, als etwas Unvorhergesehenes geschah. Der Professor, wild entschlossen, das Feuer mit seinem Leib zu löschen, stürzte sich mitten in das Inferno. Es war ein Kampf gegen Windmühlen, doch das schien ihm in seiner geistigen Umnachtung nicht bewusst zu sein. Binnen eines Wimpernschlags stand er selbst in Flammen. Kreischend und wild um sich schlagend, taumelte er auf Hannah zu, prallte gegen die Wachen und stieß sie aus dem Weg. Er fing sich wieder, rannte nach rechts und riss in seinem Todeskampf weitere Gefäße aus ihren Verankerungen. Scheppernd und ihren hoch brennbaren Inhalt nach allen Seiten verteilend, landeten sie auf dem Boden. Sie verwandelten den Tempel in ein Flammenmeer. Als Edward schließlich zusammenbrach, war er kaum mehr als eine rauchende Ruine. Etliche der Adepten standen jetzt ebenfalls in Flammen.

Panik breitete sich aus.

In dem Versuch, die Ausgänge zu erreichen, stolperten sie übereinander, fielen hin und versperrten einander den Weg. Wer versuchte, über sie hinwegzusteigen, fing ebenfalls Feuer. Es war wie in Dantes gottverdammtem Inferno.

79

Leslie sah die auflodernden Flammen. Sie spürte, wie ein Beben durch die Wurzeln zuckte. Das Geflecht bedeckte ihre Beine, ihre Arme, ihren Bauch. Ja, sogar Teile ihres Gesichts. Ein widerwärtiges Gefühl, zumal sie stachen wie Bienen. Die Dinger versuchten, an ihr Blut zu kommen. Jetzt kräuselten sie sich, rollten sich zusammen und verschwanden in den Öffnungen am Boden. Eben noch waren sie an ihren Beinen emporgekrochen, jetzt waren sie fort.

Leslie spürte ein wildes Gluckern und Schwappen im Bassin, dann kehrte Ruhe ein. Nichts Lebendiges mehr, das ihr nach dem Leben trachtete.

Um sie herum herrschte blankes Chaos. Menschen stießen sich gegenseitig um, fielen hin, wurden niedergetrampelt und verbrannten. Leslie sah eine lebende Fackel auf sich zukommen. Die Frau ruderte wild kreischend mit den Armen. Sie versuchte, ins Wasser zu gelangen, wurde jedoch vorher umgerempelt, fiel hin und stand nicht mehr auf.

»Nicht hinsehen«, sagte eine Stimme neben ihr. »Komm, nimm meine Hand, und dann nichts wie weg von hier.«

Leslie blickte hoch. Es war Jonathan. Er hatte sein Bassin verlassen. Tropfnass und nackt stand er neben ihr. »Da drüben ist Hannah. Sie winkt uns zu. Wir sollen zu ihr kommen. *Schnell!*«

Leslie ließ sich das nicht zweimal sagen. Wie von der Tarantel gestochen schoss sie aus dem eisigen Wasser und hinter Jonathan her. Niemand achtete auf sie. Während die eine Hälfte der Menschen versuchte, dem flammenden Inferno zu entkommen, war die andere verzweifelt bemüht, das Feuer unter Kontrolle zu bringen. Inzwischen waren die Flammen von den Wurzeln auf den hölzernen Dachstuhl übergesprungen. Brennende Balken stürzten vom Himmel und begruben weitere Adepten unter sich. Es war absehbar, dass hier bald alles lichterloh brennen würde. Vermutlich auch der Baum, der direkt über ihren Köpfen wuchs.

Hannah empfing sie an einem der Nebenausgänge. Sie hielt ein paar Kutten in der Hand. »Hier, streift die über. Nackt seid ihr zu auffällig.« Leslie riss ihr einen Umhang aus der Hand und schlüpfte hinein. Wütend starrte sie die Archäologin an.

»Keine Sorge«, sagte Hannah. »Ich bin wieder die Alte, ich bin wieder okay. Vertrau mir!«

Für weitere Erklärungen blieb keine Zeit. Die meisten der Anwesenden hatten sich in ihrer Panik die Masken vom Gesicht gerissen. Unfassbar, wie viele Prominente unter den Anwesenden waren. Menschen aus Film und Fernsehen, aus Politik und Wirtschaft. Internationale Größen. Menschen, die sich in der Öffentlichkeit gerne als Philanthropen und Humanisten gaben. Sogar ein Bischof war dabei.

»Stehen bleiben«, ertönte eine schnarrende Stimme. »Niemand verlässt den Raum.« Ein untersetzter kleiner Mann hatte sich ihnen in den Weg gestellt. Leslie kam er irgendwie bekannt vor. War das nicht der Typ, der sie im Keller gefangen genommen hatte?

»Squires!« Jonathan rammte dem Mann seine Faust ins Gesicht. Ein Knacken ertönte. Blut spritzte. Der Superintendent fiel wie ein gefällter Baum. Leider war er noch bei Bewusstsein und konnte einen Warnruf ausstoßen. »Wache, hierher! Sie wollen entkommen. Hierher!«

Jonathan versetzte ihm noch einen Tritt, doch das Unheil war bereits angerichtet. Ein paar der Wachen hatten seinen Schrei gehört und kamen hinter ihnen her.

Leslie stieß einen Fluch aus. »Los jetzt. Wo ist der Ausgang?«

80

Der Baum starb. Hannah spürte es. Er war dem Untergang geweiht, genau wie seine Brüder. Und er begrüßte es. Künstlich am Leben erhalten, ausgebeutet und fern seiner Heimat, sehnte er sich nach dem Tod.

Die wahre Bedeutung seiner Worte war Hannah erst im Verlauf des Rituals klar geworden. Es war kein Zufall gewesen, dass er ihr seine einzige Schwachstelle verraten hatte. *Feuer ist unser größter Feind. Ich habe schon viel zu lange gelebt.* Er wollte, dass sie es tat. Es war die Bitte, endlich sterben zu dürfen.

Die Lichtung war in dämonischen Nebel gehüllt. Gelblicher Dampf stieg auf, waberte über den Boden, kroch in Senken und Gruben. Der Boden fühlte sich warm an und wurde immer wärmer. Bald schon würden die Flammen den Dachstuhl und damit die gesamte Höhle zum Einsturz bringen. Bei den Abmessungen, die dieses Ding besaß, würde das einen beträchtlichen Krater hinterlassen. Leslie zerrte an Hannahs Ärmel.

»Komm mit. Jonathan behauptet, dass er weiß, wo die Waffe liegt!«

Hannah nickte. Es würde nicht lange dauern, bis die Wachen die Tür aufgebrochen hatten. Die Zeit lief ihnen davon.

Trotzdem fiel es ihr schwer, sich von den Lebensbäumen loszureißen. Diese fünf Exemplare waren die Letzten ihrer Art. Sie sterben zu sehen, brach ihr das Herz. Aber es ging nicht anders. Sie wurden ausgenutzt und zu finsteren Zwecken missbraucht. Sie wussten, dass nur ihr Tod der schrecklichen Spirale aus Macht und Unterdrückung ein Ende setzen konnte.

Wie lautete noch das Sprichwort? Manchmal war ein Ende mit Schrecken besser als ein Schrecken ohne Ende. »Ja«, rief sie. »Lauft schon mal vor, ich komme gleich nach. Ich muss schnell noch etwas erledigen.« Sie wandte sich nach Norden um und rannte los. Leslies Rufe ignorierend, eilte sie zurück zum Altvorderen.

Van Tyne hatte ihr etwas gezeigt. Etwas, was nur wenigen bekannt war. Der Baum trug einen Samen. Einen einzigen. Gut versteckt auf der entgegengesetzten Seite des Stamms und vom Boden aus leicht zu erreichen. Das war eine Sensation, denn der Baum trug so gut wie nie Früchte. Alle paar Hundert Jahre bildete er eine Samenkapsel aus, die unter geeigneten Bedingungen zu einem neuen Baum heranwachsen konnte.

Das Problem war nur, ihn ausfindig zu machen. Hannah wusste zwar ungefähr, wo sie suchen musste, aber die Beleuchtung war so schlecht, dass dies zu der sprichwörtlichen Suche im Heuhaufen ausarten konnte.

Sie rannte auf die andere Seite und starrte angestrengt nach oben. Der Samen war klein, kaum größer als eine Aprikose, und von grünlicher Farbe. An den Längsseiten befanden sich Wachstumslinien, an denen er winzige Stacheln ausgebildet hatte. Van Tyne hatte ihr erzählt, dass dieser Samen in der Lage war, sich zu verteidigen, sollte er sich bedroht fühlen. Wie der Baum verfügte auch sein Nachwuchs über rudimentäre Intelligenz. Hannah war diesbezüglich zwar skeptisch, aber es wäre nicht das erste Mal, dass sie sich irrte.

Angestrengt starrte sie nach oben. Wenn sie nur eine Taschenlampe hätte. Es war fast unmöglich, zwischen all den Zweigen und Blättern etwas zu entdecken. Plötzlich bemerkte sie ein winziges Aufblitzen. Ein Licht zuckte auf inmitten der Dunkelheit. Eine winzige elektrische Entladung, kaum heller als ein Glühwürmchen. Das war seltsam. Sie konnte sich nicht erinnern, das vorher schon einmal bemerkt zu haben. Wollte er ihr ein Signal geben? Letztlich war es egal, aber Hannah nahm es als ein gutes Zeichen.

Hannah eilte zu der betreffenden Stelle, und tatsächlich, da war er. Er baumelte knapp drei Meter über dem Boden an einem dünnen Zweig. Sie sprang hoch und riss den Samen ab. Das kleine Ding war hart wie ein Kiesel und überraschend schwer. Die Auswölbungen waren anfangs spitz, doch als sie ihre Finger darum schloss, verschwanden sie, und die Oberfläche wurde glatt und eben. Ein merkwürdiges Pulsieren drang aus dem Inneren der Frucht.

Sie ballte ihre Faust darum, drehte sich um und wollte sich gerade davonmachen, als eine Person hinter dem Stamm hervortrat und ihr den Weg verstellte. Eine Messerklinge blitzte auf. *»Verräterin.«* Die Stimme gehörte einer Frau mit südländischem Akzent. Hannah riss die Augen auf. »Yara?«

Die Attentäterin trat ins Licht. Ihre Haut war rußgeschwärzt, ihre Haare versengt. Ihr Oberarm wurde von einer hässlichen Schnittwunde entstellt. In ihren Augen leuchtete das Feuer des Wahnsinns. »Gib sie mir.« Sie streckte ihre Hand aus. »Gib sie zurück.«

»Wen?«

»Verkauf mich nicht für dumm, *Sharmuta!* Ich rede von der Frucht. Her damit.« Sie hielt die Klinge in die Höhe. Sie war gekrümmt und endete in einem edelsteinbesetzten Griff.

Hannahs Faust schloss sich fester um den Samen. Seine feinen Stacheln pulsierten unter der Oberfläche.

»Du willst nicht? Na, umso besser. Dann kann ich endlich das abschließen, was ich ohnehin vorhatte. Ich hätte dich schon beim ersten Mal töten sollen. Es war ein Fehler, dich gehen zu lassen.«

Hannah überlegte fieberhaft, ob sie sich einfach umdrehen und davonrennen sollte. Yaras Lachen hielt sie davon ab.

»Versuch es gar nicht erst. Ich bin schneller als du, und das weißt du. Und jetzt werde ich dich töten. Schön langsam, wie du es verdienst. Zuerst einmal werde ich dein hübsches Gesicht entstellen.«

Hannah hörte nur mit halbem Ohr hin. Sie spürte, wie etwas in Bewegung geriet, wusste nur nicht genau, was. Ihr Blick wanderte über Yaras Schulter hinweg in Richtung Baumstamm. Sie glaubte, ein Pulsieren und Wabern hinter der Rinde zu erkennen. Und zwar im selben Takt, in dem auch die Frucht pulsierte. Als würden Baum und Samen miteinander kommunizieren. Hannah war durch ihre Verschmelzung vorhin immer noch geistig mit dem Wesen verbunden. Sie fühlte eine Brücke zwischen ihnen. Und was sie empfing, war Wut.

Der Boden riss auf. Etwas Dickes, Bleiches schlängelte sich daraus hervor. Es wickelte sich um Yaras Bein und hielt sie fest. Die Attentäterin blickte entsetzt nach unten. Ein tiefer Spalt hatte sich aufgetan. Dampf quoll aus dem Boden. Die Wurzel schlang sich enger um Yaras Bein und riss sie brutal nach unten. Ein Schrei stieg ihr aus der Kehle. Sie hob das Messer hoch und fing an, wie eine Verrückte auf die Pflanze einzuhacken. Der Boden brach weiter auf, und weitere Wurzeln schossen empor. Sie wickelten sich um den Hals und die Schultern der Frau und zogen sie unbarmherzig in die Tiefe.

Fassungslos stand Hannah da und fragte sich, ob sie das alles nur träumte. Wenn das nur eine Halluzination war, dann die heftigste, die sie bisher erlebt hatte. Sie musste weg von hier und wieder einen klaren Kopf bekommen. Schon sah sie die ersten Verfolger. Drüben an einem der anderen Lebensbäume loderten Flammen empor. Die Umrisse der Sikh-Wachen zeichneten sich scherenschnittartig davor ab. Es war ihnen gelungen, die Tür aufzubrechen, jetzt waren sie hinter ihr her. Rufe ertönten, dann nahmen die Männer die Verfolgung auf.

Panisch drehte Hannah sich um und rannte zurück zu Leslie und Jonathan.

Sie fand sie ein Stück weiter südlich am Boden kauernd und mit den Händen in der Erde wühlend. Neben ihnen der Baumstumpf, unter dem sie die Waffen in einem Plastiksack vergraben hatten. Hannah hatte Haken geschlagen, um die Verfolger abzuschütteln. Das verschaffte ihnen vielleicht einige Minuten.

Die beiden sahen im Mondlicht aus wie zwei Grabschänder.

»Und?« Hannah keuchte, als sie bei ihnen eintraf. »Habt ihr sie?«

»Nein«, stieß Leslie aus. »Sie sind weg.«

»Was soll das heißen?«

»Dass sie nicht mehr da sind«, stieß Leslie aus. »Die ganze Tüte ist verschwunden.«

»Soll das heißen ... jemand hat gewusst, dass wir sie hier versteckt haben?« Die Samenkapsel in ihrer Hand fühlte sich plötzlich heiß an.

»Anders kann man es sich wohl kaum erklären«, erwiderte Jonathan.

»Und wenn ihr am falschen Ort sucht?«

»Ausgeschlossen«, sagte Jonathan. »Ich habe mir die Stelle genau eingeprägt. Sie sind ...«

Ein Schrei ertönte. Leslie war von jemandem gepackt und auf die Füße gerissen worden. Eine Pranke lag um ihren Hals und drückte zu wie eine Schraubzwinge.

Der Mann, der aus dem Gehölz hinter ihnen hervortrat, war groß wie ein Bär. Er hielt Leslie mit einer Hand gepackt, während er in der anderen eine scharfe Klinge führte, die er der Reporterin an den Hals hielt. Leslie berührte mit ihren Füßen kaum noch den Boden. Es war Pravin, van Tynes oberster Bluthund.

»Eure Waffen sind fort.« Er kam langsam auf sie zu. Seine Bewegungen waren geschmeidig wie die eines Panthers. Er deutete nach oben in die Zweige. »Hier sind überall Kameras. Jeden eurer Schritte habe ich beobachtet. Wie dumm seid ihr eigentlich, dass ihr glaubt, entkommen zu können?«

»Vielleicht weniger dumm, als du denkst.« Fieberhaft hielt

Hannah Ausschau nach den übrigen Wachen, aber Pravin schien allein zu sein. Vorerst.

Der Mann entblößte beim Lächeln einen Goldzahn. »Nur keine Sorge, die anderen werden bald hier sein. Sie sind noch damit beschäftigt, Yara zu befreien.« Er schüttelte den Kopf. »Was ist dort geschehen? Es sah fast so aus, als hätten die Wurzeln sie in die Tiefe gezogen.«

»Der Baum ist klüger als seine Adepten. Was ich getan habe, tat ich in seinem Auftrag.«

»Dafür wirst du brennen«, knurrte der Riese. »Ich werde dafür sorgen, dass du noch lebst, wenn ich dich meinem Herrn übergebe.«

Hannah wurde klar, dass diese Auseinandersetzung schwieriger werden würde als die mit Yara. Der Baum war zu weit entfernt, er konnte ihnen nicht länger helfen.

»Lasst ihn uns gemeinsam angreifen«, sagte Jonathan. »Drei gegen einen, das sollte klappen.«

Ein dröhnendes Lachen erklang. »Glaubst du das im Ernst? Na gut, ich werde euch einen kleinen Vorteil verschaffen.« Pravin rammte das Schwert in die Erde. »Dann zeigt mal, was ihr draufhabt.«

Jonathan stand auf und klopfte sich den Staub von den Händen. »Hannah, geh du auf die andere Seite. Kümmere du dich um Leslie, sobald er sie loslässt. Warte auf mein Zeichen.«

»Ich dachte, wir arbeiten im Team.«

»Keiner von euch wird entkommen.« Pravin kam auf Jonathan zu und ließ dabei seinen Kopf kreisen. Stahlharte Muskeln spannten sich unter seiner Haut. »Hast du vergessen, was im Keller passiert ist? Noch hast du die Möglichkeit, dich zu ergeben. Das ist ganz einfach. Du brauchst nur zu sagen, dass du aufgibst, dann muss ich dir nicht deine Knochen brechen.«

»Wie wäre es, wenn du einfach die Fresse halten und kämpfen würdest?«, entgegnete Jonathan. »Dummschwätzer wie dich habe ich noch nie leiden können. Reißen das Maul auf, aber wenn es ernst wird, kneifen sie.«

Hannah wich zur Seite aus. Ihr Plan war, Pravin in den Rücken zu fallen und ihn von hinten in den Würgegriff zu nehmen. Jonathan hob die Fäuste und hieb ein paarmal in die Luft. »Na los, Großer«, höhnte er. »Fäuste hoch und dann …«

Die Linke traf ihn voll vor die Brust. Er hatte wohl damit gerechnet, dass Pravin ausholen würde, doch das war ein Irrtum. Der Riese konnte aus dem Stand schlagen. Und für einen Mann von seiner Größe war er schnell. Verdammt schnell.

Hannah sah, wie Jonathan taumelte. Er schüttelte den Kopf, als hätte er eine Bildstörung. Immerhin schien er genug zu sehen, um den nächsten Hieb kommen zu sehen und sich wegzuducken. Hannah, die hinter Pravin stand, spürte den Luftzug, als dessen Pranke zurückzuckte. Mein Gott, dieser Typ war hart. Auch zu dritt würden sie den niemals zu Fall bringen.

Er schien auf Zeit zu spielen. Klar, es würde nicht mehr lange dauern, bis die restlichen Wachen hier eintrafen. Jede Sekunde, die sie vertrödelten, machte ihn stärker und sie schwächer. In ihrer Verzweiflung setzte Hannah alles auf eine Karte. Sie vernachlässigte ihre Deckung und rannte auf den Kerl zu.

Ein Fehler, wie sie sofort bemerkte. Pravin, der den Angriff vorausgesehen hatte, fuhr herum und landete einen wuchtigen Hieb in ihren Solarplexus. Pfeifend entwich die Luft aus ihrem Bauch. Hannah flog rücklings in den Wald. Sie keuchte, stolperte und fiel hin. Um ein Haar hätte sie den Samen fallen lassen.

Sie kam sich vor wie ein Fisch auf dem Trockenen. Nach Luft schnappend, versuchte sie, nicht die Besinnung zu verlieren. Die Schmerzen waren höllisch. Ihr Magen brannte wie Feuer. Sie schmeckte Blut.

Jonathan war in der Zwischenzeit nicht untätig gewesen und schien seine Strategie überdacht zu haben. Mit einem herumliegenden Holzstück ging er erneut auf Pravin los. Krachend schlug er es ihm über den Schädel. Splitter sausten durch die Luft. Er landete noch einen zweiten Treffer, ehe der Riese die Schläge abblocken konnte. Er tat das mit gekreuzten Händen. Dabei musste er Leslie loslassen.

Die Reporterin sackte zu Boden.

Hannah kroch zu ihr herüber. »Alles klar?«, keuchte sie.

Leslie nickte und versuchte aufzustehen. Es gelang ihr unter sichtlichen Mühen. Hannah richtete sich ebenfalls auf. Alles tat weh, aber Jonathan brauchte sie jetzt. Nur zu dritt würden sie den Riesen besiegen.

Pravin war schon wieder zum Angriff übergegangen. Rechter Hieb, linker Hieb. Jonathan blockte die Schläge mit dem Holzscheit, geriet jedoch immer mehr aus dem Tritt. Er täuschte eine gestreckte Linke an und wollte zur Seite ausweichen, doch sein Gegner hatte diesen Schritt vorausgesehen. Er fuhr seine Rechte aus und schickte Jonathan auf die Bretter.

»Komm schon«, sagte er höhnisch. »Ist das alles, was du draufhast? Da habe ich damals auf dem Schulhof bessere Kämpfe ausgefochten.«

Keuchend stand Jonathan wieder auf. Seine Bewegungen wirkten verzögert, seine Füße langsam. Er versuchte einen Aufwärtshaken, doch der Schlag ging ins Leere. Stattdessen landete Pravin einen zweiten Treffer, der Jonathan umgehend zurück auf den Boden schickte.

Hannah blickte zu Leslie. Beide nickten. Sie schienen dasselbe zu denken. Der Moment der Entscheidung war gekommen. Entweder triumphierten sie, oder sie würden untergehen. Mit tödlicher Entschlossenheit rannten sie auf Pravin zu. Leichtfüßig und schnell wie Raubkatzen.

Diesmal schienen sie ihn tatsächlich überrascht zu haben. Er bemerkte sie erst, als sie schon fast bei ihm waren. Es gelang ihm noch, um die eigene Achse zu wirbeln, er konnte jedoch nicht mehr verhindern, dass die beiden Frauen ihn zu Fall brachten. Leslie um seinen Hals geschlungen, Hannah, indem sie ihm die Füße wegzog. Der Länge nach kippte er um. Als er aufschlug, stieß er ein überraschtes Grunzen aus. Hatte er sie unterschätzt, nur weil sie Frauen waren? Nun, das war ein Fehler, für den er bezahlen musste.

Leslie hatte ihn in eine Art Schwitzkasten genommen, wobei sie Mühe hatte, ihren Arm um seinen gewaltigen Hals zu schlingen. Hannah erging es nicht besser. Es war schier unmöglich, diese Beine umklammert zu halten. Das Ziel lautete, Pravin so lange am Boden zu halten, bis Jonathan aufstehen und ihm den Rest geben konnte. Doch der Polizist wirkte angeschlagen.

Es dauerte endlose Sekunden, bis er überhaupt in der Lage war, in einen Vierfüßlerstand zu gehen, geschweige denn, dass er dem Wächter einen über den Schädel ziehen konnte.

»Komm schon, Jonathan«, keuchte Leslie. »Ewig werden wir ihn nicht festhalten können. Wir haben ihn doch gleich.«

Doch wie? Sie hatten keine Waffen.

Jonathan war völlig neben der Spur. Blut spuckend kauerte er da und murmelte unverständliches Zeug.

Ein tiefes Lachen drang aus Pravins Kehle. Es war unglaublich. Sie würgten ihn, hingen an seinem Hals, hielten seine Füße zusammen, und der Kerl lachte?

»Genug gespielt, ihr Kätzchen«, stieß er schnaufend aus. »Zeit, euch ein paar Manieren beizubringen.« Er langte nach hinten und packte Leslie. Die Reporterin versuchte auszuweichen, konnte aber nicht verhindern, dass er ihre Haare erwischte. Unbarmherzig riss er sie nach vorn. Leslie schrie. Trotz der Schmerzen ließ sie seinen Hals aber nicht los. Eine Pattsituation. Hannah war die Einzige, die jetzt noch helfen konnte.

Der Samen in ihrer Hand glühte und pochte. Als wollte er ihr etwas zu verstehen geben.

Sie sollte … *was?*

Neben ihr hatte Pravin das Finale eingeläutet. Erneut versuchte er, die Reporterin wie ein lästiges Insekt nach vorn zu schleudern. Mit seiner Pranke riss er ihr die Haare büschelweise aus. Sie heulte vor Schmerzen, doch noch immer war sie nicht bereit, ihren Griff zu lockern. Pravin rang nach Luft, war aber weit davon entfernt, ernsthaft in Bedrängnis zu geraten. Den Mund weit aufgerissen, sammelte er seine Kräfte für den vernichtenden Gegenschlag. Schon hob er seine Linke, um sie gegen Leslies Schädel zu rammen, als Hannah seine Füße losließ. Sie kroch über Pravins mächtigen Leib und versenkte den Samen in seinem geöffneten Mund. Anschließend rammte sie gegen seinen Kiefer und zwang ihn, den Mund zu schließen. Sie wusste nicht, warum sie das tat. Es war, als würde sie einem inneren Befehl gehorchen.

Pravin sah sie überrascht an. Vermutlich wusste er ebenso wenig wie sie, warum sie das machte, als urplötzlich ein knackendes Geräusch ertönte. Ein Fächer nadelförmiger Dornen schoss aus seinem Kopf. Zentimeterlange Spitzen drangen aus Augen, Ohren, Schläfen und Stirn des Mannes und ließen seinen Kopf wie einen Seeigel aussehen. Einen furchtbaren Moment lang blieb er in diesem Zustand, dann zogen sich die Stacheln zurück. Pravin stieß ein animalisches Stöhnen aus. Die Augen des Leibgardisten waren weit aufgerissen und füllten sich mit Blut. Zuckungen durchliefen seinen Körper, als habe man ihn an ein Starkstromkabel angeschlossen. Sein Gesicht war über und über mit roten Punkten bedeckt, die rasch größer wurden. Kleine Rinnsale begannen zu fließen. Als er röchelnd den Mund öffnete, ergoss sich ein Schwall Blut und landete auf seiner Brust. Er spülte den Samen des Weltenbaums wieder heraus. Die Dornen waren verschwunden.

Vorsichtig klaubte Hannah das gefährliche Ding mit zwei Fingern auf und wischte es ab. Es fühlte sich an wie eine Esskastanie, die man aus dem Feuer geholt hatte.

Sie stand auf, zog Leslie und Jonathan auf die Füße und leitete sie in Richtung der Umgrenzungsmauer. Ihr unfehlbarer Ortssinn führte sie hin zu dem umgestürzten Baum, darüber hinweg und hinaus in die Freiheit. Niemand folgte ihnen.

Sie verließen den Wald und rannten in Richtung Steilküste. Dort angekommen, drehten sie sich ein letztes Mal um. Der halbe Wald stand in Flammen. Die Trockenheit des letzten Monats ließ das Holz brennen wie Zunder. Flammen leckten wie gigantische Zungen in den Himmel, während schwarzer Rauch die Türme von Redcliffe Castle einhüllte. Der Mond stand wie ein blutrotes Auge im Westen.

»Mein Gott«, flüsterte Leslie. »Was haben wir getan?«

»Was wir tun mussten«, sagte Hannah hustend. »Was wir immer tun. Versuchen, die Welt zu einem besseren Ort zu machen.«

»Aber um welchen Preis? Diese Bäume …« Sie ergriff die Hand des Polizisten. »Meint ihr, wir haben das Richtige getan?«

»Das wird die Zeit erweisen«, sagte Hannah. »Abgesehen davon, muss es ja nicht unbedingt das Ende sein.« Sie öffnete ihre Hand. Darin lag der Samen, unschuldig wie ein Neugeborenes. Niemand wäre auf die Idee gekommen, in ihm eine tödliche Waffe zu sehen. Aber war die Natur nicht immer ein zweischneidiges Schwert? Das Leben des einen bedeutete den Tod des anderen. Leben, Tod, Geburt, ein ewiger Kreislauf.

Vielleicht hatte van Tyne die Wahrheit gesagt, vielleicht machten die Menschen einen Fehler, überall ihre Wertmaßstäbe anlegen zu wollen. Andererseits, sie hatten jedes Recht dazu. Denn in einem Spiel, in dem es keine Regeln gab, versuchte jeder, so gut zu überleben, wie es ihm möglich war. Und letztlich war das das Einzige, was wirklich zählte.

81

Zwei Wochen später …

Sanft schwappten die Wellen gegen die Bordwand der *Atlantis II* und versetzten das Forschungsschiff der Woods Hole Oceanographic Institution in eine gemächliche Wiegebewegung. Sie hatten Kurs auf Gibraltar genommen. Morgen früh würden sie die Meerenge passieren.

Hannah saß im Gemeinschaftsraum des Zwischendecks und hatte den Fernseher angeschaltet. Draußen herrschten sommerliche Temperaturen, doch hier drinnen war es angenehm klimatisiert. Vor den Fenstern zog Siziliens grüne Küste vorbei. Im Hintergrund erhob sich majestätisch der Ätna. Eine Rauchwolke stieg aus dem Kegel hinauf in den blauen Himmel. Hannah konnte die Köpfe der Crewmitglieder sehen, die draußen versammelt standen und das Schauspiel kommentierten. Gedämpfte Stimmen drangen zu ihr herein. Auch Leni und John wohnten dem Spektakel bei.

Hannah hatte gerade kein Interesse an Vulkanen. Mit Anspannung verfolgte sie die neuesten Entwicklungen zum Fall van Tyne auf dem News-Channel der BBC. Seit sie aus Großbritannien abgereist und zu ihrer Familie gestoßen war, hatten die Ereignisse eine dramatische Wendung genommen. *The Fall of the House of van Tyne*, so hatte die *London Times* getitelt, frei nach der Kurzgeschichte von Edgar Allan Poe. Denn genauso gruselig und unheimlich wie bei diesem literarischen Werk schienen die Hintergründe in diesem Fall zu sein. Bereits jetzt wurde er von einigen als der größte und erschütterndste Skandal dieses Jahrtausends im britischen Commonwealth bezeichnet. Und dabei hatte man erst an der Oberfläche gekratzt. Ins Rollen gebracht worden war die Story von einer ehemaligen BBC-Reporterin und einem Detective Sergeant, die mit ungewöhnlichen Hintergrundinformationen aufwarten konnten.

Soeben war ein Kamerateam vor Ort und versuchte, erste Eindrücke zu schildern. Ein junger Reporter stand vor den rauchgeschwärzten Türmen von Redcliffe Castle. Sichtlich mitgenommen berichtete er über die Verhaftung etlicher hochrangiger Regierungsmitglieder in den frühen Morgenstunden. Der Hügel im Hintergrund war schwarz von abgebrannten und verkohlten Bäumen. Und noch immer stieg Rauch auf. Der Feuerwehr war es selbst nach Stunden noch nicht gelungen, sämtliche Feuer zu löschen.

»Und mit diesen dramatischen Bildern schalten wir jetzt um in unser Hauptstadtstudio zu Anne Wilcox und ihren beiden Gästen. Anne, bist du da?«

»Ich bin da, Barry, und ich freue mich, Ihnen, liebe Zuschauer, die Korrespondentin Leslie Rickert und DS Jonathan Carver vorstellen zu können. Hallo, Leslie, hallo, Jonathan, geht es Ihnen gut?«

»Könnte nicht besser sein, Anne«, sagte Leslie. »Natürlich sind wir noch etwas angeschlagen, aber jetzt, da die Ermittlungen anlaufen, kommen wir wieder zum Durchatmen.«

Hannah fand, dass Leslie gut aussah. Die strapaziösen Wochen schienen ihr kaum etwas ausgemacht zu haben. Sie war ein Medienprofi und wusste, wie man sich in Szene setzen musste. Jonathan hingegen wirkte noch immer etwas blass. Er trug ein Pflaster an der linken Schläfe. Da, wo Pravin ihn mit seinem letzten Schlag erwischt hatte.

»Und bei Ihnen, Jonathan? Wie ich hörte, kam es während Ihrer Ermittlung zu heftigen körperlichen Auseinandersetzungen. Haben Sie sich inzwischen wieder erholt?«

»Ist nur eine Platzwunde«, erwiderte Jonathan und tastete an seine Stirn. »Letztendlich können wir froh sein, mit dem Leben davongekommen zu sein. Diese Leute waren zu allem entschlossen.«

»Dank Ihrer Hilfe konnte ein weltweit operierender Kinderpornoring zerschlagen werden. Sind Sie stolz auf das, was Sie erreicht haben?«

Hannah runzelte die Stirn. *Kinderpornoring?*

»Stolz dürfte das falsche Wort sein«, erwiderte Jonathan. »Niemand kann angesichts der Gräuel, die diese Menschen verübt haben, Stolz empfinden. Erleichterung trifft es eher. Erleichterung und das gute Gefühl, dass die Welt zu einem besseren Ort geworden ist.«

»Woran Sie einen maßgeblichen Anteil haben«, sagte die Moderatorin mit einem anerkennenden Lächeln. »Wie wir in Erfahrung gebracht haben, pflegt die Familie van Tyne Kontakte bis in die höchsten Kreise. Selbst das Königshaus soll in die Sache involviert sein. Mit jedem Tag schlägt der Skandal größere Wellen. Hohe Vertreter der Wirtschaft, der Politik und Kultur sowie etliche Prominente sind unter den Angeklagten. War Ihnen bewusst, welche Dimensionen die Sache hat?«

»Selbstverständlich nicht«, sagte Leslie. »Es fing an mit einigen verschwundenen Jugendlichen. Ganz normale Recherchearbeit, mit der Sie und Ihre Kollegen täglich zu tun haben. Das wahre Ausmaß wurde uns erst bewusst, als wir unsere Kräfte bündelten. Jonathans und meine Recherche brachte uns letztendlich auf die Fährte dieser Verbrecher. Wären wir uns nicht begegnet, wir hätten es niemals geschafft.« Sie streckte ihren Arm aus und nahm Jonathans Hand.

Die Moderatorin lächelte. »Wie man hört, ist daraus mehr geworden als nur eine berufliche Zusammenarbeit. Sind Sie beide jetzt ein Paar?«

»Kein Kommentar«, erwiderte Leslie, wobei ein rosiger Schimmer über ihre Wangen huschte.

Hannah fühlte, wie schon wieder Tränen in ihr emporstiegen.

Himmel, war sie nah am Wasser gebaut. Sie trocknete sie mit der Ecke ihres T-Shirts.

In diesem Moment ging die Tür zum Gemeinschaftsraum auf. John und Leni kamen herein. Als John sah, dass die Sendung immer noch lief, fragte er: »Stören wir?«

»Nein, überhaupt nicht. Kommt rein.«

Hannahs Tochter hüpfte ihr auf den Schoß und legte ihre Arme um sie. »Was siehst du dir da an, Mama?«

»Pst.« Hannah legte ihr den Finger auf die Lippen. »Das dort im Fernsehstudio sind Leslie und Jonathan. Ich würde gerne hören, was sie zu sagen haben.«

John trat hinter sie und legte sanft seine Hände auf ihre Schultern. »Wenn das zu Ende ist, habe ich Neuigkeiten für dich.«

»Schöne Neuigkeiten?«

»Ich denke schon.«

»Es gehen Gerüchte, dass Sie nicht allein waren, sondern Unterstützung hatten«, sagte die Moderatorin. »Können Sie uns dazu etwas sagen?«

Leslie lächelte in die Kamera. »Ja, wir hatten Unterstützung, und nein, wir können leider nichts darüber sagen. Die Person, die uns geholfen hat, legt großen Wert auf Diskretion, und wir werden ihrem Wunsch entsprechen. Bitte haben Sie Verständnis dafür. Eines aber kann ich mit Bestimmtheit sagen: Ohne sie hätten wir es niemals geschafft. Danke dafür.« Leslie hauchte einen Kuss in Richtung Kamera.

»Redet sie von dir, Mama?« Leni sah sie mit kugelrunden Augen an.

Hannah hätte schon wieder heulen können. »Kann sein.«

»Eine Sache noch, ehe wir zu den Nachrichten schalten. Wie ich hörte, Jonathan, wurden Sie wieder in den gehobenen Dienst aufgenommen?«

»Das ist richtig, Anne. Ich wurde in den Rang eines Superintendent erhoben und werde im übernächsten Monat meinen

Dienst in Exeter antreten. Eine große Herausforderung und Ehre.«

»Sie treten damit in die Fußstapfen von William Squires, der ebenfalls in den Fall verwickelt zu sein scheint. Und was Sie betrifft, Leslie, werden Sie wieder für die BBC arbeiten?«

»Wer weiß?« Leslie lachte. »Vielleicht steige ich tatsächlich wieder ein. Storys gäbe es genug. Aber ich möchte mich noch nicht festlegen. Keine Ahnung, was die nächsten Wochen und Monate bringen werden.« Sie drückte Jonathans Hand und lächelte ihm zu.

»Wofür unsere Zuschauer sicher volles Verständnis haben«, sagte die Moderatorin. »Ich danke Ihnen beiden für das Gespräch und damit zurück in die Nachrichtenredaktion.«

Hannah stand auf und schaltete das Gerät aus. Es war wieder mal faszinierend, wie die Tatsachen verdreht und Fakten unter den Teppich gekehrt wurden. *Kinderpornoring.* So hieß das jetzt also offiziell. Aber sie war nicht verwundert. Es war Teil ihres beruflichen Alltags. Doch die Frucht der Samen des Weltenbaums existierte und war der Beweis, dass sie sich das nicht ausgedacht hatte. Sie drehte sich zu Leni und John um.

»Zeit für etwas Erfreuliches. Was sind das für Neuigkeiten, von denen ihr gesprochen habt?«

John strich Leni über den Kopf. »Willst du es erzählen?«

»Leslie und Jonathan kommen uns übermorgen auf der *Atlantis* besuchen«, sagte Leni grinsend. »Ich habe Leslie schon versprochen, dass ich ihr die Delfine zeigen werde. Darf ich?«

»Aber natürlich.« Die Nachricht zauberte Hannah ein Lächeln aufs Gesicht. »Wann habt ihr von ihnen gehört?«

»Kurz vor dem Interview«, sagte John. »Sie lassen ausrichten, dass die Ermittlungen abgeschlossen sind und sie das Land verlassen können. Ihr Plan ist es, auf den Kanaren zu uns zu stoßen und uns in die Karibik zu begleiten. Natürlich nur, wenn du nichts dagegen hast.«

»Was sollte ich dagegen haben? Ich wüsste nicht, worüber ich mich mehr freuen würde. Wir zu fünft am Strand, das wird herrlich.«

»Oder, um es mit Leslies Worten zu sagen: ›Zeit, mir von meinem Liebsten einen Mai Tai am Strand servieren zu lassen.‹« John grinste.

»Da schließe ich mich an«, erwiderte Hannah. »Ich kann mich nicht erinnern, dass du mir jemals einen Cocktail am Strand serviert hättest.«

»Weil du nie am Strand liegst. Du hast mir immer erzählt, dass du dich dort langweilst.«

»Stimmt«, sagte Hannah grinsend. »Aber ich denke, zwei Tage werde ich es dort aushalten. Ich lasse mir von Leni das Tauchen beibringen, wie wäre das? Du sollst darin ja inzwischen eine wahre Meisterin sein, Leni. Und erinnere mich daran, buntes Papier, Schnur und ein paar Holzleisten zu besorgen. Es gibt da etwas, das ich dir unbedingt zeigen will.« Sie drückte ihrer Tochter einen Kuss auf die Wange. »So, und jetzt werde ich mir noch ein bisschen den Vulkan ansehen. Wer kommt mit?«

Quellen:

Cinema of the Occult – Carrol L. Frey. 2008, Rosemont Publishing & printing Group

The Quest for the Wicker Man – Benjamin Franks, Stephen Harper, Jonathan Murray and Lesley Stevenson. 2006, Luath Press Limited

Inside the Wicker Man, How to make a cult classic / revised Ed. – Allan Brown. 2010, Birlinn General

The Wicker Man – Frederick S. Clarke. 1977, Cinefantastique, Volume 6, Number 3

Wicca, Einführung in die Spiritualität und Praxis der neuen Hexenkunst – Scott Cunningham. 2005, Ullstein Verlag

Wicker Man, Ritual des Bösen – Robin Hardy, Anthony Shaffer. 2006, Wilhelm Heyne Verlag

Die Kelten, Fürsten, Druiden, gallische Krieger, Europas rätselhafte Barbaren – Spiegel Geschichte. 2017, Spiegel-Verlag

Das geheime Leben der Bäume – Peter Wohlleben. 2014, Ludwig Verlag

Die Stadt des Affengottes – Douglas Preston. 2017, DVA

THOMAS THIEMEYER

NEBRA

THRILLER

Rund um den Brocken im Harz bereiten sich Hotels und Gemeinden auf den Touristenrummel zu Walpurgis vor. Auch die Archäologin Hannah Peters ist dorthin unterwegs; im Auftrag des Landesmuseums soll sie die geheimnisumwitterte Himmelsscheibe von Nebra erforschen, einen sensationellen bronzezeitlichen Fund aus der Gegend.
Was sie nicht wissen kann: Die Scheibe ist das Objekt der Begierde eines dunklen Kultes, der in den Höhlen des Harzgebirges seit langem darauf lauert, einen alles vernichtenden Ritus zu zelebrieren. Unmerklich wird Hannah in die Machenschaften des Kultes hineingezogen – und schon bald kündigen seltsame Himmelserscheinungen eine Walpurgisnacht an, die nie wieder enden wird …

Atemlose Spannung in der Arktis

THOMAS THIEMEYER

VALHALLA

THRILLER

2015. Spitzbergen – der nördlichste Siedlungspunkt der Menschheit. Eine Welt aus Eis und Schnee, überschattet von vier Monaten Polarnacht. Dort untersucht Archäologin Hannah Peters geheimnisvolle Strukturen unter dem arktischen Eis: Das Abschmelzen der Gletscher soll Fundamente eines mythischen Nordreiches zutage gefördert haben. Doch Hannah ist nicht die Erste, die diese Ruinen erkundet ...

1944. Im annektierten Norwegen, fernab jeder Siedlung, reift ein Projekt, das grauenvoller ist als alles, was Menschen je ersonnen haben. Eine biologische Zeitbombe, verborgen unter dem ewigen Eis. Ihr Codename: VALHALLA.

*»Babylon könnte aus der Feder eines Hollywood-Erfolgs-
regisseurs wie Steven Spielberg stammen.
Nicht einmal ein Indiana Jones-Film könnte fesselnder
oder besser sein als Thiemeyers Bücher.«*
Literaturmarkt.info

THOMAS THIEMEYER

BABYLON

THRILLER

Um nach aufreibenden Abenteuern zur Ruhe zu kommen, erholt sich Hannah Peters mit Mann und Tochter an einem idyllischen Ausgrabungsort auf dem Peloponnes. Doch als ihr schwerreicher Mäzen Stromberg mit einem neuen Auftrag eintrifft, ist es vorbei mit dem Frieden: Inmitten der irakischen Wüste, jener Gegend, die niemals zur Ruhe zu kommen scheint, sind Forscher auf ein rätselhaftes Bauwerk gestoßen. Sein Zweck ist noch nicht ersichtlich – doch es entsendet bedrohliche elektromagnetische Wellen.

Was Hannahs Team entdeckt, übertrifft die kühnsten Erwartungen aller: eine pyramidenartige Konstruktion, die sich, anstatt in den Himmel, in immer engeren Spiralen hinunter in die Erde schraubt. Ein Höllenschlund, der fatal an Dantes Unterwelt erinnert. Und was immer in der tiefsten seiner Kammern erwacht ist – ein vorzeitlicher Mechanismus oder eine uralte rachsüchtige Gottheit –, es hat das Ende der Menschheit eingeläutet.

Für Hannah gibt es nur eine Möglichkeit, dem Wahnsinn Einhalt zu gebieten: Sie muss die Reise in die Tiefe antreten – und dabei ihre Familie mitnehmen.